E. Saladino A. Drezza

LA COSTITUZIONE IN CLASSE

Focus di diritto e di economia

© 2014 by Mondadori Education S.p.A., Milano
Tutti i diritti riservati

www.mondadorieducation.it

Prima edizione: gennaio 2014

Edizioni

10   9   8   7
2020   2019

Questo volume è stampato da:
Rotolito Spa - Seggiano di Pioltello (MI)
Stampato in Italia - Printed in Italy

Il Sistema Qualità di Mondadori Education S.p.A. è certificato da Bureau Veritas Italia S.p.A. secondo la Norma UNI EN ISO 9001:2008 per le attività di: progettazione, realizzazione di testi scolastici e universitari, strumenti didattici multimediali e dizionari.

Le fotocopie per uso personale del lettore possono essere effettuate nei limiti del 15% di ciascun volume/fascicolo di periodico dietro pagamento alla SIAE del compenso previsto dall'art. 68, commi 4 e 5, della legge 22 aprile 1941 n. 633. Le riproduzioni diverse da quelle sopraindicate (per uso non personale – *cioè, a titolo esemplificativo, commerciale, economico o professionale* – e/o oltre il limite del 15%) potranno avvenire solo a seguito di specifica autorizzazione rilasciata da AIDRO, Corso di Porta Romana 108, Milano 20122, e-mail segreteria@aidro.org e sito web www.aidro.org.

Redazione	Laura Di Micco, Simona Incerto
Progetto grafico	Alfredo La Posta
Impaginazione	Compos 90, Milano
Copertina	Alfredo La Posta
Ricerca iconografica	Ilaria Police
Referenze iconografiche	Mondadori Portfolio, Mondadori Portfolio/AKG Images, Mondadori Portfolio/The Kobal Collection, Mondadori Portfolio/Picture Desk Images, Mondadori Portfolio/Album, Mondadori Portfolio/Sergio del Grande, Mondadori Portfolio/Ivo Meldolesi
	Photomovie: Il giudice ragazzino © courtesy RAI DUE, Sole a catinelle © Courtesy TAODUE Film, Il posto dell'anima © courtesy 01Distribution, Giorni e nuvole © courtesy Warner Bros., Niente paura © courtesy BIM
	Thinkstockphotos

Contenuti digitali

Progettazione	Fabio Ferri, Francesca Canepari
Testi Lezioni multimediali	Marcello Salerno
Redazione	Simona Incerto, Elisabetta Severoni, Francesca Canepari, Paola Fagnani
Realizzazione	Tiwi (Reggio Emilia), Roberta Nuzzo

L'editore fornisce - per il tramite dei testi scolastici da esso pubblicati e attraverso i relativi supporti - link a siti di terze parti esclusivamente per fini didattici o perché indicati e consigliati da altri siti istituzionali. Pertanto l'editore non è responsabile, neppure indirettamente, del contenuto e delle immagini riprodotte su tali siti in data successiva a quella della pubblicazione, distribuzione e/o ristampa del presente testo scolastico.

Per eventuali e comunque non volute omissioni e per gli aventi diritto tutelati dalla legge, l'editore dichiara la piena disponibilità.

Per informazioni e segnalazioni:
Servizio Clienti Mondadori Education
e-mail *servizioclienti.edu@mondadorieducation.it*
numero verde **800 123 931**

Presentazione

La *terza edizione* di questo corso mantiene e valorizza l'impianto originario che usa la Costituzione per spiegare il diritto e l'economia.
La Costituzione è interpretata come un contenitore che accoglie l'intero impianto giuridico ed economico del nostro Paese, nel quale sono stati inseriti i necessari aggiornamenti, dovuti ai numerosi cambiamenti avvenuti in ambito legislativo e in campo economico.

In questi anni le due autrici hanno potuto mettere a frutto la propria esperienza professionale per monitorare costantemente i numerosi cambiamenti in atto nella scuola.
L'obbligo di legge in base al quale le istituzioni scolastiche devono adottare *libri in forma mista* (cartacea e digitale), le esigenze della nuova *didattica per competenze* e l'*evolversi della modalità di apprendimento degli studenti*, hanno indotto le autrici e l'editore a immaginare, progettare e, infine, realizzare questa nuova edizione.

Non si è voluto rinunciare al formato cartaceo, in quanto, come sostiene lo stesso ministero dell'Istruzione, oltre a essere lo strumento didattico per eccellenza, il libro "rappresenta il principale *luogo di incontro* tra le competenze del docente e le aspettative dello studente, il *canale preferenziale* su cui si attiva la comunicazione didattica".
Tuttavia, lo strumento digitale che lo affianca, lo completa e ne approfondisce le tematiche è diventato il "motore" di una sorta di rivoluzione copernicana, finendo per fare del libro cartaceo un'opera in continuo aggiornamento, un vero e proprio *work in progress*. Infatti i numerosi riferimenti ai siti web istituzionali consentiranno a insegnanti e studenti di poter disporre in ogni momento della versione più recente e aggiornata dei contenuti disciplinari (per esempio, la composizione del Governo o del Parlamento, le nuove leggi, le novità in campo economico e finanziario ecc.). Se qualche sito web "non istituzionale" si sarà nel frattempo modificato o non sarà più rintracciabile, ecco che le nuove competenze acquisite consentiranno poi a docenti e discenti di intraprendere ricerche alternative altrettanto fruttuose.

Le novità inserite sono veramente molte: *focus film*, *focus digitali*, *English focus*, *lezioni multimediali*. Nella parte propriamente didattica, accanto agli esercizi di tipo tradizionale, sono stati introdotti altri esercizi decisamente innovativi come "Imparo a imparare", "Imparo a comunicare", "Interpreto l'informazione", "Applico le conoscenze" che vanno certamente nella direzione indicata dall'Unione europea sulle competenze chiave per l'apprendimento permanente. Completano il corredo dei materiali presenti nelle verifiche le *mappe interattive*, gli *inviti alla lettura*, le proposte di *team working* e *problem solving* che consolidano negli studenti le competenze chiave di cittadinanza, delle quali si sente sempre più urgentemente bisogno.

Elena Saladino e *Alessia Drezza*

ME•book è integrato nella nuvola di Libro+Web

Il **ME•book** è il libro di testo digitale di Mondadori Education ricco di contenuti, video, audio, tanti esercizi e moltissimi strumenti, pensato per andare incontro alle esigenze dell'insegnante e dello studente.

Il ME•book è PERSONALIZZABILE
Puoi evidenziare, sottolineare e apporre segnalibri; inserire note, note evolute e note audio. Ogni insegnante poi, per gestire al meglio l'eterogeneità del gruppo classe, ha la possibilità di realizzare contenuti e percorsi formativi diversificati.

Il ME•book è FLESSIBILE
Lo puoi consultare da qualsiasi dispositivo (computer, tablet e smartphone) scaricando gratuitamente l'apposita App di lettura dal sito mondadorieducation.it e dai principali store di App. Non hai bisogno di essere sempre connesso: infatti funziona anche offline! E se hai problemi di memoria, non ti preoccupare: puoi scaricare anche solo le parti del libro che ti interessano.

Il ME•book è SINCRONIZZABILE
Ritrovi qualsiasi modifica – sottolineature, note, ecc. – nella versione online e su tutti i tuoi dispositivi. L'insegnante può preparare la lezione sul computer di casa e ritrovarla l'indomani sulla LIM, lo studente può svolgere il compito sul tablet e recuperarlo il giorno dopo sul computer della scuola.

Il ME•book è INTEGRATO nella piattaforma di apprendimento Libro+Web
Puoi accedere ai Contenuti Digitali Integrativi direttamente dalla pagina che stai leggendo. Con le Google Apps puoi condividere i tuoi documenti o lavorarci contemporaneamente insieme ad altri. Con la Classe Virtuale, poi, l'insegnante può condividere esercitazioni e approfondimenti con i suoi studenti.

Il ME•book ti inserisce in un sistema di apprendimento efficace e completo

ME•book: libro digitale multidevice
+
Libro+Web: piattaforma di apprendimento e nuvola di servizi digitali
+
LinkYou: formazione e seminari di didattica digitale

MONDADORI EDUCATION

ME•book: come attivarlo e scaricarlo

ME•book
IL LIBRO DIGITALE
MULTIDEVICE

COME ATTIVARE il ME•book

- Collegati al sito mondadorieducation.it e, se non lo hai già fatto, registrati: è facile, veloce e gratuito.

- Effettua il login inserendo la tua Username e Password.

- Accedi alla sezione Libro+Web e fai clic su "Attiva ME•book".

- Compila il modulo "Attiva ME•book" inserendo negli appositi campi tutte le cifre tranne l'ultima dell'ISBN del tuo libro, il codice contrassegno e quello seriale: li trovi sul bollino argentato SIAE che sta sulla prima pagina dei nostri libri.

- Fai clic sul pulsante "Attiva ME•book".

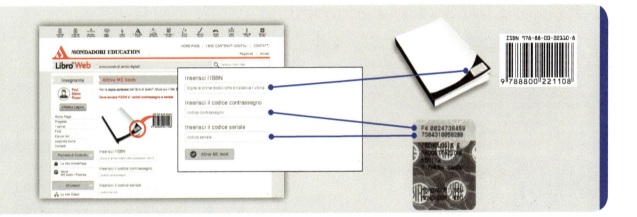

COME SCARICARE il ME•book

È possibile accedere online al ME•book direttamente dal nostro sito mondadorieducation.it oppure scaricarlo per intero o in singoli capitoli, sul tuo dispositivo seguendo questa semplice procedura:

- Scarica la nostra applicazione gratuita che trovi sul sito mondadorieducation.it o sui principali store di App.

- Lancia l'applicazione.

- Effettua il login con Username e Password scelte all'atto della registrazione sul nostro sito.

- Nella libreria è possibile ritrovare i libri attivati: clicca su "Scarica" per renderli disponibili sul tuo dispositivo.

- Per leggere i libri scaricati fai clic su "leggi".

È ora possibile accedere al ME•book anche senza connessione ad Internet.

Vai su www.mondadorieducation.it
e scopri come attivare, scaricare e usare SUBITO il tuo ME•book.

Per una didattica digitale integrata

Puoi trovare i Contenuti Digitali Integrativi del corso a partire dall'INDICE: così ti sarà più facile organizzare le tue lezioni e il tuo studio

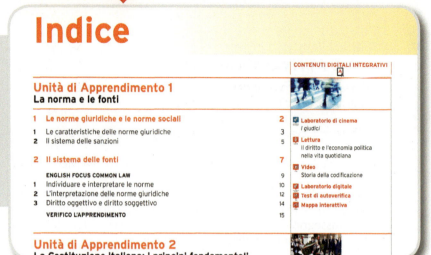

2 Il lavoro nel sistema economico

Il **lavoro** dell'uomo, detto anche *capitale umano*, consiste nelle risorse personali (fisiche e intellettuali) a disposizione di un dato sistema economico.

La quantità di risorse personali disponibili in un determinato sistema economico dipende dalla **popolazione attiva**, che è rappresentata da *coloro che offrono la loro capacità lavorativa, la cosiddetta* **forza-lavoro**. Della popolazione attiva fanno parte sia gli **occupati** (coloro che hanno un lavoro continuativo) sia i **non occupati** in cerca di lavoro.

Chi non ha un'attività lavorativa stabile, né la ricerca, rientra nella **popolazione non attiva**; di questa fanno parte i pensionati, le casalinghe, gli studenti, i giovani che non hanno ancora l'età per lavorare.

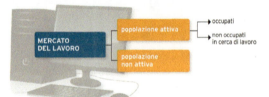

LEZIONE

Lezioni multimediali e interattive *Diventare cittadini*, per formare uno studente-cittadino consapevole del proprio ruolo nella società

LABORATORIO

Laboratori di cinema, per comprendere l'importanza dell'espressione di idee attraverso i diversi mezzi di comunicazione, con sequenze tratte da film a disposizione del docente

MONDADORI EDUCATION

LABORATORIO

Laboratori digitali, percorsi tematici con link attivi per ricerche guidate sul web

MAPPA

Mappe concettuali interattive sui principali argomenti della disciplina, per facilitare lo studio e il ripasso

E tanti altri Contenuti Digitali Integrativi:

 Test autocorrettivi

 Video di diritto e di economia

 Classe virtuale

www.mondadorieducation.it

Indice

CONTENUTI DIGITALI INTEGRATIVI

Unità di Apprendimento 1
La norma e le fonti

1	**Le norme giuridiche e le norme sociali**	**2**
1	Le caratteristiche delle norme giuridiche	3
2	Il sistema delle sanzioni	5
2	**Il sistema delle fonti**	**7**
	ENGLISH FOCUS COMMON LAW	9
1	Individuare e interpretare le norme	10
2	L'interpretazione delle norme giuridiche	12
3	Diritto oggettivo e diritto soggettivo	14
	VERIFICO L'APPRENDIMENTO	15

- **Laboratorio di cinema**
  I giudici
- **Lettura**
  Il diritto e l'economia politica nella vita quotidiana
- **Video**
  Storia della codificazione
- **Laboratorio digitale**
- **Test di autoverifica**
- **Mappa interattiva**

Unità di Apprendimento 2
La Costituzione italiana: i principi fondamentali

1	**La Costituzione italiana**	**20**
1	I caratteri della Costituzione	20
2	Dallo Statuto albertino alla Costituzione repubblicana	21
3	La struttura della Costituzione italiana	22
2	**Lo Stato italiano**	**23**
1	L'articolo 1 della Costituzione	23
2	Gli elementi costitutivi dello Stato	24
	ENGLISH FOCUS UNIVERSAL DECLARATION OF HUMAN RIGHTS (1948)	25
3	Le forme di Stato	25
	ENGLISH FOCUS THE CONSTITUTION OF THE UNITED STATES (1787)	26
3	**I diritti inviolabili dell'uomo**	**27**
1	L'articolo 2 della Costituzione	27
2	La cittadinanza	28
3	Persone fisiche e persone giuridiche	29
4	La capacità giuridica e la capacità di agire	29
5	L'incapacità	31
6	Le formazioni sociali	32
7	Le organizzazioni collettive	32
8	Gli enti no profit	33
4	**Uguaglianza e lavoro**	**34**
1	Il principio dell'uguaglianza	34
2	Il diritto-dovere al lavoro	36

- **Laboratorio di cinema**
  Philadelphia
- **Lettura**
  I diritti inviolabili dell'uomo
  L'imputabilità e i reati dei minori
- **Lezione**
  La tutela dell'ambiente
- **Video**
  Dallo Statuto alla Costituzione
- **Laboratorio digitale**
- **Test di autoverifica**
- **Mappa interattiva**

CONTENUTI DIGITALI INTEGRATIVI

5 Dal decentramento alla tutela dell'ambiente 38

1 Decentramento e accentramento 38
2 La tutela delle minoranze linguistiche 39
3 Lo Stato e la Chiesa cattolica 40
4 Lo Stato e le altre confessioni religiose 41
5 La cultura, la ricerca, l'ambiente 42

ENGLISH FOCUS CHARTER OF FUNDAMENTAL RIGHTS OF THE EUROPEAN UNION (2000), ARTICLE 37 43

6 I rapporti internazionali 44

1 Gli stranieri 44
2 L'Italia ripudia la guerra 46
3 La bandiera italiana 47

VERIFICO L'APPRENDIMENTO 48

Unità di Apprendimento 3
I rapporti civili e i rapporti etico-sociali

1 Le libertà dell'uomo 54

1 La libertà personale 54
2 L'inviolabilità del domicilio 56
3 L'inviolabilità e la segretezza della corrispondenza 57
4 La libertà di circolazione e soggiorno 57
5 La libertà di riunione e di associazione 59
6 La libertà di religione 60
7 La libertà di manifestazione del pensiero 61

ENGLISH FOCUS FREEDOM OF OPINION AND EXPRESSION 62

8 Il diritto alla capacità giuridica, alla cittadinanza, al nome 63
9 La riserva di legge nelle prestazioni personali e patrimoniali 63

2 Il cittadino e la legge 64

1 Il diritto alla difesa 64
2 Il giudice naturale e l'irretroattività della norma penale 65
3 Il divieto di estradizione 66
4 La responsabilità penale e la presunzione di innocenza 66
5 La responsabilità dei funzionari dello Stato 68

3 La disciplina giuridica della famiglia 69

1 La famiglia nella Costituzione 69

ENGLISH FOCUS CHARTER OF FUNDAMENTAL RIGHTS OF THE EUROPEAN UNION (2000), ARTICLE 9 70

2 I rapporti tra genitori e figli e l'adozione 70

ENGLISH FOCUS SAVE THE CHILDREN 72

Lezione
La libertà personale
La famiglia

Lettura
Il matrimonio e il divorzio
Parentela e affinità

Laboratorio digitale

Test di autoverifica

Mappa interattiva

Indice **IX**

4 La salute e la scuola — **73**

1	Il diritto alla salute	73
2	La scuola e la libertà d'insegnamento	74
3	Il diritto allo studio	76
	VERIFICO L'APPRENDIMENTO	77

Unità di Apprendimento 4
I rapporti economici: il lavoro

1 Le tutele dei lavoratori — **82**

1	La tutela del lavoro	82
	ENGLISH FOCUS INTERNATIONAL LABOUR ORGANIZATION	83
2	La tutela della retribuzione	84
3	La tutela della donna lavoratrice e dei minori	85
4	La protezione sociale	86
5	Il ruolo dei sindacati	87
	ENGLISH FOCUS CHARTER OF FUNDAMENTAL RIGHTS OF THE EUROPEAN UNION, ARTICLE 12	89
6	Il diritto di sciopero	89

2 Il lavoro nel sistema economico — **91**

1	La disoccupazione	91

3 L'accesso al mondo del lavoro — **94**

1	Il contratto di lavoro	94
2	L'inserimento nel mondo del lavoro: i nuovi contratti	95
3	L'Europass Curriculum Vitae	96
	APPROFONDIMENTO ISTRUZIONI PER L'UTILIZZAZIONE DEL MODELLO EUROPEO DI CURRICULUM VITAE	98

4 Il colloquio di lavoro — **98**

	APPROFONDIMENTO OLTRE LE PAROLE. COME COMPORTARSI PER RENDERE AL MEGLIO DURANTE LE INTERVISTE	100
	VERIFICO L'APPRENDIMENTO	101

Unità di Apprendimento 5
Il lavoro e le imprese

1 Il lavoro e l'attività economica — **106**

1	Il lavoro e la produzione	106
2	I bisogni	106
3	I beni	107
4	L'utilità dei beni	108

CONTENUTI DIGITALI INTEGRATIVI

Laboratorio di cinema
Generazione 1000 euro

Lettura
Pari opportunità

Lezione
Il lavoro e la disoccupazione

Video
Il mercato

Documento
Curriculum Vitae

Aggiornamenti

Test di autoverifica

Mappa interattiva

Laboratorio digitale

Lezione
L'impresa

Lettura
Break even analysis

X ■ Indice

	APPROFONDIMENTO L'UTILITÀ MARGINALE	109
	ENGLISH FOCUS DIMINISHING MARGINAL UTILITY	110
5	I soggetti economici	110

2 I fattori della produzione — 113

1	Il fattore lavoro	113
2	Il fattore natura	114
3	Il fattore capitale	114
	ENGLISH FOCUS FACTORS OF PRODUCTION	116
4	La funzione della produzione	116

3 Il soggetto economico impresa — 118

1	I costi e i ricavi	118
	ENGLISH FOCUS TOTAL COST	120
2	I ricavi	121
3	Il profitto	122

4 L'impresa dal punto di vista giuridico — 123

1	L'imprenditore	123
2	Le società	123
	VERIFICO L'APPRENDIMENTO	126

CONTENUTI DIGITALI INTEGRATIVI

- Test di autoverifica
- Mappa interattiva

Unità di Apprendimento 6
Il consumatore e il mercato

1 Il soggetto economico consumatore — 130

1	Il consumo e il risparmio	131
2	Il reddito e il patrimonio	133

2 Domanda, offerta e mercato — 135

1	La domanda	135
2	L'offerta	137
3	Il mercato	138
	ENGLISH FOCUS DETERMINING THE MARKET OR EQUILIBRIUM PRICE	139

3 Le forme di mercato e la tutela della concorrenza — 140

1	Le forme di mercato	140
	ENGLISH FOCUS THE ORGANIZATION OF THE PETROLEUM EXPORTING COUNTRIES	141
2	La tutela della concorrenza e del consumatore	143
	ENGLISH FOCUS THE SHERMAN ACT	145
	VERIFICO L'APPRENDIMENTO	146

- Laboratorio di cinema
  Giorni e nuvole
- Lettura
  Il consumismo e il Codice del consumo
- Laboratorio digitale
  Financial Literacy
- Lezione
  Il mercato
- Test di autoverifica
- Mappa interattiva

Indice XI

CONTENUTI DIGITALI INTEGRATIVI

Unità di Apprendimento 7
I rapporti economici: lo Stato nel sistema economico

1	**La struttura dei sistemi economici**	**150**
1	Il sistema liberista o capitalista	150
2	Il sistema misto	151
	ENGLISH FOCUS ON EFFICIENCY, JUSTICE, LIBERTY	153
3	Il sistema pianificato	153
2	**L'Italia: un Paese a economia mista**	**154**
1	La libertà di iniziativa economica	154
2	La proprietà	155
	ENGLISH FOCUS CHARTER OF FUNDAMENTAL RIGHTS OF THE EUROPEAN UNION (2000), ARTICLE 17	156
3	Lo Stato imprenditore	157
4	La tutela del risparmio	159
5	L'esercizio del credito e le banche	161
	VERIFICO L'APPRENDIMENTO	163

- Laboratorio di cinema
  Sole a catinelle
- Lettura
  Le scuole economiche
- Laboratorio digitale
- Lezione
  Le istituzioni della Repubblica italiana
- Laboratorio digitale
  Financial Literacy
- Test di autoverifica
- Mappa interattiva

Unità di Apprendimento 8
I rapporti politici

1	**La partecipazione dei cittadini alla politica**	**168**
1	Il diritto di voto	168
2	I partiti politici	169
	ENGLISH FOCUS PARTIES IN THE UNITED KINGDOM	171
3	Le petizioni	171
4	L'accesso alle cariche pubbliche	172
2	**I doveri dei cittadini**	**174**
1	La difesa della patria	174
2	Il pagamento dei tributi	175
	ENGLISH FOCUS HISTORY OF TAXATION	176
3	La fedeltà alla Repubblica	176
	VERIFICO L'APPRENDIMENTO	177

- Video
  Dallo Statuto albertino alla Costituzione repubblicana
- Lettura
  Le idee cardine della Costituzione italiana
  I tributi e l'evasione fiscale
- Laboratorio digitale
- Test di autoverifica
- Mappa interattiva

XII ■ Indice

Unità di Apprendimento 9
Il Parlamento

CONTENUTI DIGITALI INTEGRATIVI

1 Il sistema parlamentare — 180
1 Il principio della divisione dei poteri — 180
2 La composizione del Parlamento — 181
   ENGLISH FOCUS THE BRITISH PARLIAMENT — 182
3 La legge elettorale — 182
4 La Camera dei deputati e il Senato della Repubblica — 183
5 I lavori delle Camere — 186
   APPROFONDIMENTO IL CALCOLO DELLA MAGGIORANZA — 190

2 Lo *status* di parlamentare — 191
1 L'ineleggibilità e l'incompatibilità — 191
2 L'esclusione del vincolo di mandato — 192
   ENGLISH FOCUS LOBBYING — 192
3 Le immunità parlamentari — 193

3 Le funzioni delle Camere — 195
1 La formazione delle leggi — 195
   ENGLISH FOCUS STATE LAWS AND REGULATIONS — 197
2 Il referendum — 200
3 I decreti legislativi e i decreti legge — 202
4 Le altre funzioni delle Camere — 204
5 La legge di approvazione del bilancio — 206
6 Le commissioni d'inchiesta — 208
   VERIFICO L'APPRENDIMENTO — 209

Video
L'ordinamento della Repubblica

Lezione
Le istituzioni della Repubblica italiana

Lettura
La legge elettorale italiana
Finanziamento pubblico ai partiti

Laboratorio digitale
Surfing the Parliament

Laboratorio digitale

Test di autoverifica

Mappa interattiva

Unità di Apprendimento 10
Il Presidente della Repubblica e il Governo

1 Il Presidente della Repubblica — 214
1 L'elezione del Presidente della Repubblica — 214
2 Le funzioni del Presidente della Repubblica — 217
   ENGLISH FOCUS SENATOR BARACK OBAMA SPOKE AT A RALLY IN GRANT PARK IN CHICAGO, ILLINOIS, AFTER WINNING THE RACE FOR THE WHITE HOUSE — 219
3 L'irresponsabilità del Presidente della Repubblica — 220

2 Il Governo — 222
1 Forme di governo — 222
   APPROFONDIMENTO GLI USA, UN GOVERNO PRESIDENZIALE — 224
   ENGLISH FOCUS THE PRESIDENT — 225
2 La composizione del Governo — 225

Laboratorio di cinema
Le idi di marzo

Laboratorio digitale
Surfing the Parliament

Laboratorio digitale

Test di autoverifica

Mappa interattiva

Indice **XIII**

3	Le funzioni del Governo	230
	ENGLISH FOCUS IN CONGRESS, JULY 4, 1776	232
4	La responsabilità dei ministri	233
5	La pubblica amministrazione e gli organi ausiliari	234
	VERIFICO L'APPRENDIMENTO	237

Unità di Apprendimento 11
Le dinamiche dei sistemi economici

1 I cicli economici — 242

1	Il Pil, prodotto interno lordo	242
2	Il ciclo economico	244
	ENGLISH FOCUS GDP RECESSION EXPANSION	246
3	Gli indicatori del ciclo e la Borsa	246
4	La politica fiscale anticiclica	249

2 Gli squilibri dello sviluppo — 252

1	La politica di cooperazione allo sviluppo	252
2	Sviluppo e sottosviluppo	252
	ENGLISH FOCUS THE POVERTY CYCLE	253
3	Indici di sviluppo economico e qualità della vita	253
	ENGLISH FOCUS HUMAN DEVELOPMENT REPORTS	254
4	Strategie d'intervento	255
5	La globalizzazione	257
6	Movimenti e Ong	258
	VERIFICO L'APPRENDIMENTO	260

CONTENUTI DIGITALI INTEGRATIVI

- **Laboratorio di cinema**
  Wall Street
  Il denaro non dorme mai
- **Aggiornamenti**
- **Lettura**
  Micro e macro economia italiana
  Protezionismo e libero scambio
- **Laboratorio digitale**
  Financial Literacy
- **Lezione**
  Finanza pubblica
- **Laboratorio digitale**
- **Video**
  Un modello di sviluppo sostenibile
- **Test di autoverifica**
- **Mappa interattiva**

Unità di Apprendimento 12
Le istituzioni internazionali

1 Le Nazioni Unite — 264

1	Storia e finalità	264
	ENGLISH FOCUS ARTICLE 1 CHARTER OF THE UNITED NATION	265
2	La struttura	265
3	Le agenzie delle Nazioni Unite	267

2 L'Unione europea — 269

1	Storia e finalità	269
	APPROFONDIMENTO CRONOLOGIA DELL'INTEGRAZIONE EUROPEA	274
2	La cittadinanza europea	274
3	La nascita dell'euro	276

- **Laboratorio di cinema**
  Hotel Rwanda
- **Lettura**
  La Nato
- **Laboratorio digitale**
  Surfing the European Union
- **Lezione**
  L'Unione europea
- **Test di autoverifica**
- **Mappa interattiva**

CONTENUTI DIGITALI INTEGRATIVI

4	Le istituzione europee	278
5	Le fonti comunitarie	280
6	Il Trattato di Lisbona	281
	ENGLISH FOCUS MORE TRANSPARENCY AND CHEAPER ROAMING	
	PRICES FOR EU CITIZENS	282
	VERIFICO L'APPRENDIMENTO	283

Unità di Apprendimento 13
Il mercato della moneta

1	**La moneta**	**288**
1	Breve storia della moneta	288
2	La moneta in circolazione	289
3	Il valore della moneta	290
2	**L'inflazione**	**292**
1	Come si misura l'inflazione	292
2	Le cause dell'inflazione	294
	ENGLISH FOCUS DEFINITION OF "REAGANOMICS"	297
3	**La politica monetaria**	**298**
1	Gli strumenti	298
2	Il ruolo delle banche centrali	300
	VERIFICO L'APPRENDIMENTO	302

Video
Dal baratto alla moneta elettronica

Laboratorio digitale
Financial Literacy

Aggiornamenti

Laboratorio digitale

Lettura
La teoria quantitativa della moneta

Lezione
La moneta

Test di autoverifica

Mappa interattiva

Unità di Apprendimento 14
La magistratura

1	**L'amministrazione della giustizia**	**306**
1	I giudici e la funzione giurisdizionale	306
	ENGLISH FOCUS A LAY SERMON BY ROBERT INGERSOLL	308
2	Le giurisdizioni speciali	309
3	L'indipendenza della magistratura	310
4	Il giusto processo	314
	ENGLISH FOCUS DUE PROCESS OF LAW	316
5	La giurisdizione amministrativa	317
	VERIFICO L'APPRENDIMENTO	318

Laboratorio di cinema
Il giudice ragazzino

Video
L'ordinamento della Repubblica

Lettura
La competenza dei magistrati
e i gradi del processo
Lo svolgimento del processo civile
e del processo penale
Diritto soggettivo e interesse
legittimo

Laboratorio digitale

Test di autoverifica

Mappa interattiva

Indice XV

Unità di Apprendimento 15
Le regioni, le province, i comuni

1	**Gli enti territoriali minori**	**322**
1	La riforma del Titolo V della Costituzione	322
	ENGLISH FOCUS AN EXAMPLE OF "FEDERAL" SYSTEM: COMMONWEALTH OF AUSTRALIA	327
2	**Le funzioni delle regioni**	**328**
1	La potestà legislativa dello Stato e delle regioni	328
2	Le funzioni amministrative delle regioni	331
3	Il federalismo fiscale	332
4	I poteri sostitutivi dello Stato	334
3	**Gli organi e gli statuti regionali**	**335**
1	Gli organi della regione e la loro elezione	335
2	Gli statuti regionali	337
3	Il rapporto fra Stato e regioni	339
4	L'istituzione di nuove regioni e province	340
	VERIFICO L'APPRENDIMENTO	342

CONTENUTI DIGITALI INTEGRATIVI

- **Lettura**
  Stato regionale e Stato federale
  Il federalismo fiscale
- **Laboratorio digitale**
- **Test di autoverifica**
- **Mappa interattiva**

Unità di Apprendimento 16
Le garanzie costituzionali

1	**La Corte costituzionale**	**346**
1	Le competenze della Corte costituzionale	346
	ENGLISH FOCUS THE COURT AND CONSTITUTIONAL INTERPRETATION	348
2	La composizione della Corte costituzionale	348
3	Il giudizio di legittimità	351
4	Le leggi costituzionali	353
5	Le Disposizioni transitorie e finali	356
	VERIFICO L'APPRENDIMENTO	358

Verifico le competenze   361

- **Laboratorio digitale**
- **Test di autoverifica**
- **Mappa interattiva**

XVI ■ Indice

Unità di apprendimento 1

La norma e le fonti

1 Le norme giuridiche e le norme sociali
2 Il sistema delle fonti

Conoscenze

- Le norme giuridiche e le norme sociali
- Le caratteristiche delle norme giuridiche
- Il sistema delle sanzioni
- Le fonti normative e la loro gerarchia
- L'abrogazione delle norme giuridiche
- L'interpretazione delle norme giuridiche
- Diritto oggettivo e soggettivo

Abilità

- Confrontare le caratteristiche delle norme giuridiche rispetto alle norme sociali
- Confrontare le caratteristiche delle sanzioni
- Distinguere le differenti fonti normative e la loro gerarchia
- Analizzare aspetti e comportamenti delle realtà sociali e personali e confrontarli con il dettato della norma giuridica
- Reperire le fonti
- Riconoscere funzioni ed efficacia dei diversi tipi di interpretazione
- Distinguere diritto oggettivo e soggettivo

FOCUS FILM... Laboratorio di cinema
per comprendere l'importanza dell'espressione di idee attraverso diversi mezzi di comunicazione

Il film focalizza l'attenzione sulla lotta per la legalità alla quale Falcone e Borsellino, i due magistrati morti insieme alle loro scorte per mano della mafia, hanno dedicato e sacrificato la vita.

1 Le norme giuridiche e le norme sociali

IL DIRITTO E L'ECONOMIA POLITICA NELLA VITA QUOTIDIANA

 Lettura

Se vuoi approfondire clicca qui!

Ciascuno di noi conosce una notevole quantità di regole da rispettare, dette anche **norme**. "Non uccidere", "non rubare", "non dire falsa testimonianza", "i debiti vanno pagati" sono altrettante norme.
Tali regole sono tutte riconducibili alla necessità che *gli uomini vivano in una società ordinata*, tranquilla, in cui *ciascuno compie il proprio dovere* e si aspetta che anche gli altri lo facciano. Tuttavia è facile intuire che esse fanno parte di "**ordini**" o ambiti diversi del vivere in comunità.
Tutte hanno *valore per lo Stato*, nel senso che, se qualcuno uccide, ruba, testimonia il falso o non paga i debiti, interviene un giudice a stabilire che costui deve scontare una pena o deve essere costretto a pagare. Questo significa, in prima approssimazione, che si tratta certamente di **norme giuridiche**.

Esse hanno anche *valore religioso*. Le principali religioni del mondo fanno proprie queste fondamentali regole di comportamento.
Hanno poi *valore etico* (cioè *morale, del buono e corretto comportamento*): indipendentemente dalla religione che si professa o anche se non si è credenti, queste norme rappresentano un *valore da rispettare* per il fatto stesso di riconoscere la propria appartenenza alla comunità umana.

Esistono anche altre regole che fanno parte di uno solo degli ordini considerati:
- andare a messa la domenica è un *dovere di tipo religioso*;
- dichiarare di avere cambiato residenza è una *regola giuridica* priva di implicazioni in altri ambiti;
- non aiutare un anziano in difficoltà ad attraversare la strada è una *mancanza che riguarda l'etica*, ma non ha rilievo per lo Stato;
- mettere i piedi sul tavolo o sbadigliare in classe viola una *regola della buona educazione*.

Ciascuna delle regole fin qui considerate ha un **valore sociale**, nel senso che è riconosciuta come tale in uno o più ambiti all'interno della società. Dal grande insieme delle norme sociali emerge un sottoinsieme estremamente vasto e complesso: quello delle norme giuridiche.
La **norma giuridica** è una *regola di comportamento riconosciuta e fatta valere dallo Stato*. L'insieme delle norme giuridiche costituisce l'**ordinamento giuridico**.

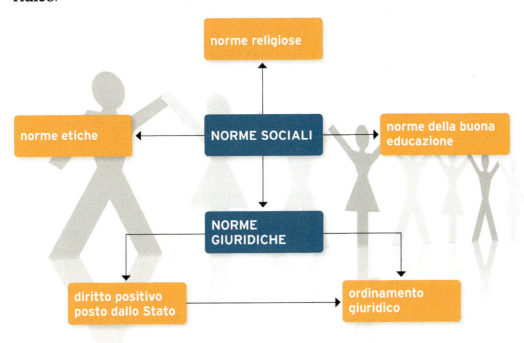

1 Le caratteristiche delle norme giuridiche

Le norme giuridiche presentano alcune caratteristiche che le rendono diverse e riconoscibili rispetto alle altre norme sociali.

Prendiamo in esame l'articolo 575 del Codice penale, riguardante l'omicidio: «Chiunque cagiona» cioè *provoca* «la morte di un uomo è punito con la reclusione non inferiore ad anni ventuno».
Il termine **chiunque** significa che *la norma si rivolge a qualsiasi persona*, uomo o donna, giovane o vecchio, cittadino o straniero. Altre norme possono invece essere riferite a categorie più ristrette di persone. L'articolo 86 del Codice civile, «Non può contrarre matrimonio chi è vincolato da matrimonio prece-

L'attraversamento della carreggiata sulle strisce pedonali non è solo una buona norma di comportamento ma una norma sancita dal Codice della strada.

La norma e le fonti

dente», si riferisce solamente alle persone sposate, mentre l'articolo 1218, «Il debitore che non esegue esattamente la prestazione dovuta è tenuto al risarcimento del danno» è indirizzato ai debitori. *La norma non riguarda mai una persona determinata*, il signor Mario Rossi, *ma sempre l'intera collettività o una parte più circoscritta di essa*. Si può concludere che *la prima caratteristica* della norma giuridica è la **generalità**.

L'espressione «cagiona la morte di un uomo» fa riferimento a tutti i possibili casi di **omicidio**, indipendentemente dalle modalità di svolgimento del fatto. La norma non prende in esame un caso concreto, ovvero il signor Mario Rossi che ha ucciso con un colpo di pistola il vicino di casa Alberto Bianchi, ma tutta l'infinita serie di avvenimenti che, avendo come conseguenza la morte di un uomo (o di una donna o di un bambino), possono essere definiti omicidi. L'avvenimento descritto in tali *termini astratti* si chiama **fattispecie**. Poiché non fa mai riferimento a casi concreti, *la seconda caratteristica* della norma giuridica è l'**astrattezza**.

La frase «è punito con la reclusione non inferiore ad anni ventuno» costituisce quella parte della norma che si chiama **sanzione** (dal verbo latino *sancire* che significa rendere inviolabile, stabile, cioè ritornare alla situazione precedente alla violazione della norma).
Spesso si dice che anche la sanzione rientra tra le caratteristiche della norma, ma ciò non è del tutto vero:

- esistono norme, dette **incentivanti**, che non hanno lo scopo di punire chi le ha violate, bensì quello di *premiare chi tiene un determinato comportamento considerato vantaggioso per la collettività*: per esempio chi cambia la caldaia con una più efficiente può godere di una riduzione delle imposte.
- altre norme, dette **derogabili**, producono i loro effetti *solo se i soggetti interessati non decidono diversamente* (art. 1183 Cod. civ.: «Se non è determinato il tempo in cui la prestazione deve essere eseguita, il creditore può esigerla immediatamente»; pertanto il creditore può anche decidere di aspettare prima di chiedere la prestazione);
- ci sono infine norme che prescrivono determinate modalità di comportamento, ma *la cui violazione non produce alcun tipo di sanzione giuridica*; la norma svolge allora la funzione di ispirare ai cittadini regole di **comportamento corretto** (art. 315 Cod. civ.: «Il figlio deve rispettare i genitori»).

Quindi è possibile concludere che *la sanzione è una caratteristica eventuale della norma* in quanto la si riscontra nella maggioranza delle norme, ma non in tutte.

Un'altra caratteristica della norma è la sua **obbligatorietà**, detta anche *coattività*: lo Stato può imporre il rispetto della norma violata e applicare la relativa sanzione anche facendo **uso della forza** (cosa che si verifica non solo nel momento in cui la polizia arresta il malfattore, ma anche quando l'**ufficiale giudiziario** procede alla vendita dei beni del debitore inadempiente). *L'obbligatorietà è una caratteristica che non è presente in tutte le norme*: in questo caso vale ciò che si è detto a proposito della sanzione, e cioè che si tratta di una *caratteristica eventuale*.

In conclusione, l'elemento che differenzia con certezza le norme giuridiche dalle altre norme sociali è che *le norme giuridiche sono poste in essere dallo Stato, attraverso precise modalità decise dallo Stato stesso,* per esempio tramite una legge votata dal Parlamento. Tali modalità sono a loro volta regolate da altre norme giuridiche.

Incentivo ■ (anche) premio, in genere in denaro, per accrescere il rendimento dei dipendenti.

Derogabile ■ norma alla quale si può derogare, cioè che è consentito non osservare.

Ufficiale giudiziario ■ dipendente pubblico che svolge vari compiti a richiesta di un giudice.

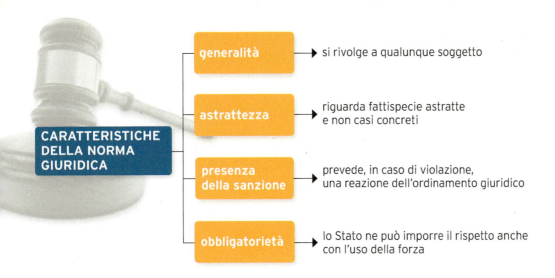

2 Il sistema delle sanzioni

Quando una norma viene violata (ovvero trasgredita), saranno applicate sanzioni di tipo diverso *a seconda dell'ambito di appartenenza della norma stessa*. Se viene violata una norma sociale, ma priva di rilevanza giuridica, *la sanzione sarà decisa e irrogata* (cioè applicata) *dalla società stessa,* cioè dalla comunità nella quale si vive. Così accade a chi viola le regole della buona educazione: dopo un certo periodo di tempo quella persona sarà estromessa dal contesto sociale al quale appartiene poiché nessuno ne tollererà più la presenza.
Lo stesso capita agli adolescenti che trasgrediscono le regole del "gruppo" di cui fanno parte.
Se viene violata una regola religiosa, *la sanzione sarà di tipo religioso e verrà decisa dalle autorità della Chiesa*: tra le più severe ricordiamo la scomunica, cioè il divieto di accostarsi ai sacramenti.

Quando viene violata una norma giuridica, anche *la sanzione sarà di tipo giuridico, cioè decisa dall'autorità giudiziaria e fatta eseguire anche con l'uso della forza*. A questo proposito occorre distinguere se il comportamento illecito, cioè il comportamento che ha prodotto la violazione della norma, rientri nell'ambito del **diritto civile**, del **diritto penale** o del **diritto amministrativo** in quanto verranno applicate, a seconda dei casi, sanzioni di tipo diverso.

La sanzione legata all'**illecito civile** è nella maggior parte dei casi rappresentata dal **risarcimento del danno**. Se rompo la finestra del vicino giocando a palla, dovrò pagare la spesa che il vicino deve sostenere per sostituire il vetro rotto.
In altri casi, invece, la sanzione civile consiste nell'**invalidità dell'atto**. Quindi non produce alcun effetto giuridico il contratto col quale vendo il Colosseo, perché il bene non è di mia proprietà ma appartiene allo Stato e, tra l'altro, non potrebbe venderlo neanche lo Stato. Dovrò perciò restituire il denaro ricevuto.

Gli **illeciti penali** prendono il nome di **reati**, i quali si dividono in delitti e contravvenzioni. Di regola *i delitti sono reati più gravi delle contravvenzioni*: omicidio, furto, corruzione di un funzionario pubblico, violenza sessuale, riduzione in schiavitù, rissa sono **delitti**; rifiutarsi di dare le proprie generalità a un agente di polizia, ridursi in stato di ubriachezza in un luogo pubblico, detenere abusivamente delle armi sono **contravvenzioni**.

La norma e le fonti   5

Pecuniario ■ deriva dal latino *pecus*, che significa "pecora" o "bestiame", assai utilizzati nell'antichità come moneta negli scambi commerciali.

Le sanzioni per i delitti sono: l'*ergastolo* (la reclusione a vita), la *reclusione* e la *multa*. Le sanzioni per le contravvenzioni sono l'*arresto* e l'*ammenda*. Ergastolo, reclusione e arresto sono **pene detentive**, hanno cioè l'effetto di *privare il soggetto della libertà personale*, mentre multa e ammenda sono **pene pecuniarie** e consistono nel *pagamento di una somma di denaro*.

L'**illecito amministrativo** prevede sanzioni quali il pagamento di somme di denaro, il sequestro di beni, la sospensione o la rimozione da un incarico, il ritiro della patente.

L'illecito amministrativo riguarda una *casistica molto varia e complessa*; commette un illecito amministrativo il funzionario che non obbedisce agli ordini del suo superiore, l'automobilista che lascia l'autoveicolo in divieto di sosta, oppure il consiglio di classe che prende una decisione senza rispettare la procedura corretta.

Il sistema delle sanzioni

FOCUS digitale

Purtroppo il reato di **stalking** è diventato sempre più frequente nella nostra società. Cerca in rete il testo del reato, evidenzia le fattispecie astratte indicate dalla norma e la tipologia di sanzioni. (Per esempio vai sul sito http://www.professionisti.it e inserisci la voce "*stalking*" nell'apposito spazio "Cerca nell'enciclopedia".)
Sei a conoscenza di qualche episodio avvenuto a persone che conosci?
Altrimenti ricerca fatti recenti di cronaca riportati dai quotidiani on line e discutine in classe.

■ **Stalking** insieme di molestie ripetute nei confronti di qualcuno.

? RISPONDO

- Che cos'è la norma giuridica?
- Quali sono le caratteristiche delle norme giuridiche?
- Che cosa significano generalità e astrattezza?
- Che cos'è la sanzione?
- Quali sono le *sanzioni giuridiche* corrispondenti agli illeciti civili, penali e amministrativi?

2 Il sistema delle fonti

Le **fonti** delle norme giuridiche *sono tutto ciò da cui le norme giuridiche sono prodotte*; il termine stesso ci suggerisce l'idea dello scaturire, del far nascere.
Si distinguono in **fonti di cognizione** e **fonti di produzione**. Le prime sono le *leggi*, i *codici*, i *regolamenti* e *tutti gli altri strumenti che ci consentono di conoscere le norme stesse*, pubblicati sulla Gazzetta ufficiale, i Bollettini ufficiali delle regioni, la Gazzetta ufficiale dell'Unione europea; dal 1996 i testi delle leggi sono disponibili nel sito del Parlamento (http://www.parlamento.it/), con accesso diretto anche dai siti della Camera (http://www.camera.it/) e del Senato (http://www.senato.it/).

Le fonti di produzione, invece, sono gli *atti* o i *fatti dai quali l'ordinamento giuridico prevede che nascano le norme*.
Le fonti di produzione si distinguono a seconda dell'organo (Parlamento, Governo ecc.) che le ha emanate e a seconda dell'importanza che assumono all'interno dell'ordinamento giuridico. Infatti le fonti, e quindi le norme da esse prodotte, sono inquadrate in un **ordine gerarchico**, cioè di importanza, in base al quale *una norma di grado inferiore non può essere in contrasto con una norma di grado superiore*. Un esempio di organizzazione di tipo gerarchico è l'esercito, nel quale il soldato semplice deve obbedire al caporale, il quale a sua volta deve obbedire al capitano e così via.

Al primo gradino della gerarchia delle fonti si collocano le **fonti costituzionali**, che sono la *Costituzione* e le *leggi costituzionali*. La **Costituzione** fu elaborata dall'**Assemblea costituente** ed entrò in vigore, cioè divenne operante, il 1° gennaio 1948. Essa contiene le norme più importanti che regolano la vita dello Stato: i *principi fondamentali* (democrazia, libertà, uguaglianza ecc.), i *diritti* e i *doveri* dei cittadini e il *funzionamento degli organi costituzionali* (Parlamento, Governo, Presidente della Repubblica ecc.).
Poiché le norme giuridiche tendono a evolversi nel tempo, di pari passo con l'evoluzione della società, è possibile che si avverta l'esigenza di modificare anche la Costituzione: a questo scopo sono previste le leggi costituzionali che servono a integrarla o modificarla.

STORIA DELLA CODIFICAZIONE

Video

Per saperne di più guarda il video!

▪ **Assemblea costituente**
assemblea eletta a suffragio universale (maschile e femminile), il 2 giugno 1946, per scrivere la nuova Costituzione.

Una seduta dell'Assemblea costituente che iniziò i suoi lavori il 25 giugno 1946 e diede vita alla Costituzione italiana.

Procedura ▪
in diritto, il complesso delle operazioni da seguire per raggiungere un determinato scopo, ma anche le formalità che si devono osservare nello svolgimento di un processo.

Le **leggi costituzionali** sono approvate dal Parlamento con una **procedura** particolare, che prende il nome di **procedura aggravata** (cioè resa più difficile), essendo molto più lunga e complessa di quella richiesta per l'approvazione delle leggi ordinarie (cioè non costituzionali).

Al secondo gradino della gerarchia delle fonti troviamo le **fonti primarie** che si possono suddividere in cinque categorie diverse:

1 le *leggi ordinarie*: vengono approvate dal Parlamento con una votazione alla Camera dei deputati e una votazione al Senato;

2 i *regolamenti dell'Unione europea*: sono approvati dall'Unione ed entrano in vigore immediatamente negli Stati che ne fanno parte; altre fonti comunitarie sono i trattati e le direttive;

3 i *decreti legge*: sono emanati dal Governo in casi straordinari di necessità e urgenza, e devono essere presentati immediatamente al Parlamento che dispone di 60 giorni di tempo per convertirli, cioè trasformarli, in legge; altrimenti decadono e perdono ogni efficacia;

4 i *decreti legislativi*: anche questi emanati dal Governo, ma solo dopo che il Parlamento, attraverso un'apposita **legge-delega**, ha stabilito l'argomento, i tempi e i criteri, cioè i principi da seguire nella stesura del decreto legislativo. Di regola, nascono come decreti legislativi i **Codici**, che sono ampie raccolte di norme che disciplinano un unico argomento. Attualmente, i più importanti codici vigenti in Italia sono: il *Codice penale* (del 1931), il *Codice civile* (del 1942), il *Codice di procedura civile* (del 1942, modificato nel 1995), il *Codice di procedura penale* (del 1989);

5 le *leggi regionali*: sono vere e proprie leggi, che vengono *emanate dalle regioni*, e pertanto hanno validità solo nel territorio regionale.

Delega ▪
atto con il quale un soggetto attribuisce a un altro soggetto un proprio potere.

Poiché le norme sono prodotte da uomini che, in quanto tali, possono anche commettere errori, l'ordinamento giuridico ha previsto la necessità di dover eliminare le norme che violano il principio della gerarchia delle fonti. A questo scopo sono stati predisposti alcuni strumenti, tra i quali il più importante è la **Corte costituzionale**, l'organo che ha la funzione di controllare che le leggi non siano in contrasto con quanto disposto dalla Costituzione: *le norme incostituzionali vengono dichiarate inefficaci*, e perciò *cancellate* dall'ordinamento giuridico.

Al terzo gradino della gerarchia delle fonti stanno le **fonti secondarie** che sono i *regolamenti*, nella maggior parte dei casi emanati dal Governo o da singoli mini-

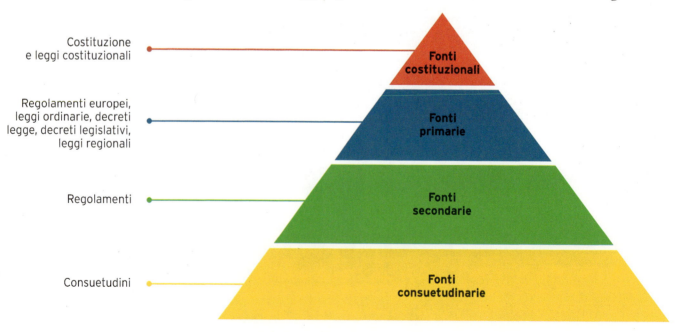

8 ▪ Unità di apprendimento 1

stri, ma anche da altre autorità, come ad esempio il **prefetto** o il sindaco. Hanno lo scopo di specificare meglio il contenuto di una legge o di un atto avente forza di legge, e quindi di rendere possibile l'applicazione. I regolamenti non possono essere in contrasto con la Costituzione, né con le fonti primarie.

Infine, al *quarto gradino*, seguono le **fonti consuetudinarie**, vale a dire le *consuetudini*, o usi. Le consuetudini *vengono stabilite dal comportamento dei cittadini*, o di una certa categoria di cittadini, che per un tempo ragionevolmente lungo si attengono a una determinata modalità di comportamento perché ritengono che si tratti di un obbligo imposto da una norma giuridica.
È possibile che le consuetudini siano diverse da una città all'altra, da un luogo all'altro: per esempio, le convinzioni e i comportamenti degli abitanti di Bari non sono gli stessi degli abitanti di Torino. Le **Camere di commercio** hanno il compito di raccogliere le norme consuetudinarie per consentire ai cittadini interessati di consultarle per potersi adeguare.
Così come sono nate, le norme consuetudinarie possono cadere in disuso o essere superate e sostituite da altri usi. Questo singolare modo di produzione delle norme si differenzia da quelli fin qui esaminati, che invece sono il frutto di procedure complesse e di atti scritti e formali e perciò vengono definiti *fonti-atto*; in contrapposizione, la consuetudine viene chiamata *fonte-fatto*, ed è l'*unica fonte non scritta* del diritto.

Nel mondo anglosassone, diversamente da quanto avviene in Italia, la gran parte delle norme nasce dalla consuetudine e non dal diritto scritto. Si chiama **Common Law** il diritto che deriva dalle sentenze dei giudici, e che gli altri giudici sono tenuti a rispettare nelle sentenze successive. Al contrario, si chiama **Civil Law** il diritto che si fonda su atti normativi e non su sentenze. Rientra in questa categoria il diritto italiano e la gran parte del diritto dei Paesi occidentali, che hanno un'origine comune nel diritto romano.

> ■ **Prefetto**
> alto funzionario dello Stato, gerarchicamente dipendente dal ministro dell'Interno e funzionalmente dal Governo, al quale sono affidate molteplici funzioni: di coordinamento, di controllo sociale e di intervento, in particolare nel mantenimento dell'ordine pubblico.

> ■ **Camera di commercio**
> ente (presente in ogni capoluogo di provincia) con funzioni di promozione degli interessi generali delle imprese nei diversi settori economici.

Common Law

The ancient law of England is based upon societal customs and recognized and enforced by the judgments and decrees of the courts. The general body of statutes and case law governed England and the American colonies prior to the American Revolution. The common-law system prevails in England, the United States, and other countries colonized by England. It is distinct from the civil-law system, which predominates in Europe and in areas colonized by France and Spain.

(liberamente tratto da: http://legal-dictionary.thefreedictionary.com/Common+law)

FOCUS digitale

Visita il sito del Parlamento (http://www.parlamento.it), clicca sulla sezione "Leggi" e, dopo aver letto la Presentazione, consulta le pagine relative alle varie tipologie di fonti primarie. Collega ciascuna fonte presentata nel testo con quelle all'interno della pagina del Parlamento.
Perché alcune sono assenti?
Confrontati con i tuoi compagni.

La norma e le fonti

Approfondimento

L'abrogazione delle norme

Abrogare significa eliminare, cancellare. Quando una norma non è più attuale, occorre eliminarla dall'ordinamento giuridico ed eventualmente sostituirla con una più idonea.
L'abrogazione può avvenire in due modi:
• da parte del legislatore, che approva una nuova norma la quale si sostituisce alla precedente: l'abrogazione può essere *espressa*, se la norma nuova dice esplicitamente che quella vecchia è abrogata, oppure *tacita*, quando la norma nuova risulta incompatibile con quella vecchia;
• tramite un *referendum*, detto perciò abrogativo, con il quale i cittadini sono chiamati a pronunciarsi per mezzo del voto a favore o contro l'abrogazione di una intera legge o di parte di essa.

1 Individuare e interpretare le norme

Giudici, avvocati e semplici cittadini hanno spesso la necessità di rintracciare una certa norma per poterla consultare. Per facilitarne la ricerca, le norme vengono citate con l'*indicazione*, in genere abbreviata, *della fonte che le ha prodotte*, la *data* e il *numero progressivo*.

Quando leggiamo: "art. 1 l. cost. 23 gennaio 2001 n. 1", significa che dobbiamo cercare la norma contenuta nell'articolo 1 della legge costituzionale promulgata il giorno 23 gennaio 2001, cui è stato attribuito il numero progressivo 1, poiché è stata la prima legge costituzionale emanata in quell'anno; "l. 218/1995" è la forma abbreviata, la più sintetica possibile, per citare la legge ordinaria contrassegnata dal numero 218 ed emanata dal Parlamento nell'anno 1995.

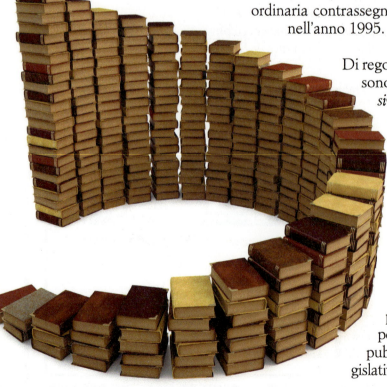

Di regola gli atti normativi sono suddivisi in **articoli**, che sono a loro volta contrassegnati da un *numero progressivo* e in molti casi corredati di un titolo detto *rubrica*. Se l'articolo contiene una sola frase, si dice che è formato da un *comma unico*. Se, invece, è composto da più frasi separate dal punto e a capo, queste vengono denominate *primo comma*, *secondo comma* ecc. Il secondo comma si può indicare anche come *primo capoverso* (cpv), il terzo comma come *secondo capoverso* e così di seguito.

Leggendo un testo giuridico ci si può imbattere in numerose abbreviazioni: **Cost.** sta per Costituzione, **l.** per legge, **c.c.** per Codice civile, **c.p.** per Codice penale, **c.p.c.** per Codice di procedura penale, **d.p.r.** per decreto del Presidente della Repubblica, **d.l.** per decreto legge, **d.lgs.** per decreto legislativo, e via dicendo.

Interpretare tali abbreviazioni a volte riesce semplice e intuitivo, a volte può esserlo molto meno; è importante non confonderle con altri acronimi ricorrenti nel linguaggio comune, dove "p.e." significa "per esempio" e "c.d." "cosiddetto".

Dove si possono consultare le fonti?
Esiste una pubblicazione, come già detto, che si intitola *Gazzetta ufficiale*, nella quale vengono pubblicati gli atti normativi. È possibile consultare la *Gazzetta ufficiale* nelle biblioteche e in molti uffici pubblici.
Per altre fonti esistono pubblicazioni specifiche, come il *Bollettino ufficiale regionale* per i provvedimenti regionali, o le *Raccolte di usi e consuetudini* tenute dalle Camere di commercio.

Oggi la ricerca e la consultazione delle fonti risultano facilitate rispetto al passato, perché molte sono disponibili anche su Internet. Tuttavia, non bisogna dimenticare che le pubblicazioni diverse da quelle ufficiali hanno un valore puramente informativo e non, appunto, ufficiale.

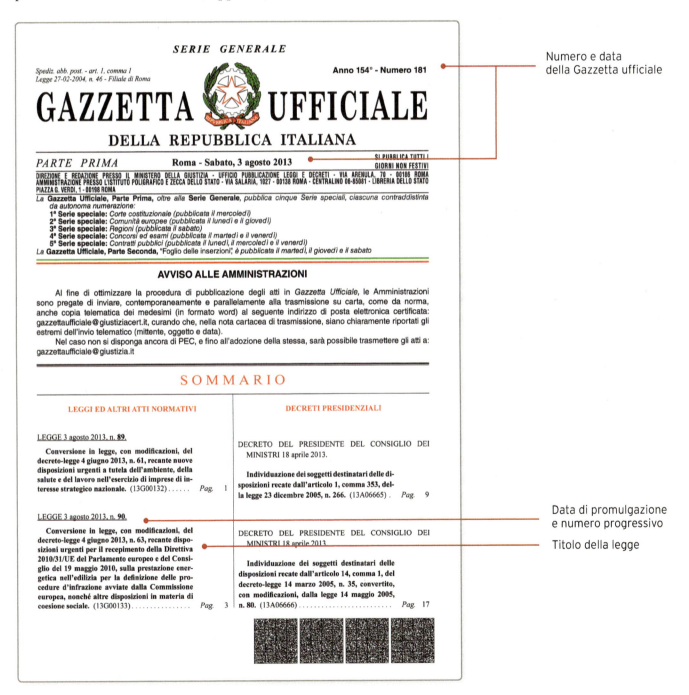

La norma e le fonti

Esempio di un articolo delle Disposizioni preliminari al Codice civile	
11.	numero dell'articolo
Efficacia della legge nel tempo.	rubrica
La legge non dispone che per l'avvenire; essa non ha effetto retroattivo	1° comma
I contratti collettivi di lavoro possono stabilire per la loro efficacia una data anteriore alla pubblicazione, purché non preceda quella della stipulazione.	2° comma o 1° capoverso

Laboratorio digitale

FOCUS digitale

Visita il sito della Gazzetta ufficiale (http://www.gazzettaufficiale.it), esamina le varie serie raccolte e clicca sul bottone "Serie generale": troverai l'elenco delle Gazzette ufficiali pubblicate negli ultimi 30 giorni; cliccando ancora, potrai iniziare la consultazione. Confronta il contenuto con le fonti presentate nel testo.
Come sono suddivise le fonti della Gazzetta ufficiale?
Per imparare a navigare in questo sito usa i link: "Guida all'uso" e "FAQ".

2 L'interpretazione delle norme giuridiche

Se proviamo a leggere una qualsiasi norma giuridica, è probabile che il suo significato ci risulti chiaro, nonostante il linguaggio talvolta un po' antiquato. È chiarissimo per esempio l'articolo 924 del Codice civile: «Il proprietario di sciami di api ha diritto d'inseguirli sul fondo altrui, ma deve indennità per il danno cagionato al fondo».

In qualche caso possiamo credere di aver capito, ma invece siamo tratti in inganno dal fatto che, nel parlare comune, alcuni termini sono usati in modo improprio, o comunque hanno un significato diverso da quello che assumono nel linguaggio giuridico.

Leggendo l'articolo 56 del Codice penale: «Chi compie atti idonei, diretti in modo non equivoco a commettere un delitto, risponde di delitto tentato...», chi non fosse a conoscenza della differenza tra delitti e contravvenzioni potrebbe ritenere che il termine *delitto* si riferisca al "delitto per eccellenza", cioè all'omicidio. Invece già sappiamo che delitti e contravvenzioni costituiscono le due categorie dei reati.

Se poi prendiamo in esame l'articolo 922 del Codice civile: «La proprietà si acquista per occupazione, per invenzione, per accessione, per specificazione, per unione o commistione, per usucapione, per effetto di contratti, per successione a causa di morte e negli altri modi stabiliti dalla legge», ci rendiamo immediatamente conto che non conosciamo il significato delle parole usate, e che forse il termine *invenzione* in questo caso non vuole dire "creazione di una cosa nuova" (infatti in questo contesto significa "ritrovamento").

Dunque, interpretare una norma può essere difficile. Chiunque può provare ad interpretare una norma, anche uno studente del primo anno delle scuole superiori, ma la sua interpretazione non produce alcun effetto e soprattutto non è vincolante (cioè obbligatoria) per nessuno.

Ben diversa è la situazione quando *l'attività interpretativa è svolta da un* **giudice** che è tenuto a conoscere l'esatto significato della norma perché deve emanare una sentenza.

Una volta emanata la sentenza, *l'interpretazione del giudice diventa* **vincolante** *per le parti in causa* (cioè per le persone coinvolte), poiché la sua attività consiste nel prendere in considerazione una norma generale e astratta e applicarla per risolvere proprio quel caso specifico che è stato chiamato a giudicare.

In base a quella norma il giudice potrà assolvere o condannare, o stabilire chi ha ragione tra due contendenti. Ecco perché il contenuto di una sentenza può cambiare la vita delle persone.

Il giudice deve rispettare le "regole dell'interpretazione" dettate dalla legge stessa. L'articolo 12 delle Disposizioni sulla legge in generale che introducono il Codice civile dice che: «Nell'applicare la legge non si può ad essa attribuire altro senso che quello fatto palese dal significato proprio delle parole secondo la connessione di esse, e dalla intenzione del legislatore».

Finché si cerca il significato delle parole nella loro connessione, *il giudice opera un'interpretazione che viene definita* **letterale**.

Si chiama invece **interpretazione logica** quella che si propone di attribuire alla legge un significato più elevato, *che vuole individuare la "volontà del legislatore", cioè stabilire qual è la finalità che la legge si prefigge*. "**Legislatore**" è un concetto astratto che indica l'organo che ha il potere di emanare norme giuridiche.

Il giudice ha il dovere di applicare le norme sull'interpretazione, ma non ha alcun obbligo rispetto al risultato dell'interpretazione: egli può interpretare in modo diverso e perfino opposto a quanto fatto da altri giudici prima di lui. Fino a questo momento abbiamo parlato di **interpretazione giudiziale** (o **giurisprudenziale**), che è quella *data dai giudici nell'esercizio delle loro funzioni*.

Esiste anche un altro tipo di interpretazione, quella dottrinale, a opera dei giuristi, cioè degli studiosi del diritto, per esempio i professori universitari; l'**interpretazione dottrinale** è *utile ai giudici per comprendere il significato delle norme e poterle applicare nella maniera più corretta*. L'interpretazione dei giuristi, tuttavia, non è vincolante per nessuno.

Talvolta accade che il legislatore decida di chiarire come debba essere interpretata una norma il cui significato ha dato origine a opinioni contrastanti: si parla allora di **interpretazione autentica**, che risulta obbligatoria per tutti.

L'interpretazione della legge	
A seconda del soggetto	
giudiziale	effettuata dai giudici
dottrinale	effettuata dagli studiosi del diritto
autentica	effettuata dal legislatore
A seconda del criterio	
letterale	secondo il significato delle parole e la loro connessione
logica	secondo la volontà del legislatore

La norma e le fonti 13

3 Diritto oggettivo e diritto soggettivo

Etimologia ■
significato di un vocabolo studiato attraverso la sua evoluzione nel tempo.

L'**etimologia** della parola *diritto* deriva dal verbo latino *dirigere*, che significa dare una direzione, regolare. Molte parole che hanno una relazione con il diritto, ad esempio: *giu*stizia, *giu*dice, *giu*risprudenza, *giu*ridico, sono parole composte dal sostantivo **ius**, anch'esso latino, che vuole dire, a sua volta, diritto. Proviamo ora a confrontare queste due frasi: "Il diritto italiano non prevede la pena di morte" e "Poiché sono il proprietario, ho diritto di vendere l'appartamento".
In entrambe le espressioni viene utilizzato il termine *diritto* ma volendo indicare *due significati diversi*.
Nella prima frase *diritto* vuol dire **ordinamento giuridico**, quello che in inglese si traduce con la parola *law* e che in italiano dobbiamo esprimere facendo ricorso anche a un aggettivo: parleremo, in questo senso, di **diritto oggettivo**.

Legge
Act (law: statute) ■
a written law passed by Parliament, Congress, etc.
Law (government law) ■
the system of rules which a particular country or community recognizes as regulating the actions of its members and which it may enforce by the imposition of penalties.

Nella seconda frase il termine "diritto" serve per fare riferimento a uno stato di cose del tutto diverso: sta a significare che il proprietario si trova in una *situazione di vantaggio rispetto agli altri membri della collettività*: può vendere il suo appartamento, oppure lasciarlo in eredità, o donarlo, o affittarlo. Tale situazione di vantaggio è riconosciuta e tutelata dall'ordinamento giuridico (cioè dal diritto oggettivo). In tal senso si parla di **diritto soggettivo**, significato che in inglese si esprime col termine *right*.

Diritto
Right ■
what a person legally should be able to do or have.

Esiste una regola pratica per riconoscere a prima vista quale dei due significati il termine diritto assume in un determinato contesto: se possiamo sostituirlo con l'espressione "ordinamento giuridico", allora stiamo parlando di diritto oggettivo, se, invece, non è possibile farlo, vorrà dire che il nostro discorso si riferisce al diritto soggettivo.

? RISPONDO

- Quali sono le *fonti del diritto*?
- Qual è l'*ordine gerarchico* delle fonti del diritto?
- Che cosa vuol dire *abrogazione*?
- Quali sono gli elementi necessari per trovare le norme che ci interessano?
- Che cos'è un *articolo*?
- Quali effetti hanno i diversi *tipi di interpretazione*?
- Che cosa sono il *diritto oggettivo* e il *diritto soggettivo*?

VERIFICO L'APPRENDIMENTO

VERIFICO LE CONOSCENZE

vero o falso?

1. Andare a messa la domenica è una norma giuridica — V F
2. Le norme giuridiche fanno parte delle norme sociali — V F
3. L'ordinamento giuridico è l'insieme delle regole stabilite dallo Stato — V F
4. La caratteristica della generalità delle norme significa che la norma si rivolge a un singolo individuo — V F
5. La caratteristica dell'astrattezza delle norme significa che la norma si riferisce a un caso concreto — V F
6. Ciascuna norma prevede una sanzione — V F
7. La contravvenzione è una sanzione — V F
8. La reclusione è una sanzione per i delitti — V F
9. Il risarcimento del danno è una sanzione per gli illeciti civili — V F
10. La Costituzione non può essere contraddetta da nessuna norma di grado inferiore — V F
11. Le leggi regionali fanno parte delle fonti primarie — V F
12. La consuetudine è una fonte scritta — V F
13. L'interpretazione letterale va alla ricerca della "volontà del legislatore" — V F
14. L'interpretazione giudiziale è quella data dai giudici — V F
15. Una norma derogabile premia chi tiene comportamenti utili per la società — V F
16. In inglese "diritto soggettivo" si traduce con *right* — V F

scelgo la risposta esatta

1. **Quale tra queste frasi non è una norma giuridica?**
   A. È vietato parcheggiare sul marciapiede
   B. È vietato fumare nei locali pubblici
   C. A casa mia è vietato rientrare dopo le 23
   D. È vietato vendere alcolici ai minori di anni 18

2. **Le norme giuridiche:**
   A. prevedono sempre una sanzione
   B. prevedono talvolta una sanzione
   C. non prevedono mai una sanzione
   D. prevedono sempre un premio per il cittadino che le rispetta

3. **La reclusione è una sanzione prevista per:**
   A. gli illeciti penali
   B. gli illeciti civili
   C. gli illeciti gravi
   D. gli illeciti amministrativi

4. **Sono fonti primarie:**
   A. le consuetudini
   B. la Costituzione
   C. i regolamenti
   D. le leggi

5. **L'interpretazione dottrinale è opera:**
   A. dei giudici
   B. degli studenti di diritto
   C. del legislatore
   D. degli studiosi del diritto

completo

All'interno delle norme sociali le norme (1) .... si riconoscono perché sono riconosciute e fatte (2) .... dallo Stato.

La norma giuridica non si rivolge mai a una persona determinata: questo significa che la prima caratteristica delle norme giuridiche è la (3) ....

La norma giuridica non fa mai riferimento a casi (4) ....: questo significa che la seconda caratteristica delle norme giuridiche è l'(5) ....

Le norme (6) .... prevedono un premio anziché una (7) ....

Le sanzioni per gli illeciti civili sono l'(8) .... dell'atto e il (9) .... del danno.

L'ergastolo, la reclusione e l'arresto sono pene (10) ....

Le pene pecuniarie sono invece la (11) .... e l'(12) .... Le leggi ordinarie rientrano nelle fonti (13) ....

Le uniche fonti non scritte sono le (14) ....

L'interpretazione (15) .... diventa vincolante per le parti in causa. L'interpretazione autentica viene effettuata dal (16) ....

L'ordinamento giuridico è composto dalle norme che formano il diritto (17) ....

ammenda; astrattezza; concreti; consuetudini; detentive; generalità; giudiziale; giuridiche; incentivanti; invalidità; multa; oggettivo; Parlamento; primarie; risarcimento; sanzione; valere.

La norma e le fonti — 15

VERIFICO L'APPRENDIMENTO

• IMPARO A IMPARARE...

costruisci una mappa partendo dai seguenti concetti

1. Gerarchia delle fonti: fonti costituzionali, fonti primarie, fonti secondarie, fonti consuetudinarie
2. Tipi di interpretazione: interpretazione giudiziale, interpretazione dottrinale, interpretazione autentica
3. Tipi di sanzioni: per i reati, per gli illeciti civili, per gli illeciti amministrativi

 ▶ **AIUTATI E VERIFICA IL TUO LAVORO CON LE MAPPE INTERATTIVE**

• IMPARO A COMUNICARE...

rispondi verbalmente e poi in forma scritta

1. Qual è la differenza tra le norme giuridiche e le altre norme sociali?
2. Da che cosa è formato l'*ordinamento giuridico*?
3. Che cosa significano astrattezza e generalità?
4. Esistono norme giuridiche prive di sanzione?
5. Quali sono i tipi di illeciti?
6. Qual è la differenza fra pene detentive e pene pecuniarie?
7. Qual è la differenza tra fonti di cognizione e fonti di produzione?
8. I decreti legge sono fonti primarie?
9. Le consuetudini sono fonti-atto?
10. In quali modi può essere abrogata una norma?
11. A che cosa serve l'interpretazione dottrinale?
12. Quali effetti hanno i diversi *tipi di interpretazione*?
13. Perché l'interpretazione più importante è quella effettuata dai giudici?
14. Qual è la differenza tra interpretazione letterale e logica?
15. Che cosa significano diritto oggettivo e soggettivo?

• INTERPRETO L'INFORMAZIONE

Sottolinea nelle letture le parole che non conosci e cerca sul dizionario l'esatta definizione.

1 Comprare oggetti contraffatti non costituisce reato ma soltanto un illecito amministrativo

Corte di Cassazione Sez. Seconda Pen. - Sent. del 29.10.2012, n. 42106

La Cassazione ha esaminato un caso relativo all'acquisto, per **uso personale**, di un **Cartier** e un **Rolex**, palesemente contraffatti, stabilendo che la vicenda concretamente verificatasi sia inquadrabile come **illecito amministrativo** e non invece come un reato penalmente rilevante.
L'acquisto venne fatto in un sito Internet che dichiarava la riproduzione degli orologi e, pertanto, l'uomo era consapevole della loro "falsità" ma, allo stesso tempo, veniva meno anche il fatto che gli oggetti potessero essere frutto di altro reato perché il sito Internet aveva caratteristiche di ufficialità. L'acquirente finale di un prodotto con marchio contraffatto, o comunque di origine e provenienza diversa da quella indicata, risponde dell'illecito amministrativo previsto dalla l. 23 luglio 2009 n. 99, e non di ricettazione (art. 648 Cod. pen.) o di acquisto di cose di sospetta provenienza (art. 712 Cod. pen.), configurandosi l'illecito amministrativo soltanto quando l'acquisto o la ricezione siano destinati a uso esclusivamente personale [...].
Condividendo questa motivazione la Cassazione ha ritenuto fondato il motivo su cui si basava il ricorso presentato dall'imputato e gli ha dato ragione inquadrando la vicenda dentro l'ambito degli illeciti amministrativi e non penali.

(liberamente tratto da: http://www.sentenze-cassazione.com)

Rispondi alle domande

1. Perché acquistare oggetti contraffatti è un comportamento illecito?
2. L'uomo era consapevole della "falsità" dell'oggetto?
3. Perché questo comportamento è stato considerato un illecito amministrativo e non un reato?

2 Cassazione, è un reato non sottoporsi all'alcoltest

Corte di Cassazione - Sentenza 6 febbraio 2013, n. 5909

La corte di appello di Torino, con sentenza del 2 marzo 2012, ha confermato la condanna di G.G.L. alla pena di quattro mesi di arresto ed euro 1600 di ammenda e alla sanzione amministrativa accessoria della sospensione della patente di guida per un anno, per il reato di cui all'articolo 186, comma sette, del Codice della strada. In data (omissis), nei pressi di un centro commerciale di (...), il G., uscendo dal parcheggio, urtava un'altra autovettura; controllato dagli agenti intervenuti, alla richiesta di sotto-

Unità di apprendimento 1 — La norma e le fonti

porsi al test alcolimetrico, il medesimo opponeva rifiuto; solo a distanza di circa un'ora dal fatto dichiarava di essere disponibile a effettuare il predetto test che gli agenti però non effettuavano. I giudici ritenevano la responsabilità penale dell'imputato e in particolare la corte di appello osservava che non era credibile la tesi del medesimo secondo cui egli era stato preso da un attacco di panico e per questa ragione aveva, almeno in un primo momento, rifiutato il test.

(liberamente tratto da: http://www.sentenze-cassazione.com)

Rispondi alle domande

1. Perché il signore in questione accettava di sottoporsi al test dopo un'ora dall'incidente?
2. Perché gli agenti non hanno effettuato il test alcolimetrico a distanza di un'ora dall'incidente?
3. Perché la Corte di appello ha condannato l'automobilista?

• APPLICO LE CONOSCENZE

Riconosci se nelle seguenti frasi il termine diritto è usato in senso oggettivo o soggettivo.

1. Poiché ho acquistato un'auto, ho diritto di guidarla.
2. Per il diritto islamico è consentito avere più mogli.
3. Il diritto anglosassone si basa sulla consuetudine.
4. È mio diritto denunciare le percosse subite.
5. Il diritto prevede che l'eredità vada ai parenti.
6. Anche se ho subito un torto, non ho diritto di farmi giustizia da solo.
7. Devo riconoscere che hai diritto di riottenere il libro che mi hai prestato.
8. La schiavitù non è ammessa dal diritto.

team working

Dopo aver formato dei gruppi di lavoro all'interno della classe, confronta i testi proposti e discutine con i tuoi compagni

1. **Partendo dalla lettura del Regolamento del tuo Istituto e del Regolamento di disciplina, costruisci un Regolamento di classe tenendo presente:**

    1) Comportamento generale degli studenti
    2) Relazioni tra gli studenti
    3) Relazioni tra studenti e insegnanti della classe
    4) Relazioni tra studenti e insegnanti della scuola, Dirigente scolastico e vicepreside
    5) Relazioni tra studenti e personale non scolastico (bidelli e segreteria)

Ricorda inoltre che il Regolamento di classe, come tutti gli altri atti contenenti norme, va diviso in articoli ed, eventualmente, in commi.

2 Reato di bullismo

Non esiste (ancora) un reato chiamato "bullismo". Per condannare un bullo occorre che le sue attività rientrino in uno dei seguenti reati: percosse, lesioni, danneggiamento (alle cose), ingiuria (offesa rivolta direttamente alla persona), diffamazione (offesa rivolta alla persona ma in presenza di altri), minacce, molestia o disturbo alle persone (le "prese in giro", le telefonate anche "mute"), razzismo (istigazione all'odio razziale).
Consideriamo che: "Il fenomeno del bullismo è una forma di oppressione in cui la giovane vittima sperimenta, per opera di uno o più coetanei prevaricatori, una condizione di profonda sofferenza, di crudele esclusione dal gruppo. Tali comportamenti di sopraffazione tendono a provocare nelle vittime la perdita della propria identità, della propria sicurezza e dell'autostima. Le vittime dei bulli hanno vita difficile: possono sentirsi oltraggiati e provare il desiderio di non andare più a scuola, in quanto questo luogo viene vissuto dalla vittima come luogo di persecuzione e di esclusione, anziché di coesione e di amicizia verso i coetanei".

(da: http://www.regione.piemonte.it/polizialocale/dwd/bulli.pdf)

Raccogli articoli su fatti di bullismo e con l'aiuto dell'insegnante proponi un testo per il reato di bullismo partendo da quello del reato di stalking. Relaziona e confronta le varie proposte emerse.

La norma e le fonti — 17

Unità di apprendimento 2

La Costituzione italiana: i principi fondamentali

1. La Costituzione italiana
2. Lo Stato italiano
3. I diritti inviolabili dell'uomo
4. Uguaglianza e lavoro
5. Dal decentramento alla tutela dell'ambiente
6. I rapporti internazionali

Conoscenze

- Caratteri e struttura della Costituzione
- Lo Stato e i suoi elementi fondamentali secondo la Costituzione italiana
- Le forme di Stato
- I soggetti giuridici
- Gli enti no profit
- Costituzione e cittadinanza: i principi fondamentali

Abilità

- Analizzare il percorso evolutivo del diritto costituzionale italiano
- Distinguere le diverse forme di Stato
- Distinguere i soggetti giuridici
- Riconoscere le caratteristiche delle organizzazioni collettive e degli enti no profit
- Riconoscere i principi fondamentali della Costituzione italiana

FOCUS FILM... Laboratorio di cinema

per comprendere l'importanza dell'espressione di idee attraverso diversi mezzi di comunicazione

Il film focalizza l'attenzione sui diritti inviolabili dell'uomo e sul divieto di discriminazioni in base alle tendenze sessuali e alle condizioni personali e sociali, principi fondamentali della nostra Costituzione.

1 La Costituzione italiana

1 I caratteri della Costituzione

La Costituzione è la **legge fondamentale** *dello Stato.* Come abbiamo già avuto occasione di osservare, la Costituzione *non può essere contraddetta da alcuna norma di grado inferiore*: costituisce quindi il punto di riferimento per ogni norma e nello stesso tempo il limite che il legislatore incontra nella produzione di altre norme.

Tutti i Paesi moderni, tranne rare eccezioni (come l'Arabia Saudita e Città del Vaticano), si sono dotati di una **Carta costituzionale**, base di partenza per stabilire il patto che lega lo Stato ai cittadini. Il contenuto minimo di una Costituzione consiste nell'enunciazione dei **diritti** e dei **doveri dei cittadini** e prevede l'esistenza di **organi costituzionali** che applicano il principio della divisione dei poteri nonché le norme fondamentali per il loro funzionamento.

Il principio della **divisione dei poteri**, elaborato da Montesquieu all'epoca dell'Illuminismo, comportava l'*attribuzione del potere legislativo al Parlamento, del potere esecutivo al Governo, del potere giudiziario alla magistratura.* Su tale principio si basano ancora le moderne costituzioni.

Diritti (Diritti umani) Human Rights ▪ especially those believed to belong to an individual and in whose exercise a government may not interfere, as the rights to speak, associate, work etc.

Dovere Duty ▪ something that one is expected or required to do by moral or legal obligation.

Le tre funzioni

- **Funzione legislativa** — fare le leggi
- **Funzione esecutiva** — dare concreta attuazione alle leggi e amministrare lo Stato
- **Funzione giudiziaria** — giudicare sulle violazioni della legge

I tre poteri

- **Parlamento**
- **Governo**
- **Magistratura**

Le Costituzioni possono essere classificate in base a diverse caratteristiche:
- a seconda che siano state elargite dal sovrano o votate dal Parlamento (o da un organo rappresentativo del popolo) si dividono in **concesse** o **votate**;
- a seconda che esprimano i diritti dei cittadini in modo sintetico o in modo ampio e specifico si possono definire **brevi** o **lunghe**;
- a seconda che possano essere modificate da una legge ordinaria oppure tramite una procedura diversa e più complessa, si dividono in **flessibili** o **rigide**. Quest'ultima distinzione è quella più significativa perché la rigidità di una Costituzione è una garanzia del fatto che essa non possa essere modificata in assenza di un accordo tra le diverse forze politiche del Paese.

2 Dallo Statuto albertino alla Costituzione repubblicana

La prima Costituzione italiana fu lo **Statuto albertino**, emanato nel 1848 da Carlo Alberto di Savoia, sovrano del Regno di Sardegna, e applicato in tutto il territorio italiano in seguito all'unificazione del Regno d'Italia.
Si trattava di una carta costituzionale *concessa*, *breve* e *flessibile* e proprio il fatto che fosse *flessibile* permise, fin dalla sua entrata in vigore, che fossero apportate diverse importanti modifiche rispetto alla prima stesura.
Quando, nel 1922, Mussolini andò al potere, la flessibilità dello Statuto albertino gli consentì di svuotarlo di significato pur senza abrogarlo formalmente: impose cambiamenti decisivi nell'ambito degli *organi dello Stato* e delle loro *funzioni* sostituendoli con organi nuovi al servizio della causa fascista; accentrò *su di sé* ogni effettivo potere; tolse ai cittadini i *diritti politici e civili*; discriminò e perseguitò alcuni gruppi per la loro *appartenenza politica o religiosa*.

Una volta caduto il fascismo, proprio a causa di quanto era avvenuto in quegli anni bui, l'Assemblea costituente, eletta dal popolo nel 1946 (le elezioni si svolsero il 2 giugno, insieme al referendum sulla scelta tra monarchia e repubblica), volle una Costituzione del tutto diversa: *votata*, *lunga*, *ma soprattutto* **rigida**, per impedire definitivamente qualsiasi ulteriore tentativo di imporre un **regime dittatoriale** e precludere ogni possibilità di violazione dei diritti dei cittadini.
Dopo due anni di lavoro dell'Assemblea costituente, la **Costituzione repubblicana** entrò in vigore il *1° gennaio 1948*.

DALLO STATUTO ALBERTINO ALLA COSTITUZIONE
Video
Per saperne di più guarda il video!

■ **Regime dittatoriale**
Stato o Governo autoritario; per esempio, la *dittatura fascista*. Anche ordinamento che, indipendentemente dalla sua forma, ha impostazioni e tendenze autoritarie, oppressive.

Manifesto elettorale per le elezioni politiche del 18 aprile 1948. Nell'immagine accanto: Prima seduta dell'Assemblea costituente.

La Costituzione italiana: i principi fondamentali 21

3 La struttura della Costituzione italiana

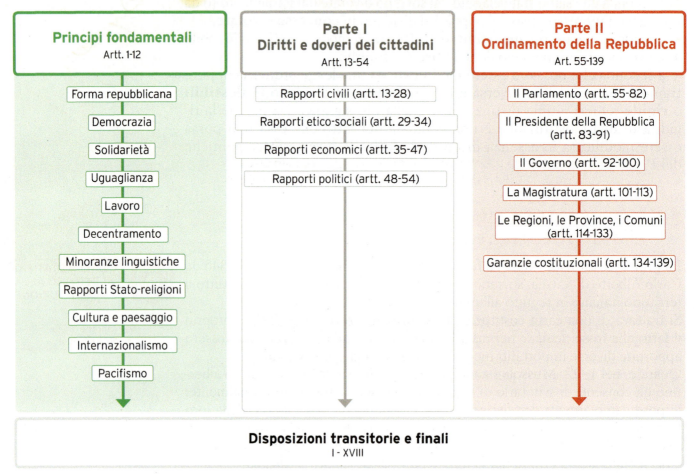

I **principi fondamentali**, espressi negli articoli dall'1 al 12, non sono modificabili nemmeno mediante il ricorso a una legge di revisione costituzionale; inoltre l'art. 139 della Costituzione specifica che *non può essere modificata la forma repubblicana*.

Pertanto non possono essere modificati i principi che caratterizzano la nostra legge fondamentale: *democrazia*, *sovranità popolare*, *unità dello Stato*, *uguaglianza*, *libertà*, *rispetto dei diritti umani*, *pluralismo*, *internazionalismo* e *pacifismo*. Questi, infatti, rappresentano i fondamenti stessi della Costituzione, i valori che hanno ispirato il lavoro dell'Assemblea costituente.

Iter legislativo ■
la serie di passaggi, di procedure e di formalità che una legge deve seguire per essere approvata.

Gli altri articoli della Costituzione sono invece *modificabili* attraverso l'apposito **iter legislativo** e, nel corso degli anni, varie leggi costituzionali ne hanno in parte trasformato l'impianto originario. Tra gli esempi più significativi possiamo ricordare la riforma dell'art. 111 sul *giusto processo* e quella del Titolo V riguardante le *regioni*, le *province* e i *comuni*.

 **RISPONDO**

- Che cos'è una *Costituzione*?
- Che cosa enuncia il principio della *divisione dei poteri*?
- Come si *classificano* le Costituzioni?
- Quale fu la *prima* Costituzione italiana?
- Che cosa si intende per *Principi fondamentali* della Costituzione?

Molte norme della Costituzione dovettero attendere anni dalla sua entrata in vigore prima di essere pienamente applicate: si pensi ad esempio all'istituzione delle *regioni a statuto ordinario* avvenuta nel 1970, oppure alla realizzazione dell'*uguaglianza tra coniugi*, che risale al 1975. Altre, infine, non sono state ancora attuate o restano in attesa di trovare una compiuta applicazione. È il caso dell'articolo 39 che prevede la registrazione dei sindacati oppure del principio di uguaglianza espresso dall'articolo 3.

Varie riforme, che riguarderebbero soprattutto i poteri degli organi costituzionali, sono da molto tempo in discussione in Parlamento e, più in generale, sono oggetto di dibattito nel mondo politico.

2 Lo Stato italiano

1 L'articolo 1 della Costituzione

ARTICOLO 1

L'Italia
È il nome del nostro Stato. Probabilmente deriva dal termine *osco* (gli osci erano un'antica popolazione italica) *Viteliu*, cui in seguito cadde la "v": indicava un territorio ricco di bovini e in cui il vitello era animale sacro.

è una Repubblica
È la *forma di Governo* scelta dagli italiani nel 1946 in contrapposizione alla precedente monarchia.

democratica,
È la *forma di Stato* configurata dalla Costituzione: il termine democrazia deriva dalle parole greche *demos*, popolo, e *kratos*, potere; significa pertanto che il potere viene esercitato dal popolo in forma sia diretta sia indiretta, cioè attraverso rappresentanti eletti.

fondata sul lavoro.
Il principio **lavorista** è uno dei principi fondamentali della Costituzione: significa che la dignità del cittadino deriva dal lavoro e non sono ammessi privilegi derivanti dal **censo**, dalla proprietà o dai titoli nobiliari.

■ **Censo**
ricchezza

La sovranità
È il potere che viene esercitato all'interno dello Stato direttamente dal popolo o indirettamente tramite appositi organi.

appartiene al popolo,
Il popolo è formato dall'insieme dei cittadini, cioè di coloro che hanno la cittadinanza italiana.

che la esercita nelle forme e nei limiti della Costituzione.
La Costituzione stessa stabilisce i modi di esercizio del potere da parte del popolo: gli istituti di **democrazia diretta** sono:
■ le *elezioni*;
■ il *referendum*;
■ l'*iniziativa legislativa popolare*;
■ la *petizione*.

Inoltre, il Parlamento, eletto dai cittadini (**democrazia diretta**), elegge a sua volta (**democrazia indiretta**) il Presidente della Repubblica e conferisce la propria fiducia al Governo.
Il primo articolo della Costituzione contiene tutti gli *elementi fondamentali* che caratterizzano il nostro Stato: uno Stato è l'**organizzazione politica** di un **popolo** stanziato su di un **territorio**.

2 Gli elementi costitutivi dello Stato

Monopolio
in economia, una sola grande azienda svolge una determinata attività economica, escludendo ogni altra. In diritto: solo un certo ente (in questo caso lo Stato) può svolgere una certa attività.

Anarchia
(dal greco *an-arché*, senza potere) rappresenta una *situazione di disordine*, rivoluzione, in cui uno Stato non è in grado di gestire il potere; è anche il nome di una *dottrina politica*, che teorizza la libertà assoluta dell'individuo e dunque l'inutilità di organismi che gestiscano il potere.

Gli *elementi costitutivi* dello Stato sono tre: **popolo**, **territorio**, **sovranità**. In assenza di uno di questi elementi non si può parlare di Stato.

Il **popolo** è *formato dall'insieme dei cittadini*, cioè di coloro che godono del **diritto di cittadinanza** e che perciò sono titolari di diritti e di doveri nei confronti dello Stato.
Il concetto di popolo non va confuso con quelli di:
- **popolazione**, che si riferisce all'*insieme delle persone che si trovano in un dato momento in un certo territorio*; per esempio, è possibile dire che in Italia la popolazione aumenta durante i mesi estivi a causa della massiccia presenza di turisti stranieri; il concetto di popolazione comprende anche gli altri stranieri presenti sul territorio dello Stato, cioè gli immigrati;
- **nazione**, intesa come *insieme di persone che si riconoscono in un determinato gruppo sociale, avendo in comune la lingua, la religione prevalente, la cultura, le tradizioni*; non sempre un popolo corrisponde a un'unica nazione: l'Italia, pur essendo uno Stato sostanzialmente uninazionale, è composta anche da minoranze appartenenti alle nazioni tedesca in Alto Adige, francese in Valle d'Aosta e slava in Friuli.

Il **territorio** è costituito:
- dal *suolo entro i limiti dei confini*, che possono essere naturali (un fiume, lo spartiacque sul crinale delle montagne) o artificiali (stabiliti da trattati con i Paesi confinanti);
- dal *sottosuolo* e dalla *piattaforma continentale*, importanti per le possibilità di sfruttamento economico (i giacimenti minerari, le riserve petrolifere ecc.);
- dal *mare territoriale*, che si estende per 12 miglia marine dalla costa, oltre il quale iniziano le acque internazionali;
- dallo *spazio aereo sovrastante*, il cui accesso può essere impedito a velivoli di Paesi non graditi;
- dalle navi e dagli aeromobili, ovunque si trovino;
- dalle *sedi diplomatiche* all'estero.

Numerose convenzioni regolano i rapporti tra gli Stati per quanto riguarda il passaggio e lo sfruttamento economico degli spazi aerei e delle acque internazionali.

Esistono gruppi di persone che si riconoscono in un'organizzazione politica ma che non hanno un territorio come i popoli nomadi. In altri casi la mancanza di un territorio è il risultato di conflitti politici come accade per i palestinesi, i curdi o i tibetani.

Il terzo elemento costitutivo dello Stato è la **sovranità**. Essa consiste nel *potere di comando* e dunque nell'*uso legittimo* del **monopolio** della forza tramite l'applicazione di sanzioni nel caso di violazioni delle norme giuridiche. La sovranità *nasce con lo Stato stesso* e non ha bisogno di ottenere riconoscimento da altri enti. Esiste anche un altro aspetto della sovranità dello Stato che si rivolge verso l'esterno: ogni Stato si concepisce come *indipendente* nell'ambito della comunità internazionale.

In Italia, e più in generale negli Stati democratici, *la sovranità appartiene al popolo*; altrove può appartenere a un monarca assoluto, a un dittatore, a un gruppo di comando.
Quando accade che nessun potere sia in grado di esercitare la sovranità all'interno di uno Stato, si verifica una situazione di **anarchia**.

La torre di Palazzo Vecchio a Firenze, sede della Signoria dal XV secolo.

Universal Declaration of Human Rights (1948)

Art. 1

All human beings are born free and equal in dignity and rights. They are endowed with reason and conscience and should act towards one another in a spirit of brotherhood

Art. 2

Everyone is entitled to all the rights and freedoms set forth in this Declaration, without distinction of any kind, such as race, colour, sex, language, religion, political or other opinion, national or social origin, property, birth or other status. Furthermore, no distinction shall be made on the basis of the political, jurisdictional or international status of the country or territory to which a person belongs, whether it be independent, trust, non-self-governing or under any other limitation of sovereignty.

FOCUS digitale

Un sito web molto interessante, in lingua inglese, è, http://www.unpo.org, che appartiene all'UNPO (Unrepresented Nations and Peoples Organization): presenta un elenco completo dei popoli senza territori e, cliccando sulla scritta "Nations & People", compare una carta geografica interattiva; cliccando su uno qualsiasi dei pallini presenti sulla mappa, compaiono tutte le informazioni relative al popolo cercato.
Non si possono dimenticare: i curdi, i palestinesi, i tibetani e i nativi americani.

Un altro sito è http://www.eurominority.eu, che riguarda solo le minoranze residenti in Europa. Il sito web è in francese, ma cliccando sulla scritta in alto a destra "30 other languages" si può scegliere la lingua preferita.
Scegli il popolo che più ti interessa ed elabora una breve ricerca su di esso, tenendo presente:
- collocazione geografica;
- consistenza numerica;
- la natura del problema;
- che cosa rivendica quel popolo.

3 Le forme di Stato

Per **forma di Stato** si intende il modo in cui lo Stato stesso è strutturato, principalmente per quanto riguarda i suoi *rapporti con i cittadini*; la forma di uno Stato indica quale *ruolo* e quali *funzioni* lo Stato stesso intenda assumere nei confronti dei cittadini e, quindi, è strettamente collegata a una determinata **ideologia politica**. Non bisogna confondere le forme di Stato con le **forme di Governo**: attualmente queste ultime possono essere monarchie o repubbliche.

- **Ideologia politica**
complesso di idee e di finalità che costituiscono la ragione d'essere e il programma di un movimento politico.

- **Governo**
Government
the political direction and control exercised over the actions of the members, citizens, or inhabitants of communities, societies and States.

La Costituzione italiana: i principi fondamentali

Le principali forme di Stato sono:

- **Stato assoluto** (dal latino *legibus solutus*, cioè sciolto dalle leggi), nel quale *i poteri sono tutti concentrati nelle mani del sovrano* e sono illimitati; gli individui non sono considerati cittadini bensì *sudditi*. Quella dello Stato assoluto è stata la forma caratteristica degli Stati nazionali dell'epoca moderna, che si basavano sulla totale identificazione dello Stato con la figura del monarca; basti pensare alla celebre frase: "Lo Stato sono io", attribuita al re di Francia Luigi XIV (1643-1715);

- **Stato liberale**, in cui *i cittadini sono uguali di fronte alla legge e godono dei diritti di libertà personale e di pensiero*; molto spesso al concetto di Stato liberale si affianca, in economia, il **liberismo**, cioè quella teoria che attribuisce grande importanza alla libertà dell'imprenditore e considera negativo l'intervento dello Stato nelle attività economiche. Anche il Regno sardo-piemontese fu uno Stato liberale, ma di tipo *elitario*, in quanto potevano godere dei diritti politici solo la nobiltà e una fascia ristretta della borghesia;

- **Stato di diritto**, nel quale *i vari organi dello Stato si sottopongono al rispetto della legge*; quindi è fondato sulla *separazione dei poteri* (legislativo, esecutivo e giudiziario) che dà ai cittadini la possibilità di ottenere giustizia in caso di comportamento **arbitrario** da parte di uno di questi. Tutte le democrazie occidentali si considerano Stati di diritto;

■ **Arbitrario**
senza il rispetto delle norme.

- **Stato democratico**, nel quale *le decisioni politiche sono prese dal popolo*. Si ha la **democrazia diretta** quando gli atti di Governo sono compiuti direttamente dal popolo; ciò poteva avvenire quando il numero dei cittadini era piuttosto esiguo, come nel caso delle città-stato dell'antica Grecia. La democrazia si dice, invece, **indiretta** o **rappresentativa** quando gli atti di Governo sono compiuti da organi eletti dal popolo, come avviene oggi in Italia dove, comunque, permangono anche istituti di democrazia diretta;

- **Stato socialista**, ispirato alla dottrina marxista, per la quale *solo lo Stato può essere proprietario dei mezzi di produzione*. Dopo la disgregazione dell'Unione Sovietica, oggi solamente la Cina, Cuba, la Corea del Nord, il Laos e il Vietnam possono essere considerati Paesi socialisti, anche se in alcuni di questi sono da tempo state realizzate forme di apertura più o meno ampia al mercato;

- **Stato sociale** o *welfare state* (stato del benessere): *tende a riequilibrare le disuguaglianze tra i cittadini nella distribuzione della ricchezza* tramite un insieme di servizi (salute, istruzione, tutela dell'infanzia, sistema pensionistico ecc.);

- **Stato totalitario**, nel quale *il potere è mantenuto con l'uso della forza nelle mani di un dittatore*, i diritti politici non esistono e la vita dei cittadini è strettamente controllata; esempi di Stati totalitari sono stati l'Italia fascista e la Germania nazista.

? RISPONDO

- Che cosa sono un *popolo*, una *popolazione*, una *nazione*?
- Da che cosa è formato il *territorio* di uno Stato?
- Che cos'è la *sovranità*?
- Quali sono le più importanti forme di Stato?

Fidel Castro, "Lider Maximo" di Cuba.

ENGLISH FOCUS

The Constitution of the United States (1787)

Preamble:

We the People of the United States, in Order to form a more perfect Union, establish Justice, insure domestic Tranquility, provide for the common Defence, promote the general Welfare, and secure the Blessings of Liberty to ourselves and our Posterity, do ordain and establish this Constitution for the United States of America.

Art. 1 - Section 1:

All legislative Powers herein granted shall be vested in a Congress of the United States, which shall consist of a Senate and House of Representatives.

3 I diritti inviolabili dell'uomo

1 L'articolo 2 della Costituzione

I DIRITTI INVIOLABILI DELL'UOMO

Lettura

Se vuoi approfondire clicca qui!

ARTICOLO 2

La Repubblica riconosce
Tutte le volte che la Costituzione utilizza l'espressione "**riconosce**" significa che fa riferimento a *situazioni considerate preesistenti* alla Costituzione stessa: perciò non stabilisce, non fonda i diritti collegati a quella situazione, ma si limita a farli propri riconoscendoli come già esistenti.

e garantisce
La Costituzione appronta gli strumenti perché i *diritti enunciati* siano effettivamente rispettati, come la possibilità di rivolgersi all'autorità giudiziaria nel caso della loro violazione.

i diritti inviolabili dell'uomo,
Sono quei diritti che da molto tempo sono considerati dall'intera umanità come **fondamentali** e che pertanto non possono essere violati da alcuna autorità (ad esempio il diritto alla vita, alla salute, alla libertà personale, alla professione religiosa, alla privacy). Tali diritti sono riconosciuti non solo a favore dei cittadini, ma a ciascun individuo che si trovi nel territorio italiano.

sia come singolo,
I diritti *inviolabili* sono riconosciuti a ogni persona in quanto tale: **principio personalista**.

sia nelle formazioni sociali
I diritti inviolabili sono riconosciuti a ogni persona anche in quanto entra a far parte delle cosiddette "formazioni sociali": la famiglia, i partiti, i **sindacati**, le associazioni di ogni genere.

ove si svolge la sua personalità,
È all'interno delle formazioni sociali che si manifesta e si sviluppa la *personalità* dell'uomo, cioè l'insieme delle peculiarità comportamentali e psicologiche di ciascuno.

e richiede l'adempimento dei doveri
Ciascun individuo ha dei **doveri** nei confronti degli altri; tuttavia quando la Costituzione parla di doveri, non sempre l'ordinamento giuridico prevede delle sanzioni per il loro mancato adempimento, come in questo caso. Si parlerà allora di un **dovere morale**.

inderogabili
Derogare significa fare eccezione; l'espressione ricorre frequentemente nel linguaggio giuridico, quando si vuole stabilire il caso in cui ci si può attenere a un comportamento diverso rispetto ai principi generali di una determinata norma (per esempio, quando vige il divieto di circolazione dei veicoli come misura antinquinamento: in deroga possono circolare vigili del fuoco, polizia ecc.); dunque *inderogabili* significa "ai quali non ci si può sottrarre".

■ **Sindacato Labor Union** an organization of wage earners or salaried employees for mutual aid and protection and for dealing collectively with employers.

La Costituzione italiana: i principi fondamentali 27

di solidarietà
Principio solidaristico: la solidarietà è quell'atteggiamento che consente alle persone di tenere conto delle situazioni altrui, provvedendo nei casi di difficoltà.

politica, economica e sociale.
L'uso di questi tre aggettivi significa che la solidarietà deve estendersi *in ogni ambito* della vita dell'uomo.

FOCUS digitale

Il **diritto alla privacy** è un tema oggi molto sentito dalla società civile. Anche nel nostro Paese è stata istituita un'Autorità indipendente per la tutela dei diritti e delle libertà fondamentali e il rispetto della dignità nel trattamento dei dati personali. Visita il sito ufficiale dell'Autorità: http://www.garanteprivacy.it. Vai nella sezione "Come tutelare la tua privacy" e scopri come sono tutelati i tuoi diritti. Vai poi nella sezione in basso "Stampa e comunicazione – campagne di comunicazione" e discuti delle regole sulla privacy a scuola.

2 La cittadinanza

La **cittadinanza** è *il vincolo giuridico che lega una persona al proprio Stato* ed è *fonte di una serie di diritti e di doveri*, cioè di uno **status,** lo status di cittadino. Tra i diritti spettanti ai cittadini ci sono tutti i **diritti politici**, come il diritto di voto, l'accesso alle cariche pubbliche e il diritto di tutela all'estero, presso le ambasciate; i **doveri** nei confronti dello Stato sono quelli di difendere la patria, pagare le tasse ed essere fedeli alla Repubblica.
Ciascuno Stato *stabilisce le* **norme** *in base alle quali si acquista e si perde la cittadinanza*.
In Italia i due principi fondamentali per l'acquisto della cittadinanza sono:

Decreto ■ disposizione dell'autorità amministrativa o giudiziaria.

il diritto di sangue (*ius sanguinis*):	è *cittadino italiano chiunque sia nato da genitori italiani*, o anche da un solo genitore italiano, in qualunque Stato sia avvenuta la nascita; questo è il principio generale, adottato da altri Paesi come ad esempio la Germania.
il diritto di suolo (*ius soli*):	è *cittadino italiano chi è nato in Italia da genitori apolidi*, cioè privi di cittadinanza, *o sconosciuti*, come accade quando vengono fortuitamente ritrovati bambini abbandonati. Il principio del diritto di suolo è adottato da vari Paesi, in particolare dagli Usa, dalla Francia e dal Brasile.

Altri modi per acquistare la cittadinanza italiana sono:

il matrimonio	può acquistare la cittadinanza il coniuge di un cittadino italiano dopo due anni dal matrimonio, se risiede in Italia, o dopo tre anni se non vi risiede.
l'adozione	il bambino adottato è considerato come figlio legittimo.
la concessione (o naturalizzazione) da parte del Presidente della Repubblica	tramite un **decreto** la cittadinanza è concessa ai cittadini di uno dei Paesi dell'Unione europea dopo quattro anni di residenza in Italia, e a coloro che provengono da altri Paesi dopo dieci anni di residenza.

28 ■ Unità di apprendimento 2

La cittadinanza si può perdere quando una persona, titolare di doppia cittadinanza a causa delle diverse norme che regolano questa materia nei vari Paesi, ed essendo residente all'estero, dichiari di volervi rinunciare.

I cittadini di ciascuno degli Stati membri dell'Unione europea *sono titolari, oltre che della cittadinanza del proprio Paese, anche della cittadinanza europea.*
Attualmente sono presenti in Parlamento una cinquantina di proposte di legge per modificare l'acquisto della cittadinanza da parte di chi proviene da Paesi extraeuropei; alcune vorrebbero l'acquisto automatico della cittadinanza per i bambini nati in Italia, altre si occupano di accorciare i tempi per gli adulti residenti.

Nel mondo è ancora diffuso il fenomeno dell'**apolidia** (cioè l'essere **privi di cittadinanza**), anche se risulta assai difficile ottenere cifre ufficiali al riguardo: tra i gruppi più numerosi ricordiamo i curdi, i palestinesi e i rom.

■ **Apolidia**
Statelessness
refers to the condition of an individual who is not considered as a national by any state. Stateless people may sometimes also be refugees.

FOCUS digitale

Cerca nei siti dei quotidiani on line i più recenti interventi dei nostri politici in merito alla modifica delle norme sulla cittadinanza. Fai una breve schedatura di ogni articolo (fonte – data – titolo – contenuto). Relaziona in classe e confronta i risultati della ricerca con i tuoi compagni.

3 Persone fisiche e persone giuridiche

Prima ancora di essere cittadini, i membri della collettività sono considerati **persone**. L'ordinamento giuridico riconosce l'esistenza di due categorie di persone:

L'IMPUTABILITÀ E I REATI DEI MINORI
Lettura
Se vuoi approfondire clicca qui!

le persone fisiche	le persone giuridiche
sono *ciascun essere umano vivente,* cioè ciascuno di noi.	sono *organizzazioni* formate da più persone fisiche come ad esempio, la Fiat, l'Enel, il comune di Frosinone.

4 La capacità giuridica e la capacità di agire

Il bambino si considera nato quando, separatosi dal corpo della madre, compie il primo respiro. *Da quell'istante acquista la* **capacità giuridica**: cioè la *capacità di essere titolare di diritti e di doveri.*
Quali sono i diritti che spettano a ogni singolo individuo, anche se appena nato?

Il diritto di cittadinanza	è il legame tra l'individuo e lo Stato.
I diritti della personalità	sono il diritto alla vita, all'integrità fisica, al nome, all'immagine, alla privacy e via dicendo.
I diritti di famiglia	in primo luogo il diritto ad essere mantenuto, educato e istruito dai propri genitori.

La Costituzione italiana: i principi fondamentali   **29**

Altri diritti sono invece solo *eventuali*, e sono quelli di **natura patrimoniale**. Un bambino può essere proprietario di appartamenti, terreni, azioni, aziende (perché li ha ricevuti per eredità o per donazione). Tuttavia il fatto di essere titolare di diritti non significa che abbia la capacità di esercitarli: sarebbe molto rischioso che il bambino stesso potesse fare dei propri beni quello che desidera. Tanto meno sarebbe in grado di adempiere ai doveri ad essi collegati, come pagare le tasse. Perciò qualcun altro li gestirà per lui: i genitori o, in mancanza di questi, un tutore nominato dal tribunale.

Il bambino potrà disporre dei propri diritti solo quando compirà 18 anni, cioè *quando diventerà maggiorenne e acquisterà la* **capacità di agire**. Tale capacità viene definita come l'*idoneità a esercitare i propri diritti con proprie, autonome manifestazioni di volontà*.

La capacità di agire si manifesta con l'esercizio di:

diritti politici	diritto di voto alle elezioni della Camera dei deputati (per votare per il Senato occorrono 25 anni), alle elezioni amministrative, ai referendum, alle elezioni per il Parlamento europeo.
diritti patrimoniali	stipulare contratti, fare testamento ecc.
diritti di famiglia	sposarsi ed esercitare i relativi diritti.

Non è sempre necessario essere maggiorenni per poter esercitare un diritto e viceversa per esercitarne altri si richiede un'età anche superiore ai 18 anni: per candidarsi alla Camera dei deputati occorrono 25 anni, al Senato 40; per stipulare un contratto di lavoro ne bastano 16; per frequentare la scuola secondaria di secondo grado occorre firmare personalmente il modulo di iscrizione, anche se esso va controfirmato dai genitori. A 16 anni si può riconoscere un figlio, a 14 si può guidare un ciclomotore (ma solo dopo aver conseguito il "patentino"!), partecipare alla vita democratica della scuola e dare il proprio consenso per essere adottati.

Si ricordi inoltre che dal 2012 occorrono 18 anni per acquistare alcoolici e sigarette.

La capacità di agire si acquista a 18 anni solo dal 1975, anno in cui fu approvata la riforma del diritto di famiglia. Precedentemente la si acquistava a 21.

Rientra nell'esperienza comune dei minorenni lo stipulare contratti di valore modesto, come acquistare capi di vestiario, andare in pizzeria o al cinema. Queste semplici attività sono possibili sulla base di una **convenzione** generalmente accettata per la quale i minori sono considerati *rappresentanti dei propri genitori*. Si tratta di una forma di rappresentanza per la quale non è richiesta alcuna particolare capacità, ma solo l'idoneità a ripetere gli ordini ricevuti, a far conoscere la volontà altrui, cioè quella appunto dei genitori.

Convenzione ■ accordo che nasce da comuni intenti.

La patente AM, che consente di condurre ciclomotori, può essere conseguita dai 14 anni.

5 L'incapacità

Non sempre, raggiunti i 18 anni, il soggetto acquista la capacità di agire. Esistono **malattie fisiche** o **psichiche**, o abitudini di vita, come l'**abuso di alcol** o **sostanze stupefacenti**, o la prodigalità (cioè lo sperperare le proprie ricchezze senza motivo) che di fatto *impediscono al soggetto una effettiva capacità d'intendere e di volere*. Tali persone sono definite **incapaci**.

Tramite una sentenza del tribunale (che ha lo scopo non di punire ma di difendere tali soggetti da atti che potrebbero essere per loro dannosi) possono essere dichiarati interdetti o inabilitati. Nel caso dell'**interdizione** la loro **incapacità** è **assoluta** e vengono affidati a un **tutore**, che compirà per loro gli atti giuridici necessari. Nel caso dell'**inabilitazione** sono colpiti da una **incapacità relativa** e vengono affidati a un **curatore**, che li affiancherà nel compimento degli atti giuridici più importanti.
Una legge recente, l. 9 gennaio 2004 n. 6, ha introdotto l'**amministrazione di sostegno**, che ha lo scopo di *aiutare un soggetto debole, "privo in tutto o in parte di autonomia", a prendere le decisioni più importanti riguardanti la propria vita*: il giudice emana un provvedimento nel quale si stabilisce quali atti possono essere compiuti dal soggetto da solo e quali dall'amministratore o dall'amministratore insieme all'interessato. Tale forma di protezione abbandona la logica dell'**infermità mentale** a favore di quella del **sostegno della persona** che si trovi nell'impossibilità, anche parziale o temporanea, di provvedere ai propri interessi. Si può pensare al caso dell'anziano che vive da solo e che è in grado di farsi la spesa ma ha difficoltà a ritirare e gestire la pensione, o a pagare le proprie utenze. L'amministrazione di sostegno sta andando in molti casi a sostituire l'interdizione, poiché si caratterizza per una maggiore flessibilità.

Il potere dei genitori, dei tutori, dei curatori e degli amministratori di compiere atti giuridici per conto dei figli minori, degli interdetti e degli inabilitati si chiama rappresentanza legale.
Oltre all'**interdizione giudiziale**, che è quella ora esaminata, esiste anche l'**interdizione legale**, che è una pena accessoria per coloro che siano stati condannati a una pena detentiva non inferiore ai cinque anni.

6 Le formazioni sociali

Ognuno di noi vive in una complessa rete di relazioni sociali, senza la quale la sua personalità non troverebbe stimoli e quindi non avrebbe la possibilità di svilupparsi pienamente.

Le **formazioni sociali** possono essere identificate con:
- la *famiglia*;
- i *partiti*;
- i *sindacati*;
- le *confessioni religiose*;
- la *scuola*;
- le *associazioni* di ogni tipo: sportive, culturali, ricreative.

I diritti inviolabili sono riconosciuti all'uomo, oltre che come singolo, anche in quanto individuo facente parte di formazioni sociali, le quali godono degli stessi diritti dei singoli e sono a loro volta tenute al rispetto dei diritti individuali di coloro che vi partecipano.
L'importanza attribuita alle formazioni sociali è ricollegabile al **principio del pluralismo**, cioè alla concezione di una società nella quale le differenze non solo sono accettate, ma anche valorizzate.

7 Le organizzazioni collettive

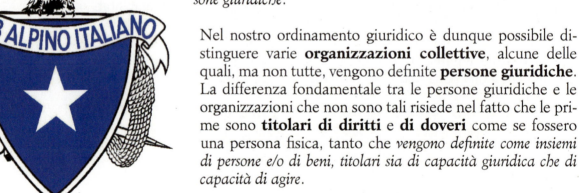

Molte tra le attività svolte nell'ambito delle società moderne hanno maggiore possibilità di riuscita se sono svolte da più persone insieme piuttosto che dai singoli individui. Per questo motivo gli ordinamenti giuridici moderni prevedono l'esistenza delle *persone giuridiche*.

Nel nostro ordinamento giuridico è dunque possibile distinguere varie **organizzazioni collettive**, alcune delle quali, ma non tutte, vengono definite **persone giuridiche**. La differenza fondamentale tra le persone giuridiche e le organizzazioni che non sono tali risiede nel fatto che le prime sono **titolari di diritti** e **di doveri** come se fossero una persona fisica, tanto che *vengono definite come insiemi di persone e/o di beni, titolari sia di capacità giuridica che di capacità di agire*.

Le organizzazioni collettive acquistano la qualifica di **persona giuridica** se chiedono e ottengono il riconoscimento da parte dello Stato, iscrivendosi al Registro delle persone giuridiche istituito presso le prefetture.
Sono persone giuridiche:

- le *associazioni riconosciute* (il Cai, Club Alpino Italiano, la Lav, Lega Anti Vivisezione);
- le *fondazioni* (la Fondazione Giovanni Agnelli di Torino, la Fondazione Giovanni Falcone di Palermo);
- le *società di capitali* (società per azioni, società in accomandita per azioni, società a responsabilità limitata);
- le *cooperative* (*edilizie*, *di consumo*, *di lavoro*, *di assistenza* ecc.);
- gli *enti pubblici*.

Sono invece **organizzazioni** collettive che non acquistano la qualifica di persona giuridica:

- le *associazioni non riconosciute* (partiti politici, sindacati, associazioni culturali, sportive, ricreative ecc.);
- le *società di persone* (società semplice, società in nome collettivo, società in accomandita semplice).

Una caratteristica comune a tutte le società, sia di persone che di capitali, è lo **scopo di lucro**: tale espressione significa che il fine per il quale viene costituita una società consiste nella ripartizione degli utili tra i soci, cioè nella distribuzione ai soci di quanto la società è riuscita a "guadagnare" attraverso l'esercizio collettivo di un'attività economica.

8 Gli enti no profit

Gli **enti no profit**, detti anche organizzazioni *senza scopo di lucro*, sono enti nei quali la principale finalità non è quella di conseguire un profitto bensì di reinvestire nelle proprie attività tutti gli utili conseguiti.

Possono essere strutturati in diverse forme giuridiche, quali ad esempio: associazioni riconosciute e non, fondazioni, Onlus (organizzazioni non lucrative di utilità sociale) e Ong (organizzazioni non governative); queste ultime sono enti che operano nel campo della cooperazione internazionale ma non sono gestiti dagli Stati.
Citiamo, ad esempio, tra le Ong, Emergency e Mani Tese; Onlus come il Wwf e Greenpeace.

 **RISPONDO**

- Che cosa si intende per "diritti inviolabili"?
- Che cos'è la *cittadinanza*?
- Che cosa si intende per *capacità giuridica* e *capacità di agire*?
- Che cosa sono le *formazioni sociali*?
- Che cosa sono le *persone giuridiche*?
- Che cosa sono gli *enti no profit*?

La Costituzione italiana: i principi fondamentali

4 Uguaglianza e lavoro

1 Il principio dell'uguaglianza

ARTICOLO 3

Tutti i cittadini hanno pari dignità sociale

> Nel primo comma l'articolo esprime il principio dell'**uguaglianza formale**: non deve esserci differenza di considerazione e di trattamento tra i cittadini; sono esclusi i privilegi di ogni tipo.

e sono eguali davanti alla legge

> È il concetto che si trova scritto sulle pareti dei tribunali con la frase: "La legge è uguale per tutti".

senza distinzione di sesso, di razza, di lingua, di religione, di opinioni politiche, di condizioni personali e sociali.

> Divieto di discriminazioni tra uomini e donne, tra bianchi e persone di colore, tra coloro che parlano la lingua italiana e chi non la parla, tra i cattolici e chi professa un'altra confessione religiosa, tra chi manifesta idee politiche differenti e la maggioranza, tra tutti coloro che presentano una diversità e l'uomo "medio", tra il ricco e il povero, il colto e l'ignorante.

È compito della Repubblica

> Il secondo comma dell'articolo esprime il principio dell'**uguaglianza sostanziale**. Il nostro Stato *attribuisce a sé* il dovere di raggiungerla.

rimuovere gli ostacoli di ordine economico e sociale,

> La Repubblica riconosce l'*esistenza di vari ostacoli all'uguaglianza*, che nascono dalla diversità di condizione delle persone, riconducibile a fattori sia economici che sociali.

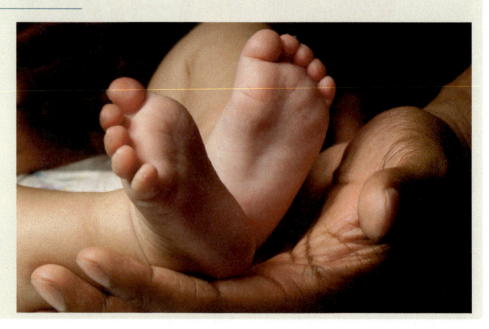

che, limitando di fatto
Al di là dell'uguaglianza formale occorre ottenere l'uguaglianza sostanziale, effettiva.

la libertà e l'eguaglianza dei cittadini,
Non solo questi ostacoli impediscono l'uguaglianza, ma anche la stessa libertà risulta limitata o annullata tutte le volte che ci si trova di fronte a una discriminazione che impedisce alla persona di realizzarsi.

impediscono il pieno sviluppo della persona umana
Lo sviluppo completo della persona implica il pieno esercizio delle proprie possibilità e potenzialità.

e l'effettiva partecipazione di tutti i lavoratori
Richiamo al principio lavorista come fondamento della dignità della persona.

all'organizzazione politica, economica e sociale del Paese.
La partecipazione degli individui alle comunità intermedie completa la realizzazione della personalità umana nella sua complessità.

Nonostante l'articolo 3 faccia riferimento ai cittadini, esso si applica anche nei confronti degli stranieri.

L'**uguaglianza formale** consiste nel *divieto di discriminazioni*: due soggetti in situazioni uguali non possono ricevere un trattamento differente. Ciò avveniva quando uomini e donne, pur svolgendo esattamente lo stesso lavoro, venivano retribuiti in misura diversa, o quando gli ebrei furono privati dei diritti civili e politici.

È tuttavia innegabile che le differenze tra le persone esistano e di queste l'ordinamento giuridico deve tenere conto. Chi parla una lingua diversa dall'italiano ha diritto a un interprete durante il processo. La madre che ha appena partorito ha diritto ad assentarsi dal lavoro.
Il divieto di discriminazioni, dunque, assume il significato di divieto di discriminazioni *irragionevoli*. Se le discriminazioni sono invece "ragionevoli", cioè motivate dalla disparità delle situazioni, allora diventano corrette e addirittura indispensabili per realizzare proprio il concetto di uguaglianza.

Non viola il principio di uguaglianza il fatto che la persona meno abbiente debba pagare tributi in misura inferiore a quella più ricca, o che il minore che lavora non possa essere addetto a mansioni particolarmente faticose o pericolose.

Per quanto riguarda invece l'**uguaglianza sostanziale**, la Repubblica si propone di rimuovere gli ostacoli che le persone incontrano e che impediscono loro il pieno sviluppo della personalità. Pertanto sia le leggi esistenti sia quelle che saranno emanate in futuro sono condizionate da questo vincolo: occorre fare in modo che tutti abbiano le stesse opportunità. È dunque giusto che gli studenti "capaci e meritevoli, anche se privi di mezzi" possano raggiungere i gradi più alti degli studi tramite la concessione di borse di studio (art. 34 c. 3), che i disoccupati ricevano un piccolo sussidio per vivere, che i malati e i portatori di handicap siano curati gratuitamente.

Si noti, infine, il collegamento tra l'art. 2 e l'art. 3. Se non esistesse il dovere di solidarietà, di aiuto reciproco, gli ostacoli che rendono difficile la vita di tante persone non potrebbero assolutamente essere superati: non è solo attraverso l'emanazione di leggi giuste che è possibile riequilibrare le disuguaglianze.

2 Il diritto-dovere al lavoro

ARTICOLO 4

La Repubblica riconosce a tutti i cittadini il diritto al lavoro

Il primo comma dell'art. 4 esprime il concetto di lavoro come **diritto**.
Si collega all'art. 1 della Costituzione: *il diritto al lavoro è il diritto che consente a ciascuno di acquisire la dignità di cittadino.*

e promuove le condizioni che rendano effettivo questo diritto.

Il diritto al lavoro non è un **diritto soggettivo** tutelabile davanti a un giudice (come quando, avendo prestato 1000 euro e non ottenendone la restituzione, ci rivolgiamo al tribunale affinché condanni il debitore a pagare). Un disoccupato non può pretendere che gli organi dello Stato provvedano a trovargli un posto di lavoro. Tuttavia lo Stato è tenuto a emanare norme che, promuovendo il pieno sviluppo dell'economia, consentano di raggiungere la più ampia occupazione.

Ogni cittadino ha il dovere di svolgere,

Il secondo comma dell'articolo 4 esprime il concetto di lavoro come **dovere**. È un dovere privo di sanzione, in quanto chi vive di rendita o di carità non può essere sanzionato. Si tratta, tuttavia, di un *dovere morale*.

secondo le proprie possibilità e la propria scelta,

Le persone devono essere libere di scegliere l'attività lavorativa che preferiscono e che abbiano l'effettiva capacità di svolgere.

un'attività o una funzione

L'*attività* può essere di lavoro dipendente o autonomo, di produzione di beni materiali o immateriali (come il frutto del lavoro degli artisti o degli scienziati), di prestazione di servizi (come l'attività di un'agenzia di viaggi o un'agenzia matrimoniale, oppure di un medico, un ingegnere, un avvocato).
Il termine *funzione* riguarda diverse sfere della vita sociale, come le funzioni politiche o sindacali, la missione dei ministri di culto, tutte le funzioni pubbliche svolte dai funzionari dello Stato.

che concorra al progresso materiale o spirituale della società.

È indifferente che il progresso di cui la società gode attraverso il lavoro dei cittadini sia materiale, cioè derivi dalla produzione di ricchezza, o spirituale, cioè riguardi le più alte sfere della personalità.

La Costituzione pone il principio lavorista nell'articolo 1; lo riprende poi all'articolo 4, per definirlo meglio. Utilizza infine il Titolo III per specificare i diritti dei lavoratori e le loro tutele. Si intuisce pertanto la grandissima importanza che l'Assemblea costituente volle attribuire al **lavoro**, *che diviene principio non solo fondamentale ma anche fondante la nascente Repubblica.*

In una società veramente democratica solo il lavoro può essere il principio in base al quale l'uomo acquista la piena dignità di cittadino, indipendentemente dalla classe sociale di appartenenza o dal fatto di essere titolare di proprietà o di potersi fregiare di **titoli nobiliari**, che furono aboliti con la caduta della monarchia.

 RISPONDO

- Che cosa vuol dire *uguaglianza formale*?
- Che cosa vuol dire *uguaglianza sostanziale*?
- Che cosa significa che il lavoro è sia un diritto che un dovere?
- Da dove nasce la piena dignità del cittadino?

La Costituzione italiana: i principi fondamentali

5 Dal decentramento alla tutela dell'ambiente

1 Decentramento e accentramento

ARTICOLO 5

La Repubblica, una e indivisibile,

La definizione della Repubblica come "una e indivisibile" significa che l'**assetto unitario** del nostro Stato *non può essere modificato* e che *il territorio dello Stato non può essere diviso al fine di dare vita a Stati diversi*.

riconosce e promuove le autonomie locali;

Il termine **autonomia** deriva dalle parole greche *autòs*, che vuol dire se stesso, e *nòmos*, che significa legge; indica dunque la *capacità di darsi da sé leggi proprie, di sapersi autogovernare*. Lo Stato italiano, accettando il **pluralismo delle comunità locali**, riconosce gli enti territoriali come le regioni, le province e i comuni e agevola la loro capacità di darsi delle norme; consente inoltre che tali enti perseguano, attraverso proprie decisioni politiche, finalità specifiche proprie del territorio e della popolazione che essi rappresentano.

attua nei servizi che dipendono dallo Stato il più ampio decentramento amministrativo;

L'attività amministrativa può essere svolta secondo i due opposti principi dell'*accentramento* (tutte le decisioni vengono prese dal Governo centrale) o del *decentramento* (la maggior parte delle decisioni vengono prese dagli enti territoriali che meglio conoscono i bisogni della propria popolazione); la nostra Costituzione sceglie il secondo, stabilendo che debba essere "il più ampio".

adegua i princìpi ed i metodi della sua legislazione alle esigenze dell'autonomia e del decentramento.

Affinché sia possibile attuare l'autonomia e il decentramento occorre che lo Stato emani delle norme che ne rendano possibile la realizzazione. Il Titolo V della Parte II della Costituzione, "Le Regioni, le Province, i Comuni", che sarà esaminato più avanti, è stato ampiamente modificato da leggi costituzionali nel senso di una più penetrante applicazione del principio del decentramento.

2 La tutela delle minoranze linguistiche

ARTICOLO 6

La Repubblica tutela con apposite norme le minoranze linguistiche.

La Repubblica riconosce l'esistenza di minoranze linguistiche in alcuni ambiti della popolazione italiana, e intende salvaguardarne il valore nel rispetto della diversità. In Italia esistono nuclei di popolazione, e dunque formazioni sociali, che utilizzano abitualmente una **lingua diversa dall'italiano**. Tale fenomeno interessa circa il 5% della popolazione complessiva.

Le minoranze che per prime hanno goduto di tutela per la conservazione della propria lingua sono state quelle di *lingua tedesca*, *francese* e *slava* rispettivamente in Trentino-Alto Adige, Valle d'Aosta e Friuli Venezia Giulia. Infine una legge del 1999 ha previsto la valorizzazione delle lingue e delle culture di numerose altre minoranze.

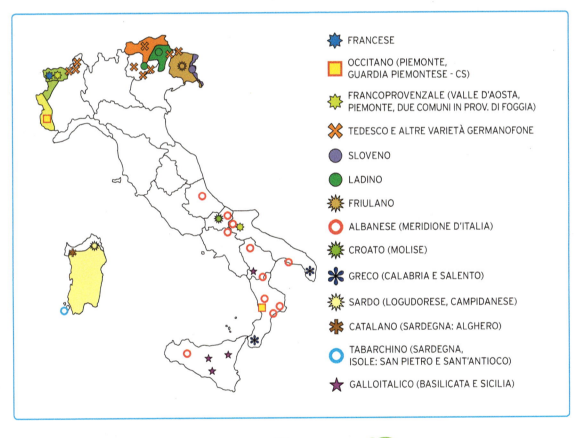

- FRANCESE
- OCCITANO (PIEMONTE, GUARDIA PIEMONTESE - CS)
- FRANCOPROVENZALE (VALLE D'AOSTA, PIEMONTE, DUE COMUNI IN PROV. DI FOGGIA)
- TEDESCO E ALTRE VARIETÀ GERMANOFONE
- SLOVENO
- LADINO
- FRIULANO
- ALBANESE (MERIDIONE D'ITALIA)
- CROATO (MOLISE)
- GRECO (CALABRIA E SALENTO)
- SARDO (LOGUDORESE, CAMPIDANESE)
- CATALANO (SARDEGNA: ALGHERO)
- TABARCHINO (SARDEGNA, ISOLE: SAN PIETRO E SANT'ANTIOCO)
- GALLOITALICO (BASILICATA E SICILIA)

3 Lo Stato e la Chiesa cattolica

ARTICOLO 7

Lo Stato e la Chiesa cattolica sono, ciascuno nel proprio ordine, indipendenti e sovrani.

Lo Stato italiano e la Chiesa cattolica, riconoscendo reciprocamente i diversi ambiti di attività, politico-organizzativo il primo e spirituale la seconda, si considerano **indipendenti** l'uno dall'altra; si considerano anche, reciprocamente, **titolari di sovranità**, attributo essenziale di ciascuno Stato. Tra lo Stato italiano e lo Stato Città del Vaticano si intrattengono normali relazioni diplomatiche, tramite **ambasciatori** da una parte e **nunzi apostolici** dall'altra. Gli ambasciatori sono i rappresentanti di uno Stato presso uno Stato estero, con il compito di intrattenere relazioni diplomatiche, che vengono interrotte in caso di guerra. I nunzi apostolici sono gli ambasciatori per lo stato Città del Vaticano.

Relazioni diplomatiche ■ nel diritto internazionale, i rapporti ufficiali fra Stati attuati attraverso appositi organi.

I loro rapporti sono regolati dai Patti Lateranensi.

I Patti Lateranensi furono firmati l'11 febbraio 1929 da Mussolini, capo del Governo italiano, e dal cardinale Gasparri, rappresentante del pontefice Pio XI. Sono così chiamati perché la loro firma avvenne nel palazzo di San Giovanni in Laterano a Roma. Tramite tali Patti veniva regolata la questione territoriale e riconosciuta alla religione cattolica, definita "religione di Stato", una posizione di preminenza rispetto alle altre religioni. In particolare si introduceva l'insegnamento della religione nelle scuole e si riconosceva validità civile al matrimonio celebrato in chiesa. Lo Stato italiano si configurava così come uno Stato confessionale.

Questione territoriale ■ c.d. "questione romana" sorta nel 1870 con l'occupazione dello Stato della Chiesa da parte del Regno d'Italia.

Le modificazioni dei Patti, accettate dalle due parti, non richiedono procedimento di revisione costituzionale.

Qualsiasi modifica, che dovesse essere stabilita unilateralmente dallo Stato, senza preventivo accordo con la Chiesa cattolica, comporterebbe la necessità di revisione costituzionale dell'art. 7. Invece le modifiche accettate dalle due parti non richiedono questa lunga e complessa procedura. Nel 1984 la revisione dei Patti, accolta sia dallo Stato che dalla Chiesa, ha introdotto modifiche rilevanti rendendo lo Stato italiano uno Stato laico.

Stato laico ■ autonomo rispetto alle istituzioni religiose; non ispirato da una fede.

La firma dei Patti Lateranensi.

■ Unità di apprendimento 2

4 Lo Stato e le altre confessioni religiose

ARTICOLO 8

Tutte le confessioni religiose sono egualmente libere davanti alla legge.

Il primo comma dell'art. 8 della Costituzione ribadisce la **libertà di religione**. Va letto in relazione con gli articoli 3 e 19.

Le confessioni religiose diverse dalla cattolica hanno diritto di organizzarsi secondo i propri statuti, in quanto non contrastino con l'ordinamento giuridico italiano.

Il secondo comma fa riferimento ai principi del **pluralismo** e dell'**autonomia**. Le confessioni religiose sono considerate *formazioni sociali* e, in quanto tali, hanno il diritto di *autoregolamentarsi*. Il limite, che vale per qualsiasi tipo di associazione, è che non siano violate le norme dell'ordinamento giuridico (come avviene con i "riti satanici" che spesso comportano la commissione di gravi reati).

I loro rapporti con lo Stato sono regolati per legge sulla base di intese con le relative rappresentanze.

I rapporti con le confessioni religiose diverse da quella cattolica sono regolati per legge. Ciò significa che lo Stato le considera associazioni private, e non rinuncia alla propria **potestà normativa**. Tuttavia la legge che regola tali rapporti deve essere preceduta dalla conclusione di "intese", cioè accordi, con i rappresentanti della confessione religiosa interessata.

FOCUS digitale

Laboratorio digitale

Cerca sul web alcuni siti che mostrino le varie religioni più diffuse nel mondo (ad esempio http://www.ilfarodellamente.it/sito2009_v2/ffiles/RELIGIONI/Le%20religioni%20nel%20Mondo.htm) Probabilmente anche nella tua classe ci sono studentesse e studenti appartenenti a religioni diverse. Nel rispetto della pluralità, si può organizzare una discussione per confrontarne le differenze e le affinità, prendendo in considerazione i luoghi di culto, le modalità di espressione della fede, i principi fondamentali su cui essa si fonda.

La Costituzione italiana: i principi fondamentali

5 La cultura, la ricerca, l'ambiente

ARTICOLO 9

La Repubblica promuove lo sviluppo della cultura e la ricerca scientifica e tecnica.

Tutte le istituzioni che formano la Repubblica (Stato, regioni, province, comuni, università ed enti culturali e scientifici) devono essere libere di operare autonomamente in ambito culturale, nel rispetto del pluralismo ma senza vincoli nei confronti di una cultura "ufficiale", "di Stato" imposta come modello al quale uniformarsi, come accadeva durante il fascismo.

Il concetto di **cultura** deve essere considerato sia dal punto di vista dell'individuo, come l'*insieme dei saperi che caratterizzano la personalità di ciascuno*, che dal punto di vista della collettività, come il *patrimonio di conoscenze proprie di una nazione*.

La **ricerca scientifica** consiste nell'attività degli scienziati che nei vari ambiti della medicina, della biologia, della fisica, della matematica e via dicendo, ampliano le conoscenze che riguardano la vita e il mondo che ci circonda.

La **ricerca tecnica** riguarda invece l'applicazione pratica delle scoperte scientifiche, ad esempio l'attività rivolta a sviluppare nuovi farmaci, o a mettere a punto tecniche di costruzione innovative, oppure a sfruttare fonti di energia alternative.

Tutela il paesaggio e il patrimonio storico e artistico della Nazione.

Il termine **paesaggio** deve essere interpretato nel senso di **ambiente**. La parola deriva dal latino *ambire*, andare intorno: l'ambiente è dunque l'insieme degli elementi naturali che ci circondano, che si è trasformato per effetto della secolare presenza dell'uomo.

Il **patrimonio storico** e **artistico** comprende i siti archeologici, gli edifici di interesse storico-artistico, le raccolte dei musei e via dicendo, che rappresentano la storia e dunque la cultura italiana. Tale patrimonio va preservato sia a favore degli stessi cittadini che degli stranieri, i quali vengono in Italia per immergersi in uno dei luoghi più ricchi di cultura, di storia e di bellezze naturali del mondo. Da non sottovalutare anche l'apporto economico proveniente dal settore turistico.

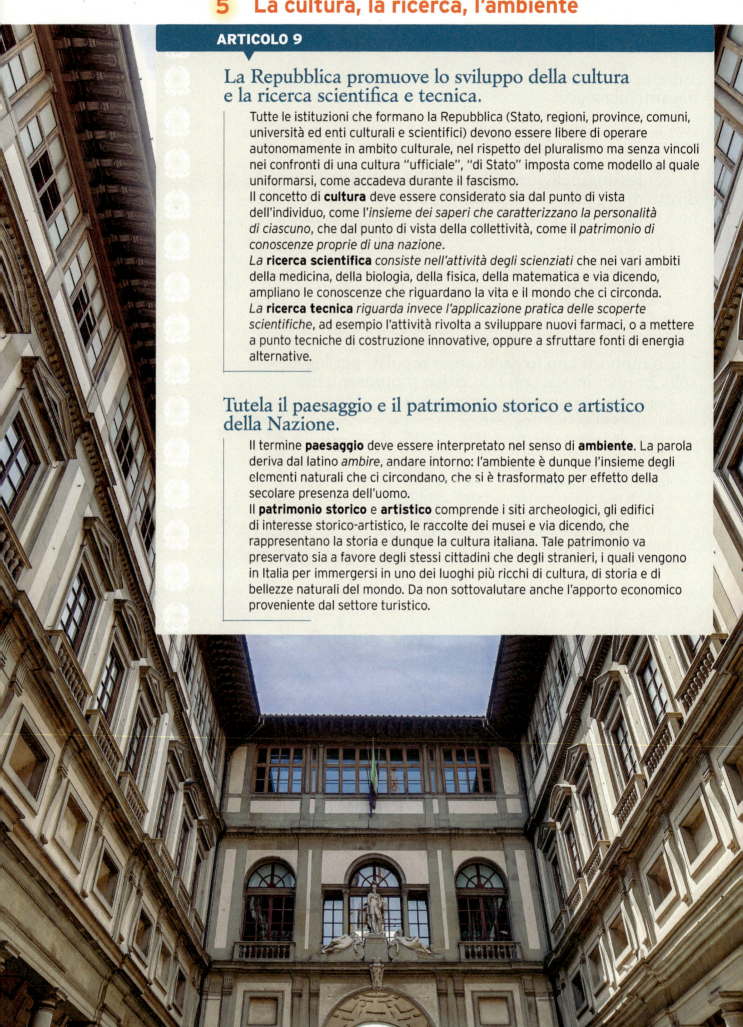

FOCUS digitale

Visita il sito del ministero dell'Ambiente (http://www.minambiente.it/home_it/index.html?lang=it), vai alla sezione "Argomenti – Statistiche Ambientali" e consulta i risultati dei controlli ambientali. Discutine in classe con i tuoi compagni.

LA TUTELA DELL'AMBIENTE

Lezione

- Quando senti la parola "ambiente" a cosa pensi?
- A cosa sei disposto a rinunciare per tutelare la natura?
- Ritieni sia possibile conciliare il tuo stile di vita con il rispetto dell'ambiente?

Scoprilo seguendo la lezione multimediale!

Charter of fundamental rights of the european union (2000)

Article 37 Environmental protection

A high level of environmental protection and the improvement of the quality of the environment must be integrated into the policies of the Union and ensured in accordance with the principle of sustainable development.

ENGLISH FOCUS

RISPONDO

- Che cosa significano *decentramento* e *accentramento*?
- In che cosa consiste la tutela delle *minoranze linguistiche*?
- Come sono regolati i rapporti tra Stato e Chiesa cattolica?
- Come sono regolati i rapporti tra lo Stato e le altre confessioni religiose?
- Che cosa si intende per *cultura* e per *ricerca scientifica e tecnica*?
- Che cos'è il *paesaggio*?

La Costituzione italiana: i principi fondamentali

6 I rapporti internazionali

1 Gli stranieri

ARTICOLO 10

L'ordinamento giuridico italiano si conforma alle norme del diritto internazionale generalmente riconosciute.

Il **diritto internazionale** è *il diritto che regola i rapporti all'interno della comunità degli Stati*.
Le norme del diritto internazionale nascono dalle *consuetudini* o dai *trattati*: esse non provengono da un ordinamento superiore agli Stati, che le rende obbligatorie, perciò è *necessario che ciascuno Stato le faccia proprie, adeguandovi il proprio ordinamento giuridico*. I trattati internazionali (ad esempio i Trattati di Roma istitutivi delle Comunità europee) sono applicati nel nostro Paese dopo la decisione del Governo, l'autorizzazione delle Camere e la **ratifica** da parte del Presidente della Repubblica. Le consuetudini internazionali (ad esempio le regole sul non coinvolgimento dei civili nelle guerre) riconosciute dalla maggioranza degli Stati hanno automaticamente valore per l'Italia e costituiscono un *vincolo* per l'ordinamento giuridico italiano, che non può violarle.

La condizione giuridica dello straniero è regolata dalla legge in conformità delle norme e dei trattati internazionali.

Gli **stranieri** sono le persone che *non hanno la cittadinanza italiana*; gli **apolidi**, considerati anch'essi stranieri, sono coloro che *non hanno alcuna cittadinanza*.
Il trattamento di queste persone gode della garanzia della riserva di legge. Quando la Costituzione prevede una riserva di legge significa che quella materia può essere disciplinata solo da una legge ordinaria del Parlamento, e non da un atto normativo del Governo, che non offre le stesse garanzie di democraticità. Una condizione particolare è riservata ai cittadini dell'UE, quasi parificati ai cittadini italiani.

Lo straniero, al quale sia impedito nel suo paese l'effettivo esercizio delle libertà democratiche garantite dalla Costituzione italiana,

Può trovare tutela in Italia lo **straniero**, che nel proprio Paese venga *privato della possibilità di esercitare i diritti fondamentali previsti dalla Costituzione italiana* (il diritto di uguaglianza, la libertà di manifestazione del pensiero, la libertà di associazione ecc.).

ha diritto d'asilo nel territorio della Repubblica secondo le condizioni stabilite dalla legge.

Il **diritto d'asilo** è il diritto di essere *accolti e protetti dalla persecuzione subita nel proprio Paese*, sia sul territorio italiano (*asilo territoriale*), sia presso le sedi diplomatiche italiane all'estero (*asilo diplomatico*).

Ratifica ■ l'approvazione formale di un atto compiuto da altri.

44 ■ Unità di apprendimento 2

Non è ammessa l'estradizione dello straniero per reati politici.

I **reati politici** sono *reati commessi dallo straniero nel proprio Paese d'origine, allo scopo di rovesciarne il sistema di potere.* L'**estradizione** è un *provvedimento in base al quale uno straniero, che deve subire un processo o scontare una pena nel proprio Paese e si è rifugiato nel nostro, viene consegnato dall'Italia allo Stato di appartenenza.* L'estradizione è possibile per i reati comuni, ma non per quelli politici. È regolata da trattati internazionali, ma non con tutti i Paesi del mondo. Un'eccezione al divieto di estradizione per reati politici riguarda il delitto di **genocidio**, cioè lo *sterminio di un intero popolo o di un gruppo etnico.* In questo caso estremo l'estradizione è ammessa.

FOCUS digitale

Visita il sito web http://www.unhcr.it (Alto Commissariato delle Nazioni Unite per i Rifugiati) per avere notizie sull'apolidia, che riguarda circa 12 milioni di persone.

Visitando questa pagina del sito in lingua inglese http://www.unhcr.org/5149b81e9.html è possibile visionare dei grafici che mostrano le popolazioni in cerca di asilo politico.
Rispondi per iscritto: perché tanti uomini, donne e bambini fuggono dal proprio Paese? Che cosa chiedono ai Paesi che li accolgono? Che cosa può fare l'Italia in favore dei rifugiati?

La Costituzione italiana: i principi fondamentali 45

2 L'Italia ripudia la guerra

ARTICOLO 11

L'Italia ripudia la guerra come strumento di offesa alla libertà degli altri popoli e come mezzo di risoluzione delle controversie internazionali;

All'indomani della tragedia provocata dalla Seconda guerra mondiale e della fine della dittatura l'Italia ha voluto prendere le distanze nei confronti della guerra: l'uso del verbo *ripudiare* (non riconoscere come propria una cosa che ci appartiene), che ha un significato più forte di "rifiutare", è espressione di una precisa scelta dell'Assemblea costituente.
La guerra dunque *non è ammessa* (**principio pacifista**) né come *mezzo di espansione territoriale* (si pensi alla politica espansionista del regime fascista), né come *strumento per limitare in qualsiasi modo la libertà degli altri Stati*, ai quali è riconosciuta la capacità di **autodeterminazione**, né per *risolvere le crisi e le contese tra Stati*.
Solo in caso di difesa del proprio territorio da attacchi nemici la guerra diventerebbe lecita.

consente, in condizioni di parità con gli altri Stati, alle limitazioni di sovranità necessarie ad un ordinamento che assicuri la pace e la giustizia fra le Nazioni;

L'Italia pone come *principale obiettivo* della propria politica internazionale il rafforzamento di un **ordinamento sovranazionale** *che garantisca il rifiuto della guerra e consenta la realizzazione di condizioni di giustizia nei rapporti tra gli Stati*. A tale scopo ammette che *la propria sovranità* – elemento costitutivo, essenziale e irrinunciabile di ogni Stato – *venga limitata attraverso l'adesione a un ordinamento internazionale* (Onu, Nato, UE), che possa anche imporre le proprie decisioni, purché alla limitazione della sovranità italiana corrisponda l'analoga limitazione di quella degli altri Stati.

promuove e favorisce le organizzazioni internazionali rivolte a tale scopo.

Per il raggiungimento di questo obiettivo l'Italia partecipa alle organizzazioni internazionali che assicurino la pace, vi collabora fattivamente e ne promuove l'esistenza e l'azione.

FOCUS digitale

Se vuoi sapere in quali operazioni militari sia internazionali che nazionali sono impegnate le nostre forze armate visita il sito del ministero della Difesa: http://www.difesa.it/Pagine/default.aspx.
In fondo alla home page c'è il link "Operazioni Forze armate" che mostra una carta geografica interattiva.
Cliccando su ognuna delle bandierine è possibile visualizzare l'operazione in corso.
Compila una breve scheda sui Paesi nei quali operano le nostre forze armate.

3 La bandiera italiana

ARTICOLO 12

La bandiera della Repubblica è il tricolore italiano: verde, bianco e rosso, a tre bande verticali di eguali dimensioni.

> Tutti gli Stati hanno una bandiera, che costituisce il simbolo più importante dello Stato stesso. La Francia, con la rivoluzione del 1789, aveva adottato il tricolore formato da una striscia blu, una bianca e una rossa. In Italia il blu venne sostituito con il verde: il tricolore fu adottato dalla Repubblica Cispadana a Reggio Emilia il 7 gennaio 1797. In seguito divenne il simbolo dei moti liberali. Divenuta bandiera del Regno, è stata mantenuta anche dall'Italia repubblicana, che ha eliminato solo lo stemma centrale di casa Savoia, uno scudo bianco in campo rosso.

RISPONDO

- Quali rapporti sono regolati dal diritto internazionale?
- Chi sono gli *stranieri*?
- Che cos'è il *diritto d'asilo*?
- Che cos'è l'*estradizione*? Per quali reati non è ammessa?
- In quali casi l'Italia ripudia la guerra?
- A quale scopo l'Italia ammette *limitazioni* alla propria sovranità?

La Costituzione italiana: i principi fondamentali

VERIFICO L'APPRENDIMENTO

VERIFICO LE CONOSCENZE

vero o falso?

1. Lo Statuto albertino è stato la prima Costituzione italiana — V F
2. Lo Statuto albertino era una costituzione flessibile — V F
3. I principi fondamentali della Costituzione sono immodificabili — V F
4. Il popolo è l'insieme delle persone che si trovano in un dato momento in un certo territorio — V F
5. I diritti inviolabili sono riconosciuti anche agli stranieri — V F
6. La cittadinanza è il legame giuridico tra una persona e la sua città — V F
7. La capacità giuridica è la capacità di esercitare da soli i propri diritti — V F
8. I sindacati sono formazioni sociali — V F
9. Lo Stato Italiano può dividersi in più Stati — V F
10. Lo Stato italiano attua il principio del decentramento — V F
11. I Patti lateranensi non possono essere modificati — V F
12. Il Concordato attribuisce validità anche per lo Stato al matrimonio concordatario — V F
13. La tutela del paesaggio deve essere intesa come tutela dell'ambiente — V F
14. L'estradizione è l'espulsione dall'Italia di uno straniero privo del permesso di soggiorno — V F

scelgo la risposta esatta

1. La Costituzione repubblicana è entrata in vigore:
   - A il 1° gennaio 1848
   - B il 1° febbraio 1948
   - C il 1° gennaio 1948
   - D il 31 gennaio 1948

2. Il pieno sviluppo della persona umana si può ottenere:
   - A tramite la solidarietà
   - B tramite la ricchezza
   - C tramite l'uguaglianza formale
   - D solo con l'aiuto fornito dallo Stato

3. Il principio di uguaglianza formale prevede che lo Stato:
   - A elimini gli ostacoli di ordine economico e sociale
   - B non crei discriminazioni irragionevoli
   - C crei discriminazioni irragionevoli
   - D elimini le discriminazioni ragionevoli

4. I rapporti tra lo Stato e le confessioni religiose diverse dalla cattolica sono regolati:
   - A per legge
   - B dai Patti lateranensi
   - C da trattati internazionali
   - D per legge, sulla base di intese con le relative rappresentanze

5. La Costituzione rispetto alla guerra:
   - A non la ammette in alcun caso
   - B ammette solo la guerra di difesa
   - C ammette la guerra come modalità di risoluzione delle controversie internazionali
   - D ammette la guerra per espandere il proprio territorio

completo

Inserisci nella tabella la struttura della Costituzione con gli articoli corrispondenti

	Principi fondamentali	Dall'art. .... all'art. ....
Parte I	....	Dall'art. .... all'art. ....
....	....	Dall'art. .... all'art. ....

• IMPARO A IMPARARE...

costruisci una mappa partendo dai seguenti concetti

1. Forme di Stato
2. Organizzazioni, persone giuridiche, autonomia patrimoniale

  AIUTATI E VERIFICA IL TUO LAVORO CON LE MAPPE INTERATTIVE

48 ■ Unità di apprendimento 2

Unità di apprendimento 2
La Costituzione italiana: i principi fondamentali

• IMPARO A COMUNICARE...

rispondi verbalmente e poi in forma scritta

1. Come si classificano le Costituzioni?
2. Quali sono i *diritti inviolabili* dell'uomo?
3. Come si *acquista* la cittadinanza italiana?
4. Che cosa sono e quando si acquistano la *capacità giuridica* e la *capacità di agire*?
5. Quali sono le *formazioni sociali*?
6. Che differenza c'è tra *uguaglianza formale* e *uguaglianza sostanziale*?
7. Che cosa sceglie l'Italia tra *decentramento* e *accentramento*?
8. Quali sono in Italia le principali *popolazioni* a minoranza linguistica?
9. Quali diritti riconosceva lo Stato alla Chiesa cattolica con i Patti lateranensi del 1929?
10. Quali diritti hanno le altre confessioni religiose?
11. Come deve essere intesa la tutela del paesaggio?

• INTERPRETO L'INFORMAZIONE

Sottolinea nelle letture le parole che non conosci e cerca sul dizionario l'esatta definizione.

1 Un caso di discriminazione

"Sono Luchettadj, il dj più piccolo del mondo, ho subito un fatto vergognoso, lunedì 28 luglio in centro a Vicenza, al Festival Show, sotto le mura. Premetto che io sono un disabile, alto 94 centimetri e ho 32 anni e mi muovo con difficoltà con le stampelle. Sono arrivato a Vicenza verso le 19.30 in auto con un amico, sono stato accolto dalla protezione civile che, con grande gentilezza, mi hanno fatto salire nel loro quad (moto da sabbia a quattro ruote) e mi hanno accompagnato dietro le quinte del festival. Ero però momentaneamente sprovvisto di pass. Dopo circa un'ora si è presentata di fronte a me una donna della sicurezza dicendomi che dovevo uscire immediatamente perché non avevo il pass. Ho chiamato l'amico che mi aveva fatto entrare, una volta arrivato ha chiesto chiarimenti alla donna della sicurezza e lei in modo arrogante gli ha detto che non gliene frega niente né del pass che deve arrivare, né che io sono disabile visto che è lei la responsabile e può decidere come vuole. Dopo poco arrivano i pass. Mi ripresento in entrata con il mio amico muniti di pass e la donna, per ripicca, dice che non ci fa entrare comunque perché non siamo sulla lista."

(liberamente tratto da: http://www.disabili.com/viaggi/articoli-viaggi-a-tempo-libero/17431-discriminato-e-umiliato-una-brutta-storia)

Rispondi alle domande

1. Che tipo di discriminazione ha subito chi racconta questo avvenimento?
2. Da che cosa nasce questa discriminazione?
3. Che cosa si può fare perché episodi come questi non accadano più?

2 Otto per mille

Ogni anno i cittadini devono presentare la dichiarazione dei redditi e, sulla base di quella, pagare un'imposta chiamata Irpef. Senza pagare assolutamente niente in più, ciascuno può scegliere che una parte dell'imposta raccolta dallo Stato venga destinata a sei diverse religioni, per scopi di carattere sociale, assistenziale, culturale (ogni religione privilegia i propri scopi), oppure allo Stato, che però si impegna ad utilizzarla per attività di carattere sociale o umanitario.
Le religioni interessate sono le seguenti:
– Chiesa cattolica
– Chiese cristiane avventiste del 7° giorno
– Assemblee di Dio in Italia
– Chiesa Valdese
– Chiesa Evangelica Luterana
– Unione delle Comunità ebraiche

Rispondi alle domande

1. A quale articolo della Costituzione fa riferimento questa legge?
2. Perché, secondo te, lo Stato ha deciso di destinare una parte del gettito dell'Irpef alle religioni?

La Costituzione italiana: i principi fondamentali 49

VERIFICO L'APPRENDIMENTO

Se vuoi saperne di più, consulta il sito
http://www.governo.it/Presidenza/DICA/2_CONCERTAZIONE_AMMINISTRATIVA_MONITORAGGIO/Servizio_2/ottoxmille/ottopermille.html

3 La libertà di culto

La Camera dei deputati e il Senato della Repubblica hanno approvato;

IL PRESIDENTE DELLA REPUBBLICA

Promulga la seguente legge:

Art. 1 Rapporti tra lo Stato e l'Unione Buddhista Italiana

1. I rapporti tra lo Stato e l'Unione Buddhista Italiana (UBI) sono regolati dalle disposizioni della presente legge, sulla base dell'allegata intesa, stipulata il 4 aprile 2007.

(l. 31 dicembre 2012 n. 245 Norme per la regolazione dei rapporti tra lo Stato e l'Unione Buddhista Italiana)

Rispondi alle domande

1 A quale articolo della Costituzione fa riferimento questa legge?

2 Si può trovare una legge analoga relativa alla Chiesa cattolica? Perché?

4 I rapporti internazionali

I richiedenti asilo

Sono persone che, trovandosi fuori dal Paese in cui hanno residenza abituale, non possono o non vogliono tornarvi per il timore di essere perseguitate per motivi di razza, religione, nazionalità, appartenenza a un determinato gruppo sociale o per le loro opinioni politiche. Possono richiedere asilo nel nostro Paese presentando una domanda di riconoscimento dello "status di rifugiato".

I rifugiati

Sono coloro che hanno ottenuto il riconoscimento dello "status di rifugiato" in seguito all'accoglimento della loro domanda.

La convenzione di Ginevra relativa allo status dei rifugiati (1951)

Adottata a Ginevra il 28 luglio del 1951, stabilisce le condizioni per essere considerato un rifugiato, le forme di protezione legale, altri tipi di assistenza, i diritti sociali che il rifugiato dovrebbe ricevere dagli Stati aderenti al documento e gli obblighi di quest'ultimo nei confronti dei governi ospitanti.
La Convenzione, resa esecutiva in Italia con la legge del 24 luglio 1954 n. 722, definisce "rifugiato" colui "che temendo a ragione di essere perseguitato per motivi di razza, religione, nazionalità, appartenenza a un determinato gruppo sociale o per le sue opinioni politiche, si trova fuori del Paese di cui è cittadino e non può o non vuole, a causa di questo timore, avvalersi della protezione di questo Paese; oppure che, non avendo cittadinanza e trovandosi fuori del Paese in cui aveva residenza abituale a seguito di tali avvenimenti, non può o non vuole tornarvi per il timore di cui sopra" (Articolo 1 A).

(dal sito del ministero degli Interni)

Rispondi alle domande

1 A quale articolo della Costituzione si fa riferimento?

2 Qual è la relazione tra diritto d'asilo e status di rifugiato?

3 La definizione di rifugiato data dalla Convenzione di Ginevra è in linea con la nostra Costituzione?

• APPLICO LE CONOSCENZE

confronta le fonti

La sovranità

Confronta l'articolo 1 della nostra Costituzione con gli articoli riportati di seguito e poi rispondi alle domande.

La legge fondamentale dell'Arabia Saudita
Articolo 1: "Il Libro di Dio e la Sunnah del Suo Profeta sono la costituzione del Paese".

La legge fondamentale dello Stato Città del Vaticano
Articolo 1: "Il Sommo Pontefice, Sovrano dello Stato della Città del Vaticano, ha la pienezza dei poteri legislativo, esecutivo e giudiziario".

1 Su che cosa si basa la sovranità nei due Stati considerati?

2 A chi appartiene la sovranità nel nostro Paese?

Unità di apprendimento **2** **La Costituzione italiana: i principi fondamentali**

team working

Dopo aver formato dei gruppi di lavoro all'interno della classe, suddividi i Paesi tra i gruppi (un criterio potrebbe essere quello di un continente per gruppo) e fai una ricerca sul web o sui testi di geografia, attribuendo a ciascuno la forma di Stato corrispondente (per esempio Cina, forma di Stato socialista; Svezia, forma di Stato sociale). Crea un poster con le cartine geografiche così realizzate o una presentazione Power Point da mostrare in classe.

cerca sul web

Rifletto sui diritti

1. In quali ambiti (sesso, razza, lingua, religione, opinioni politiche, condizioni personali e sociali) ti pare che esistano ancora discriminazioni da parte della società?

   Conosci situazioni nelle quali l'intervento della collettività è rivolto al superamento delle diseguaglianze?

   Conosci situazioni nelle quali l'intervento di singoli cittadini o di associazioni private è rivolto al superamento delle diseguaglianze?

   Quale ruolo attivo potresti avere per far valere questi principi?

2. Cerca nel web alcune organizzazioni che lavorano in campo umanitario specificando di quale attività si occupano (ad esempio, Medici Senza Frontiere: campo sanitario). Discutine in classe e confrontati coi tuoi compagni.

La Costituzione italiana: i principi fondamentali

Unità di apprendimento 3

I rapporti civili e i rapporti etico-sociali

1. Le libertà dell'uomo
2. Il cittadino e la legge
3. La disciplina giuridica della famiglia
4. La salute e la scuola

Conoscenze

- La libertà personale
- Gli altri diritti di libertà
- Il diritto alla difesa
- Il cittadino e la legge penale
- La famiglia
- La salute
- L'istruzione

Abilità

- Inquadrare i reali comportamenti umani nelle norme costituzionali sulle libertà
- Riconoscere i limiti ai diritti di libertà
- Analizzare le relazioni tra l'individuo, il processo e la legge penale
- Riconoscere i caratteri distintivi della famiglia nelle diverse realtà odierne
- Analizzare i diritti alla salute e all'istruzione anche nella difficoltà della loro realizzazione nella società attuale

FOCUS FILM...

per comprendere l'importanza dell'espressione di idee attraverso diversi mezzi di comunicazione

Il film focalizza l'attenzione sulla limitazione della libertà personale e sulla funzione rieducativa della pena attraverso la letteratura, il teatro e il cinema. In questo film recitano attori detenuti nel carcere di Rebibbia.

1 Le libertà dell'uomo

1 La libertà personale

PARTE I
DIRITTI
E DOVERI
DEI CITTADINI
TITOLO I
RAPPORTI
CIVILI

Coercizione ■
l'obbligare altri a fare
o non fare una cosa,
usando la forza o
minacciando d'usarla.

ARTICOLO 13

La libertà personale è inviolabile.

Considerata uno dei diritti fondamentali, la **libertà personale** consiste nella *libertà fisica*, ovvero nella *libertà dall'arresto arbitrario* (cioè al di fuori delle regole) e da *ogni altra forma di* **coercizione** *fisica o morale* da parte dell'autorità di pubblica sicurezza (polizia, carabinieri, guardia di finanza ecc.).

Non è ammessa forma alcuna di detenzione, di ispezione o perquisizione personale, né qualsiasi altra restrizione della libertà personale,

La **detenzione** comporta la *restrizione di una persona in carcere*. L'**ispezione** può essere relativa alle *persone*, ai *luoghi* o alle *cose*, e può essere eseguita quando si cercano tracce o effetti materiali del reato (come tracce di sangue sull'abito di una persona sospettata o sul luogo di un omicidio).
La **perquisizione** può essere *personale* e consistere nella ricerca del corpo del reato (la pistola, la droga) sulla persona, oppure *locale* e implicare la ricerca del corpo del reato o della persona dell'imputato o dell'evaso in un determinato luogo.

Lezione

LA LIBERTÀ PERSONALE

■ Conosci i diversi significati della parola libertà?
■ Ritieni che nel tuo Paese gli individui siano realmente liberi?
■ A quale forma di libertà non potresti mai rinunciare?

Scoprilo seguendo la lezione multimediale!

se non per atto motivato dall'autorità giudiziaria e nei soli casi e modi previsti dalla legge.

Tali limitazioni della libertà personale sono ammesse solo quando rispettino la *duplice garanzia* della riserva di legge e della riserva di giurisdizione.
La **riserva di legge** (come si è già detto) si ha quando la Costituzione impone che una determinata materia debba necessariamente essere regolamentata tramite *legge ordinaria*.
La **riserva di giurisdizione** stabilisce che solo il giudice, applicando la legge, può

■ Unità di apprendimento 3

decidere sulla limitazione della libertà personale, attraverso un *atto motivato*, in cui chiarisca in base a quale ragionamento ha deciso di prendere quel provvedimento.

In casi eccezionali di necessità ed urgenza, indicati tassativamente dalla legge, l'autorità di pubblica sicurezza può adottare provvedimenti provvisori, che devono essere comunicati entro quarantotto ore all'autorità giudiziaria

Il terzo comma dell'art. 13 prevede la possibilità di *eccezioni di carattere temporaneo* alla riserva di giurisdizione: l'autorità di pubblica sicurezza può provvedere all'**arresto in flagranza** (quando una persona è colta nell'atto di commettere un reato) o al **fermo di polizia** (quando una persona è indiziata di un reato grave per il quale la pena minima prevista è superiore ai due anni di reclusione e vi sia pericolo di fuga). La stessa autorità ha l'obbligo di comunicare il provvedimento al magistrato entro 48 ore; e il magistrato ha altre 48 ore di tempo per decidere se convalidare o meno il provvedimento. Se questo non viene convalidato, la persona deve essere lasciata libera.

e, se questa non li convalida nelle successive quarantotto ore, si intendono revocati e restano privi di ogni effetto.

C'è chi ritiene che i quattro giorni di fermo possano rappresentare un pericolo, a causa delle pressioni cui può essere sottoposto il fermato da parte della polizia, anche se deve essere avvertita la famiglia e può essere immediatamente nominato un difensore.

È punita ogni violenza fisica e morale sulle persone comunque sottoposte a restrizioni di libertà.

Il quarto comma – che è collegato all'articolo 27, per il quale *le pene non possono consistere in trattamenti contrari al senso di umanità* – intende *tutelare da ogni genere di maltrattamenti fisici* (percosse, torture, privazioni ecc.) e *morali* (minacce) le persone trattenute a qualsiasi titolo dalla pubblica autorità.

La legge stabilisce i limiti massimi della carcerazione preventiva.

Quello della **carcerazione preventiva**, detta anche **custodia cautelare**, è un problema di civiltà giuridica direttamente connesso ai tempi lunghi dei procedimenti giudiziari. Attualmente i limiti previsti sono variabili (da 3 mesi a 6 anni) in relazione alle diverse fasi del processo e alla durata della pena prevista per il delitto di cui l'imputato deve rispondere.

I rapporti civili e i rapporti etico-sociali **55**

FOCUS digitale

Laboratorio digitale

In Italia il problema delle carceri sta acquistando sempre più rilevanza: sovraffollamento, suicidi, violazione dei diritti umani. Anche il Presidente della Repubblica Napolitano ha richiamato il Parlamento a provvedere per migliorare la situazione. L'UE ha condannato più volte il nostro Paese proprio per violazione dei diritti umani. Per saperne di più, puoi consultare, per esempio, il sito di un quotidiano online o utilizzare un motore di ricerca. Discutine in classe con l'insegnante e i compagni, cercando di rispondere alle seguenti domande:
Perché in Italia il sovraffollamento nelle carceri è diventato un'emergenza?
Quali provvedimenti si potrebbero suggerire per risolvere il problema?

2 L'inviolabilità del domicilio

ARTICOLO 14

Il domicilio è inviolabile.

Come è inviolabile la libertà personale, lo è altrettanto il **domicilio**, che l'articolo 43 del Codice civile definisce come il *luogo in cui una persona «ha stabilito la sede principale dei suoi affari e interessi»*, intendendo non solo l'abitazione ma anche il luogo di lavoro, la **dimora**, la **residenza** e la sede delle persone giuridiche e associazioni in genere.

Dimora ■
indica il luogo dove il soggetto soggiorna occasionalmente (per esempio, un albergo o una casa per le vacanze).

Residenza ■
indica il luogo in cui la persona ha la dimora abituale.

Non vi si possono eseguire ispezioni o perquisizioni o sequestri, se non nei casi e modi stabiliti dalla legge secondo le garanzie prescritte per la tutela della libertà personale.

Si estendono anche al domicilio le garanzie della riserva di legge e della riserva di giurisdizione applicate alle limitazioni della libertà personale. Ciascuno può impedire che altri si introducano nel proprio domicilio contro la propria volontà, fatto che costituisce il *reato di violazione di domicilio*. Anche il pubblico ufficiale può commettere violazione di domicilio, se pretende di agire in assenza di un decreto motivato del giudice.

Gli accertamenti e le ispezioni per motivi di sanità e di incolumità pubblica o a fini economici e fiscali sono regolati da leggi speciali.

Accertamenti e ispezioni di natura amministrativa, e non penale, cioè quei provvedimenti che intendono *verificare l'applicazione di norme particolari*, possono essere eseguiti senza rispettare le garanzie del comma precedente. In questo ambito rientra l'attività dei Nuclei antisofisticazioni (Nas), che controllano la genuinità dei cibi e il rispetto delle norme sanitarie in ristoranti e mense, o della Guardia di finanza, che vigila sull'applicazione della normativa fiscale e tributaria.

3 L'inviolabilità e la segretezza della corrispondenza

ARTICOLO 15

La libertà e la segretezza della corrispondenza e di ogni altra forma di comunicazione sono inviolabili.

Ciascuno è libero di comunicare il proprio pensiero a chi vuole e di mantenere segreta la comunicazione nei confronti degli altri. La Costituzione ha previsto in primo luogo la **tutela della corrispondenza** scritta tramite lettera sigillata, ma ha lasciato aperta la possibilità di estendere la stessa tutela a *ogni altra forma di comunicazione* (telegrafica, telefonica, informatica e telematica). È dunque reato aprire le lettere indirizzate ad altri, sottrarle o distruggerle ed è reato utilizzarne le notizie. Tuttavia rientra nell'esercizio della responsabilità dei genitori la lettura della posta del minore.

La loro limitazione può avvenire soltanto per atto motivato dell'autorità giudiziaria con le garanzie stabilite dalla legge.

La limitazione di tale libertà *gode della riserva di legge e di giurisdizione*. Le intercettazioni sia telefoniche sia ambientali (effettuate per mezzo di microfoni o telecamere), spesso utilissime ai fini processuali, *devono essere preventivamente autorizzate dal giudice su richiesta del pubblico ministero*, altrimenti non possono essere utilizzate come **mezzo di prova**. Le intercettazioni non autorizzate non possono nemmeno essere convalidate successivamente.

4 La libertà di circolazione e soggiorno

ARTICOLO 16

Ogni cittadino può circolare e soggiornare liberamente in qualsiasi parte del territorio nazionale,

La **libertà di circolazione** comporta la possibilità di spostarsi a piacimento su tutto il territorio italiano, mentre la **libertà di soggiorno** è quella di stabilirsi in qualsiasi luogo.

salvo le limitazioni che la legge stabilisce in via generale per motivi di sanità o di sicurezza.

Queste libertà possono essere *limitate* "in via generale" – cioè mediante un *provvedimento nei confronti dell'intera collettività* e non di un singolo individuo – sia per motivi di **carattere sanitario**, come nel caso di un'epidemia, sia per motivi di **sicurezza**, come l'eruzione di un vulcano o un'esercitazione militare.

Nessuna restrizione può essere determinata da ragioni politiche.

Il secondo comma dell'articolo mira a escludere la possibilità di un ritorno alla normativa che in epoca fascista prevedeva il **confino** per gli oppositori politici. Tale provvedimento, che venne applicato dal 1926, era deciso dal prefetto e consisteva nell'obbligo di dimora in un certo comune, in modo da isolare gli oppositori politici.

I rapporti civili e i rapporti etico-sociali

Emigrazione
emigration ■
the act of leaving one's own country to settle permanently in another; moving abroad.

Ogni cittadino è libero di uscire dal territorio della Repubblica e di rientrarvi, salvo gli obblighi di legge.

La **libertà di espatriare** può essere limitata solo nel caso in cui la persona sia tenuta al compimento di obblighi, come provvedere al mantenimento dei familiari o essere sottoposto a un processo penale. Condizione per l'esercizio di questa libertà è quella di essere in possesso di un apposito documento rilasciato dalla questura, il passaporto.
Per entrare in alcuni Paesi è sufficiente presentare la carta d'identità, mentre altri richiedono il passaporto e alcuni anche un visto di ingresso. I cittadini europei possono circolare liberamente nel territorio dell'Unione senza controlli alle frontiere.
La **libertà di emigrazione** è invece prevista specificamente dal terzo comma dell'articolo 35 della Costituzione.

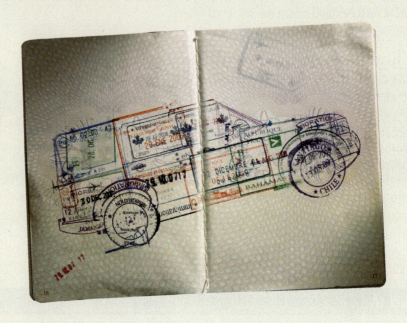

FOCUS digitale

Visita il sito ufficiale dell'Unione europea
http://europa.eu/index_it.htm
Vai alla sezione "La tua vita nella UE" e clicca sul link "Viaggiare". Entra nella sezione "Documenti e visti" e cliccando su "Cittadini dell'UE" verifica in particolare le disposizioni relative ai minori. Consulta poi il sito della questura della tua città e verifica le norme per l'espatrio dei minori nei Paesi extra UE. Le disposizioni sono diverse per i vari Paesi. Rifletti con i tuoi compagni sulle motivazioni. Consulta infine le pagine relative al rilascio del passaporto ai minori.

58 ■ Unità di apprendimento 3

5 La libertà di riunione e di associazione

ARTICOLO 17

I cittadini hanno diritto di riunirsi pacificamente e senz'armi.

La **riunione** è un *raduno di un certo numero di persone* che si sono precedentemente accordate a tale scopo, senza carattere di stabilità (si tratterebbe allora di associazione), oppure che si sono raccolte spontaneamente. Vi rientrano i cortei, le processioni, i comizi elettorali e le assemblee (come quelle degli studenti).

Per le riunioni, anche in luogo aperto al pubblico, non è richiesto preavviso.

Le riunioni possono svolgersi *senza alcun preavviso nei luoghi privati*, per esempio in un'abitazione o nella sede di un partito, o *nei luoghi aperti al pubblico*, cioè quelli a cui le persone possono accedere col consenso di chi li gestisce, come cinema, teatri oppure uno stadio.

Delle riunioni in luogo pubblico deve essere dato preavviso alle autorità, che possono vietarle soltanto per comprovati motivi di sicurezza o di incolumità pubblica.

I luoghi pubblici sono le strade, le piazze e i luoghi aperti in genere. Per tenere una riunione in un luogo pubblico si richiede che gli organizzatori diano, almeno tre giorni prima, **preavviso** alle autorità, in questo caso al questore.

ARTICOLO 18

I cittadini hanno diritto di associarsi liberamente, senza autorizzazione,

Le **associazioni**, che rientrano tra le formazioni sociali, sono *organizzazioni stabili*, cioè con un'esistenza continuativa, di cittadini che uniscono le loro forze per il raggiungimento di uno *scopo comune*. Sono esempi di associazioni i partiti politici, i sindacati, le organizzazioni religiose, culturali, sportive, i "movimenti" e via dicendo. Per costituire un'associazione non occorre richiedere alcuna autorizzazione.

per fini che non sono vietati ai singoli dalla legge penale.

Il limite alla libertà di associazione è rappresentato dagli scopi che l'associazione intende perseguire. Quando le finalità che l'associazione si propone sono vietate ai singoli individui dalla legge penale, poiché costituiscono reato, allora il divieto si estende anche all'associazione stessa. Il caso più evidente è quello delle **associazioni per delinquere** (mafia, camorra, 'ndrangheta ecc.).

Sono proibite le associazioni segrete

Un'associazione può essere definita **segreta** perché mantiene il segreto sulla sua stessa esistenza o sull'identità di coloro che ne fanno parte oppure sulle finalità che intende perseguire. Il fatto stesso della segretezza fa presupporre *finalità illecite*.

■ **Questore**
funzionario dell'amministrazione del ministero dell'Interno che, nell'ambito di una provincia, alle dipendenze del prefetto, è responsabile della direzione tecnica dei servizi di polizia e dell'ordine pubblico, ed è inoltre investito di specifiche attribuzioni (rilascio di determinate licenze e autorizzazioni ecc.).

■ **Loggia massonica**
fa riferimento alla *massoneria*: l'associazione segreta dei cosiddetti "liberi muratori", che ha avuto la sua prima manifestazione storica nel XVI secolo. Il termine si usa per indicare una consorteria, un gruppo esclusivo di persone che, esercitando collettivamente il proprio potere o la propria influenza, sul piano politico, finanziario ecc., agisce in modo da curare e proteggere gli interessi dei singoli componenti del gruppo. (Loggia massonica P2: vedi il commento all'articolo 82 della Costituzione nel paragrafo "Le commissioni d'inchiesta".)

I rapporti civili e i rapporti etico-sociali

Le associazioni segrete *sono vietate* e *possono essere sciolte con decreto del Presidente del Consiglio dei ministri.* Un caso di questo genere si è verificato, per la prima volta, quando l'approvazione della legge 17/1982 sancì lo scioglimento della **loggia massonica** P2, un'associazione segreta della quale facevano parte importanti personalità politiche, militari, della cultura e dell'economia, e che aveva lo scopo di intervenire in modo occulto sul funzionamento dello Stato, consentendo agli affiliati di occupare posti-chiave in tutti i settori della vita pubblica.

e quelle che perseguono, anche indirettamente, scopi politici mediante organizzazioni di carattere militare.

Tali associazioni sono gruppi strutturati con modalità di tipo militare, al fine di sovvertire l'ordine politico costituito; rientrano in questa categoria le formazioni terroristiche, come le Brigate rosse.

6   La libertà di religione

ARTICOLO 19

Tutti hanno diritto di professare liberamente la propria fede religiosa in qualsiasi forma, individuale o associata, di farne propaganda e di esercitarne in privato o in pubblico il culto,

Questo articolo, che si richiama agli articoli 3, 7 e 8 della Costituzione, sviluppa e approfondisce il principio della **libertà di religione**.

Ciascuno può esprimere la propria adesione a una religione, come anche dichiararsi ateo; può manifestare la sua fede nelle modalità che le sono proprie (per esempio, pregare in direzione della Mecca, per i musulmani, o partecipare al battesimo collettivo mediante immersione, per i testimoni di Geova) sia individualmente sia in gruppo, e può anche operare per la sua diffusione, facendo opera di *proselitismo*.

Proselitismo ■ attività per persuadere nuovi seguaci a convertirsi a una religione.

purché non si tratti di riti contrari al buon costume.

Il concetto di **buon costume** si identifica in primo luogo con la morale sessuale, ma in senso più ampio anche con la *morale in genere.* Sono perciò vietati i riti che comportino violenze, sessuali o meno, nei confronti di persone o animali.

ARTICOLO 20

Il carattere ecclesiastico e il fine di religione o di culto d'una associazione od istituzione non possono essere causa di speciali limitazioni legislative, né di speciali gravami fiscali per la sua costituzione, capacità giuridica e ogni forma di attività.

Un altro modo per garantire la libertà di religione è quello di *vietare le norme che possano ostacolare l'esistenza delle associazioni o istituzioni di carattere religioso* o renderne più difficile la costituzione gravandola di imposte o tasse particolari, limitarne la capacità giuridica, frenarne l'attività di culto o di proselitismo.

■ Unità di apprendimento 3

7 La libertà di manifestazione del pensiero

ARTICOLO 21

Tutti hanno diritto di manifestare liberamente il proprio pensiero con la parola, lo scritto e ogni altro mezzo di diffusione.

Poiché non avrebbe senso il tentativo di limitare la libertà del pensiero, la Costituzione vuole garantire la *libertà delle manifestazioni del pensiero*, cioè la possibilità di esprimere ciò che si pensa con ogni mezzo offerto dall'odierno sistema delle comunicazioni.

La stampa non può essere soggetta ad autorizzazioni o censure.

Durante il fascismo tutto il materiale destinato alla pubblicazione doveva essere sottoposto al vaglio severo di una commissione, che aveva il compito di giudicarne i requisiti di fedeltà all'ideologia dominante e la facoltà di vietarne la divulgazione ogni volta che tali requisiti fossero ritenuti mancanti. Tale sistema viene definito di **censura** (cioè **controllo**) **preventiva** perché si interviene nel *momento precedente la diffusione* della pubblicazione presso il pubblico. La Costituzione ha smantellato il sistema della censura.

Si può procedere a sequestro soltanto per atto motivato dell'autorità giudiziaria nel caso di delitti, per i quali la legge sulla stampa espressamente lo autorizzi, o nel caso di violazione delle norme che la legge stessa prescrive per l'indicazione dei responsabili.

Oggi, invece, possiamo parlare di **controllo successivo**, nel senso che la stampa può essere sequestrata solo *in seguito alla pubblicazione* e *con le garanzie proprie delle riserve di giurisdizione e di legge*, cioè solo in caso di reati per i quali la legge sulla stampa prevede tale provvedimento.

In tali casi, quando vi sia assoluta urgenza e non sia possibile il tempestivo intervento dell'autorità giudiziaria, il sequestro della stampa periodica può essere eseguito da ufficiali di polizia giudiziaria, che devono immediatamente, e non mai oltre ventiquattro ore, fare denunzia all'autorità giudiziaria. Se questa non lo convalida nelle ventiquattro ore successive, il sequestro s'intende revocato e privo d'ogni effetto.

Quando è impossibile che l'intervento del giudice giunga in tempo utile, per esempio perché la pubblicazione è già esposta nelle edicole o nelle librerie, *la polizia giudiziaria può provvedere al* **sequestro**; essa ha però l'obbligo di informare il giudice nell'arco di un solo giorno. Il magistrato avrà poi un altro giorno a disposizione per decidere se confermare o meno il sequestro.

■ **Sequestro** provvedimento dell'autorità giudiziaria che sottrae al detentore la disponibilità di un bene o che impedisce la diffusione di pubblicazioni, film ecc.

La legge può stabilire, con norme di carattere generale, che siano resi noti i mezzi di finanziamento della stampa periodica.

A partire dalla fine della Seconda guerra mondiale i mass media hanno acquisito un ruolo di primo piano nella vita politica e sociale al punto che si è cominciato a parlare di stampa e televisione come di "quarto" e "quinto" potere (in aggiunta ai tre poteri dello Stato) per significare quanto sia forte il condizionamento che si può attuare attraverso l'uso scorretto di questi strumenti. In uno Stato democratico è dunque importantissimo che sia garantita la massima *trasparenza* sui soggetti che effettivamente detengono la proprietà e il controllo dei mezzi di informazione e che perciò hanno la possibilità di influenzarne gli orientamenti e i contenuti.

Sono vietate le pubblicazioni a stampa, gli spettacoli e tutte le altre manifestazioni contrarie al buon costume. La legge stabilisce provvedimenti adeguati a prevenire e a reprimere le violazioni.

Come per le limitazioni imposte alla libertà di culto, ritorniamo anche in questo caso al concetto di *buon costume*, che va inteso, forse in senso lievemente più circoscritto, come *comune senso del pudore*. Il **senso del pudore** potrebbe essere definito come la percezione, largamente condivisa in un determinata collettività, di un *personale senso di intimità*, da mettere in relazione principalmente con la sfera della sessualità. Si tratta di un concetto che si è grandemente modificato nel corso dell'evoluzione storica, in concomitanza con il cambiamento dei costumi e degli stili di vita degli italiani: se agli inizi del XX secolo offendeva il pudore intravedere la caviglia di una donna, oggi sembrano comunemente accettati l'esibizione del nudo e gli espliciti riferimenti a situazioni scabrose.

Per poter essere proiettati nelle sale cinematografiche i film devono ottenere un nulla-osta da parte del Dipartimento dello spettacolo, rilasciato su parere di apposite commissioni cui compete anche di stabilire se il film debba essere vietato ai minori (di 14 o 18 anni).

Nessuna limitazione esiste invece per gli spettacoli teatrali.

ENGLISH FOCUS

Freedon of Opinion and Expression

Art. 19

Everyone has the right to freedom of opinion and expression; this right includes freedom to hold opinions without interference and to seek, receive and impart information and ideas through any media and regardless of frontiers.

The Universal Declaration of Human Rights

8 Il diritto alla capacità giuridica, alla cittadinanza, al nome

ARTICOLO 22

Nessuno può essere privato, per motivi politici, della capacità giuridica, della cittadinanza, del nome.

L'articolo 22 rientra tra i numerosi articoli che intendono contrastare lo stato di cose che si era consolidato con la legislazione imposta dal regime fascista. Durante la dittatura persero la cittadinanza gli oppositori politici che erano riusciti a riparare all'estero e gli appartenenti alla comunità ebraica.
Per quanto riguarda i nomi, furono italianizzati i cognomi degli appartenenti alle minoranze linguistiche e dei cittadini italiani residenti nelle terre annesse; come del resto avveniva per tutte le parole di origine straniera.
Capacità giuridica, diritto alla **cittadinanza** e al **nome** sono tra i *diritti inviolabili dell'uomo*. La norma costituzionale esclude che si possa punire applicando misure così estreme non solo gli oppositori politici, ma persino chi si contrapponga all'autorità dello Stato facendo ricorso a mezzi vietati dalla legge, come per esempio i terroristi.

■ **Cittadinanza**
Citizenship
an individual's membership of a State. Citizenship determines rights and responsibilities and is acquired by birth, by marriage and by grant.

9 La riserva di legge nelle prestazioni personali e patrimoniali

ARTICOLO 23

Nessuna prestazione personale o patrimoniale può essere imposta se non in base alla legge.

Le **prestazioni personali** consistono nell'obbligo di tenere determinati comportamenti: ad esempio, essere testimone in un processo o giurato presso la Corte d'Assise e la Corte d'Assise d'Appello; per i medici, prestare soccorso in caso di epidemia, per gli avvocati, esercitare il gratuito patrocinio (vedi commento all'articolo 24 della Costituzione).
Le **prestazioni patrimoniali** sono quelle che comportano invece il pagamento di tributi o altre prestazioni in denaro.
È prevista in questi casi la *riserva di legge*, proprio per impedire che siano gli organi della pubblica amministrazione a imporre, di propria iniziativa, particolari comportamenti o tributi ai cittadini.

 RISPONDO

- Che cos'è la *libertà personale*?
- Che cosa significano *inviolabilità del domicilio* e *inviolabilità e segretezza della corrispondenza*?
- Che cosa sono la *libertà di riunione e di associazione*?
- Che cos'è la *libertà di religione*?
- Che cos'è la *libertà di manifestazione del pensiero*?
- Che cosa s'intende per *diritto alla capacità giuridica, alla cittadinanza e al nome*?
- Che cosa sono le *prestazioni personali e patrimoniali*?

I rapporti civili e i rapporti etico-sociali **63**

2 Il cittadino e la legge

1 Il diritto alla difesa

ARTICOLO 24

Tutti possono agire in giudizio per la tutela dei propri diritti e interessi legittimi.

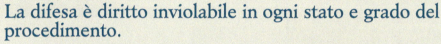

La possibilità di rivolgersi al giudice per ottenere giustizia *spetta a tutti* e *non è riservata ai soli cittadini*.
Il **diritto soggettivo** è una *situazione di vantaggio* tutelata dall'ordinamento giuridico nei confronti di altri soggetti (come il diritto di proprietà), mentre l'**interesse legittimo** è *l'interesse*, riconosciuto al singolo e coincidente con l'interesse della collettività, *che può essere fatto valere nei confronti della pubblica amministrazione* (per es. che un concorso pubblico venga vinto dai più meritevoli e non dai raccomandati). (Vedi anche il commento all'articolo 103 della Costituzione nel paragrafo "Le giurisdizioni speciali").

La difesa è diritto inviolabile in ogni stato e grado del procedimento.

In ogni fase del processo, che si tratti di processo di primo, di secondo o terzo grado (presso la Corte di Cassazione), è considerato un *diritto fondamentale e inviolabile del soggetto* **essere difeso da un avvocato** che sappia far valere le sue ragioni: occorre infatti una conoscenza tecnica delle norme di cui la maggior parte dei cittadini è priva. Solo in pochi casi di scarsa rilevanza è consentito di provvedere di persona alla propria difesa.

Sono assicurati ai non abbienti, con appositi istituti, i mezzi per agire e difendersi davanti ad ogni giurisdizione.

Il **patrocinio a spese dello Stato** (un tempo chiamato *gratuito patrocinio*) consente, anche a coloro che non possono permettersi di pagare l'**onorario** di un avvocato, di avvalersi delle prestazioni professionali di un legale e di eventuali consulenti (pagati dallo Stato) che sappiano rappresentarli in giudizio. Chi fa domanda per ottenerlo deve essere titolare di un reddito annuo che, sommato a quello dei familiari conviventi, non sia superiore a 10.766,33 euro. Quindi, solo un numero ristrettissimo di persone può accedere al gratuito patrocinio.

Onorario ■ retribuzione spettante a liberi professionisti (per es., medici, avvocati, notai) per le prestazioni da loro fornite.

La legge determina le condizioni e i modi per la riparazione degli errori giudiziari.

Le persone che sono state condannate *ingiustamente* hanno diritto al **risarcimento del danno**, in proporzione alla durata della pena e in relazione alle conseguenze personali e familiari subite. Il risarcimento è a carico dello Stato e consiste, a seconda dei casi, nel pagamento di una somma in un'unica soluzione oppure di una rendita vitalizia (cioè una specie di "pensione").

64 ■ Unità di apprendimento 3

2 Il giudice naturale e l'irretroattività della norma penale

ARTICOLO 25

Nessuno può essere distolto dal giudice naturale precostituito per legge.

Chi ha una causa (cioè un processo) in corso, sia di natura civile (per esempio per i danni causati da un vicino di casa), sia di natura penale (per esempio un'accusa di furto), sia di natura amministrativa (per esempio il ricorso di un insegnante per un errore nella compilazione di una graduatoria), sa qual è il **giudice competente** (*naturale*) a pronunciarsi sulla sua causa. Ciò non vuol dire che si conosca il nome e cognome del giudice, ma che si sa qual è l'ufficio cui la causa verrà affidata: la competenza è stabilita *a priori* (**giudice precostituito**), prima ancora dell'inizio del processo; la sua individuazione viene effettuata in base a vari elementi come il valore della causa, il luogo dove è avvenuto il fatto, il tipo di reato e via dicendo.
Il fine ultimo della norma è vietare che un determinato caso venga affidato a un giudice appositamente istituito, che potrebbe emanare sentenze orientate in un modo prestabilito.

Nessuno può essere punito se non in forza di una legge che sia entrata in vigore prima del fatto commesso.

Con questo comma si introduce il concetto della **irretroattività** della norma penale: nessuno può essere punito per un comportamento tenuto anche solo il giorno precedente l'entrata in vigore della legge che lo dichiara punibile. Se oggi è entrata in vigore la norma che considera reato e punisce il fatto di andare in giro in bicicletta, nessuno potrà essere punito per averlo fatto ieri.
È prevista la riserva di legge per tutta la materia penale: solo il Parlamento può stabilire quali comportamenti devono essere considerati reati.

■ **Irretroattività**
Non-retroactivity principle, which cannot be derogated from in criminal matters, by which the law is applicable only to cases successive to its coming into force.

Nessuno può essere sottoposto a misure di sicurezza se non nei casi previsti dalla legge.

Le **misure di sicurezza** (per esempio, il ricovero in un ospedale psichiatrico giudiziario o il divieto di soggiorno in un certo comune) vengono applicate dal giudice nei confronti di coloro che, avendo commesso un reato, sono giudicati *socialmente pericolosi*. Esse non hanno lo scopo di punire, che è la funzione propria delle pene, ma piuttosto quello di impedire al soggetto di commettere nuovi reati e permettergli di reinserirsi nella vita sociale. In relazione a questa finalità, la loro durata non è predeterminata e la misura viene revocata nel momento in cui viene meno la pericolosità della persona.
Mentre le pene si applicano solo ai soggetti **imputabili**, le misure di sicurezza possono riguardare anche quelli non imputabili, per esempio i minori e gli infermi di mente.
Anche le misure di sicurezza godono della garanzia della riserva di legge.

■ **Imputabili**
di persone, che possono essere ritenute responsabili in quanto capaci di intendere e di volere.

3 Il divieto di estradizione

ARTICOLO 26

L'estradizione del cittadino può essere consentita soltanto ove sia espressamente prevista dalle convenzioni internazionali.

> L'**estradizione** è il provvedimento con il quale le forze di polizia, in seguito a una decisione del giudice, consegnano un cittadino italiano, accusato di avere commesso reati sul territorio di uno Stato estero, alle autorità di quello Stato. Questo può avvenire solo per i Paesi con i quali l'Italia abbia stipulato appositi accordi.

Non può in alcun caso essere ammessa per reati politici.

> L'estradizione non è concessa quando il cittadino italiano sia accusato di avere commesso, nello Stato estero, **reati politici**, cioè reati commessi allo scopo di sovvertire un regime politico che non garantisce ai propri cittadini i diritti di libertà o non rispetta i diritti umani.
> La lettura di questo articolo va messa in relazione con quella dell'articolo 10 della Costituzione che vieta l'estradizione dello straniero per i reati dello stesso tipo.
> Non è ammessa l'estradizione quando il Paese che l'ha richiesta applichi al reato commesso la pena di morte.
> Esiste invece la possibilità di estradizione per genocidio, giudicabile dalla Corte Internazionale di Giustizia, con sede all'Aia.

4 La responsabilità penale e la presunzione di innocenza

ARTICOLO 27

La responsabilità penale è personale.

> Quello della **personalità** della responsabilità penale è il principio in base al quale *nessuno può essere punito per un fatto commesso da altri*. Per quanto possa a prima vista sembrare un concetto piuttosto ovvio, la sua affermazione è il risultato di una elaborazione giuridica abbastanza recente. Pene come l'esilio o la confisca di tutti i beni colpivano in modo inequivocabile anche i familiari del condannato. In tempo di guerra un barbaro sistema applica punizioni collettive di vario genere a carico della popolazione inerme, come le rappresaglie (dieci civili italiani per ogni tedesco ucciso durante la Seconda guerra mondiale) o lo stupro delle donne del nemico (in numerose guerre a noi contemporanee).

L'imputato non è considerato colpevole sino alla condanna definitiva.

> Secondo il principio della **presunzione di innocenza** l'imputato non può essere considerato colpevole fino a quando non si siano esauriti i tre gradi del procedimento giudiziario oppure quando siano scaduti i termini (cioè sia trascorso il tempo utile) per chiedere un giudizio di grado successivo; solo allora si può parlare di **sentenza passata in giudicato** e perciò di *condanna definitiva*. Talvolta, purtroppo, l'attività dei mass media produce una condanna sociale irreversibile anche se, in seguito, l'imputato sarà dichiarato innocente.

Le pene non possono consistere in trattamenti contrari al senso di umanità

Da sempre gli uomini si sono distinti per la crudeltà delle pene che sapevano infliggere ai propri simili.

La *pena di morte*, già di per sé contraria al senso di umanità, è stata applicata con modalità atroci e spesso associata a forme di tortura concepite per durare il più a lungo possibile e infliggere il massimo della sofferenza.

La detenzione è stata spesso associata ai *lavori forzati*, una pratica non lontana dalla riduzione in schiavitù, oppure a condizioni di vita talmente disumane e degradanti da consentire a malapena la mera sopravvivenza fisica dei condannati. Anche i *maltrattamenti psicologici* possono essere considerati vere e proprie forme di tortura, in quanto mirano all'annullamento della personalità del detenuto.

La nostra Costituzione pone un limite alla sofferenza cui può essere sottoposto un condannato: tale limite è rappresentato dal *senso di umanità*, cioè l'applicazione della pena non deve ledere la sua **dignità**.

e devono tendere alla rieducazione del condannato. Non è ammessa la pena di morte.

Tra le tante funzioni che la pena può svolgere, e sulle quali le varie scuole filosofiche hanno molto dibattuto, la Costituzione sceglie quella della **rieducazione**.

L'uso del termine rieducare indica che *la pena si pone l'obiettivo di consentire al condannato di abbandonare la vita criminosa e reinserirsi nella società*. La pena non può, perciò, avere unicamente un significato punitivo, ma deve creare le condizioni che permettano al condannato di apprendere i *valori del vivere civile* e la consapevolezza della propria dignità, anche grazie alla possibilità di svolgere un lavoro onesto.

Proprio al fine di agevolare il reinserimento sociale, in molte carceri esiste la possibilità di frequentare corsi di istruzione e formazione professionale. Tuttavia gli ostacoli che si frappongono alla piena realizzazione della funzione rieducativa della pena sono moltissimi. Tra questi anche problemi di ordine pratico come il sovraffollamento delle carceri e la difficoltà a trovare un lavoro che consenta al detenuto di mantenersi.

Papa Francesco celebra il rito della lavanda dei piedi nel carcere minorile di Roma.

FOCUS digitale

Laboratorio digitale

Amnesty International è un'organizzazione che si occupa del rispetto dei diritti umani nel mondo. Sul sito http://www.amnesty.it/paesi-abolizionisti-e-mantenitori puoi trovare statistiche e tabelle sull'applicazione della pena di morte nel mondo. Dopo averle esaminate, rispondi alle seguenti domande e discutine in classe.
È utile la pena di morte?
Pensi che la pena di morte faccia diminuire il numero dei reati che la prevedono come sanzione?
Gli Stati che la mantengono in vigore, hanno tra di loro qualcosa in comune?

5 La responsabilità dei funzionari dello Stato

ARTICOLO 28

I funzionari e i dipendenti dello Stato e degli enti pubblici sono direttamente responsabili, secondo le leggi penali, civili e amministrative, degli atti compiuti in violazione di diritti.

Lo Stato e gli enti pubblici *sono persone giuridiche*, perciò, per compiere una qualsiasi attività, si servono di una o più persone fisiche che agiscano per loro. Queste persone sono i funzionari e i dipendenti pubblici.
Quando, nell'esercizio delle loro funzioni, funzionari o dipendenti pubblici violano i diritti dei cittadini, vengono chiamati a risponderne in *tre diversi contesti*: **penale**, se hanno commesso un reato (per esempio, la corruzione), **civile**, se al cittadino è stato provocato un danno che deve essere risarcito (per esempio, un commerciante che si vede ritirare ingiustamente la **licenza**), e **amministrativo**, se hanno violato le norme della buona amministrazione (per esempio, un preside che non fa rispettare il divieto di fumare nei locali della scuola).

Licenza ■
atto con cui la competente autorità concede, a chi ne faccia richiesta, una particolare autorizzazione.

In tali casi la responsabilità civile si estende allo Stato e agli enti pubblici.

Oltre che al funzionario e al dipendente pubblico, la responsabilità civile, perciò l'*obbligo di risarcire il danno*, spetta allo Stato o all'ente: ciò significa che questi ultimi, dopo aver risarcito il cittadino leso nel suo diritto, *possono rivalersi* sul patrimonio del funzionario. L'articolo 28 della Costituzione ha lo scopo di responsabilizzare i dipendenti pubblici affinché siano spinti a operare nell'interesse dei cittadini.

 RISPONDO

- Che cos'è il *diritto alla difesa*?
- Che cos'è l'*irretroattività* della norma penale?
- Che cos'è l'*estradizione*? In quali casi non è ammessa?
- Che cos'è il principio della *presunzione di innocenza*?
- Qual è la funzione della pena scelta dalla Costituzione?
- Come si esprime la Costituzione sulla *pena di morte*?

3 La disciplina giuridica della famiglia

1 La famiglia nella Costituzione

> **ARTICOLO 29**
>
> **La Repubblica riconosce i diritti della famiglia come società naturale fondata sul matrimonio.**
>
> Lo Stato prende atto che l'istituzione familiare è preesistente a se stesso, poiché si tratta di una **società naturale**, cioè nata spontaneamente in tempi remoti. I diritti che nascono dalla famiglia vengono riconosciuti e tutelati, in particolare nella **famiglia legittima**, cioè in *quella che è nata da un rapporto di matrimonio valido per lo Stato*. Tuttavia anche le famiglie "di fatto", sempre più numerose nella società odierna, godono di una loro, seppur più limitata, tutela (art. 30 c. 3 Cost.).
>
> **Il matrimonio è ordinato sulla eguaglianza morale e giuridica dei coniugi,**
>
> È importante il richiamo all'**uguaglianza tra i coniugi**, che ha lo scopo di porre fine alla tradizionale posizione di supremazia del marito nei confronti della moglie. Per *uguaglianza morale* si deve intendere quella fondata sul valore riconosciuto alla persona, sia essa maschio o femmina, titolare di reddito o meno. Con l'espressione *uguaglianza giuridica* si vuole indicare la completa parificazione dei diritti, sia in senso formale sia sostanziale. L'attuazione del principio di uguaglianza si deve alla riforma del **diritto di famiglia** (l. 19 maggio 1975 n. 151), che ha modificato le norme previste dal Codice civile del 1942, rimaste a lungo in vigore nonostante l'evidente contrasto con la Costituzione.
>
> **con i limiti stabiliti dalla legge a garanzia dell'unità familiare.**
>
> L'unica situazione in cui rimane preminente la volontà paterna è quella in cui il padre ha il potere di decidere in caso di provvedimenti urgenti e indifferibili «se sussiste un incombente pericolo di un grave pregiudizio per il figlio»: potrebbe essere il caso in cui occorre autorizzare una pericolosa operazione chirurgica (art. 316 c. 4 Cod. Civ.).
> Negli altri casi di conflitto i coniugi possono rivolgersi al giudice, che deciderà per loro e per il bene della famiglia.

**PARTE I
DIRITTI
E DOVERI
DEI CITTADINI
TITOLO II
RAPPORTI
ETICO-SOCIALI
IL MATRIMONIO
E IL DIVORZIO**

Lettura
Se vuoi approfondire clicca qui!

■ **Famiglia di fatto**
a differenza di quella legittima, è costituita da persone che, pur non essendo legate tra loro da alcun vincolo matrimoniale, convivono insieme a eventuali figli. In essa manca un atto formale (il matrimonio) a cui ricollegare il rapporto per qualificarlo giuridicamente e viene, pertanto, ricompresa nelle "formazioni sociali" tutelate dall'articolo 2 della Costituzione.

■ **Diritto di famiglia
Family law**
an area of the law that deals with marriage, family-related issues, filiation and parental responsibility.

LA FAMIGLIA

Lezione

- Conosci i tuoi diritti di "figlio"?
- Ritieni che in Italia siano tutelate tutte le forme di famiglia?
- Come influisce la crisi economica sulle dinamiche della tua famiglia?

Scoprilo seguendo la lezione multimediale!

FOCUS digitale

Visita il sito ufficiale dell'Unione europea http://europa.eu/index_it.htm. Vai alla sezione "La tua vita nella UE" e clicca sul link "Famiglia". Entra nella sezione "Matrimonio".
Dopo aver letto il contenuto, clicca sul link "Unioni registrate" e discuti della possibilità di riconoscere le unioni registrate anche nel nostro Paese.

LA FAMIGLIA COME FENOMENO SOCIALE

Lettura

Se vuoi approfondire clicca qui!

ENGLISH FOCUS

Charter of Fundamental Rights of the European Union (2000)

Article 9
Right to marry and right to found a family

The right to marry ant the right to found a family shall be guaranteed in accordance with the national laws governing the exercise of these rights.

---

2 I rapporti tra genitori e figli e l'adozione

ARTICOLO 30

È dovere e diritto dei genitori mantenere, istruire ed educare i figli, anche se nati fuori del matrimonio.

La posizione giuridica dei genitori nei confronti dei figli è quella duplice del **diritto** e del **dovere** al **mantenimento**, cioè a soddisfare i bisogni materiali della vita, all'**istruzione**, cioè alla frequenza scolastica, e all'**educazione**, concetto più ampio rispetto all'istruzione, in quanto riferito all'acquisizione degli strumenti indispensabili per potersi relazionare in ogni ambito nel quale il minore si trovi a vivere.

Nei casi di incapacità dei genitori, la legge provvede a che siano assolti i loro compiti.

Se i genitori risultano incapaci di provvedere all'assolvimento dei propri doveri nei confronti dei figli, può essere loro sottratta dal giudice la **potestà genitoriale**.

Potestà genitoriale = il complesso di poteri che competono ai genitori nell'interesse del figlio.

---

70 ■ Unità di apprendimento 3

La legge assicura ai figli nati fuori del matrimonio ogni tutela giuridica e sociale, compatibile con i diritti dei membri della famiglia legittima.

L'equiparazione tra figli legittimi e figli nati fuori del matrimonio è completa: l'ultima legge in materia (legge 10 dicembre 2012 n. 219) ha eliminato le poche discriminazioni che ancora sopravvivevano. Inoltre nel luglio 2013 il Consiglio dei ministri ha approvato un decreto legislativo che prevede la *"modifica della normativa vigente al fine di eliminare ogni residua discriminazione rimasta nel nostro ordinamento fra i figli nati nel e fuori dal matrimonio, così garantendo la completa eguaglianza giuridica degli stessi"*. Esso introduce il principio dell'**unicità dello stato di figlio**, anche adottivo, e l'eliminazione dei riferimenti presenti nelle norme ai figli "legittimi" e ai figli "naturali" e la sostituzione degli stessi con quello di "figlio"; inoltre sostituisce l'espressione "potestà genitoriale" con quella di "**responsabilità genitoriale**".

La legge detta le norme e i limiti per la ricerca della paternità.

Un tempo la ricerca della paternità si basava sulla compatibilità dei gruppi sanguigni tra i presunti padre e figlio, e non portava a risultati del tutto certi. Oggi, grazie alle indagini sul **Dna** è possibile giungere alla certezza assoluta.

ARTICOLO 31

La Repubblica agevola con misure economiche e altre provvidenze la formazione della famiglia e l'adempimento dei compiti relativi, con particolare riguardo alle famiglie numerose.

Nella legge sull'**adozione** (l. 149/2001) si legge: «Le condizioni di indigenza dei genitori o del genitore esercente la potestà genitoriale non possono essere di ostacolo all'esercizio del diritto del minore alla propria famiglia. A tal fine a favore della famiglia sono disposti interventi di sostegno e di aiuto. *Lo Stato, le regioni e gli enti locali, nell'ambito delle proprie competenze, sostengono*, con idonei interventi, nel rispetto della loro autonomia e nei limiti delle risorse finanziarie disponibili, *i nuclei familiari a rischio*, al fine di prevenire l'abbandono e di consentire al minore di essere educato nell'ambito della propria famiglia».

Protegge la maternità, l'infanzia e la gioventù, favorendo gli istituti necessari a tale scopo.

La tutela sociale della maternità è affidata dalla legge 194/1978 ai "consultori familiari", gestiti dai comuni o da altri enti pubblici o privati, che hanno lo scopo principale di preparare alla maternità e alla paternità responsabili, anche mettendo a disposizione delle persone interessate i mezzi per prevenire una gravidanza indesiderata. Altre norme di tutela riguardano la lavoratrice madre (art. 37 Cost.).

PARENTELA E AFFINITÀ

Lettura
Se vuoi approfondire clicca qui!

■ **Responsabilità genitoriale**
l'insieme dei doveri che l'ordinamento pone a carico dei genitori. Si tratta, in particolare, dei doveri di mantenimento, educazione e istruzione. Devono ritenersi compresi tra i doveri genitoriali anche la cura affettiva e il sostegno morale.

■ **Adozione**
Adoption
the act of legally taking a child to be taken care of as your own.

I rapporti civili e i rapporti etico-sociali   71

FOCUS digitale

Molti giovani non lo sanno, ma in ogni città esistono uno o più consultori familiari pubblici o privati che offrono in modo completamente gratuito servizi di vario genere, alcuni dei quali rivolti proprio agli adolescenti.
Cerca sul web (per es. inserendo sul tuo motore di ricerca la stringa "consultorio familiare" e il nome della tua città) il consultorio più vicino a te e controlla i servizi che offre. Ti potrebbe venire voglia di andarlo a visitare o magari anche di prenotare un incontro con un operatore. Potrebbe diventare la meta di una uscita didattica. Discutine in classe.
Quali sono i servizi che potrebbero essere utilizzati da ragazzi della tua età?
È importante che si tratti di servizi gratuiti?
La tua scuola offre uno sportello di ascolto per gli studenti?
Di quali problemi ritieni che si occupi?

Save the Children

Save the Children is the world's leading independent organisation for children. We work in around 120 countries. We save children's lives; we fight for their rights; we help them fulfil their potential.
Last year we once again touched the lives of over 125 million children worldwide and directly reached 45 million children.

(liberamente tratto da: http://www.savethechildren.net/)

? RISPONDO

- Qual è la definizione di famiglia per la *Costituzione*?
- Che cos'è il *matrimonio*?
- Qual è l'aspetto più importante della *riforma del diritto di famiglia* del 1975?
- Quali sono i diritti e i doveri dei genitori nei confronti dei figli?
- Che cos'è l'*adozione*?

4 La salute e la scuola

1 Il diritto alla salute

ARTICOLO 32

La Repubblica tutela la salute come fondamentale diritto dell'individuo e interesse della collettività,

Solo un individuo in stato di buona salute sia fisica sia mentale può pienamente esercitare i propri diritti. La **salute** è perciò considerata un *diritto inviolabile dell'uomo* e viene tutelata:
- come **diritto costituzionalmente garantito** che si può far valere nei confronti dello Stato, tenuto ad assolvere questa funzione attraverso il *Servizio sanitario nazionale*;
- come **diritto all'integrità fisica**, nell'ambito dei diritti della personalità che si possono far valere nei confronti di tutti;
- come **interesse della collettività**, la quale si avvantaggia della salute di tutti contenendo spese che, in caso di malattia, ricadrebbero sull'intera società;
- come **diritto alla salubrità dell'ambiente**, premessa indispensabile per una realizzazione effettiva del diritto alla salute.

e garantisce cure gratuite agli indigenti.

Sono *assicurate gratuitamente le cure* presso le strutture sanitarie pubbliche a chi è in condizioni economiche disagiate. Tutti gli altri cittadini sono invece tenuti a contribuire mediante il pagamento di una quota (il cosiddetto "ticket") che equivale solo a una piccola parte della spesa sostenuta dall'ente pubblico.

Nessuno può essere obbligato a un determinato trattamento sanitario se non per disposizione di legge.

La salute è un **diritto**: *nessuno può essere obbligato a trattamenti sanitari* sia diagnostici (per accertare la malattia) sia terapeutici (per effettuare le cure). Tuttavia, la legge prevede che alcuni trattamenti sanitari siano obbligatori in quanto servono a tutelare la collettività dai gravi danni che potrebbero derivare nel caso in cui il trattamento stesso non venisse effettuato: è il caso delle vaccinazioni obbligatorie. Si pensi anche a chi avendo contratto una malattia infettiva può essere sottoposto a un periodo di **quarantena**. Si tratta però di situazioni del tutto eccezionali che riguardano un numero assai limitato di casi. Nemmeno le malattie mentali possono essere trattate obbligatoriamente, tranne in rare situazioni di pericolo che richiedono interventi urgenti.

La legge non può in nessun caso violare i limiti imposti dal rispetto della persona umana.

Il rispetto della persona umana rappresenta, ancora una volta, un *limite invalicabile* anche per la legge. In questo senso i medici hanno l'obbligo di curare i pazienti al fine di salvare loro la vita, o comunque di prolungarla il più possibile, ma devono evitare il cosiddetto *accanimento terapeutico* quando i trattamenti, lunghi e spesso dolorosi, riescono a prolungare la vita del paziente solo temporaneamente e a costo di gravi sacrifici senza la speranza di una guarigione definitiva.

■ **Quarantena**
un periodo di isolamento, generalmente in ospedale, finché la contagiosità della malattia sia cessata.

I rapporti civili e i rapporti etico-sociali

In Italia la tutela della salute è attuata, con la legge 833/1978, attraverso l'istituzione del **Servizio sanitario nazionale** (Ssn), le cui finalità sono la *promozione*, il *mantenimento* e il *recupero della salute fisica e psichica di tutta la popolazione*; tali obiettivi vengono perseguiti non solo garantendo le cure agli ammalati, ma anche attraverso l'opera di prevenzione ed educazione. Gli organi competenti per il funzionamento del Ssn sono lo Stato, le regioni, i comuni e le Aziende sanitarie locali (Asl).

Ai cittadini è assicurato il diritto di scegliere un medico di propria fiducia e il luogo dove effettuare i trattamenti sanitari.

Il medico ha l'*obbligo di rispettare il diritto del paziente* ad essere informato sul proprio stato di salute e sulle cure ritenute opportune affinché egli possa liberamente scegliere se sottoporsi o meno al trattamento: si definisce tale diritto **consenso informato**.

2 La scuola e la libertà d'insegnamento

ARTICOLO 33

L'arte e la scienza sono libere e libero ne è l'insegnamento.

Le *manifestazioni artistiche* (come la pittura, la scultura, la fotografia, il cinema, il teatro, la musica, la poesia, la letteratura ecc.) e la *ricerca scientifica* (in qualsiasi ambito si svolga) *sono tutelate da una piena libertà*, come pure è tutelata la piena libertà del loro insegnamento. Non esistono perciò un'arte e una scienza "di regime", né è possibile censurare manifestazioni artistiche o indagini scientifiche in quanto non rispondenti alla visione culturale dell'ideologia dominante.

Da questa norma nasce il principio della **libertà di insegnamento**: gli insegnanti sono tenuti a rispettare i principi generali fissati dallo Stato (e dalle regioni), compresi i programmi previsti per il loro tipo di insegnamento, ma nel rispetto di tali principi possono liberamente scegliere quali modalità adottare nella loro attività didattica.

A proposito dell'insegnamento si sottolinea che il *pluralismo* delle idee assolve il ruolo fondamentale di aprire agli studenti gli orizzonti dei diversi tipi di ragionamento. L'unico limite alla libertà di insegnamento è dato dal rispetto dell'identità culturale degli studenti e dal divieto di imporre una determinata visione culturale o politica.

La Repubblica detta le norme generali sull'istruzione ed istituisce scuole statali per tutti gli ordini e gradi.

Lo Stato ha il compito di fissare i *parametri fondamentali* ai quali deve rispondere l'istruzione e di istituire scuole statali per ogni fascia d'età e per ogni livello di apprendimento: non può delegare questa funzione esclusivamente a istituzioni private.

Enti e privati hanno il diritto di istituire scuole ed istituti di educazione, senza oneri per lo Stato.

Sia le organizzazioni sia i singoli cittadini possono fondare e rendere operanti **scuole private** di ogni genere purché questo avvenga *senza spese* (oneri) per lo Stato. Esistono in Italia molte scuole private a carattere religioso, in prevalenza cattoliche, ma anche di altri culti. Ci sono poi anche scuole private laiche, che spesso vengono scelte dalle famiglie per poter usufruire di particolari servizi che non sempre le scuole pubbliche offrono; è il caso del doposcuola, della possibilità di svolgere attività sportive o attività integrative di vario genere e talvolta anche di frequentare corsi accelerati per recuperare anni scolastici perduti. Il costo per l'iscrizione e la frequenza nelle scuole private è a carico delle famiglie, perciò il Governo e alcune regioni hanno previsto forme di *aiuto economico* perché si realizzi un'effettiva libertà di scelta nell'ambito dell'istruzione. Rimane aperto il dibattito su come conciliare tali provvedimenti con quanto chiaramente stabilito dalla norma costituzionale che utilizza l'espressione "senza oneri per lo Stato".

La legge, nel fissare i diritti e gli obblighi delle scuole non statali che chiedono la parità, deve assicurare ad esse piena libertà e ai loro alunni un trattamento scolastico equipollente a quello degli alunni di scuole statali.

La maggior parte delle scuole private (*non statali*) non solo vengono riconosciute dallo Stato, ma anche parificate a quelle pubbliche (insieme formano il "sistema integrato"), per cui presso la scuola privata parificata lo studente ottiene un titolo di studio (*equipollente*) che ha lo stesso valore di quello conseguito dai suoi compagni che hanno frequentato la scuola pubblica. Per ottenere tale importante risultato le scuole private devono attenersi agli obblighi previsti per loro dalla legge; come contropartita godono degli stessi diritti e delle stesse libertà, compresa quella d'insegnamento, che sono garantiti alle scuole pubbliche.

È prescritto un esame di Stato per l'ammissione ai vari ordini e gradi di scuole o per la conclusione di essi e per l'abilitazione all'esercizio professionale.

Nell'attuale ordinamento scolastico l'esame di Stato viene affrontato alla fine di ogni ordine di studi, cioè *al termine del primo ciclo di istruzione obbligatoria e del secondo ciclo*.
Gli esami per l'abilitazione all'esercizio professionale consentono l'*iscrizione all'albo della professione* e costituiscono la condizione indispensabile per poterla esercitare. Tali esami sono richiesti per numerose categorie di "liberi professionisti": geometri, architetti, ingegneri, medici, avvocati, commercialisti ecc.

Le istituzioni di alta cultura, università ed accademie, hanno il diritto di darsi ordinamenti autonomi nei limiti stabiliti dalle leggi dello Stato.

Le università e le accademie (per esempio l'Accademia delle belle arti) godono di una totale autonomia organizzativa, con il limite del rispetto delle leggi dello Stato. Ciò permette a tali istituzioni di decidere i programmi di studio e l'organizzazione interna più adatti ai propri obiettivi.

▪ **Equipollente**
che ha uguale valore ed efficacia.

I rapporti civili e i rapporti etico-sociali

3 Il diritto allo studio

ARTICOLO 34

La scuola è aperta a tutti.

Nella sua semplicità l'espressione usata nel primo comma dell'articolo contiene una delle più importanti applicazioni del **principio di uguaglianza formale** sancito dalla Costituzione nei Principi fondamentali (art. 3 c. 1): tutti devono avere la possibilità di andare a scuola, senza distinzioni di sesso, età, cittadinanza, affinché tutti possano ricevere un'istruzione, *base di partenza indispensabile per la conoscenza e l'esercizio dei propri diritti*.

L'istruzione inferiore, impartita per almeno otto anni, è obbligatoria e gratuita.

La recente riforma della scuola ha modificato l'obbligo scolastico della durata di otto anni previsto dalla Costituzione trasformandolo in **diritto-dovere** all'*istruzione* e alla *formazione* della durata di dodici anni o comunque fino al conseguimento di una qualifica. Tale diritto-dovere verrà attuato gradualmente. Attualmente l'obbligo scolastico è di dieci anni.

I capaci e meritevoli, anche se privi di mezzi, hanno diritto di raggiungere i gradi più alti degli studi.

Chi ha le capacità per proseguire gli studi e lo merita in relazione al proprio impegno può accedere ai più alti livelli di istruzione attraverso l'*aiuto dello Stato*, anche se non dispone di mezzi economici adeguati.

La Repubblica rende effettivo questo diritto con borse di studio, assegni alle famiglie ed altre provvidenze, che devono essere attribuite per concorso.

L'effettiva attuazione del diritto allo studio è una realizzazione del **principio di uguaglianza sostanziale** sancito dalla Costituzione nei Principi fondamentali (art. 3 c. 2). Tramite concorso lo Stato, ma anche gli enti locali e vari enti privati, attribuiscono *borse di studio*. Sono inoltre previsti l'*esonero dalle tasse* scolastiche e universitarie, il *presalario* e la *riduzione delle imposte* per le famiglie che hanno figli dediti agli studi.

RISPONDO

- Che cos'è per la Costituzione il *diritto alla salute*?
- Che cosa significa che «l'arte e la scienza sono libere»?
- In che cosa consiste la *libertà di insegnamento*?
- Che cosa significa «la scuola è aperta a tutti»?
- A quale proposito la Costituzione parla di «capaci e meritevoli anche se privi di mezzi»?

Così come è stato rimodellato dalla riforma il sistema scolastico italiano prevede:
- la **scuola dell'infanzia**, della durata di tre anni. La sua frequenza è facoltativa e vi possono accedere anche i bambini che non hanno ancora compiuto i tre anni;
- il **primo ciclo scolastico**, della durata di otto anni, suddiviso in cinque anni di *scuola primaria* e tre anni di *scuola secondaria di primo grado*. Vi possono accedere bambini che non hanno ancora compiuto i sei anni; al termine di tale ciclo è previsto un esame di Stato;
- il **secondo ciclo scolastico**, che prevede la scelta tra il *sistema dei licei*, l'*istruzione tecnica* e l'*istruzione e formazione professionale*, con la possibilità di effettuare passaggi tra l'uno e l'altra. Il sistema dei licei si divide in indirizzo artistico, classico, economico, linguistico, musicale e coreutico (danza), scientifico, tecnologico, delle scienze umane.

VERIFICO L'APPRENDIMENTO

VERIFICO LE CONOSCENZE

vero o falso?

1. È ammesso l'uso della violenza fisica e morale sulle persone sottoposte a restrizioni di libertà — V [F]
2. La legge stabilisce i limiti massimi della custodia cautelare — [V] F
3. I cittadini hanno diritto di riunirsi pacificamente e senz'armi — [V] F
4. Sono permesse le associazioni segrete — V [F]
5. La stampa può essere soggetta a particolari autorizzazioni — V [F]
6. L'imputato è considerato colpevole solo dopo la condanna definitiva — [V] F
7. La Repubblica istituisce i diritti della famiglia — V [F]
8. Il matrimonio, per la Costituzione, è fondato sull'obbedienza della moglie nei confronti del marito — V [F]
9. I figli nati fuori del matrimonio hanno gli stessi diritti dei figli legittimi — [V] F
10. La salute è un dovere per ciascun individuo — V [F]
11. Il Servizio sanitario nazionale ha il compito di tutelare la salute degli individui — [V] F
12. I poveri hanno diritto a cure gratuite — [V] F
13. Ciascuno può essere obbligato a curarsi per qualsiasi malattia — V [F]
14. L'arte e la scienza non devono essere in contrasto con la cultura dominante — V [F]
15. Tutti possono istituire scuole private, ma senza spese per lo Stato — [V] F

scelgo la risposta esatta

1. La libertà personale:
A. è inviolabile
B. non è inviolabile: la polizia può arrestare chiunque
C. è inviolabile: qualsiasi restrizione della libertà può avvenire solo per atto motivato dall'autorità giudiziaria e nei soli casi e modi previsti dalla legge
D. è inviolabile: qualsiasi restrizione della libertà può avvenire solo per regolamento del ministro della Giustizia

2. Il domicilio è inviolabile:
A. non vi si possono eseguire ispezioni o perquisizioni o sequestri, se non nei casi e modi stabiliti dalla legge secondo le garanzie prescritte per la tutela della libertà personale
B. non vi si possono eseguire ispezioni o perquisizioni o sequestri, se non per legge
C. non vi si possono eseguire ispezioni o perquisizioni o sequestri, se non per atto motivato dall'autorità giudiziaria
D. non è possibile accedervi senza il consenso della persona

3. La limitazione della libertà e segretezza della corrispondenza può avvenire solo:
A. per ragioni politiche
B. nei casi previsti dalla legge
C. per atto motivato dell'autorità giudiziaria con le garanzie stabilite dalla legge
D. per motivi di sicurezza

4. Le riunioni in luogo pubblico possono essere vietate:
A. solo per motivi di sicurezza
B. per comprovati motivi di sicurezza e di incolumità pubblica
C. per motivi politici
D. in nessun caso

5. Libertà d'insegnamento significa che gli insegnanti:
A. sono liberi di scegliere il metodo di insegnamento
B. sono liberi di scegliere la scuola o l'università dove insegnare
C. sono liberi di decidere i principi generali cui attenersi
D. sono liberi di influenzare l'ideologia politica dei loro studenti

completo

Dopo i 12 articoli dei Principi (1) fondamentali, la Costituzione prosegue con la Parte 1, Titolo 1, "I (2) rapporti civili". L'art. (3) 13 prevede la libertà personale, cioè la libertà dagli arresti (4) arbitrari. Inoltre dichiara che è punita ogni violenza fisica e (5) morale sulle persone sottoposte a restrizioni di libertà. L'art. 15 tutela la libertà e la segretezza della corrispondenza e di ogni altra forma di (6) comunicazione. L'art. 17 tutela la libertà di riunione, che si deve manifestare pacificamente e (7) senz'armi. L'art. 18 vieta le associazioni (8) segrete e le organizzazioni di carattere militare. L'art. 21 dichiara che la stampa non può essere soggetta ad autorizzazioni o (9) censure. Per l'art. 24 la (10) difesa è diritto inviolabile in ogni stato e grado del procedimento. Per l'art. 25 nessuno può essere punito se non in forza di una legge che sia entrata in vigore (11) prima del fatto commesso. L'art. 27 dichiara che l'imputato non è considerato (12) colpevole sino

I rapporti civili e i rapporti etico-sociali

VERIFICO L'APPRENDIMENTO

alla condanna definitiva. Inoltre prevede che le pene devono tendere alla (13) .... del condannato e vieta la pena di (14) MORTE

13; arbitrari; censure; colpevole; comunicazione; difesa; fondamentali; morale; morte; prima; rapporti; rieducazione; segrete; senz'armi.

• IMPARO A IMPARARE...

costruisci una mappa partendo dai seguenti concetti

1. La libertà personale e i diritti correlati
2. La tutela della persona di fronte a un processo
3. I diritti della persona nella famiglia, per la salute e nella scuola

AIUTATI E VERIFICA IL TUO LAVORO CON LE MAPPE INTERATTIVE

• IMPARO A COMUNICARE...

rispondi verbalmente e poi in forma scritta

1. Quali *restrizioni* della libertà personale sono ammesse dalla Costituzione?
2. Che cosa sono l'arresto in flagranza e il fermo di polizia?
3. Che cos'è la *carcerazione preventiva*?
4. Chi può effettuare accertamenti di natura amministrativa?
5. A quali altre forme di comunicazione si estende la tutela della corrispondenza?
6. Che cosa sono le intercettazioni telefoniche e ambientali?
7. Da chi e perché può essere vietata una riunione in luogo pubblico?
8. In che cosa consiste la *libertà di associazione*?
9. Che cosa sono le *associazioni segrete*?
10. Che cosa s'intende per *libertà di stampa*?
11. In quali casi le *libertà di circolazione* e *soggiorno* possono essere limitate?
12. A chi spetta il patrocinio a spese dello Stato?
13. Che cosa si intende per *giudice naturale*?
14. Che cosa sono le *misure di sicurezza*? Perché si differenziano dalle *pene*?
15. Che cosa significa "estradizione del cittadino"?
16. Che cosa comporta la *responsabilità* dei funzionari dello Stato?
17. Che cos'è la famiglia per la nostra Costituzione?
18. A chi sono *garantite* cure gratuite?
19. Chi può essere *obbligato* a trattamenti sanitari?
20. Chi ha diritto di *istituire* scuole private?

• INTERPRETO L'INFORMAZIONE

Sottolinea nelle letture le parole che non conosci e cerca sul dizionario l'esatta definizione.

1. **Iran, la Nobel per la pace Ebadi e sei Ong chiedono la fine degli arresti arbitrari e la liberazione dei prigionieri di coscienza (15 febbraio 2013)**

Shirin Ebadi, premio Nobel per la pace, Amnesty International, Human Rights Watch, la Campagna internazionale per i diritti umani in Iran, la Federazione internazionale per i diritti umani, la Lega per la difesa dei diritti umani in Iran e Reporter senza frontiere hanno promosso un appello congiunto alle autorità iraniane chiedendo l'immediata fine degli arresti domiciliari dei due ex candidati alla presidenza della Repubblica Mehdi Karroubi e Mir Hossein Mousavi e della moglie di quest'ultimo, Zahra Rahnavard, nonché la cessazione delle vessazioni nei confronti delle figlie di Mousavi e del figlio di Karroubi.
I due candidati alle elezioni presidenziali del 2009 sono stati posti agli arresti domiciliari, insieme alle loro mogli, il 14 febbraio 2011, solo per aver chiesto di manifestare a sostegno della "primavera araba". La moglie di Karroubi, Fatemeh, è stata poi rilasciata. Le due figlie di Mousavi e il figlio di Karroubi sono stati arrestati l'11 febbraio 2013 per essere poi rilasciati nel giro di poche ore.
Mentre si approssima la data delle prossime elezioni presidenziali, previste il 14 giugno 2013, centinaia di oppositori, voci critiche, giornalisti, studenti, avvocati e difensori dei diritti umani restano in carcere. La maggior parte di essi è stata arrestata nel corso della repressione successiva alle elezioni del 2009 e condannata, spesso al termine di processi trasmessi in televisione durante i quali gli imputati "confessavano" vaghi crimini contro la sicurezza nazionale e ammettevano di aver sostenuto una "rivoluzione di velluto".

(http://www.amnesty.it/news/iran-nobel-per-la-pace-ebadi-e-sei-ong-chiedono-fine-arresti-arbitrari-e-liberazione-prigionieri-di-coscienza, 15 febbraio 2013)

Unità di apprendimento

3 I rapporti civili e i rapporti etico-sociali

Rispondi alle domande

1. Quali diritti civili sono stati violati in Iran?
2. Che cosa significa "primavera araba"?
3. Perché, secondo te, gli oppositori condannati confessavano crimini non commessi?

2 La "ruota" e i "figli di nessuno" di Bruno Palamara

L'abbandono di neonati era un uso praticato normalmente nell'antichità.
Il più noto dei bambini abbandonati è stato proprio un personaggio biblico, Mosè, che a tre mesi fu dalla madre posto in una cesta e affidato alle correnti del fiume Nilo. Non dimentichiamo Romolo e Remo, fondatori di Roma, abbandonati dalla madre Rea Silva e allattati da una provvidenziale lupa.
Presso i Greci e i Romani era molto diffusa la pratica dell'esposizione dei figli ("ius exponendi"): i figli indesiderati venivano esposti in una cesta in luoghi pubblici e potevano essere presi da chi avesse desiderio di allevarli (o sfruttarli…).
Nel Medioevo il fenomeno si restrinse per effetto della morale cristiana, ma riprese vigore a partire dal XVI secolo, per esplodere in maniera virulenta nell'Ottocento, quando raggiunse proporzioni enormi, tanto che, secondo alcune stime, intorno al 1850 nell'Europa occidentale sarebbero stati abbandonati più di 100.000 bambini all'anno.
Ma chi erano questi poveri trovatelli? Non erano, certo, solo i *"figli della colpa"*, i figli, cioè, delle ragazze-madri, che, bollate ormai a vita, erano praticamente nella impossibilità di garantire la sopravvivenza del proprio figlio, ma erano anche i figli legittimi di coppie regolarmente sposate, che, in concomitanza di gravi congiunture economiche e sociali, come carestie, guerre, epidemie, malattie, venivano sacrificati in quanto rappresentavano bocche in più da sfamare. Naturalmente, la mortalità infantile tra gli esposti era spaventosa, arrivando anche all'80% del totale.
Questi poveri neonati venivano abbandonati, preferibilmente durante le ore notturne, sui gradini delle case di famiglie benestanti o sulla soglia delle chiese, lasciati al freddo e, spesso, in balia delle bestie randagie.
Ma già alla fine del XII secolo papa Innocenzo III introdusse a Roma il sistema della "ruota" o "torno", commosso dal fatto che questi miseri trovatelli venivano spesso deposti tra i letami o erano gettati nel Tevere. Il neonato veniva posato su questa specie di armadietto rotante, che, spinto verso l'interno, inseriva il piccolo dentro la struttura.
Si davano, generalmente, cognomi convenzionali (Diotisalvi, Diotaiuti, Servadio, Diolaiuti, Laudadio, Sperindio, Teodoro).
Per alleviare il fenomeno sorse col tempo l'orfanotrofio: i primi ricoveri pubblici o caritatevoli per bambini risalgono al '700, ma esplodono nell'800 con l'industrializzazione e l'inurbamento di vaste masse contadine, quando i trovatelli entrano nel cuore della letteratura occidentale, e dell'immaginario collettivo, attraverso i romanzi di Dickens.
Purtroppo, la mortalità infantile dei trovatelli all'interno degli orfanotrofi era elevatissima a causa del mancato allattamento con il latte materno e delle precarie condizioni igienico-sanitarie di questi luoghi.

(Liberamente tratto da: http://www.ilpaese.info/old_web/Cultura/Cultura%20&%20Spettacolo/BRUNO%20PALAMARA/I%20figli%20di%20nessuno.htm)

Rispondi alle domande

1. Quali erano e quali sono ancora oggi le motivazioni dell'abbandono di neonati?
2. A che cosa serviva la "ruota"?
3. Perché negli orfanotrofi la mortalità infantile era elevatissima?

• APPLICO LE CONOSCENZE

cerca sul web

1. **Cerca sul web se anche in Italia si sono verificati negli ultimi anni casi di maltrattamento e morte di persone arrestate (vedi per esempio i casi di Stefano Cucchi e Federico Aldrovandi).**

   Rispondi alle domande e discutine in classe

   Quali tra i diritti civili non sono ancora rispettati pienamente nel nostro Paese?
   Che cosa si può fare per cambiare la situazione?

2. **Cerca sul web alcune scuole private che operano sul territorio nel quale abiti e scopri quali servizi offrono.**

   Rispondi alle seguenti domande

   Perché alcune famiglie scelgono di iscrivere i figli a tali scuole?
   In che cosa sono carenti, secondo te, le scuole pubbliche rispetto alle scuole private?
   E le scuole private rispetto alle pubbliche?

problem solving

Figlio maggiorenne, lavoro stagionale, rifiuto, diritto al mantenimento
Cassazione civile, Sez. I, sentenza 25.01.2013 n. 1779
Non viene meno il diritto al mantenimento del figlio maggiorenne che abbia abbandonato gli studi, lavori irregolarmente come barista e abbia rifiutato una collocazione, sempre come barista stagionale, procuratagli dal padre, in quanto tale tipo di lavoro non assicura la sua autonomia economica e dunque non rende ingiustificato il suo rifiuto del lavoro.

(riferimenti normativi: artt. 147-148 c.c.; artt. 6 e 9, l. 1 dicembre 1970, n. 898.)

VERIFICO L'APPRENDIMENTO

1 Ricostruisci il caso: chi si è rivolto al giudice? Quali saranno state le sue richieste?

2 A quale articolo della Costituzione si collega la sentenza?

3 Consulta gli articoli 147 e 148 del Codice civile e confrontali con la massima della sentenza. Sei d'accordo con il loro contenuto? Se fossi stato tu il giudice ti saresti pronunciato nello stesso modo?

team working

Dopo aver formato dei gruppi di lavoro all'interno della classe vai sul sito dell'Eurypedia - The European Encyclopedia on National Education Systems http://eacea.ec.europa.eu/education/eurydice/eurypedia_en.php.

All'interno del gruppo di lavoro scegli un Paese e con l'aiuto del dizionario on line (http://www.wordreference.com/it/) costruisci una scheda sintetica del sistema scolastico - percorso scolastico (puoi mantenere i nomi delle varie istituzioni scolastiche in lingua) - età di inizio - anni di scuola. (Chiedi all'insegnante di inglese se incontri difficoltà nella comprensione.)

Costruisci un power point con i dati raccolti da presentare alla classe o in alternativa un poster da esporre in classe.
Per documentare il lavoro svolto da ciascun componente del gruppo compila un "diario di bordo" da allegare all'elaborato.

Unità di apprendimento 4

I rapporti economici: il lavoro

1. Le tutele dei lavoratori
2. Il lavoro nel sistema economico
3. L'accesso al mondo del lavoro

Conoscenze

- Il lavoro e la sua tutela
- I concetti di forza lavoro e di disoccupazione
- Conoscenze essenziali per l'accesso al lavoro
- Il Curriculum Vitae secondo il modello europeo e il colloquio di lavoro

Abilità

- Riconoscere le norme che tutelano il lavoro
- Analizzare un grafico relativo a un fenomeno economico
- Riconoscere le caratteristiche principali del mercato del lavoro e le opportunità lavorative offerte dal territorio e dalla Rete
- Redigere il Curriculum Vitae secondo il modello europeo

FOCUS FILM...
Laboratorio di cinema

per comprendere l'importanza dell'espressione di idee attraverso diversi mezzi di comunicazione

Il film focalizza l'attenzione su una generazione che fatica a inserirsi nel mondo del lavoro. Un neolaureato e brillante matematico collabora con l'università, ma per mantenersi lavora nel reparto marketing di un'azienda dove sono previsti tagli di personale e vive una condizione di precarietà e di inquietudine.

1 Le tutele dei lavoratori

1 La tutela del lavoro

ARTICOLO 35

La Repubblica tutela il lavoro in tutte le sue forme ed applicazioni.

Il **lavoro** *costituisce il fondamento della Repubblica* (art. 1 Cost.) *ed è sia un diritto che un dovere* (art. 4 Cost.). Il Titolo III della Parte I della Costituzione, che riguarda i rapporti economici, riserva numerosi articoli alla **tutela** del lavoro. La Costituzione *sceglie perciò di prendere posizione a favore della "parte debole"*, i **lavoratori** (intendendo lavoratori dipendenti e autonomi), mentre detta una serie di *limitazioni* nei confronti dei datori di lavoro e dei proprietari, pur riconoscendo loro i diritti di iniziativa economica e di proprietà.

Cura la formazione e l'elevazione professionale dei lavoratori.

È importante che il lavoratore abbia la *possibilità di apprendere*, di frequentare corsi di formazione e di aggiornamento, in modo da arricchire la propria professionalità, migliorare la propria posizione lavorativa così da ricavarne maggiore soddisfazione e contribuire quindi al progresso della nazione in modo più incisivo.

Lavoro
Work ■
activity involving mental or physical effort done in order to achieve a result.

Tutela ■
difesa, salvaguardia, protezione di un diritto o di un bene materiale o morale, e del suo mantenimento, regolare esercizio e godimento (da parte non solo di un individuo ma anche di una collettività).

Promuove e favorisce gli accordi e le organizzazioni internazionali intesi ad affermare e regolare i diritti del lavoro.

Lo Stato italiano partecipa a numerosi *organismi internazionali* che si occupano del mondo del lavoro; tra i più importanti ricordiamo l'**Organizzazione internazionale del lavoro** – più nota con l'acronimo inglese **Ilo** – che è una delle agenzie dell'Onu e ha il compito principale di predisporre direttive e raccomandazioni in materia di *tutela del lavoro* per gli Stati membri.

Riconosce la libertà di emigrazione, salvo gli obblighi stabiliti dalla legge nell'interesse generale, e tutela il lavoro italiano all'estero.

L'Italia, che oggi è diventata un *Paese di* **immigrazione**, subiva, fino a non molti anni fa, un massiccio fenomeno di **emigrazione** sia verso l'estero che al proprio interno (dal Sud al Nord). Attualmente il fenomeno dell'emigrazione risulta molto contenuto, anche se in quest'ambito permane preoccupante la cosiddetta "fuga dei cervelli", cioè l'emigrazione di persone in possesso di un *elevato grado di specializzazione* che scelgono di lavorare all'estero perché in Italia non vengono loro offerte opportunità professionali soddisfacenti.

■ **Organismi internazionali**
sistemi organizzati, costituiti di varie parti fra loro connesse e interdipendenti. Sono organizzazioni con membri, scopi o presenze internazionali; comunque, nell'uso comune, è un termine riservato per le organizzazioni intergovernative (Oig) come l'Onu, l'UE ecc.

■ **Immigrazione**
l'insediamento di uomini in Paesi diversi da quello in cui sono nati, per cause naturali o politiche; si distingue tra *immigrazione interna*, quella che avviene all'interno di uno stesso Stato, e *immigrazione esterna*, quella diretta all'estero.

La Costituzione tutela i lavoratori in quanto "parte debole" nel quadro di un *rapporto contrattuale*, quello di **lavoro dipendente**, in cui il datore di lavoro gode di una posizione di vantaggio dovuta essenzialmente alle maggiori disponibilità economiche. Perciò i diritti che la Costituzione garantisce ai lavoratori sono, come i diritti della personalità, **irrinunciabili** e **indisponibili**, *cioè sono diritti ai quali non si può rinunciare e che non possono essere trasferiti ad altri*. Ad esempio, se un lavoratore rinunciasse a tutta o parte della remunerazione che gli spetta, tale rinuncia non sarebbe valida (art. 2113 Cod. civ.).

International Labour Organization

The ILO is the international organization responsible for drawing up and overseeing international labour standards. It is the only "tripartite" United Nations agency that brings together representatives of governments, employers and workers to jointly shape policies and programmes promoting Decent Work for all. This unique arrangement gives the ILO an edge in incorporating "real world" knowledge about employment and work.

ENGLISH FOCUS

I rapporti economici: il lavoro   83

2 La tutela della retribuzione

ARTICOLO 36

Il lavoratore ha diritto ad una retribuzione proporzionata alla quantità e qualità del suo lavoro e in ogni caso sufficiente ad assicurare a sé e alla famiglia una esistenza libera e dignitosa.

La retribuzione deve essere commisurata a tre diversi parametri:
- la **quantità del lavoro**: è logico che un lavoratore a *tempo parziale* (part time) abbia una retribuzione proporzionata alla durata del suo orario lavorativo e che sia inferiore a quella di un lavoratore a *tempo pieno*; è altrettanto giusto che le ore lavorate oltre l'orario stabilito, dette di "straordinario", vengano retribuite in aggiunta al salario pattuito; l'importante è che prestazioni lavorative equivalenti vengano retribuite in modo equivalente;
- la **qualità del lavoro**: per quanto ogni lavoro, anche il più umile, sia essenziale alla vita della collettività, è universalmente accettato il fatto che vi siano lavori meglio retribuiti di altri: in genere *la maggiore o minore misura della retribuzione è legata alla durata della formazione del lavoratore* (cioè si tende in qualche modo a compensare sia i costi effettivamente sostenuti per gli studi, sia il fatto che chi studia più a lungo comincia a lavorare, e quindi a guadagnare, molti anni più tardi), *al grado di specializzazione raggiunto* e *al livello di responsabilità che il tipo di lavoro comporta*;
- la salvaguardia di un **livello minimo** che permetta al lavoratore e alla sua famiglia di vivere dignitosamente, cioè potendo soddisfare i propri bisogni; tale livello minimo di retribuzione è stabilito dai contratti collettivi di lavoro stipulati dai sindacati.

La durata massima della giornata lavorativa è stabilita dalla legge.

Attualmente la legislazione in materia prevede che la durata del lavoro *settimanale* non superi le *quaranta ore*, e quella del lavoro *giornaliero* le *otto*.

Il lavoratore ha diritto al riposo settimanale e a ferie annuali retribuite, e non può rinunziarvi.

Il **riposo settimanale** (non necessariamente coincidente con la domenica) e i **periodi di ferie** da godersi nel corso dell'anno lavorativo *sono diritti ai quali non si può rinunciare* e hanno due diverse finalità:
- la ricostituzione, attraverso il riposo, delle energie spese durante il lavoro, poiché senza il diritto al riposo il lavoro diventerebbe *disumano*;
- la possibilità di avere a disposizione del *tempo libero* da dedicare allo sviluppo dei molteplici aspetti della propria personalità.

3. La tutela della donna lavoratrice e dei minori

ARTICOLO 37

La donna lavoratrice ha gli stessi diritti e, a parità di lavoro, le stesse retribuzioni che spettano al lavoratore. Le condizioni di lavoro devono consentire l'adempimento della sua essenziale funzione familiare e assicurare alla madre e al bambino una speciale adeguata protezione.

PARI OPPORTUNITÀ

Lettura

Se vuoi approfondire clicca qui!

La Costituzione considera necessaria una **tutela specifica** delle lavoratrici. Per secoli la retribuzione delle donne (come quella dei minori) è stata inferiore a quella degli uomini, anche a parità di lavoro. Per molto tempo, inoltre, alle donne sono state *precluse varie attività*: fino al 1913 veniva loro impedito di svolgere la professione di avvocato, e fino al 1956 di entrare nella magistratura. La donna lavoratrice deve essere messa in condizione di *non dover rinunciare, a causa dell'attività lavorativa, alla propria* **funzione familiare**, e in particolare al proprio *ruolo di madre*. In attesa che cambino i costumi e che nelle famiglie si consolidi l'abitudine alla condivisione del lavoro domestico e della cura dei figli, la Repubblica prevede per la madre e il bambino una speciale protezione, che si traduce prima di tutto nell'**astensione obbligatoria** dal lavoro nel *periodo precedente e successivo al parto* e nella possibilità di assentarsi dal lavoro per le malattie del figlio (*norme oggi in parte estese anche ai padri*).

La legge stabilisce il limite minimo di età per il lavoro salariato.

Attualmente l'età minima per poter svolgere un'attività lavorativa è fissata a **15 anni compiuti**. La legge distingue tra «bambini», vale a dire coloro che *non hanno ancora compiuto i 15 anni* o che *siano ancora soggetti all'obbligo scolastico*, e «adolescenti», cioè i *minori di età compresa tra i 15 e i 18 anni non più soggetti all'obbligo scolastico*.
I bambini possono essere impiegati, *solo* e *in via eccezionale*, in attività lavorative di carattere culturale, artistico, sportivo o pubblicitario e nel settore dello spettacolo, purché si tratti di situazioni che non ne pregiudichino la sicurezza, l'integrità psicofisica e lo sviluppo, nonché l'effettiva possibilità di frequentare la scuola.

La Repubblica tutela il lavoro dei minori con speciali norme e garantisce ad essi, a parità di lavoro, il diritto alla parità di retribuzione.

Per quanto riguarda gli adolescenti che lavorano, esistono numerose norme che impongono un'attenta valutazione dei rischi riguardanti l'uso delle attrezzature, la qualità dell'ambiente di lavoro e l'esposizione a sostanze dannose. A tutela del **lavoratore adolescente** vanno tenuti in considerazione fattori quali lo *sviluppo psicofisico non ancora completo* e la *mancanza di esperienza e di consapevolezza dei rischi lavorativi*. Altre norme tutelano il diritto al riposo. Infine, è *garantita la parità di retribuzione*.

I rapporti economici: il lavoro

FOCUS digitale

Vai sul sito del «Corriere della Sera» e clicca sul blog La 27ORA.

La 27ORA è un blog al femminile: racconta le storie e le idee delle donne che inseguono un equilibrio tra lavoro (che sia in ufficio o in casa), famiglia e loro stesse. Il nome nasce da uno studio secondo il quale la giornata delle donne italiane dura 27 ore, allungandosi su un confine pubblico-privato che diventa sempre più flessibile e spesso incerto.
Discuti in classe di questo tema a partire dagli interventi pubblicati.

4 La protezione sociale

ARTICOLO 38

Ogni cittadino inabile al lavoro e sprovvisto dei mezzi necessari per vivere ha diritto al mantenimento e all'assistenza sociale.

Il cittadino italiano che non sia in grado di lavorare *a causa di* **infermità** e sia *in condizioni di povertà* ha diritto a ricevere dallo Stato **sovvenzioni** e **assistenza** anche se non ha mai lavorato.

I lavoratori hanno diritto che siano preveduti ed assicurati mezzi adeguati alle loro esigenze di vita in caso di infortunio, malattia, invalidità e vecchiaia, disoccupazione involontaria.

Lo Stato ha istituito un sistema di **enti pubblici** allo scopo di garantire ai lavoratori speciali protezioni nei casi di necessità. I più importanti enti competenti nell'ambito dell'assistenza e della previdenza sono:
- l'**Inail** (Istituto nazionale per le assicurazioni contro gli infortuni sul lavoro): ha lo scopo di *risarcire i lavoratori in caso di infortunio* (ad esempio un muratore si è rotto una gamba cadendo da un'impalcatura) o *malattia professionale* (un lavoratore a contatto con sostanze pericolose ha contratto un tumore);
- l'**Inps** (Istituto nazionale della previdenza sociale): si occupa delle *pensioni di invalidità*, *di vecchiaia* e *a favore dei superstiti* (ad esempio il coniuge rimasto vedovo o vedova); gestisce inoltre la **Cassa integrazione guadagni**: *nei casi di crisi o di ristrutturazione dell'impresa* assicura al lavoratore sospeso dal lavoro l'80% della retribuzione per un periodo di tempo variabile, a seconda delle diverse situazioni.

Infermità ■ termine generico per indicare qualsiasi malattia che colpisca l'organismo, soprattutto se permanente o di lunga durata e tale da immobilizzare l'individuo, o da renderlo totalmente o parzialmente inabile alle normali sue attività.

Sovvenzioni ■ aiuti economici, sotto forma di elargizione, concessi a individui, enti e organizzazioni assistenziali e culturali, società commerciali ecc., per assicurare lo svolgimento o il proseguimento della loro attività.

Gli inabili ed i minorati hanno diritto all'educazione e all'avviamento professionale.

> Sono molte le categorie di diversamente abili, fisici e mentali, che con il *supporto di un'istruzione e una formazione professionale* adeguate si possono inserire utilmente nel mondo del lavoro.

Ai compiti previsti in questo articolo provvedono organi ed istituti predisposti o integrati dallo Stato.

> Molti *enti di natura privata* integrano la costosa attività dello Stato a favore delle categorie bisognose di tutele adeguate.

5 Il ruolo dei sindacati

ARTICOLO 39

L'organizzazione sindacale è libera.

> La **libertà sindacale**, che si esplica sia nella possibilità di costituire nuovi **sindacati** sia nella libertà di aderire o meno a uno di essi, è uno dei modi in cui si concretizza la *libertà di associazione* sancita dall'art. 18 della Costituzione.

Ai sindacati non può essere imposto altro obbligo se non la loro registrazione presso uffici locali o centrali, secondo le norme di legge.

> Non è mai stata emanata la legge che doveva imporre la registrazione dei sindacati in modo da conferire loro la **personalità giuridica** e la *conseguente capacità di firmare contratti collettivi di lavoro*. I sindacati sono, ancora oggi, delle *associazioni non riconosciute*.

■ **Sindacati**
Trade Unions
associations made up of workers' representatives whose aim is to safeguard the economic and professional interests of their members.

■ **Personalità giuridica**
condizione di ciò che è soggetto di diritto, con riferimento a enti, società, fondazioni ecc.

Manifestazione organizzata dalle tre principali sigle sindacali Cgil, Cisl e Uil.

87

È condizione per la registrazione che gli statuti dei sindacati sanciscano un ordinamento interno a base democratica.

Come unica condizione per ottenere la registrazione la Costituzione prevedeva che i sindacati fossero gestiti con un **sistema democratico** tale da consentire agli associati di *esprimere la propria volontà*, così da essere *effettivamente rappresentativi dei lavoratori*.

I sindacati registrati hanno personalità giuridica. Possono, rappresentati unitariamente in proporzione dei loro iscritti, stipulare contratti collettivi di lavoro con efficacia obbligatoria per tutti gli appartenenti alle categorie alle quali il contratto si riferisce.

Nonostante il fatto che abbiano rifiutato qualsiasi tipo di controllo, e quindi anche la registrazione, al fine di salvaguardare la propria libertà, attualmente *i sindacati stipulano contratti collettivi di lavoro* non solo a favore dei propri iscritti, ma di *tutti i lavoratori che fanno parte di una determinata categoria*. Così ha stabilito la giurisprudenza, ritenendo che per **retribuzione minima**, cioè quella sufficiente ad assicurare al lavoratore e alla sua famiglia un'esistenza libera e dignitosa (art. 36 Cost.), *si intende proprio quella prevista dai contratti collettivi di lavoro*.

FOCUS digitale

Cerca sul sito della Cgil http://www.cgil.it/ i temi principali di attualità sindacale.

Clicca su "La CGIL" ed entra nella sezione "Storia" per conoscere le tappe della sua storia.
Effettua poi una ricerca analoga nei siti delle altre principali organizzazioni sindacali (http://www.cisl.it/ e http://www.uil.it/).

Prova a mettere a confronto le tematiche presentate nelle home... vi sono elementi comuni?

Charter of Fundamental Rights of the European Union

Article 12

Freedom of assembly and of association
1. Everyone has the right to freedom of peaceful assembly and to freedom of association at all levels, in particular in political, trade union and civic matters, which implies the right of everyone to form and to join trade unions for the protection of his or her interests.
2. Political parties at Union level contribute to expressing the political will of the citizens of the Union.

6 Il diritto di sciopero

ARTICOLO 40

Il diritto di sciopero si esercita nell'ambito delle leggi che lo regolano.

All'epoca del regime fascista lo **sciopero** era reato, come pure era vietata l'esistenza di sindacati alternativi a quello unico imposto dal Partito.
Riconoscere il **diritto di sciopero** significa *riconoscere ai lavoratori il diritto di fare ricorso a una forma di lotta*, che si è dimostrata spesso abbastanza efficace, *per ottenere dai datori di lavoro aumenti retributivi o miglioramenti delle condizioni di lavoro* (ad esempio la durata della giornata lavorativa o delle ferie).
Con lo sciopero i lavoratori *perdono la retribuzione corrispondente al numero di ore o di giorni nei quali non hanno lavorato*.
Lo sciopero va esercitato **collettivamente** da un certo numero di lavoratori, sebbene non sia richiesta l'adesione della maggioranza. È invece *vietato lo sciopero individuale*, mentre è possibile che lo sciopero non venga indetto dai sindacati, ma sia deciso spontaneamente dai lavoratori. È anche ammesso lo **sciopero politico**, cioè *finalizzato a protestare contro provvedimenti del Governo*.
Non è riconosciuto dalla Costituzione il diritto di serrata (cioè la chiusura dei luoghi di lavoro e la sospensione dell'attività) a favore dei datori di lavoro: *la serrata deve perciò intendersi vietata* come forma di lotta, ed è consentita solamente quando viene decisa per tutelare la salute dei lavoratori o salvaguardare l'esistenza dell'impresa.

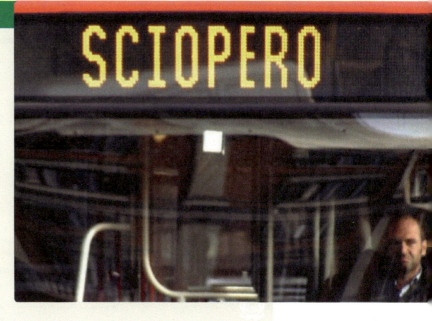

■ **Sciopero**
Strike
voluntary abstention from work of a group of employees to support their economic, political or union demands.

I rapporti economici: il lavoro

Lo sciopero è stato regolato per legge solo nell'ambito dei *servizi pubblici essenziali*, cioè quelli il cui funzionamento consente a tutti i cittadini di esercitare diritti costituzionalmente garantiti, come il diritto alla salute, alla sicurezza pubblica, all'istruzione, alla circolazione attraverso i trasporti pubblici ecc. I lavoratori addetti a tali servizi possono scioperare, rispettando però alcune norme particolari:

- i soggetti che proclamano lo sciopero devono farlo *per iscritto almeno 10 giorni prima, indicando durata, motivazioni e modalità di attuazione* (il cosiddetto **preavviso**);
- devono essere garantite le **prestazioni indispensabili** al fine di salvaguardare i diritti della persona tutelati dalla Costituzione;
- gli accordi collettivi devono indicare gli **intervalli minimi** da osservare tra l'effettuazione di uno sciopero e la proclamazione di uno successivo che riguardino lo stesso servizio o il medesimo bacino di utenza;
- le **sanzioni**, pecuniarie o disciplinari, sono proporzionate alla gravità dell'infrazione, con esclusione del licenziamento. Spetta poi alle aziende dare attuazione alle disposizioni stabilite dalla Commissione di garanzia (che è appunto l'organo chiamato a giudicare). Se le responsabilità sono collettive, sono previste sanzioni a carico delle organizzazioni sindacali coinvolte.

FOCUS digitale

Visita il sito della Commissione di garanzia sciopero, o Autorità di garanzia per gli scioperi (http://www.cgsse.it/web), e cerca, nella sezione "Discipline di settore", alla voce "Accordi", quali sono le prestazioni indispensabili che devono essere assicurate nel settore della scuola, poi, alla voce "Regolamentazioni" quelle che occorre garantire nell'ambito del trasporto pubblico locale.

Metti a confronto i contenuti che hai ricercato con le esperienze che ti è capitato di fare in caso di scioperi proclamati dai lavoratori di questi settori.

RISPONDO

- Che cos'è la tutela del lavoro?
- In che cosa consiste il diritto alla retribuzione?
- Quali sono i diritti della donna lavoratrice?
- Quali sono le tutele per il lavoro dei minori?
- Quali sono gli enti pubblici che si occupano di assistenza e previdenza?
- Che cos'è la libertà di organizzazione sindacale?
- Che cosa significa diritto di sciopero?

2 Il lavoro nel sistema economico

Il **lavoro** dell'uomo, detto anche *capitale umano*, consiste nelle risorse personali (fisiche e intellettuali) a disposizione di un dato sistema economico.

La quantità di risorse personali disponibili in un determinato sistema economico dipende dalla **popolazione attiva**, che è rappresentata da *coloro che offrono la loro capacità lavorativa, la cosiddetta* **forza-lavoro**. Della popolazione attiva fanno parte sia gli **occupati** (coloro che hanno un lavoro continuativo) sia i **non occupati** in cerca di lavoro.

Chi non ha un'attività lavorativa stabile, né la ricerca, rientra nella **popolazione non attiva**; di questa fanno parte i pensionati, le casalinghe, gli studenti, i giovani che non hanno ancora l'età per lavorare.

IL LAVORO E LA DISOCCUPAZIONE

Lezione

- Hai mai pensato ai tanti significati della parola "lavoro"?
- Ti sei mai chiesto quali strategie puoi usare per ricercare un posto di lavoro?
- Secondo te è vero che lo sviluppo tecnologico è causa della disoccupazione?

Scoprilo seguendo la lezione multimediale!

L'insieme dei lavoratori che offrono il proprio lavoro (popolazione attiva) e l'insieme delle imprese che domandano lavoro, ossia i lavoratori che queste ultime sono disposte ad assumere, formano il **mercato del lavoro**.

Le caratteristiche della forza-lavoro sono differenziate per *sesso*, per *età*, per *grado di istruzione* della popolazione.

IL MERCATO

Video

Per saperne di più guarda il video!

1 La disoccupazione

La **disoccupazione** è la condizione di coloro che sono *alla ricerca di un lavoro* o per la prima volta (in cerca di *prima occupazione*) o dopo averlo perduto (*disoccupati* in senso stretto).
Si realizza quando la disponibilità di posti di lavoro è inferiore alla forza lavoro.
Per analizzare l'evoluzione del mercato del lavoro si utilizzano degli indicatori come il **tasso di disoccupazione** che è *dato dal rapporto tra persone in cerca di occupazione e forza lavoro*: ci dice cioè quanti non trovano lavoro ogni 100 persone in cerca di occupazione. Costituisce un indicatore delle **tensioni sociali** che sorgono sul mercato del lavoro a causa delle attese non soddisfatte.

Questo indicatore può essere rappresentato graficamente in relazione al tempo riportando sull'asse delle ascisse (x) il riferimento temporale (gli anni) e su quello delle ordinate (y) il tasso di disoccupazione. Si può così visualizzare facilmente l'andamento del fenomeno economico considerato. Un grafico che rappresenta il comportamento di una variabile in relazione al tempo viene indicato col termine *serie temporale* o *storica*.

■ **Disoccupazione**
Unemployment
the state of being unemployed, (of a person) without a paid job but available to work.

■ **Tensioni sociali**
situazioni di contrasto, di ostilità più o meno latenti, che portano a un inasprimento e irrigidimento delle reciproche relazioni, e che in taluni casi preludono a un conflitto aperto; in altri riescono a risolversi in uno stato di distensione e di equilibrio.

Aggiornamenti

DATI AGGIORNATI CON UN CLIC

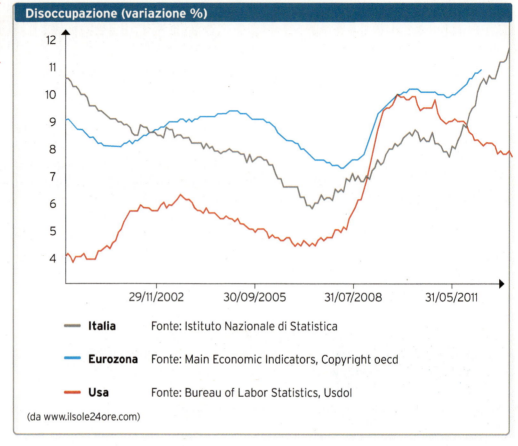

La disoccupazione non è un problema esclusivamente italiano, infatti è un fenomeno che caratterizza, seppur in misura diversa, anche le economie degli altri Paesi. Il grafico evidenzia come la disoccupazione nel nostro Paese sia in linea con la media europea ma si collochi a livelli nettamente superiori a quelli degli Stati Uniti, tranne nel biennio 2008-2010 nel quale è partita negli Usa la più grave crisi economica mondiale dopo quella del 1929.

Il mercato del lavoro italiano in particolare presenta notevoli *squilibri territoriali*. Il tasso di disoccupazione nel Sud raggiunge valori molto elevati rispetto alla media nazionale. L'analisi dei dati ci permette inoltre di individuare una *differenziazione in base al sesso*, in quanto, nella ricerca del lavoro, le donne sono più svantaggiate rispetto agli uomini, e *in base all'età*, in quanto i giovani risultano notevolmente penalizzati nell'accesso al lavoro.

FOCUS digitale

Laboratorio digitale

Le informazioni relative al lavoro nel nostro Paese sono fornite dall'Istat (Istituto nazionale di statistica). È un ente di ricerca pubblico che dipende dal Presidente del Consiglio dei ministri. Cerca, sul sito dell'Istat, gli ultimi dati pubblicati relativi alla disoccupazione.

Approfondisci poi l'analisi cliccando, in alto a sinistra, su "Prodotti" e, quindi, su "Tavole di dati" alla voce "Occupati e disoccupati" (annuali); potrai visualizzare l'andamento dei dati sull'occupazione. Discutine con i tuoi compagni.

Lo studio dei dati, della loro distribuzione territoriale e del loro andamento nel tempo si rivela essenziale per *sviluppare adeguati strumenti di politica economica e sociale*: per esempio, a sostegno dell'occupazione femminile si potrebbero proporre provvedimenti in favore delle famiglie come l'aumento della capacità ricettiva negli asili nido per rendere effettive le pari opportunità di accesso al mondo del lavoro da parte delle donne.

Un altro problema italiano è il **lavoro sommerso**, il cosiddetto "lavoro nero", o irregolare, un fenomeno la cui importanza non emerge dalle rilevazioni statistiche.
Le attività sommerse non sono direttamente rilevabili dall'Istat per l'assenza di informazioni riguardanti soggetti che si sottraggono agli obblighi imposti dalla legge per l'esercizio dell'impresa (registrazione, dichiarazioni d'imposta, salario minimo, orario di lavoro, compilazione dei questionari, altre pratiche amministrative). Quindi anche *il sistema statistico manca degli strumenti adeguati per giungere a una valutazione economica del fenomeno*.

Il nostro sistema economico si caratterizza per la rilevanza che assumono queste attività produttive che contribuiscono alla **creazione di beni e servizi** atti a soddisfare i bisogni, sebbene non siano direttamente osservabili. Di conseguenza, i dati sulla disoccupazione devono essere letti tenendo conto dell'economia sommersa, in quanto *le imprese irregolari impiegano comunque forza lavoro*.

I dati relativi all'occupazione, regolare e non, e alla disoccupazione forniscono informazioni sul *contributo del fattore lavoro al processo di produzione* e rappresentano dei *valori di riferimento per le scelte dello Stato in campo economico*. La **lotta alla disoccupazione** costituisce, infatti, *uno degli obiettivi principali della politica economica dello Stato*, ossia l'insieme degli **interventi** che lo Stato realizza nell'economia, in quanto la maggiore o minore entità del fenomeno è direttamente legata al livello di benessere della collettività. La disoccupazione ha, infatti, conseguenze negative sul piano sociale in quanto penalizza le classi più deboli, in particolare i giovani, le donne e la manodopera non qualificata.

 **RISPONDO**

- Che cos'è la popolazione attiva?
- Che cos'è il mercato del lavoro?
- Che cos'è la disoccupazione?
- Che cos'è il tasso di disoccupazione?

I rapporti economici: il lavoro

3 L'accesso al mondo del lavoro

1 Il contratto di lavoro

I lavoratori si distinguono in due grandi categorie: **lavoratori autonomi** e **lavoratori subordinati**, a seconda del **contratto** che hanno stipulato. Rientrano nella prima categoria i *liberi professionisti* come il medico, l'ingegnere, l'architetto, l'avvocato, e gli *artigiani* come il muratore, l'idraulico, l'elettricista, il parrucchiere ecc. La caratteristica fondamentale dei lavoratori autonomi è che *la loro attività si svolge senza vincolo di subordinazione, cioè in assenza di un rapporto gerarchico di dipendenza nei confronti di chi ha commissionato l'opera* (tinteggiare l'appartamento, cucire un abito) *o richiesto un servizio* (le cure mediche, la difesa in tribunale).

Il **lavoratore subordinato** è definito dall'articolo 2094 del Codice civile come colui che «si obbliga mediante retribuzione a collaborare nell'impresa, prestando il proprio lavoro intellettuale o manuale alle dipendenze e sotto la direzione dell'imprenditore». Il lavoratore, per la natura del contratto che lo lega all'imprenditore, si trova necessariamente *in una condizione di subordinazione*. Questo concetto viene anticipato dal Codice all'articolo 2086 quando si definisce l'imprenditore come il **capo dell'impresa** dal quale dipendono gerarchicamente i collaboratori.

Il lavoratore subordinato è sottoposto al potere dell'imprenditore, perciò è stato fatto oggetto di una serie di norme finalizzate a garantirgli un'adeguata tutela.

La legge più importante a tutela dei lavoratori è la legge numero 300 del 1970, che prende il nome di **Statuto dei lavoratori** in quanto disciplina organicamente i *diritti* e i *doveri* dei dipendenti.

La legge in questione intende assicurare che anche nei luoghi di lavoro siano rispettati i **diritti costituzionalmente garantiti**, in particolare quelli della *libertà di opinione*, della *tutela della dignità del lavoratore*, della *libertà di associazione sindacale*.

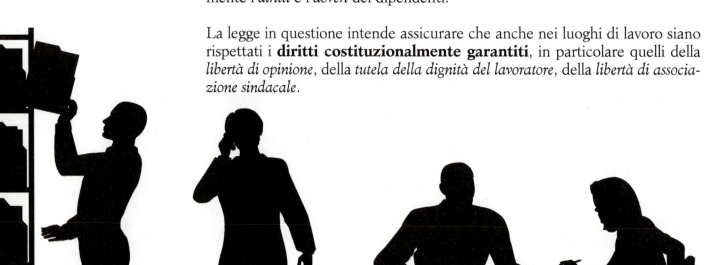

2 L'inserimento nel mondo del lavoro: i nuovi contratti

Le nuove tipologie contrattuali introdotte con l'obiettivo di **riorganizzare** il mercato del lavoro, migliorando *l'intermediazione tra i soggetti che offrono e quelli che ricercano un'occupazione*, per ampliare le possibilità di inserimento dei disoccupati e dei giovani in cerca di prima occupazione sono:

- il **lavoro a chiamata**, diffuso in Olanda, con il quale l'impresa può chiamare in qualunque momento un lavoratore a seconda delle sue esigenze produttive. Il lavoratore resta a disposizione del datore di lavoro e per questo riceve un'**indennità**, detta di *disponibilità*, oltre alla retribuzione per le ore lavorate;
- il **contratto di somministrazione**, nato negli Stati Uniti, con il quale le imprese possono *affittare manodopera a tempo determinato presso agenzie specializzate*. Il ricorso alla manodopera "in affitto" deve essere giustificato da ragioni tecniche, produttive o organizzative, previste dalla legge. I lavoratori sono alle dipendenze dell'agenzia di intermediazione e non dell'impresa utilizzatrice;
- il **lavoro ripartito**, nato negli Stati Uniti, che prevede che *l'adempimento di un'unica prestazione venga condiviso da due lavoratori*, i quali si dividono la retribuzione in proporzione alle ore lavorate;
- il **lavoro a progetto**: in questo caso il contratto di collaborazione viene legato a un *progetto* o a un *programma di lavoro* o a una sua *fase*. Questo tipo di contratto prende il posto delle **collaborazioni coordinate e continuative** (co.co.co.), che molto spesso servivano a far passare per lavoro autonomo rapporti che erano in realtà di lavoro subordinato. *Il contratto deve essere redatto in forma scritta e specificare la durata e la natura del progetto* (ad esempio, il lancio di un nuovo prodotto, l'adozione di un nuovo programma) *nonché il compenso*.

Sono state inoltre riscritte le norme che regolano il **part time**, in modo da renderlo "più elastico", ossia facilmente modificabile e quindi più rispondente alle esigenze dell'impresa, favorendone così la diffusione, e l'**apprendistato**, individuato come contratto base per l'inserimento dei giovani con uno specifico progetto formativo.

- **Lavoro a chiamata**
Job-on-call contracts
the job-on-call is an employment contract under which the employee is hired to put himself at the employer's disposal, and to work only if and when the employer calls him to do so.

- **Indennità**
corrispettivo, diverso dal risarcimento, che la legge stabilisce in favore del soggetto che, per esigenze e interessi generali, subisce il sacrificio totale o parziale di un diritto.

- **Contratto di somministrazione**
Staff leasing
fixed-term contract by which one party, the supplier, promises, in exchange for money, to perform services in favour of the person being supplied. Such services may be periodic, with pre-established deadlines, or on-going and without breaks.

- **Lavoro ripartito**
Job-sharing
an arrangement in which two people share the work and pay of a single full-time job.

I rapporti economici: il lavoro

Curriculum Vitae ■ a document to present your skills and qualifications effectively and clearly.

3 L'Europass Curriculum Vitae

L'**Europass Curriculum Vitae** è un modello uniforme a livello europeo che permette ai cittadini di presentare in modo chiaro e completo l'insieme delle informazioni relative alle proprie *esperienze di studio*, *qualifiche* e *competenze professionali* nel momento della ricerca di un lavoro o della prosecuzione di un percorso formativo.
L'Europass Curriculum Vitae contiene informazioni su:
- dati personali;
- competenze linguistiche;
- esperienze lavorative;
- percorsi di istruzione e formazione;
- competenze personali sviluppate anche al di fuori di percorsi formativi di tipo tradizionale.

È un documento che fa parte del **sistema Europass**, introdotto con la decisione 2241/2004/CE e riconosciuto nei 28 Paesi dell'UE, che *adotta un formato e un linguaggio comune a livello europeo*.
Riportiamo il modello di riferimento disponibile, insieme alle modalità di compilazione, sul portale dell'Unione europea nelle diverse lingue europee.

Curriculum Vitae Europass	Inserire una fotografia (facoltativo)
Informazioni personali	
Cognome(i/)/Nome(i)	**Cognome/i Nome/i**
Indirizzo(i)	Numero civico, via, codice postale, città, nazione
Telefono(i)	Facoltativo Mobile Facoltativo
Fax	Facoltativo
E-mail	Facoltativo
Cittadinanza	Facoltativo
Data di nascita	Facoltativo
Sesso	Facoltativo
Occupazione desiderata/Settore professionale	**Facoltativo**
Esperienza professionale	
Date	Iniziare con le informazioni più recenti ed elencare separatamente ciascun impiego pertinente ricoperto. Facoltativo
Lavoro o posizione ricoperti	

96 ■ Unità di apprendimento 4

Principali attività e responsabilità

Nome e indirizzo del datore di lavoro

Tipo di attività o settore

Istruzione e formazione

Date | Iniziare con le informazioni più recenti ed elencare separatamente ciascun corso frequentato con successo. Facoltativo

Titolo della qualifica rilasciata

Principali tematiche/competenze professionali possedute

Nome e tipo d'organizzazione erogatrice dell'istruzione e formazione

Livello nella classificazione nazionale o internazionale | Facoltativo

Capacità e competenze personali

Madrelingua | **Precisare madrelingua/e**

Altra(e) lingua(e)

Autovalutazione

Livello europeo (*)

Lingua

Lingua

Comprensione		Parlato		Scritto
Ascolto	Lettura	Interazione orale	Produzione orale	

(*) *Quadro comune europeo di riferimento per le lingue*

Capacità e competenze sociali | Descrivere tali competenze e indicare dove sono state acquisite.

Capacità e competenze organizzative | Descrivere tali competenze e indicare dove sono state acquisite.

Capacità e competenze tecniche | Descrivere tali competenze e indicare dove sono state acquisite.

Capacità e competenze informatiche | Descrivere tali competenze e indicare dove sono state acquisite.

Capacità e competenze artistiche | Descrivere tali competenze e indicare dove sono state acquisite.

Altre capacità e competenze | Descrivere tali competenze e indicare dove sono state acquisite.

Patente | Indicare la(e) patente(i) di cui siete titolari precisandone la categoria.

Ulteriori informazioni | Inserire qui ogni altra informazione utile, ad esempio persone di riferimento, referenze, ecc.

Allegati | Enumerare gli allegati al CV.

I rapporti economici: il lavoro   97

Approfondimento

Istruzioni per l'utilizzazione del modello Europeo di Curriculum Vitae

Introduzione
La redazione del Curriculum Vitae è una tappa importante di ogni ricerca d'impiego.
Leggete attentamente le seguenti informazioni prima di compilare il modello che vi è proposto.
Il Curriculum Vitae costituisce spesso il primo contatto con il futuro datore di lavoro:
deve quindi attirare la sua attenzione fin dai primi secondi di lettura e permettere di essere
convocati a colloquio.

Raccomandazioni generali
Prima di cominciare a redigere il vostro Curriculum Vitae, ricordate alcuni principi
importanti.

· *Redigete con cura il vostro CV*
Presentate le vostre qualificazioni e competenze in modo chiaro e logico, al fine di
mettere in valore le vostre possibilità di successo. **Non deve essere trascurato nessun
dettaglio**, né nel contenuto né nella forma (gli errori d'ortografia devono ovviamente
essere evitati!).

· *Concentratevi sull'essenziale*
Il CV deve essere breve: in generale bastano due pagine per valorizzare il vostro profilo.
Se la vostra esperienza lavorativa è ancora limitata, mettete in valore i vostri periodi di
tirocinio.

· *Adeguate il vostro CV all'impiego che cercate*
Aumentate le vostre possibilità di successo valorizzando la vostra candidatura agli occhi
del reclutatore.

Attenzione: non mentite nel vostro CV; rischiereste di essere smascherati al colloquio.

4 Il colloquio di lavoro

L'attività di **selezione del personale** all'interno di un'impresa
è un processo attraverso il quale si scelgono, tra i candidati
che hanno inviato i curricula, coloro che per le
loro *conoscenze* e *abilità*, ma sempre più anche per *qualità personali* e *risorse psico-sociali*,
sono più adatti a ricoprire determinate posizioni professionali. Per arrivare alla scelta
finale risulta determinante il colloquio con
il candidato, che può essere di gruppo o individuale.

Il **colloquio di gruppo**, formato da 5-10 elementi, permette al selezionatore di valutare il comportamento dei candidati
all'interno del gruppo. Viene solitamente proposto un tema, fatti
di cronaca, storie di fantasia o problemi aziendali, che diventa
il punto di partenza per una discussione. L'esaminatore osserva

- ***Rispettate la struttura del modello***
Il modello europeo di Curriculum Vitae vi permette di presentare le vostre qualifiche e competenze in modo logico:
• informazioni personali;
• descrizione dell'esperienza lavorativa;
• descrizione del vostro percorso educativo e formativo;
• descrizione dettagliata delle vostre competenze, acquisite nel corso del percorso formativo, della carriera professionale o della vita quotidiana.

Nota: stampate il Curriculum Vitae su carta bianca. Mantenete la fonte di caratteri e l'impaginazione proposte.
Evitate che una sezione (ad esempio una sequenza di formazione) sia a cavallo su due pagine (per evitarlo utilizzate la funzione "salto pagina" del vostro sistema di elaborazione testo).
I bordi dei riquadri che contengono le diverse sezioni non appaiono nel documento stampato.

- ***Siate chiari e concisi***
La lettura del CV deve permettere al reclutatore di farsi un'idea del vostro profilo in pochi secondi. Pertanto:
• usate frasi brevi;
• concentratevi sugli elementi pertinenti della vostra formazione e della vostra esperienza lavorativa;
• giustificate le eventuali interruzioni dei vostri studi o della vostra carriera.

- ***Fate rileggere il vostro CV***
Fate rileggere il vostro CV a un'altra persona per assicurarvi che il suo contenuto sia chiaro e facilmente comprensibile.

(tratto dal sito http://europass.cedefop.europa.eu)

le dinamiche tra i partecipanti e il loro ruolo all'interno del gruppo.

Il **colloquio individuale** risulta essere la fase decisiva nella scelta del soggetto più adatto al profilo professionale ricercato.

Ci sembra utile riportare le indicazioni fornite da esperti del settore relative alle modalità con cui è opportuno affrontare un colloquio di lavoro.

Approfondimento

Oltre le parole.
Come comportarsi per rendere al meglio durante le interviste

Si prepara un Curriculum con gli standard europei, si consultano i siti aziendali, si scovano gli indirizzi delle società di ricerca del personale, si scandagliano i portali del *recruiting* on line e finalmente si invia il Curriculum a quanti più destinatari possibile. E poi si aspetta... Quando dovesse arrivare la convocazione per un colloquio chiunque cercherà di prepararsi al meglio per non mancare l'occasione. Investigando il web troverebbe così una quantità di dati e avvertimenti. Tra cui quelli della società Robert Half che, dopo aver interpellato cento direttori del personale, comunica alcune preoccupanti conclusioni: durante un colloquio di lavoro il 94% dei selezionatori presta attenzione al «linguaggio del corpo». Una grande maggioranza (82%), poi, fa molto caso a come il candidato stringe la mano e l'80% fa le pulci alla sua postura. Margherita Cicchetti, consulente aziendale per l'analisi del linguaggio del corpo, cita al proposito il più classico degli esperti, lo psicologo Albert Mehrabian: «Secondo i suoi studi un messaggio di comunicazione che funziona è composto per il 55% di movimenti del corpo, sorriso e contatto oculare; per il 38% dal volume, tono e velocità della voce; e solo per il 7% dal contenuto. Ciò non significa che quanto si dice non conti, ma solo che, prima di essere presi in considerazione per quanto si esprime, occorre superare quei due gradini che hanno come primo intoppo il linguaggio del corpo». Il problema è che quando il candidato cerca consigli per come atteggiarsi si imbatte in una gragnuola di suggerimenti spesso contrastanti. Essere cordiali ma non troppo, stringere la mano saldamente ma moderatamente, sorridere ma in modo contenuto, non annuire troppo ma neanche troppo poco per non apparire distratti, non accavallare le gambe ma neppure aprirle eccessivamente, non parlare in modo frettoloso ma nemmeno troppo lentamente come non trovando le parole. Il tutto con l'inattuabile avvertenza finale di comportarsi «in modo naturale». Il povero candidato, così, concentrandosi sui suoi atteggiamenti rischia di dimenticare i contenuti. Paolo Citterio, presidente dell'associazione di direttori del personale Gidp, è scettico sull'infallibilità del linguaggio del corpo: «Sì, certo, incontrando un candidato faccio caso a qualche aspetto del genere, ma ciò che più mi interessa è la sua motivazione, la capacità di proporsi come candidato migliore degli altri. E per arrivare a ciò, prima di un colloquio, occorre informarsi approfonditamente sulle caratteristiche dell'azienda che si incontra».

(da Riboni Enzo, *Postura e sorrisi, i segreti del colloquio*, in "Corriere della Sera" del 18 gennaio 2013)

FOCUS digitale

Laboratorio digitale

Cerca on line quali sono le opportunità di lavoro nel territorio in cui vivi, facendo riferimento al percorso scolastico che stai frequentando.
Ricorda che nel linguaggio comune, a differenza del linguaggio economico, si parla di offerte di lavoro delle imprese, quindi nel motore di ricerca digita "offerte di lavoro" e il nome della tua provincia o regione.

RISPONDO

- Quali sono i nuovi contratti per l'inserimento nel mondo del lavoro?
- Che cos'è l'Europass Curriculum Vitae? E qual è la sua funzione?
- In quali Paesi è riconociuto?
- Come si affronta un colloquio di lavoro?

VERIFICO L'APPRENDIMENTO

VERIFICO LE CONOSCENZE

vero o falso?

1. La Costituzione tutela i lavoratori in quanto "parte debole" nell'ambito di un rapporto contrattuale — V F
2. Il lavoratore part time deve avere la stessa retribuzione del lavoratore a tempo pieno — V F
3. Lo Stato italiano non partecipa agli organismi internazionali in materia di lavoro — V F
4. Il lavoro è uno dei fili conduttori della Costituzione — V F
5. La retribuzione deve garantire al lavoratore un'esistenza libera e dignitosa — V F
6. La legge non stabilisce il limite minimo di età per il lavoro salariato — V F
7. L'Inps si occupa delle pensioni — V F
8. Con lo sciopero i lavoratori perdono la retribuzione corrispondente al numero di ore o di giorni nei quali non hanno lavorato — V F
9. Lo sciopero può essere anche individuale — V F
10. Lo sciopero è stato regolato per legge solo nell'ambito dei servizi pubblici essenziali — V F
11. La donna lavoratrice non ha gli stessi diritti che spettano al lavoratore — V F
12. La donna lavoratrice deve essere messa in condizione di non dover rinunciare alla sua funzione familiare a causa del lavoro — V F
13. I lavoratori sono liberi di iscriversi o meno a un sindacato — V F
14. La retribuzione minima è quella prevista dai contratti collettivi di lavoro — V F

scelgo la risposta esatta

1. Che cosa si intende per «elevazione professionale» dei lavoratori?
   - A Che il lavoratore debba fare carriera
   - B Che il lavoratore abbia la possibilità di apprendere, di frequentare corsi di formazione e di aggiornamento
   - C Che il lavoratore debba laurearsi
   - D Che il lavoratore abbia la possibilità di frequentare corsi di aggiornamento

2. Quali sono i parametri di riferimento per misurare la retribuzione?
   - A La quantità di lavoro prestato
   - B La qualità del lavoro prestato
   - C La qualità, la quantità del lavoro prestato e la salvaguardia di un livello minimo
   - D La salvaguardia di un livello minimo

3. Quali sono le leggi che regolano l'esercizio del diritto di sciopero?
   - A Non vi sono leggi
   - B Vi sono soltanto codici di autoregolamentazione
   - C La legge sullo scipoero nei servizi pubblici essenziali
   - D La legge sullo sciopero politico

4. Chi sono gli inattivi?
   - A Coloro che non lavorano
   - B I disoccupati di lunga durata
   - C Coloro che non hanno un'attività lavorativa stabile, né la ricercano
   - D Coloro che hanno un lavoro precario

5. Da chi è formata la popolazione attiva?
   - A Dagli occupati
   - B Dagli occupati e dai non occupati in cerca di lavoro
   - C Dagli occupati e dai non occupati
   - D Dai lavoratori che svolgono lavori manuali

• IMPARO A IMPARARE…

costruisci una mappa partendo dai seguenti concetti

1. Gli articoli della Costituzione dal 35 al 40 e i rispettivi diritti tutelati.
2. Le varie fasi di selezione del personale.

AIUTATI E VERIFICA IL TUO LAVORO CON LE MAPPE INTERATTIVE

• IMPARO A COMUNICARE…

rispondi verbalmente e poi in forma scritta

1. Qual è il ruolo dei sindacati?
2. Quali sono le caratteristiche della disoccupazione in Italia?
3. Perché è importante la lotta alla disoccupazione?
4. Quali sono le caratteristiche del lavoro subordinato?
5. Quali sono le caratteristiche del lavoro a chiamata?

I rapporti economici: il lavoro 101

VERIFICO L'APPRENDIMENTO

6 Quali sono le caratteristiche del lavoro ripartito?

7 Quali sono le caratteristiche di un buon Curriculum Vitae?

8 Perché è opportuno utilizzare il CV europeo?

9 Quali sono gli elementi vincenti di un colloquio di lavoro?

• INTERPRETO L'INFORMAZIONE

Sottolinea nel testo delle letture le parole che non conosci e cerca sul dizionario l'esatta definizione, usa il sito http://www.wordreference.com/it/ per eventuali termini in inglese.

1 La disoccupazione giovanile in tempo di grande crisi

Dal 2007 al 2011 il tasso di disoccupazione giovanile in Italia è passato dal 24 al 32 per cento, con un ulteriore balzo al 39,3 per cento nel primo trimestre 2012. Nello stesso periodo è cresciuta anche la disoccupazione tra gli adulti, ma molto meno. La crisi è stata più pericolosa del solito per i più giovani, perché sono loro i principali utilizzatori dei contratti di lavoro temporaneo. In miglioramento la condizione delle donne. Particolarmente colpiti i giovani con livelli di istruzione bassi. Mentre il tasso di disoccupazione si è ridotto per i laureati.

L'Italia non è molto diversa da altri paesi dell'Unione Europea, in particolare quelli del Sud dell'Europa, riguardo all'evoluzione del tasso di disoccupazione giovanile al tempo della "grande depressione". È proprio questa l'espressione usata dal premio Nobel, Paul Krugman, per dire che la recessione iniziata nel 2008 non è meno forte di quella degli anni Trenta, la famosa crisi di Wall Street.

La debolezza dei giovani in queste fasi è un fatto noto nella letteratura, dovuta alla tendenza delle imprese ad applicare il principio Lifo – last-in-first-out – nelle decisioni di licenziamento. Il principio dice semplicemente che quando bisogna licenziare è meglio partire dagli ultimi arrivati, cioè dai giovani. In fondo, è un principio sia equo che efficiente: si licenzia chi può più facilmente ritrovare lavoro, e non chi ha una famiglia da sostenere e una maggiore produttività, poiché lavorando da più tempo ha più esperienza.

Essere più istruiti paga?

Un modo interessante per valutare l'impatto della crisi sui giovani consiste nel guardare al tasso di disoccupazione giovanile per livelli di istruzione. Secondo la teoria del capitale umano, assieme a una maggiore esperienza lavorativa sia generica che specifica a un certo posto di lavoro, l'istruzione è lo strumento più efficace per combattere il rischio di disoccupazione.

Il grafico in basso fornisce l'evoluzione dei tassi di disoccupazione dei giovani per diversi livelli di istruzione per il periodo dal 2004 al 2011. La linea rossa riguarda i giovani con istruzione primaria; la linea verde l'istruzione dell'obbligo; la linea viola l'istruzione secondaria superiore; e la linea gialla l'istruzione universitaria. Se la linea va verso l'alto, significa che c'è un peggioramento; se va verso il basso c'è un miglioramento. La figura mostra che la crisi non è stata neutrale in termini di livelli di istruzione. In effetti, il gruppo più colpito include i giovani con istruzione primaria o inferiore (linea rossa) e quelli con istruzione al livello di scuola dell'obbligo (linea verde). In entrambi i casi si era visto un miglioramento fino agli anni prima della crisi. Anche i giovani che possiedono un diploma di scuola secondaria superiore hanno visto peggiorare la loro posizione assoluta nel corso del periodo. L'unico gruppo che ha sperimentato una riduzione (anziché un aumento) del tasso di disoccupazione è costituito dai giovani con un diploma universitario. Insomma, la laurea paga durante la crisi.

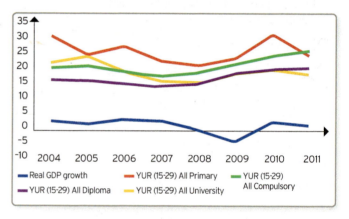

(Francesco Pastore da lavoce.info, 21 settembre 2012)

Rispondi alle domande

1 Quali sono i dati sulla disoccupazione giovanile?

2 Che cosa significa "Lifo"? Sei d'accordo con questo principio?

3 Che cosa si intende per produttività?

4 Perché un alto livello di istruzione è uno strumento per combattere la disoccupazione?

5 Che cosa significa "la crisi non è stata neutrale in termini di livelli di istruzione"?

2 I contratti dei giovani

Il grafico rappresenta le serie storiche delle assunzioni dei lavoratori al di sotto dei 40 anni per tipologia contrattuale sul totale degli assunti nella regione Veneto. I dati provengono dalle comunicazioni obbligatorie pervenute all'agenzia Veneto Lavoro dal 1998 al 2010. Sono evidenti due forbici il cui punto di intersezione avviene nel

4 I rapporti economici: il lavoro

Unità di apprendimento

2002, anno in cui l'Italia è entrata in una protratta fase di stagnazione. La prima forbice indica il superamento della quota di contratti a tempo determinato rispetto ai contratti a tempo indeterminato, mentre la seconda rappresenta il superamento del contratto di somministrazione nei confronti dei contratti con fini formativi come l'apprendistato. In particolare il contratto a tempo indeterminato ha visto la sua quota scendere dal 37 per cento del 2000 ad appena il 15 per cento del 2010, mentre il contratto a tempo determinato rappresenta oggi più della maggioranza delle nuove assunzioni in Veneto (56 per cento).

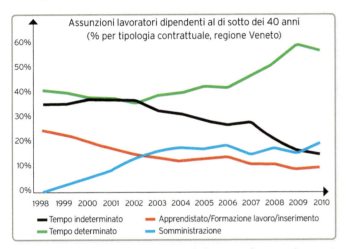

(da lavoce.info, 8 aprile 2011)

Rispondi alle domande

1. Che cosa significa lavoro a tempo indeterminato e determinato? Quale rappresenta un'occupazione precaria?
2. Quali sono le caratteristiche del contratto di somministrazione?
3. Qual è la modalità di inserimento nel mondo del lavoro che risulta in crescita? A tuo avviso perché?

3 Le differenze di salario tra uomini e donne

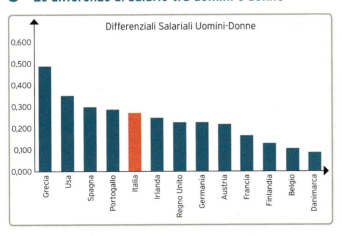

Il grafico nella colonna a sinistra riporta i "differenziali salariali imputati", vale a dire la differenza percentuale tra i salari degli uomini e quelli delle donne quando si tiene conto del problema della selezione della forza lavoro, particolarmente forte in paesi come l'Italia, in cui il 46% circa delle donne in età lavorativa ha un'occupazione a fronte di tassi occupazionali maschili intorno al 75%.
In Italia lavorano prevalentemente le donne più istruite. Questo può far apparire le disuguaglianze salariali di genere più piccole di quanto siano in realtà perché le donne con salario potenziale più basso non lavorano. Il differenziale salariale imputato rappresenta quindi una migliore misura del divario salariale.

(da lavoce.info, 8 marzo 2011)

Rispondi alle domande

1. Che cosa significa "differenziali salariali imputati"?
2. Quale principio costituzionale viene violato? (Riporta il comma della Costituzione)
3. In quale posizione si trova l'Italia?
4. Quali Paesi risultano meno discriminanti? In quale zona geografica si collocano prevalentemente?

• APPLICO LE CONOSCENZE

team working

Leggi con attenzione il brano qui riportato e sottolinea nel testo le parti che ritieni possano essere attuazione dei principi costituzionali che abbiamo trattato in questa Unità di apprendimento e in quella dedicata ai Principi fondamentali.
Poi, immagina di essere uno dei dipendenti di Ikea: come avresti risposto al sondaggio condotto dalla catena svedese?
Dopo aver formato dei gruppi di lavoro all'interno della classe, effettua un analogo sondaggio, in forma anonima, tra i compagni coinvolgendo, se possibile, anche gli alunni di altre classi; elabora le risposte ottenute e confrontale con i dati Ikea. Infine, discuti dei risultati.

Quanto e come vengono discriminati i gay, lesbiche, bisex e trans sul posto di lavoro in Italia? Il colosso svedese dell'arredamento Ikea ha provato a rispondere, interpellando 500 dipendenti delle sedi di Bologna, Roma e Catania. Dal sondaggio emerge che ben l'85% dei lavoratori dichiara di non avere alcun problema a lavorare accanto a colleghi dichiaratamente "diversi". Mentre «solo il 10%, ovvero un impiegato su 10, si sente un po' più in imbarazzo a lavorare con chi ha gusti sessuali particolari» racconta il responsabile relazioni esterne del Gruppo, Valerio di Bussolo. Si chiama "diversity mana-

VERIFICO L'APPRENDIMENTO

gement» ed è una modalità di gestione aziendale che si sta sempre più affermando anche qui da noi, con lo scopo di valorizzare il contributo che un "diverso" può offrire al raggiungimento degli obiettivi aziendali, eliminando ogni tipo di pregiudizio e tabù tra i banchi di lavoro. Insomma buone pratiche, a tutto vantaggio della produttività, ma anche dei fatturati. Ikea nel panorama italiano, ma anche mondiale, è un po' un'isola felice per le pari opportunità e politiche di *diversity*. Basti pensare che le donne sono il 58% e le top manager in gonnella superano il 41%.

(da B. Millucci, *L'outing sul lavoro, Ikea e la diversità sessuale*, in La nuvola del lavoro, 31 gennaio 2013)

cerca sul web

Vai alla pagina ufficiale dell'Europass Curriculum Vitae (http://europass.cedefop.europa.eu/it/documents/curriculum-vitae) alla voce "Esempi" e scarica il CV in lingua italiana e inglese.

Usa gli esempi come spunto per compilare il modello di Curriculum Vitae Europeo immaginando di aver concluso gli studi, di aver fatto uno stage nell'ambito dei tuoi studi, di aver ottenuto la certificazione b1 in lingua inglese. Compila il modello di Curriculum Vitae Europeo anche sulla base delle esperienze di studio e competenze acquisite fino ad ora.

Unità di apprendimento 5

Il lavoro e le imprese

1. Il lavoro e l'attività economica
2. I fattori della produzione
3. Il soggetto economico impresa
4. L'impresa dal punto di vista giuridico

Conoscenze

- I fondamenti dell'attività economica
- I fattori della produzione
- I costi e le loro classificazioni
- L'impresa e il profitto

Abilità

- Tracciare e analizzare un grafico relativo a un fenomeno economico (costi e ricavi)
- Individuare i fattori produttivi e differenziarli per natura e tipo di remunerazione
- Riconoscere gli aspetti giuridici ed economici che connotano l'attività imprenditoriale

FOCUS FILM...

per comprendere l'importanza dell'espressione di idee attraverso diversi mezzi di comunicazione

Il film, nel quale una multinazionale americana decide di chiudere la filiale italiana per tagliare sui costi, focalizza l'attenzione sull'impatto della decisione sul piano sociale e sull'importanza dei costi nelle scelte strategiche delle imprese.

1 Il lavoro e l'attività economica

1 Il lavoro e la produzione

Dal punto di vista economico il **lavoro** si inserisce nell'attività di *produzione e distribuzione di beni e servizi atti a soddisfare i bisogni dell'uomo*.

La **produzione** può essere definita come *l'insieme di operazioni che gli uomini compiono per soddisfare i propri bisogni attraverso l'utilizzo delle risorse disponibili*. Dal concetto di bisogno deriva quello di bene che si identifica con ciò che risulta utile al fine di rimuovere lo stato di insoddisfazione generato dal bisogno. La scienza che si occupa dell'insieme delle regole che indirizzano la vita delle persone quando scelgono come impiegare le proprie risorse, in relazione ai bisogni che sentono la necessità di soddisfare, è l'**economia politica**.

Economia politica
Political economy ■
the study of how economic theory and methods influences political ideology. Political economy analyzes how public policy is created and implemented.

2 I bisogni

Bisogno ■
Want
anything that is needed, desired, or lacked.

Quando utilizziamo la parola **bisogno** vogliamo indicare che ci troviamo in una situazione di insoddisfazione tale da *indurci alla ricerca del mezzo idoneo a rimuovere questo stato di insoddisfazione*.
I bisogni presentano alcune caratteristiche:

■ sono **soggettivi**: ciascun individuo ha bisogni diversi e li avverte con una intensità che si differenzia rispetto a quella degli altri uomini;

■ sono **illimitati**: quando, solo pochi anni fa, non esistevano né tablet né smartphone, nessuno ne sentiva la necessità e si adoperavano personal computer e telefoni fissi.

106 ■ Unità di apprendimento 5

A seconda poi della loro natura i bisogni possono essere classificati in:
- **bisogni primari**: sono quelli che non possiamo fare a meno di soddisfare in quanto *la loro soddisfazione è indispensabile alla sopravvivenza*; mangiare, bere, avere un riparo, procurarsi degli abiti sono bisogni primari;
- **bisogni secondari**, detti anche *di civiltà*, sono quelli che vengono soddisfatti una volta che sono stati superati i bisogni primari, in quanto *la loro soddisfazione non è strettamente legata alla nostra sopravvivenza*; questo vale per la possibilità di disporre di un'automobile, di un telefono cellulare, ma anche di acquistare un capo di abbigliamento firmato; spesso si possono definire *bisogni indotti* poiché ci vengono imposti da stimoli esterni come il condizionamento della pubblicità o la necessità di omologazione, cioè l'esigenza di sentirci uguali agli altri.

3 I beni

I **beni** sono *gli strumenti che un individuo ritiene idonei al soddisfacimento dei propri bisogni* e che è disposto a procurarsi anche sopportando un sacrificio economico.

Un **bene economico**, per essere considerato tale, deve possedere le seguenti caratteristiche:
- essere **utile**, cioè ritenuto *idoneo a soddisfare un bisogno*: per un fumatore le sigarette sono un bene, mentre un non fumatore non spenderebbe neanche un centesimo per acquistarne un pacchetto; in questo senso sono considerati beni anche quelle sostanze il cui consumo può arrecare danno alla salute, come le droghe;
- essere **scarso**, cioè *disponibile in natura in quantità limitata*; tipici esempi di fattori illimitatamente disponibili, che perciò non possono essere considerati beni in senso economico, sono l'acqua salata degli oceani, l'aria che respiriamo e la luce del sole; nonostante siano indispensabili alla nostra vita e a quella di tutti gli esseri viventi, esistono in quantità talmente abbondante che a nessuno verrebbe in mente di imporre limitazioni al loro consumo; se però si decide di desalinizzare l'acqua del mare per poter irrigare un pezzo di deserto, o di arricchire l'aria di ossigeno affinché un malato possa respirare meglio, il lavoro e il procedimento industriale necessari a permettere quel tipo di utilizzo hanno l'effetto di trasformare l'acqua e l'aria in beni economici;

> ■ **Bene**
> **Asset**
> an item of property owned by a person or company, regarded as having value and available to meet debts, commitments, or legacies.

Il lavoro e le imprese **107**

- essere **utilizzabile**, cioè *deve esistere la possibilità concreta di poterlo sfruttare*; i giacimenti petroliferi che si trovano a grande profondità sotto gli oceani e i minerali localizzati sui diversi pianeti del sistema solare non sono, allo stato attuale della tecnica, utilizzabili e quindi non possono essere considerati beni economici.

È possibile operare una classificazione dei beni economici distinguendoli in:
- **beni di consumo**, che sono *quelli atti a soddisfare direttamente un bisogno* (per esempio, un panino, un libro, un maglione);
- **beni strumentali**, che sono *quelli che vengono impiegati nella produzione dei beni di consumo* (per esempio, i macchinari industriali che servono a produrre il pane, i libri, i maglioni);
- **beni complementari**, vale a dire *quei beni che devono essere utilizzati congiuntamente per ottenere il soddisfacimento di un certo bisogno* (l'automobile e la benzina, la farina e il lievito, il dvd e l'apposito lettore);
- **beni sostituibili** (detti anche *succedanei*), che *possono essere sostituiti da altri beni in grado di soddisfare lo stesso bisogno* (iPod o lettore mp4, dvd o dvx, chiavette usb o cd, notebook o tablet).

Nell'economia contemporanea un ruolo primario viene svolto dai **servizi**, che *sono le attività umane mirate al soddisfacimento dei bisogni*: le lezioni degli insegnanti, il lavoro dei medici e degli avvocati, i viaggi organizzati dalle agenzie turistiche, i concerti, gli spettacoli teatrali, le mostre ecc.

4 L'utilità dei beni

L'**utilità di un bene** consiste nella sua *attitudine a soddisfare un determinato bisogno*. Per misurare l'utilità di un bene occorre prendere in considerazione il grado di soddisfazione che il consumo di quel bene procura all'individuo che ne ha avvertito il bisogno. Essa dipende dalla quantità del bene di cui il consumatore può disporre.

Per un individuo assetato, il primo bicchiere d'acqua avrà probabilmente un'utilità superiore a quella del secondo; questo avrà un'utilità superiore a quella del terzo; e così via fino a quando l'individuo avrà soddisfatto la sete e l'utilità di un ulteriore bicchiere d'acqua risulterà nulla.

Quanto maggiore è la quantità disponibile di un determinato bene, tanto minore sarà la sua utilità. Si definisce in questo modo la **legge dell'utilità marginale decrescente**: *l'utilità di una dose aggiuntiva di un bene decresce all'aumentare della sua disponibilità*. In altri termini *il consumo del bene diminuisce il bisogno da parte del soggetto considerato*.

Dal nostro esempio abbiamo dedotto che il ruolo dell'"ultima dose" del bene, detta *marginale*, nel nostro caso l'ultimo bicchiere d'acqua, è molto importante ai fini dell'analisi economica del fenomeno. Proviamo ora a darne una rappresentazione grafica in un sistema di assi cartesiani.

Indicando sull'asse delle ascisse (x) la quantità delle dosi e su quello delle ordinate (y) l'utilità di ciascuna dose aggiuntiva del bene, ossia l'utilità marginale, otteniamo la curva che descrive graficamente la funzione.

Utilità marginale / Marginal utility ▪ the additional satisfaction a consumer gains from consuming one more unit of a good or service. Marginal utility is an important economic concept because economists use it to determine how much of an item a consumer will buy.

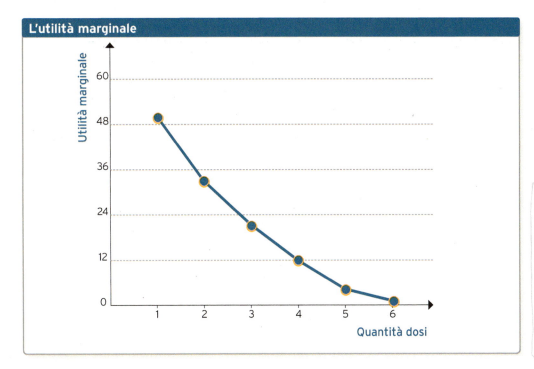

Dalla lettura del grafico è possibile constatare che alla prima dose del bene corrisponde un'utilità marginale pari a 50, alla seconda l'utilità marginale è pari a 32, alla terza a 20, e così via, quindi la legge dell'utilità marginale viene rappresentata da una funzione decrescente.

Approfondimento

L'utilità marginale

Ci sembra utile riportare la definizione che dell'utilità marginale ha dato il famoso economista J. K. Galbraith, in quanto rappresenta un significativo approccio iniziale allo studio dell'economia.

Nessuno deve pensare che l'utilità marginale sia un concetto difficile. Un prodotto (o servizio) non consegue il suo valore dalla soddisfazione totale conseguente al suo possesso e al suo uso, bensì dalla soddisfazione o godimento – l'utilità – conseguente all'ultima aggiunta, quella meno desiderata, al nostro consumo. Quando in una famiglia è disponibile solo una briciola di cibo, essa è straordinariamente preziosa e potrebbe imporre un alto prezzo; ma in condizioni di abbondanza, una briciola di cibo è del tutto priva di valore e finisce nella spazzatura. In circostanze ordinarie l'acqua, diversamente dai diamanti, è largamente disponibile; l'ultima tazza o l'ultima bottiglia hanno un'utilità praticamente nulla. Ma se ci troviamo in mare con il Vecchio Marinaio, in una condizione di indubbia scarsità di acqua dolce, non c'è nulla contro cui si potrebbe scambiare un'altra tazza (fino alla pioggia successiva).
Di qui la proposizione che milioni di studenti hanno imparato e continuano a imparare: l'utilità di qualsiasi bene o servizio diminuisce con il crescere della sua disponibilità.

FOCUS digitale

Iniziamo a conoscere qualche economista... Cerca on line notizie su John Kenneth Galbraith (1908-2006). È stato definito uno tra i più celebri e influenti economisti del suo tempo. Scopri il perché... In quali università ha insegnato? Quali incarichi ha ricoperto? Di chi è stato consigliere economico? Costruisci una breve scheda.

Il lavoro e le imprese **109**

5 I soggetti economici

Il **sistema economico** è l'*insieme dei soggetti economici e dei rapporti che si instaurano tra di loro allo scopo di produrre ricchezza e di distribuirla*.
Ogni soggetto facente parte del sistema economico non si comporta come un'entità separata, ma piuttosto opera in modo interdipendente rispetto agli altri. Nell'ambito del sistema economico è possibile individuare quattro diverse categorie di **soggetti economici**.

Il **soggetto economico famiglia**: fa parte del sistema economico in quanto le famiglie *domandano beni di consumo e servizi* per il soddisfacimento dei propri bisogni. La quantità dei beni e servizi acquistati da ciascuna famiglia dipende dal livello del reddito, cioè dalla sua disponibilità di ricchezza.

In genere *la ricchezza di una famiglia deriva dal* **lavoro** *dei suoi componenti, che vengono remunerati con la retribuzione*, tradizionalmente definita *salario*, per il lavoro manuale, e *stipendio*, per quello intellettuale.

La famiglia può anche essere proprietaria di un appezzamento di terreno affittato a un contadino che lo coltivi, o di un appartamento che preferisce dare in locazione a degli inquilini: in questi casi ne ricaverà una remunerazione che prende il nome di *rendita*.

Di solito, ogni famiglia cerca di risparmiare una parte delle proprie entrate, cioè di accantonarle in vista della necessità di sostenere spese future come, per esempio, l'acquisto di una nuova automobile o l'iscrizione di un figlio all'università. Poiché non è conveniente conservare i risparmi custodendoli "sotto il materasso", la famiglia può decidere di impiegarli in vari modi: può scegliere di *investire in borsa*, sebbene si tratti di una scelta rischiosa, oppure preferire una soluzione più sicura, anche se meno redditizia, e *depositare il denaro in banca*. Come remunerazione per il sacrificio connesso al risparmio, la famiglia riceverà un *interesse*.

Il **soggetto economico impresa** *si dedica alla produzione di beni o servizi da collocare sul mercato*; per poter produrre gli imprenditori hanno bisogno di assumere personale, perciò *domandano lavoro* alle famiglie, le quali, come abbiamo visto, lo offrono in cambio della retribuzione (salario o stipendio). Inoltre, gli imprenditori impiegano i beni economici: i capannoni, gli impianti, i macchinari per la produzione, le materie prime da trasformare nel prodotto finito. Le imprese si rivolgono al sistema economico per procurarsi quanto è necessario alla loro attività. L'obiettivo dell'impresa è quello di *vendere i beni prodotti a un prezzo superiore al costo sostenuto per l'acquisizione dei beni utilizzati nella produzione*, realizzando così un profitto.

Non sempre gli imprenditori dispongono del denaro sufficiente a finanziare la loro attività, soprattutto quando si tratta di ingrandirla o modificarla: si rivolgono allora, con l'intermediazione delle banche o della Borsa, ai risparmiatori che dispongono di somme accantonate e le cedono con la prospettiva di ricevere in cambio il pagamento di un interesse.

Il mondo delle imprese rappresenta una *realtà composita che riunisce soggetti eterogenei* e molto diversi tra loro: dall'*artigiano*, come può essere il calzolaio o il muratore, alla *piccola impresa* di trasporti, alla *società per azioni* che produce aerei, alla *multinazionale* del settore farmaceutico alla quale fanno capo impianti produttivi sparsi in varie parti del mondo.

Il **soggetto economico Stato** *fissa il quadro di riferimento nel quale si trovano a interagire famiglie e imprese*.

Lo Stato deve mettere a disposizione della collettività tutta una serie di servizi per rispondere ai bisogni che questa esprime: dalla difesa al mantenimento dell'ordine pubblico, all'amministrazione della giustizia, alla tutela della salute dei cittadini, alla gestione del sistema pensionistico, ai trasporti, alle comunicazioni, all'istruzione ecc. Per assolvere questi compiti essenziali al funzionamento della società lo Stato necessita di ingenti somme di denaro, che raccoglie per la maggior parte dai cittadini, i quali sono tenuti obbligatoriamente al pagamento dei **tributi**, cioè *imposte* e *tasse*. Altro denaro può affluire alle casse dello Stato attraverso le privatizzazioni, ossia la vendita ai privati di imprese pubbliche, come ad esempio l'Enel.

Lo Stato ha anche la possibilità di chiedere denaro in prestito ai cittadini, attraverso l'emissione di **titoli del debito pubblico**.

▪ **Borsa**
è il luogo dove si acquistano e si vendono, insieme a numerosi altri prodotti finanziari, le azioni delle società e i titoli del debito pubblico.

▪ **Debito pubblico**
quando lo Stato ha bisogno di denaro chiede prestiti ai cittadini che possono acquistare i titoli del debito pubblico; alla scadenza, lo Stato rimborserà il prestito insieme agli interessi.

Quarto e ultimo soggetto del sistema economico è il **resto del mondo**. Con questa espressione si vuole indicare che *nelle moderne economie nessuno Stato può costituire un soggetto autonomo e indipendente dagli altri*, ma, al contrario, è inserito in una fitta rete di relazioni e scambi commerciali con gli altri Stati, attraverso le *importazioni* e le *esportazioni*, gli *investimenti* effettuati all'estero, le attività economiche che i propri cittadini svolgono in altri Paesi (*emigrazione*) e quelle degli stranieri nel suo territorio (*immigrazione*).

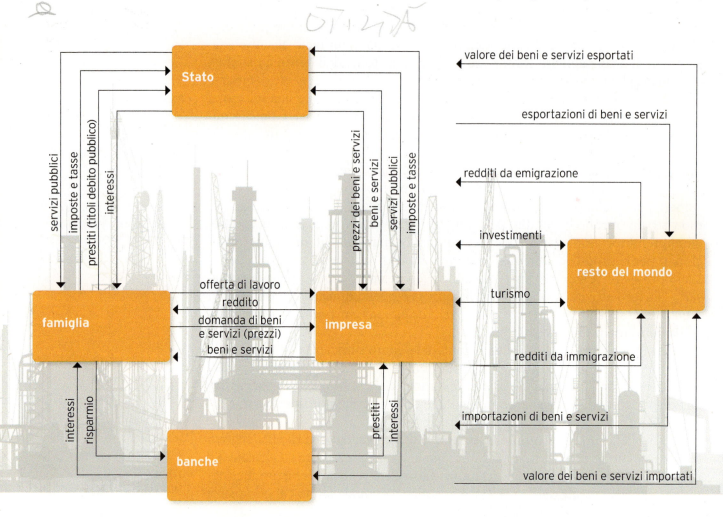

RISPONDO

- Che cosa sono i bisogni?
- Quali sono le caratteristiche dei bisogni?
- Come si possono classificare i bisogni?
- Che cosa sono i beni economici?
- Quali sono le caratteristiche dei beni?
- Che cos'è il sistema economico?
- Quali sono i soggetti economici?
- Quali relazioni si instaurano tra i diversi soggetti economici?

2 I fattori della produzione

I **fattori della produzione** sono gli *elementi essenziali per svolgere qualsiasi tipo di attività produttiva*. Sono rappresentati dalle risorse a disposizione della nazione in un dato momento e si distinguono in tre grandi categorie: il lavoro, la natura, il capitale. *Tutti e tre gli elementi sono indispensabili*: mancando uno solo di essi non sarà possibile attuare alcuna produzione. Essi vengono organizzati, cioè impiegati in modo razionale, dall'impresa che è *l'operatore economico che si occupa della produzione e dello scambio di beni e servizi*.

■ **Fattori della produzione Factors of production**
an economic term to describe the inputs that are used in the production of goods or services in the attempt to make an economic profit. The factors of production include land, labor, capital and entrepreneurship.

1 Il fattore lavoro

Il **lavoro** consiste nelle *risorse personali* (fisiche e intellettuali) a disposizione di un dato sistema economico.
La remunerazione che ottengono i lavoratori per l'impiego della loro forza lavoro è il **salario** o **retribuzione**. Oggi utilizziamo il termine retribuzione in quanto si considera ormai superata la tradizionale distinzione tra salario per il lavoro manuale e stipendio per il lavoro intellettuale.
Si definisce **nominale** il *salario espresso in moneta corrente*, ossia la quantità di moneta che il lavoratore percepisce in un dato periodo di tempo. Viene invece definito **reale** il *salario espresso in termini di potere d'acquisto*, ossia la quantità di beni e servizi che si possono acquistare con una certa quantità di moneta. Il potere d'acquisto dipende dal livello dei prezzi. Se i prezzi diminuiscono, il potere d'acquisto aumenta in quanto con la stessa quantità di moneta si possono acquistare più beni; se i prezzi aumentano, il potere d'acquisto diminuisce. *Il salario reale misura la quantità di beni e servizi che si possono acquistare con il salario nominale*. Più elevati sono i prezzi, a parità di salario nominale (ad esempio 1000 euro), minori saranno le quantità di beni che sarà possibile acquistare.

Se per esempio le retribuzioni aumentano del 3% e i prezzi aumentano del 2,5%, si avrà lo 0,5% in più di salario nominale da spendere:

3 − 2,5 = 0,5 ossia il salario reale aumenta dello 0,5%

Se, invece, le retribuzioni aumentano dell'1% e i prezzi del 2,5%, si avrà l'1,5% in meno di salario nominale da spendere:

1 − 2,5 = −1,5 ossia il salario reale diminuisce dell'1,5%

Contrattazione ▪ trattative per raggiungere accordi.

Il livello dei salari nei Paesi industrializzati è condizionato dalla rappresentatività e dalla forza contrattuale dei sindacati, ossia le organizzazioni dei lavoratori. Maggiore è la capacità di **contrattazione** dei sindacati e più elevati saranno i livelli salariali. Invece, nei Paesi dove gli interessi dei lavoratori non vengono efficacemente tutelati (come in Cina, India, Bangladesh o Tunisia) i livelli salariali sono molto più bassi. Si pensi per esempio che il salario orario di un operaio cinese nell'industria calzaturiera è in media un decimo rispetto a quello di un lavoratore dello stesso settore in Italia.

FOCUS digitale

Vai nell'home page dell'Istat (www.istat.it), soffermati sui grafici riferiti all'anno in corso nella parte centrale della pagina, apri il grafico relativo alla voce "Retribuzioni" e quello relativo alla voce "Prezzi al consumo": prova a calcolare il salario reale per ciascun mese (se con il cursore ti posizioni sul punto relativo al mese preso in considerazione si evidenzia il valore corrispondente). Discuti in classe con i tuoi compagni l'andamento dei dati così raccolti.

2 Il fattore natura

Natura Land ▪ land represents all natural resources, such as timber and gold, used in the production of a good.

Il fattore produttivo **natura** si riferisce alle **risorse naturali**, ossia *tutto ciò di cui la natura ha dotato un Paese*; a questo proposito si possono individuare:
▪ la *disponibilità di materie prime*, ad esempio la presenza di giacimenti di ferro o di altri minerali;
▪ le *fonti di energia*, ad esempio i giacimenti di carbone e petrolio;
▪ le *altre caratteristiche naturali*, come la fertilità del suolo, il clima favorevole ecc.

Questo fattore è, di norma, **scarso** ossia *disponibile in quantità limitata rispetto ai bisogni* e **irriproducibile** (o difficilmente riproducibile) nel senso che l'uomo con la sua attività economica ha scarse possibilità di accrescerne la disponibilità.

L'attività dell'uomo è volta all'individuazione delle risorse naturali e al loro sfruttamento.
La **remunerazione** *di questo fattore produttivo primario dipende dalla sua maggiore o minore scarsità e si definisce* **rendita**.

3 Il fattore capitale

Il **capitale fisico** può essere definito come *l'insieme delle risorse che si sono formate nel passato e che verranno impiegate nel processo produttivo*.
Il processo di formazione di queste risorse (*beni capitale*) richiede l'intervento

114 ▪ Unità di apprendimento 5

dell'uomo. Dei beni capitale fanno parte le macchine, gli impianti, i fabbricati, quindi tutte le strutture produttive, e le scorte di materie prime e prodotti.

Il capitale fisico comprende due categorie di fattori produttivi:
- fattori a **impiego corrente** (o *capitale circolante*) che esauriscono la propria utilità in un solo ciclo produttivo come avviene per le materie prime (si pensi ad esempio ai tessuti per confezionare i capi di abbigliamento);
- fattori a **impiego durevole** (o *capitale fisso*) che possono essere utilizzati nel corso di diversi cicli di produzione come gli impianti e i macchinari (con riferimento all'esempio precedente si pensi alle macchine da cucire e agli impianti di lavaggio o di colorazione).

Con riferimento al **capitale fisso** si pone il problema del *deterioramento fisico* e dell'*obsolescenza tecnica*.

Il **deterioramento fisico** *è strettamente collegato all'età dei beni capitale e alle condizioni del loro impiego* (ad esempio il numero dei capi prodotti, i turni di produzione, la frequenza delle manutenzioni ecc.).

L'**obsolescenza** dipende invece dalla maggiore o minore rapidità del progresso tecnico. Si tratta di un *fenomeno inarrestabile*, per effetto del quale un impianto perde parte del suo valore indipendentemente dal suo stato di conservazione e dalle condizioni di impiego perché la creazione di nuovi strumenti tecnologicamente più avanzati lo rende superato e quindi ne rende *antieconomico* (non conveniente) l'utilizzo, nonostante l'impianto sia fisicamente ancora produttivo.

*L'***ammortamento** *è la pratica contabile che serve a suddividere il costo del capitale fisso negli anni di utilizzo del bene strumentale per poter così accantonare la somma necessaria a procedere al suo rinnovo.*
Se, ad esempio, un macchinario ha un costo di 100.000 euro e si prevede una vita utile di 10 anni, la quota di ammortamento sarà di 10.000 euro all'anno.

Il problema del rinnovo riguarda tutti i capitali fissi e comporta un nuovo investimento: si definisce **investimento** *ogni atto economico volto a ottenere un incremento del capitale.*
Per investire in capitale fisico sono necessari mezzi monetari che rappresentano il **capitale finanziario**.

*L'***interesse** *è la remunerazione del capitale finanziario*, ossia ciò che ottiene chi dà una somma di denaro in prestito. L'interesse si esprime di solito in termini percentuali, si utilizza cioè il concetto di *saggio di interesse*. Se per ottenere 100 euro oggi occorre l'impegno di restituirne 104 tra un anno, il saggio di interesse è 4/100 ossia il 4%.

Il concetto di **capitale** ha, pertanto, una **dimensione fisica** e una **finanziaria** ed è strettamente correlato a quello di investimento.

- **Capitale finanziario**
Financial capital
wealth in the form of money or other assets owned by a person or organization or available for a purpose such as starting a company or investing.

Il lavoro e le imprese 115

Factors of Production

Three factors of production, land, labor and capital, don't always mean what we think they do:

Land	Labor	Capital

Not just real estate.	Not just physical strength.	Not just money.
All resources, such as mined minerals, native plants and animals.	All human endeavors, such as mental abilities.	All human creations that help produce wealth, such as a car used as a taxi.

4 La funzione della produzione

La **funzione della produzione** può essere definita come la *relazione che lega la quantità di fattori della produzione impiegati nel processo produttivo* (**input**) *alla quantità di beni prodotti* (**output**). In sintesi possiamo scrivere:

$$y = f(x_1, x_2, x_3 \ldots)$$

dove y è l'output, ossia il risultato del processo produttivo; f = funzione di produzione; x_1, x_2, x_3 sono gli input, ossia materie prime, macchinari, tecnologie, lavoro utilizzati in un processo produttivo.

La funzione della produzione è strettamente legata alle caratteristiche tecniche del processo produttivo e alla sostituibilità dei fattori produttivi. Per produrre la maggior parte dei beni è possibile servirsi di molteplici tecniche di produzione e quindi uno stesso bene può essere prodotto in vari modi.

Il problema dell'impresa consiste nella scelta della **combinazione ottimale** dei fattori produttivi, *quella che permette in pratica di ottenere una certa produzione al minimo costo possibile oppure, a parità di costo, la massima produzione possibile*. Per effettuare questa scelta è fondamentale, come spesso accade in economia, distinguere tra **breve** e **lungo periodo**.

Il **breve periodo** è *l'intervallo di tempo nel corso del quale possono essere modificati soltanto alcuni dei fattori produttivi*. Per esempio, si può aumentare il fattore lavoro realizzando forme di lavoro flessibili per far fronte a maggiori esigenze di produzione. Si pensi all'incremento di manodopera stagionale per la produzione di pandori nel settore dolciario. La produzione, in questo caso, deve essere concentrata nel periodo prenatalizio che coincide con il picco della domanda annuale, data la tipologia del prodotto. L'intensificazione dei ritmi di produzione richiede l'aumento dei fattori variabili immessi nel processo produttivo (lavoro stagionale e materie prime).
Se i lavoratori fossero assunti a tempo indeterminato, costituirebbero parte dei fattori fissi.

Sono *fattori variabili*, e quindi *modificabili*, le materie prime, l'energia elettrica, gli interventi di riparazione.
Sono *fattori fissi*, e come tali *non modificabili*, il terreno sul quale sorge la fabbrica, il capannone, le attrezzature e in qualche misura il personale già assunto.

Il **lungo periodo** è *un intervallo ampio* (di solito pluriennale) *all'interno del quale tutti i fattori della produzione possono considerarsi variabili e quindi modificabili*. L'impresa può, attraverso l'investimento di capitali, adattarsi a livelli superiori di produzione incrementando così la capacità produttiva, può ampliare gli impianti esistenti o acquistare nuovi macchinari oppure altri beni strumentali: ad esempio un'impresa dolciaria può acquistare nuove impastatrici, nuovi forni e ampliare così i propri impianti per aumentare la produzione.
Il contributo dei fattori della produzione all'attività dell'impresa si può esprimere in termini di produttività.

La **produttività** di ciascun fattore è il *rapporto tra il prodotto ottenuto e la quantità di quel determinato fattore impiegata nel processo produttivo*. Si intuisce che più elevata è la produttività di un fattore e più conveniente ne risulterà l'impiego. Il concetto di produttività si riferisce al **breve periodo**. Si prende in considerazione uno dei fattori variabili e si determina il suo contributo al processo produttivo, ipotizzando che gli altri restino costanti.

 RISPONDO

- Che cosa sono i fattori della produzione?
- Che cos'è il salario nominale? E quello reale?
- Che cos'è il capitale fisso?
- Che cos'è il capitale circolante?
- Come può essere definita la funzione della produzione?
- Che cosa significa produttività?

Il lavoro e le imprese   **117**

3 Il soggetto economico impresa

L'IMPRESA

- In base a quali elementi possiamo definire che cos'è un'impresa?
- Ti sei mai chiesto che cosa hanno in comune una farmacia e una banca?
- Qual è lo scopo di un'impresa?

Scoprilo seguendo la lezione multimediale!

L'**impresa** può essere definita come un'*organizzazione che utilizza capitali umani, fisici e finanziari per lo svolgimento di un'attività produttiva*.
Alla guida dell'impresa vi è l'**imprenditore** che acquista i fattori produttivi e li organizza per produrre e vendere beni e servizi assumendosi il **rischio** legato all'incertezza delle condizioni future dell'attività economica e del mercato. Sta alle capacità dell'imprenditore saperlo gestire e limitare.

1 I costi e i ricavi

I **costi** possono essere definiti come le *spese sostenute dall'impresa per l'acquisizione dei fattori produttivi*. Il calcolo dei costi svolge un ruolo decisivo per le imprese perché sulla base dei risultati ottenuti si possono operare importanti scelte di natura economica come quella di uscire da un settore produttivo oppure, viceversa, di aumentare la produzione ampliando i propri impianti.
I costi si distinguono tradizionalmente in **costi fissi** e **costi variabili**.
I costi fissi sono i costi che non variano al variare del volume di produzione. Devono essere sostenuti anche se non si produce. Si possono rappresentare graficamente con una retta parallela all'asse delle ascisse (*x*) indicando la quantità sull'asse delle *x* e il costo fisso su quello delle *y*.

Costo
Cost ◾ the price of making or producing something.

Se non si produce il costo ammonta comunque a 300; se si producono 20 unità il costo è 300; se si producono 50 unità il costo resta sempre 300: il costo non varia anche se aumenta la quantità prodotta.

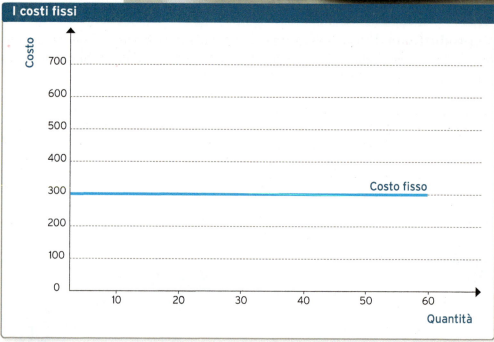

Tipici esempi di costi fissi sono: il pagamento della rendita dei terreni, l'affitto dei capannoni, le spese di manutenzione dei macchinari, l'ammortamento degli impianti ecc.

*I **costi variabili** sono quei costi che variano in funzione del livello di produzione.* Se aumenta la produzione, aumenta anche il costo. Si rappresentano graficamente con una funzione crescente che parte dall'origine indicando sull'asse delle x la quantità prodotta e su quello delle y il costo. Per semplicità, la funzione del costo variabile è rappresentata con una retta inclinata positivamente, ossia crescente da sinistra verso destra.

Tipici esempi di questi costi sono: le materie prime, l'energia necessaria per il funzionamento delle macchine ecc.

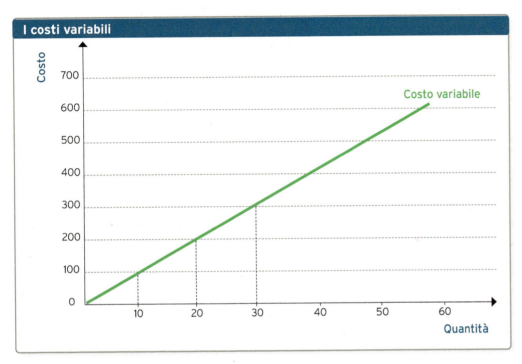

I costi variabili

Se non si produce non si sostiene alcun costo; se si producono 10 unità il costo è 100; se si producono 20 unità il costo è 200; se si producono 30 unità il costo è 300; il costo aumenta all'aumentare della quantità prodotta.

Con riferimento al caso di un'impresa del settore dolciario oltre ai costi fissi (l'affitto dei capannoni in cui si svolge la produzione, l'ammortamento delle impastatrici e dei forni ecc.) essa deve sostenere dei costi variabili (farina, zucchero, latte, uova, energia) che aumentano all'aumentare della quantità di dolci in produzione.

*La **distinzione** tra costi fissi e variabili è significativa nel breve periodo in quanto nel lungo periodo anche i costi fissi connessi ai beni strumentali possono aumentare per effetto di nuovi investimenti.*

Dalla somma dei costi fissi e dei costi variabili si ottengono i **costi totali**.

$$CT = CF + CV$$

Anche i costi totali si possono rappresentare graficamente su un piano di assi cartesiani.
È possibile tracciare sullo stesso grafico, con colori diversi, la funzione dei costi fissi e quella dei costi variabili e visualizzare la funzione dei costi totali che deriva dalla somma delle due precedenti. La funzione del costo totale ripropone l'andamento dei costi variabili partendo dal livello dei costi fissi.

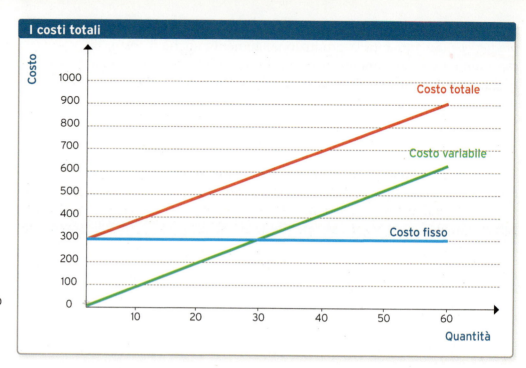

Se si producono, ad esempio, 20 unità il costo totale è 500 e si compone di costi fissi per 300 e costi variabili per 200.

Nella realtà economica del mondo contemporaneo una distinzione importante è quella tra **costi privati** e **costi sociali**.
I **costi privati** *sono quelli sostenuti dall'impresa al proprio interno.*
I **costi sociali** *sono invece quelli che ricadono sulla collettività in cui l'impresa è inserita.*
Facciamo l'esempio delle emissioni di gas di un'industria chimica che comportano un costo sociale molto elevato in termini di inquinamento ambientale. In questo contesto il legislatore europeo è intervenuto per limitare i costi sociali derivanti da attività produttive inquinanti attraverso normative ispirate al principio "**chi inquina paga**". Chi inquina può essere tenuto a pagare gli investimenti necessari per raggiungere standard di produzione compatibili con il rispetto dell'ambiente. Questo è uno dei motivi per i quali alcune imprese decidono di spostare le proprie attività produttive nei Paesi in via di sviluppo dove non è particolarmente spiccata la sensibilità di governi e opinione pubblica in tema di rispetto dell'ambiente e quindi anche la legislazione in materia è pressoché inesistente.

ENGLISH FOCUS

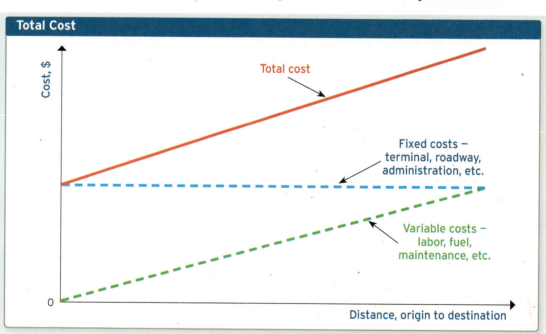

Unità di apprendimento 5

2 I ricavi

Il **ricavo totale** dell'impresa è *dato dal prodotto del prezzo unitario del bene per la quantità venduta*. Il ricavo totale RT è quindi funzione del livello della quantità prodotta e venduta:

$$RT = P \times Q$$

▪ Ricavo
Earnings
income derived from an investment or product.

dove RT è il ricavo totale; P è il prezzo e Q la quantità venduta.
Graficamente il ricavo totale è rappresentato da una funzione che parte dall'origine. Sull'asse delle x si indica la quantità venduta, mentre su quello delle y il ricavo. Anche in questo caso si prende in considerazione l'ipotesi semplificata che rappresenta la funzione del ricavo con una retta.

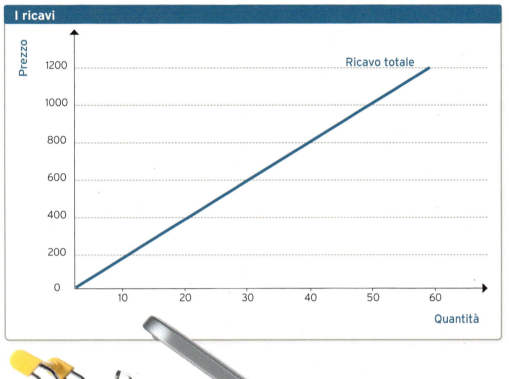

I ricavi

Dalla lettura del grafico è possibile concludere che, se si vendono 20 unità, il ricavo ammonta a 400; se se ne vendono 40, il ricavo è 800.
Il ricavo totale è dato infatti dalla quantità venduta moltiplicata per il prezzo unitario.

Il lavoro e le imprese 121

3 Il profitto

Profitto
Profit ■
a financial gain, especially the difference between the amount earned and the amount spent in buying, operating, or producing something.

La remunerazione dell'attività imprenditoriale è rappresentata dal **profitto**, che *è dato dalla differenza tra i ricavi totali e i costi totali con riferimento ad un dato periodo di tempo*, per esempio l'anno.

$$\text{PROFITTO} = \text{RT} - \text{CT}$$

dove con RT sono indicati i **ricavi totali** e con CT i **costi totali**.

Per raggiungere livelli di profitto più elevati le leve su cui può agire l'impresa sono due:
- l'*aumento dei ricavi*;
- la *riduzione dei costi*.

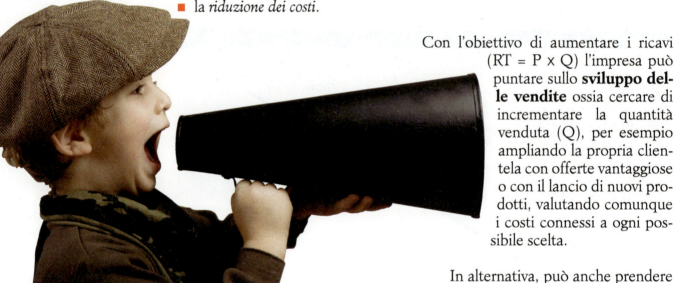

Con l'obiettivo di aumentare i ricavi (RT = P × Q) l'impresa può puntare sullo **sviluppo delle vendite** ossia cercare di incrementare la quantità venduta (Q), per esempio ampliando la propria clientela con offerte vantaggiose o con il lancio di nuovi prodotti, valutando comunque i costi connessi a ogni possibile scelta.

In alternativa, può anche prendere in considerazione la possibilità di aumentare il prezzo (P). In quest'ultimo caso deve tener conto dell'effetto di questo aumento sul volume delle vendite, in quanto i consumatori, a livelli di prezzo più elevati, potrebbero reagire acquistando quantità minori di prodotto e quindi l'aumento del prezzo potrebbe causare una diminuzione delle vendite e, di conseguenza, dei ricavi.
In entrambe le circostanze l'impresa deve effettuare un'attenta analisi del mercato in cui opera e del tipo di prodotto che vuole offrire.

BREAK EVEN ANALYSIS

Lettura
Se vuoi approfondire clicca qui!

Con riferimento alla **riduzione dei costi** l'impresa può considerare l'ipotesi di utilizzare materie prime di qualità più elevata che consentano di contenere i costi degli scarti di produzione, oppure organizzare il lavoro dei dipendenti in modo da accorciare i tempi non produttivi nelle lavorazioni e sfruttare al meglio gli impianti.

? RISPONDO

- Come possono essere definiti i costi?
- Che cosa sono i costi fissi?
- Che cosa sono i costi variabili?
- Che cosa sono i ricavi?
- Che cos'è il profitto?

4 L'impresa dal punto di vista giuridico

1 L'imprenditore

L'**imprenditore**, dal punto di vista giuridico, è definito dall'articolo 2082 del Codice civile.

È imprenditore chi esercita professionalmente

> **Professionalmente** significa che l'attività deve essere abituale e non occasionale. Deve essere cioè sistematica.

un'attività economica

> **Attività economica** oggetto dell'impresa è qualunque attività lecita diretta alla produzione di ricchezza (produzione e scambio)

organizzata al fine della produzione o dello scambio di beni o di servizi.

> **Organizzata**: il termine fa riferimento alla necessità di organizzazione dei fattori produttivi aggiuntivi rispetto al lavoro personale dell'imprenditore. L'attività deve essere inoltre rivolta al mercato.

Il complesso dei beni organizzati dall'imprenditore per l'esercizio dell'impresa costituisce l'**azienda**, così come definito dall'articolo 2555 del Codice civile.

2 Le società

L'attività economica può essere esercitata da un gruppo di persone: in questo caso si parla di società.
Il **contratto di società** è definito dall'articolo 2247 del Codice civile.

Con il contratto di società due o più persone

| La società prevede la presenza di **due o più soci**.

conferiscono beni o servizi per l'esercizio in comune di una attività economica

| Elemento essenziale sono i **conferimenti** che possono essere rappresentati da denaro, da beni o anche da servizi (ad esempio l'attività lavorativa del socio) e vanno a formare il capitale sociale ovvero il fondo a disposizione della società per svolgere l'attività economica.

allo scopo di dividerne gli utili.

| Lo scopo è la realizzazione di un utile (profitto) da dividere tra i soci.

Il Codice civile prevede sei diversi tipi di società che costituiscono dei modelli di riferimento tipici: la **Società per Azioni**, la **Società in Accomandita per Azioni**, la **Società a Responsabilità Limitata**, nelle quali i soci hanno una responsabilità limitata ai conferimenti effettuati (quindi possono perdere soltanto il capitale che hanno conferito nella società); la **Società Semplice**, la **Società in Nome Collettivo** e la **Società in Accomandita Semplice**, nelle quali, invece, per i debiti della società rispondono anche i soci con il loro patrimonio personale se quello della società non è sufficiente.

La Società per Azioni (Spa) è la forma tipica dell'impresa di grandi dimensioni. *La partecipazione del socio è rappresentata da azioni che possono essere scambiate (quotate) in Borsa.* L'amministrazione si basa su un'organizzazione interna di tipo gerarchico diretta da un gruppo di manager con poteri decisionali. Si realizza così la separazione tra la proprietà dell'impresa (che fa capo ai soci azionisti) e l'effettiva conduzione o amministrazione (che fa capo agli amministratori), tipica dell'impresa moderna.
Esempi di società per azioni quotate in Borsa sono: A.S. Roma, Autogrill, Campari, Fiat, Juventus FC, Stefanel ecc. Per sapere quali sono le società quotate nella Borsa valori di Milano è sufficiente consultare un quotidiano: nelle pagine economiche sono riportate in ordine alfabetico le azioni con i relativi prezzi di mercato.

La Società in Nome Collettivo (Snc) è la forma più diffusa nelle imprese di piccole dimensioni. *L'amministrazione della società è affidata ai soci che sono di solito in numero limitato.*

Lo sviluppo dell'impresa ha visto il passaggio dall'impresa individuale, in cui l'imprenditore è l'unico proprietario del capitale e ha tutti i poteri decisionali, fino alle attuali imprese multinazionali, che controllano la produzione di una vasta gamma di beni venduti in tutto il mondo.

L'**impresa multinazionale** può essere definita come *l'impresa che svolge la sua attività in diversi Paesi, ha un azionariato internazionale (ossia la proprietà delle azioni è suddivisa in diversi Paesi) e manager di diverse nazionalità.* Dal punto di vista giuridico è formata da una pluralità di società, legate fra loro dalle partecipazioni azionarie, ossia dal controllo delle azioni delle varie società da parte di una società capogruppo chiamata anche *holding*.
Le multinazionali sono imprese di grandi dimensioni caratterizzate da una produzione ripartita tra diversi Paesi, per poter ridurre i costi dei fattori di produzione.

- **Holding**
Holding company
parent company which may have as its objective either simple participation in other companies (pure or financial holding) or also the exercise of productive activities (operating holding).

FOCUS digitale

Consulta il sito del Gruppo Fiat http://www.fiatspa.com/it-IT/Pages/Home.aspx, cliccando su "Il gruppo" puoi sapere quali sono le partecipazioni azionarie di Fiat in altre società. Ci sono marchi che conosci? Sapevi che facevano capo alla Fiat? Prova a cercare nel sito in quali altri Paesi del mondo opera il gruppo torinese.

Nel menu "Governance" puoi seguire il percorso "La Corporate governance di Fiat – Consiglio di amministrazione" e visualizzare l'elenco dei componenti di questo organo completo di foto e curriculum vitae.
Il presidente e l'amministratore delegato sono italiani? E gli altri membri del Consiglio di amministrazione?

 RISPONDO

- Quali sono gli elementi essenziali per definire l'imprenditore?
- Che cos'è l'azienda dal punto di vista giuridico?
- Quali sono le caratteristiche delle Spa?
- Che cos'è un'impresa multinazionale?

VERIFICO L'APPRENDIMENTO

 VERIFICO LE CONOSCENZE

vero o falso?

1 Il bisogno è una situazione di insoddisfazione — V F
2 I bisogni sono uguali per tutti — V F
3 Soddisfare i bisogni secondari è essenziale per la sopravvivenza — V F
4 I beni economici devono essere utili, scarsi e utilizzabili — V F
5 La quantità di beni e servizi domandata da una famiglia dipende dalla sua disponibilità di reddito — V F
6 Le imprese offrono lavoro alle famiglie — V F
7 L'utilità è l'attitudine di un bene a soddisfare un bisogno — V F
8 Secondo la legge dell'utilità marginale decrescente l'utilità di un bene aumenta all'aumentare delle dosi disponibili di quel determinato bene — V F
9 I fattori della produzione sono la natura, il lavoro e il capitale — V F
10 La forza lavoro è composta da coloro che hanno un lavoro continuativo — V F
11 Il tasso di disoccupazione è dato dal rapporto tra disoccupati e occupati — V F
12 L'ammortamento serve a suddividere il capitale variabile — V F
13 Nel breve periodo tutti i fattori della produzione possono essere modificati — V F
14 L'impresa deve scegliere la combinazione di fattori produttivi che minimizza i costi — V F
15 Massimizzare il profitto significa aumentare i ricavi — V F

scelgo la risposta esatta

1 Che cosa dice la legge dell'utilità marginale decrescente?
A Che l'utilità di una dose aggiuntiva di un bene decresce all'aumentare della sua disponibilità
B Che l'utilità di una dose aggiuntiva di un bene cresce all'aumentare della sua disponibilità
C Che il consumo del bene fa aumentare il bisogno da parte del soggetto considerato
D Che l'utilità di una dose aggiuntiva di un bene aumenta all'aumentare del consumo

2 Che cosa si intende per resto del mondo?
A L'insieme delle imprese multinazionali
B Sono tutti i Paesi che hanno una rete di relazioni e scambi commerciali con il nostro
C Sono i Paesi con i quali avvengono scambi commerciali
D sono i Paesi extra Unione europea

3 Quali sono le remunerazioni dei fattori produttivi?
A Natura, lavoro, capitale
B Rendita, salario, interesse
C Rendita e interesse
D Salario e interesse

4 Quali sono le leve su cui può agire l'impresa per realizzare profitti?
A La riduzione dei costi e l'aumento dei ricavi
B La riduzione dei costi
C L'aumento dei costi e dei ricavi
D L'aumento dei ricavi

completo

Il sistema economico si compone di (1) .... operatori: l'operatore famiglie domanda beni e (2) .... e offre lavoro in cambio di un (3) .... o di uno (4) ....; offre anche terreni e fabbricati in cambio di una (5) ....; offre i propri (6) .... in cambio di un interesse. L'operatore imprese svolge un'attività finalizzata a (7) .... beni e servizi e ottiene un (8) .... L'operatore Stato offre servizi pubblici in cambio di (9) .... e (10) .... L'operatore resto del mondo interagisce con l'economia di un Paese attraverso esportazioni e (11) ....

importazioni; imposte; produrre; profitto; quattro; rendita; risparmi; salario; servizi; stipendio; tasse

• IMPARO A IMPARARE...

costruisci una mappa partendo dai seguenti concetti

1 Relazioni tra famiglie e imprese; tra famiglie e Stato
2 I fattori produttivi e le rispettive remunerazioni
3 Le componenti del fattore capitale e la tipologia di costi che generano.

AIUTATI E VERIFICA IL TUO LAVORO CON LE MAPPE INTERATTIVE

126 ▪ Unità di apprendimento 5

Unità di apprendimento

5 Il lavoro e le imprese

• IMPARO A COMUNICARE...

rispondi verbalmente e poi in forma scritta

1. Che cos'è l'economia politica?
2. Perché i bisogni sono illimitati? Porta qualche esempio riferito alla tua situazione personale.
3. Da che cosa può essere formato il reddito di una famiglia?
4. Quali sono le caratteristiche del fattore produttivo capitale?
5. Qual è la relazione tra fattori produttivi e produttività?
6. Come può essere definita l'impresa dal punto di vista economico? E dal punto di vista giuridico?
7. Che cosa significa "chi inquina paga"? Sei d'accordo con questo principio? A quale classificazione dei costi si fa riferimento?
8. Qual è la differenza tra impresa e azienda dal punto di vista giuridico?
9. Quali sono gli elementi del contratto di società?
10. Perché sono importanti i conferimenti?
11. Che cos'è una holding?

• INTERPRETO L'INFORMAZIONE

Sottolinea nel testo le parole che non conosci e cerca sul dizionario l'esatta definizione.

1 I bisogni indotti

Nella società attuale, accanto ai bisogni originari, veri e spontanei, che rappresentano effettivamente dati primari per l'economista, ci troviamo oggi di fronte ad un'ampia massa di bisogni che appaiono non come il movente, ma come il risultato dell'attività economica. Basti pensare a tutti quei bisogni che non verrebbero percepiti dall'individuo, se non fossero appositamente stimolati da campagne pubblicitarie, promosse da chi ha interesse a creare una domanda, per vendere i prodotti destinati a soddisfarla. Possiamo chiamare i bisogni così originati bisogni indotti (da stimoli esterni). Essi sono tipici della nostra società, in cui l'attività produttiva può essere anticipata rispetto ai bisogni.
I bisogni indotti servono a giustificare la produzione di oggetti la cui utilità sarebbe nulla se tali bisogni non fossero stati creati ad arte. Una parte dei beni offerti nelle società capitalistiche altamente sviluppate ha dunque, a ben guardare, un'utilità meramente illusoria. L'utilità "reale" è nulla per i beni destinati a soddisfare bisogni che, in assenza di stimoli esterni, non verrebbero percepiti. Vi sono però delle eccezioni. Non si deve pensare, ad esempio, che i bisogni culturali stimolati dall'esterno siano privi di importanza e non meritevoli di soddisfazione, ad esempio come avviene quando un insegnante suggerisce ai suoi allievi di leggere un libro o visitare una mostra. È bene precisare, inoltre, che alcuni bisogni indotti finiscono con il consolidarsi, in quanto il soggetto, una volta abituato a soddisfarli, li sente come naturali.

(tratto da: D. Cavaleri, *Corso di economia politica*, Giuffrè, Milano, 2003)

Rispondi alle domande

1. Qual è la differenza tra movente e risultato?
2. Che cosa sono i bisogni indotti? Con riferimento alla tua esperienza personale sapresti fare qualche esempio?
3. Cosa significa "utilità nulla"?

• APPLICO LE CONOSCENZE

problem solving

1. Calcola la variazione del salario reale sapendo che il salario monetario è aumentato dell'1% e i prezzi sono aumentati del 3%.
2. Calcola la variazione del salario reale sapendo che il salario monetario è aumentato dell'1,5% e i prezzi sono aumentati del 2,3%.
3. Costruisci un grafico evidenziando costi fissi, variabili e totali. Traccia un secondo livello di costi fissi. Quale sarà la nuova funzione dei costi totali?
4. Costruisci un grafico evidenziando costi fissi, variabili e totali. Traccia una seconda funzione a tua scelta dei costi variabili. Quale sarà la nuova funzione dei costi totali?
5. Costruisci un grafico evidenziando la variazione della componente di costo corrispondente alla sostituzione di un impianto obsoleto.
6. Costruisci una tabella analizzando i costi fissi e variabili tipici di un'impresa del tuo territorio.
7. Costruisci un grafico evidenziando la variazione della componente di costo nel caso in cui l'impresa impieghi materie prime di qualità più elevata.

Unità di apprendimento 6

Il consumatore e il mercato

1. Il soggetto economico consumatore
2. Domanda, offerta e mercato
3. Le forme di mercato e la tutela della concorrenza

Conoscenze

- Il ruolo del consumatore nel sistema economico
- I concetti di consumo e di risparmio
- La legge della domanda, dell'offerta e il punto di equilibrio
- Forme di mercato ed elementi che le connotano
- La tutela della concorrenza

Abilità

- Individuare le esigenze fondamentali che ispirano le scelte tra consumo e risparmio
- Tracciare e analizzare un grafico che esprime una legge economica
- Individuare dinamiche elementari dei mercati
- Riconoscere nella realtà nazionale e internazionale le varie forme di mercato

FOCUS FILM...
Laboratorio di cinema

per comprendere l'importanza dell'espressione di idee attraverso diversi mezzi di comunicazione

Nel film si focalizza l'attenzione su come cambiano consumi e abitudini di una famiglia quando cambiano reddito e patrimonio (il padre viene estromesso all'azienda dai suoi stessi soci che ritenevano la sua gestione poco competitiva) e su come sia difficile adeguare il proprio stile di vita e rimettersi in gioco...

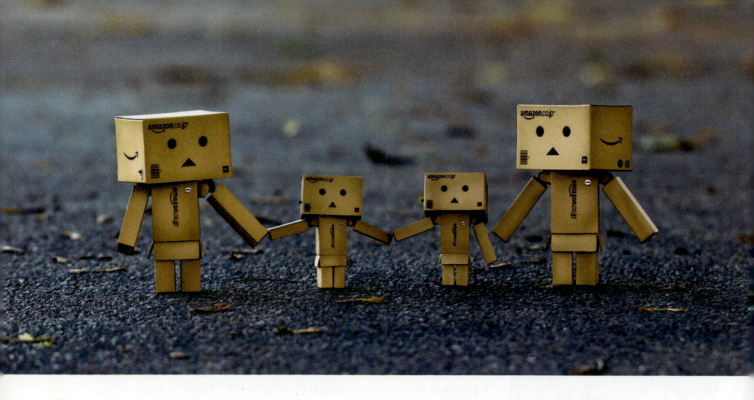

1 Il soggetto economico consumatore

La **famiglia** è una *formazione sociale che svolge un ruolo fondamentale nel sistema economico*. È il **soggetto economico** che rappresenta l'attività del **consumo** in quanto *svolge un'attività lavorativa e destina il reddito che percepisce a spese di consumo*.

Le famiglie domandano beni e servizi e sono considerate il *motore dell'economia* in quanto, a fronte della loro domanda, le imprese pongono in essere l'attività di produzione: acquistano i fattori della produzione per ottenere prodotti finali da cedere al consumo o ad altre imprese.

Le famiglie registrano in **entrata** i salari ricevuti in cambio del lavoro prestato e in **uscita** le spese per i consumi: queste ultime rappresentano un'entrata per l'operatore-impresa sotto forma di prezzi incassati per i beni venduti. Allo stesso modo i salari appaiono tra le uscite delle imprese come costi sostenuti per il fattore lavoro.

Non è detto però che il **reddito** sia destinato interamente alle spese di consumo: una parte sarà destinata al pagamento delle imposte e una parte sarà accantonata sotto forma di **risparmio**.
Le uscite per imposte appaiono in entrata per l'operatore-Stato.
In sintesi possiamo rappresentare il funzionamento del sistema economico con il seguente schema.

Reddito
Income ■
money that an individual or business receives in exchange for providing a good or service or through investing capital.

■ Unità di apprendimento 6

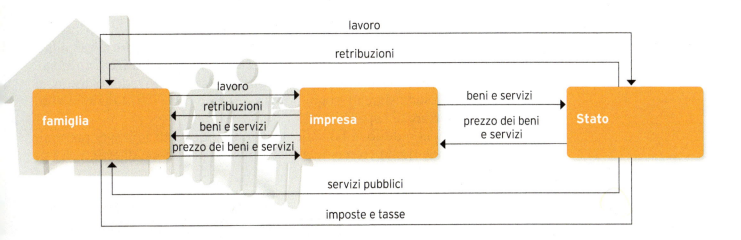

1 Il consumo e il risparmio

Per **consumo** si intende *la parte di reddito spesa per l'acquisto di beni e servizi per il soddisfacimento diretto dei bisogni*.

Il consumo dipende in primo luogo dal livello del reddito. Vi è una *relazione diretta* tra consumo e reddito: ciò significa che *all'aumentare del reddito aumenta anche il consumo* ma in misura meno che proporzionale.

Fino al livello che viene definito di sussistenza tutto il reddito viene consumato, vale a dire che il reddito disponibile permette di soddisfare solo i bisogni presenti. Quando il reddito supera il livello di sussistenza, ne viene risparmiata una parte.

Per **risparmio** si intende la *decisione*, da parte di una famiglia, *di accantonare una parte del reddito sottraendola al consumo*, cioè evitando di spenderla così da destinarla a soddisfare esigenze future.

Indicando il consumo con **C**, il reddito con **Y** e il risparmio con **S**, supponendo che il reddito possa essere utilizzato per l'acquisto di beni di consumo oppure risparmiato, si può scrivere:

$$Y = C + S$$

La parte di reddito destinata al consumo si misura attraverso la **propensione media al consumo** che è data dal *rapporto tra il consumo e il reddito (C/Y)*. Per esempio, se in una famiglia il reddito annuo ammonta a 40.000 euro e il consumo a 36.000, la propensione media al consumo è: 36.000/40.000 = 0,90. Moltiplicando per 100 si ottiene il valore percentuale 90%, vale a dire che ogni 100 euro di reddito 90 vengono consumati.

Un altro concetto economico importante da definire è la **propensione marginale al consumo** che è data dal *rapporto tra la variazione del consumo e la variazione del reddito*. A differenza della propensione media, nel caso della propensione marginale non si prendono in considerazione il livello del reddito e quello del consumo, ma le loro rispettive variazioni, che spesso in economia sono importanti per prendere decisioni. Per esempio se in una famiglia il reddito aumenta di 5.000 euro in un anno e il consumo aumenta di 4.000 euro, la propensione marginale al consumo sarà:

$$\frac{4.000}{5.000} = 0,8$$

Moltiplicando per 100 si ottiene il valore percentuale 80%, vale a dire che ogni 100 euro di reddito 80 vengono consumati.

■ **Consumo**
Consumption
expenditure on goods and services for final personal use.

■ **Risparmio**
Savings
are the money that you have saved, especially in a bank or a building society.

IL CONSUMISMO E IL CODICE DEL CONSUMO

Lettura

Se vuoi approfondire clicca qui!

Gli studi economici hanno dimostrato che all'aumentare del reddito disponibile gli individui ne destinano una quota via via minore al consumo: ciò significa che *la propensione marginale al consumo* **decresce** *all'***aumentare** *del reddito*. Infatti minore è il reddito familiare, maggiore sarà la quota di reddito destinata al consumo per soddisfare i bisogni primari e spesso non vi sarà alcun reddito residuo da riservare al risparmio.

All'aumentare del reddito le famiglie, una volta soddisfatti i bisogni presenti, ne destinano una quota crescente al risparmio, in previsione di eventuali esigenze future.

Saggio di interesse ■ il saggio (o tasso) di interesse indica la percentuale in base alla quale si calcola il compenso, in genere su base annua, che paga il debitore o riscuote il creditore per il prestito di un capitale.

La scelta delle famiglie se consumare e in che misura il reddito disponibile dipende da numerosi fattori:
- il *livello del reddito*: minore è il reddito e maggiori sono le quote consumate, viceversa maggiore è il reddito e maggiori sono le quote risparmiate. La scelta dei beni da consumare avviene poi confrontando il diverso grado di soddisfazione che se ne ricava.
A parità di reddito una famiglia può preferire spendere in vestiario piuttosto che in attività sportive o in libri ecc.;
- il *patrimonio*;
- l'influenza della *pubblicità* che nella società contemporanea ha assunto un ruolo preminente nell'orientare i consumi.

Il **consumo** svolge pertanto un ruolo fondamentale nell'economia nazionale in quanto *condiziona la produzione*: le imprese producono beni e servizi per il soddisfacimento dei bisogni e il consumo è l'attività attraverso la quale si soddisfano i bisogni.

Anche le scelte relative al **risparmio** non dipendono soltanto dall'ammontare del reddito disponibile, ma anche da altri fattori quali il desiderio di provvedere per eventuali emergenze (si pensi per esempio alle spese per il dentista o ai costi da sostenere in caso di guasti in casa o dell'automobile) oppure di soddisfare particolari necessità presenti o future (l'acquisto di un'abitazione per la famiglia, l'accantonamento di un fondo pensione ecc.).

Un altro dei fattori che influenza il risparmio è il **livello del saggio di interesse**. La teoria economica definisce il risparmio una *funzione crescente del saggio di interesse*.

Proprio la prospettiva di percepire un interesse, tanto maggiore quanto più alto è il saggio (o tasso), spingerebbe gli individui a risparmiare, cioè a rinunciare al consumo di una parte delle proprie risorse per ricavarne un vantaggio economico.

L'importanza di questo tipo di analisi economiche è legata al ruolo del risparmio nell'economia nazionale.

Il risparmio delle famiglie, insieme al risparmio delle imprese (cioè, i profitti realizzati e accantonati), va a formare la disponibilità di capitale finanziario che viene poi utilizzato per acquistare beni capitale e ampliare la capacità produttiva e la produzione complessiva di beni e servizi. *Il risparmio svolge pertanto un ruolo essenziale per gli investimenti.*

In sintesi il circuito economico che si determina è il seguente:

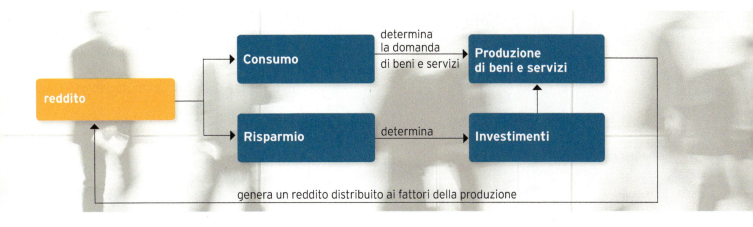

FOCUS digitale — FINANCIAL LITERACY

Iniziamo il nostro percorso di *Financial Literacy* ovvero di cultura finanziaria. Vai sul sito http://www.economiascuola.it/. Si tratta di un sito dedicato all'educazione finanziaria a scuola. Entra nella sezione dedicata agli insegnanti, clicca sul link "Le videolezioni" e scegli "Risparmio e previdenza" (http://www.economiascuola.it/wp-content/themes/bphome/swf/pillola_08/ims/glrev_engine/29/index.html). Dopo aver guardato il video dedicato a una "famiglia tipo" alle prese con le problematiche poste dal risparmio, rifletti sulla tua esperienza personale: hai mai vissuto una situazione analoga in famiglia? Quale potrebbe essere, nel tuo caso, la motivazione al risparmio?

2 Il reddito e il patrimonio

Il **reddito** di una famiglia può essere definito come *l'insieme delle entrate percepite in un dato periodo di tempo*.
Si tratta di un concetto dinamico, di solito riferito al mese o all'anno, perché la ricchezza viene presa in considerazione nel suo divenire. È come se le entrate della famiglia venissero registrate in un filmato, momento per momento, man mano che si realizzano.

Le risorse di una famiglia possono essere analizzate anche in termini di *disponibilità di beni in un dato momento*: in questo caso si parla di **patrimonio**, che può essere appunto definito come *l'insieme dei beni di cui una famiglia dispone in un momento considerato*.
Per ritornare all'esempio precedente, nel caso del patrimonio, invece, è come se si facesse un fermo immagine delle attività in un dato istante: quest'ultimo è perciò un *concetto statico*.

Il patrimonio può essere formato da diverse tipologie di beni: terreni, fabbricati, denaro, quadri, gioielli, titoli ecc.
I rendimenti di queste forme di investimento del risparmio sono oggetto di numerose analisi economiche e rappresentano un criterio di scelta dell'investimento stesso.

Una famiglia che ha a disposizione una certa somma di denaro può decidere se:
■ depositarlo in banca e guadagnare un certo tasso di interesse;
■ acquistare azioni e accettare i rischi di andamenti favorevoli o sfavorevoli della Borsa;
■ acquistare titoli di Stato e ottenere un certo tasso di interesse;
■ investire nell'acquisto di immobili o, come si dice in gergo giornalistico, investire nel "mattone";
■ investire nei cosiddetti "beni rifugio" (oro, opere d'arte ecc.), soprattutto nei momenti di incertezza.

La scelta potrebbe cadere sull'investimento con un rendimento più elevato ma più rischioso, oppure su quello con un rendimento meno elevato ma più sicuro.

Il reddito, quindi, per la parte risparmiata, cioè sottratta al consumo presente per essere disponibile in futuro, può contribuire a *incrementare* il patrimonio. La quota di reddito risparmiata e investita (per esempio, in Borsa) si trasforma in patrimonio. Ciò significa che *il reddito alimenta il patrimonio* e *il patrimonio alimenta il reddito*: si dice che sono *interdipendenti*.

RISPONDO

■ Qual è il ruolo del consumatore nel sistema economico?
■ Che cos'è il consumo? E il risparmio?
■ Qual è il ruolo del consumo nell'economia nazionale? E quello del risparmio?
■ Qual è la relazione tra patrimonio e reddito?

2 Domanda, offerta e mercato

1 La domanda

La **domanda** può essere definita come la *quantità di beni o servizi richiesta dai consumatori a un determinato prezzo*.
In particolare, *la quantità domandata di un bene è funzione inversa del suo prezzo*: maggiore è il prezzo del bene, minore ne risulta la richiesta. Il consumatore sarà disposto ad acquistare maggiori quantità a livelli di prezzo inferiori. La relazione tra queste due variabili economiche, prezzo e quantità, viene definita **legge della domanda**.
Questa legge può essere rappresentata graficamente su un piano di assi cartesiani indicando sull'asse delle ascisse (x) la quantità domandata Q e sull'asse delle ordinate (y) il prezzo P; si tratta di una funzione decrescente come emerge dal grafico che segue.

■ **Domanda**
Demand
the desire of consumers, clients, employers, etc. for a particular commodity, service, or other item.

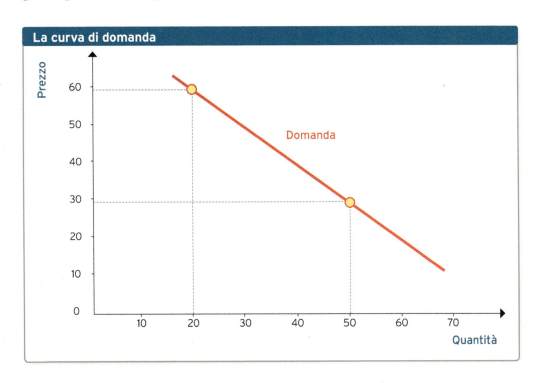

La curva di domanda

Un concetto importante non solo nell'ambito della teoria economica, ma anche per capire il comportamento dei venditori nella pratica quotidiana, è quello dell'elasticità della domanda rispetto al prezzo.
L'**elasticità della domanda** rispetto al prezzo *misura la reattività della quantità domandata a una variazione del prezzo*, indica in altre parole quanto varia in percentuale la quantità domandata rispetto a quanto aumenta o diminuisce il prezzo. Conoscere l'elasticità della domanda rispetto al prezzo è importante per *valutare gli effetti di una variazione del prezzo di un bene sul volume delle vendite*.
La variazione della quantità domandata può assumere diversi valori e il suo andamento si può sintetizzare nello schema che presentiamo qui di seguito.

Il **grado di elasticità** è condizionato da alcuni fattori:

- la *natura del bisogno che il bene è destinato a soddisfare*: i beni di prima necessità sono solitamente a domanda rigida, mentre i beni di lusso sono caratterizzati da una domanda elastica;
- l'*esistenza di beni sostituibili*: se un bene non può essere sostituito da altri, la domanda è probabilmente rigida; tipico è il caso di alcuni medicinali. I beni sostituibili presentano invece domanda elastica; è il caso ad esempio dei detersivi.

Graficamente l'elasticità è rappresentata dalla pendenza della funzione di domanda.

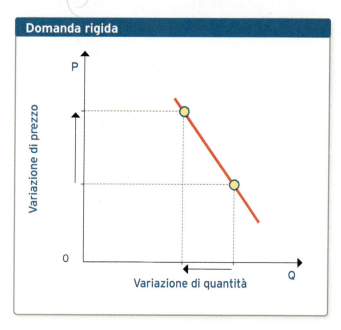

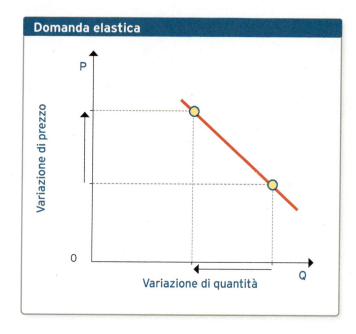

La domanda non risulta, però, influenzata soltanto dal *prezzo* del bene considerato, ma anche da altre variabili quali il prezzo degli altri beni, i *gusti* e il *reddito* dei consumatori, la *pubblicità*.

Per quanto riguarda il reddito, la quantità domandata di un bene è *funzione diretta del reddito disponibile*: se aumenta il reddito aumenta anche la quantità. La quantità domandata di beni necessari, ad esempio di generi alimentari, aumenta fino a un certo livello di reddito disponibile e una volta superata questa soglia decresce. Invece, il consumo di beni di lusso (beni non alimentari, per esempio profumi, cd, viaggi ecc.), da un certo livello di reddito disponibile, cresce in modo consistente al crescere del reddito.

Le relazioni tra i consumi delle diverse tipologie di beni e i livelli di reddito sono state studiate da Ernst Engel, un economista e statistico tedesco che, partendo da un'analisi delle spese delle famiglie, formulò una legge relativa alle variazioni della domanda in funzione del livello del reddito (*Rapporto*

produzione-consumo nel regno di Sassonia, 1857 da cui la "legge o curva di Engel").
Secondo la **legge di Engel** *la spesa per i beni alimentari cala man mano che il reddito disponibile cresce.*
Nelle famiglie con bassi livelli di reddito la spesa per i beni alimentari costituisce una parte rilevante dei consumi complessivi, mentre in quelle con livelli di reddito più elevati essa rappresenta una parte decisamente minore. Una volta soddisfatti i bisogni primari, l'utilità dei beni alimentari diminuisce e con il reddito residuo a disposizione l'individuo preferisce acquistare beni per soddisfare i bisogni secondari che possono essere i più disparati a seconda dell'età, dei gusti, dello stile di vita e del contesto socio-economico: un capo d'abbigliamento particolare, un telefono cellulare, un personal computer, uno scooter ecc.
Il consumo e quindi la domanda dipendono anche dalle *abitudini* e dai *gusti* dei consumatori a conferma di quanto evidenziato nei paragrafi precedenti.

2 L'offerta

L'**offerta** può essere definita come *la quantità di beni o servizi che le imprese sono disposte a vendere a un determinato prezzo.* In particolare *la quantità offerta è funzione diretta del prezzo* in quanto *a livelli elevati di prezzo corrispondono livelli elevati di offerta*: maggiori sono i prezzi, maggiori sono le prospettive di profitto per l'impresa. La relazione tra queste due variabili economiche, prezzo e quantità, viene definita **legge dell'offerta**.
Come la domanda, anche l'offerta può essere rappresentata graficamente su un piano di assi cartesiani indicando la quantità offerta (Q) sull'asse delle ascisse (x) e il prezzo (P) sull'asse delle ordinate (y); si tratta di una funzione crescente come emerge dal grafico che segue.

■ **Offerta**
Supply
the amount of a commodity that producers are willing and able to offer for sale at a specified price.

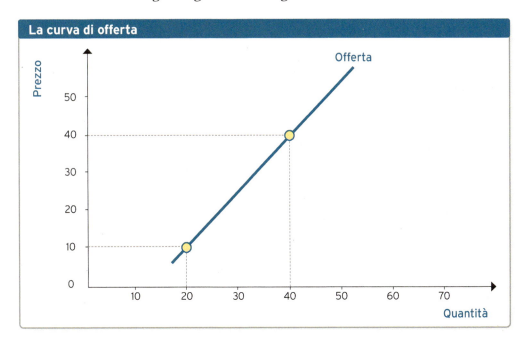

La curva di offerta

Il consumatore e il mercato

Anche nel caso dell'offerta è utile definirne l'elasticità rispetto al prezzo. L'**elasticità dell'offerta** misura la reattività della quantità offerta in relazione alle variazioni del prezzo.

È possibile sintetizzare l'andamento di questo fenomeno nel seguente schema.

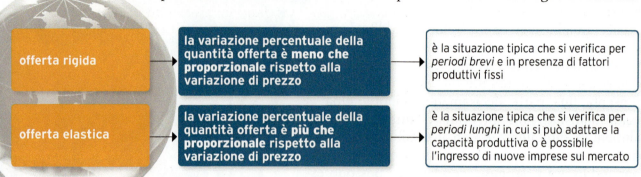

L'offerta non risulta però influenzata soltanto dal *prezzo* del bene in esame, ma anche da altre variabili quali il *prezzo degli altri beni* e il *livello di tecnologia* disponibile in un determinato settore.

3 Il mercato

Mercato
Market ■
an area or arena in which commercial dealings are conducted.

Il **mercato** può essere definito come il *luogo in cui avvengono le contrattazioni tra compratori e venditori*. I primi rappresentano la domanda e i secondi l'offerta, pertanto il mercato può essere anche definito come il *luogo in cui domanda e offerta si incontrano e si determinano i prezzi*.

Quando domanda e offerta si equivalgono, si forma il **prezzo di equilibrio**:

$$D = O$$

È possibile rappresentare graficamente la formazione del prezzo di equilibrio tracciando nello stesso grafico le funzioni della domanda e dell'offerta in modo da individuare l'andamento delle due curve e determinare il punto in cui i relativi valori si equivalgono, ossia il punto in cui le due curve si intersecano.

IL MERCATO

- Ti sei mai chiesto quanti significati puoi attribuire alla parola "mercato"?
- Qual è la caratteristica che accomuna tutti questi significati?
- Ti sei mai chiesto quali regole governano i mercati?

Scoprilo seguendo la lezione multimediale!

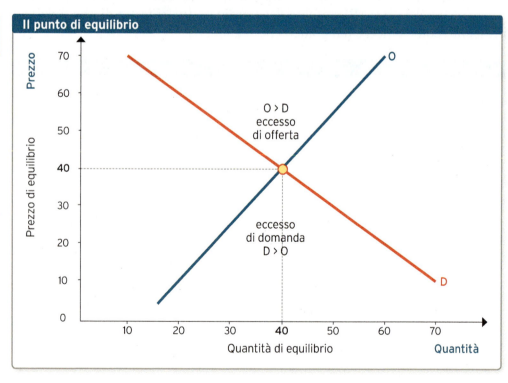

138 ■ Unità di apprendimento 6

Per raggiungere l'equilibrio nel **breve periodo**, se l'offerta è maggiore della domanda, il prezzo diminuisce; se, invece, la domanda è maggiore dell'offerta, il prezzo aumenta.

Si pensi per esempio al mercato ortofrutticolo: nei momenti in cui il raccolto è abbondante e quindi l'offerta supera la domanda, i venditori diminuiscono i prezzi per evitare i rischi di invenduto. Nei momenti in cui per vari motivi (inizio stagione, siccità ecc.) il raccolto è scarso e quindi la domanda supera l'offerta, i prezzi salgono; i venditori possono alzare i prezzi vista la concorrenza tra consumatori.

Nel **lungo periodo**, invece, se la domanda supera l'offerta i produttori possono incrementare la capacità produttiva realizzando nuovi investimenti, per esempio nel caso dei prodotti agricoli possono ampliare la superficie coltivata e aumentare così l'offerta.

Determining the market or equilibrium price

ENGLISH FOCUS

Buyers prefer to purchase at a relatively low price, while suppliers prefer to sell at a relatively high final price. This apparent conflict of interest is resolved by the operation of a free and competitive market. Indeed, there is only one price on which both buyers and sellers agree and are satisfied. This is called "the equilibrium market price".

 **RISPONDO**

- Che cosa dice la legge della domanda?
- Che cosa dice la legge di Engel?
- Che cosa dice la legge dell'offerta?
- Che cos'è il mercato?
- Quando si forma il prezzo di equilibrio?

3 Le forme di mercato e la tutela della concorrenza

1 Le forme di mercato

Il mercato è caratterizzato da una certa struttura, ossia da un dato insieme di condizioni in cui operano venditori e compratori. Tale struttura è definita **forma di mercato**. Sono forme di mercato: la concorrenza perfetta, il monopolio, l'oligopolio e la concorrenza monopolistica.

Concorrenza perfetta
perfect competition ▪ Perfect competition is a theoretical market structure. Perfect competition is the opposite of a monopoly, in which only a single firm supplies a particular good or service, and thus it can charge whatever price it wants because consumers have no alternatives and it is difficult for would-be competitors to enter the marketplace.

La **libera concorrenza**, o **concorrenza perfetta**, presenta le seguenti caratteristiche:
- *perfetta omogeneità del prodotto*: le imprese producono beni omogenei; essi sono perfettamente sostituibili per i consumatori che non sono condizionati da fattori quali il marchio, l'immagine pubblicitaria del prodotto ecc.;
- *frazionamento del mercato*: la domanda e l'offerta sono frazionate fra numerosi produttori e consumatori. Nessuna impresa è in grado di influenzare con la propria politica il prezzo del bene. Il comportamento dell'impresa è **price taker**, cioè deve accettare il prezzo stabilito dal mercato. La singola impresa può vendere qualsiasi quantità al prezzo che si è determinato sul mercato;
- *trasparenza del mercato*: compratori e produttori possono contare su una perfetta conoscenza dei beni, delle loro caratteristiche e delle condizioni alle quali vengono trattati;
- *libertà di entrata sul mercato*: nuove imprese possono entrare nel mercato senza dover effettuare investimenti elevati e imprese già esistenti, se non più efficienti, possono uscirne senza oneri aggiuntivi.

La concorrenza perfetta è un modello teorico di riferimento che si basa su ipotesi semplificate. Variando le ipotesi di base del modello è possibile individuare le altre forme di mercato.

Monopolio
Monopoly ▪ a situation, legal or *de facto*, in which one single large concern performs a given economic activity to the exclusion of all others.

Il **monopolio** è un mercato in cui *opera un unico produttore/venditore (impresa monopolistica) che offre un bene o servizio non sostituibile*.

Le condizioni che favoriscono la nascita di monopoli sono:
- *l'esistenza di barriere all'entrata di nuove imprese sul mercato*, quali per esempio il controllo degli input (di solito risorse naturali) per la produzione di un certo bene o gli elevati livelli di investimento necessari per iniziare la produzione;
- la *fusione di due o più imprese che porta alla creazione di un unico soggetto sul mercato*. Questo tipo di operazioni sono però controllate attraverso legislazioni specifiche a tutela della concorrenza presenti nei diversi Paesi.

Un caso particolare è, invece, quello dei **monopoli pubblici**. Lo Stato può concedere a un'impresa l'esclusivo diritto a operare su un determinato mercato in regime di monopolio per *motivi fiscali* (per esempio, le lotterie in Italia) oppure per *motivi sociali*, cioè per assicurare la gestione di un servizio che ha rilevanza sociale: era questo il caso delle telecomunicazioni e dell'energia elettrica, che erano gestite da imprese poste sotto il controllo pubblico. Negli ultimi venti anni si è assistito al fenomeno delle privatizzazioni e all'ingresso nel mercato di altri operatori.
In regime di monopolio *il prezzo è deciso dall'impresa monopolistica* tenendo

conto dell'elasticità della domanda rispetto al prezzo, ossia dell'effetto che le variazioni del prezzo hanno sul volume delle vendite. L'impresa è **price maker** in quanto *decide il prezzo da imporre al mercato*.

L'**oligopolio** è un mercato che si caratterizza per la presenza di:
- un *numero limitato di produttori*;
- *prodotti omogenei o differenziati*;
- *barriere all'entrata sul mercato di nuove imprese*;
- una situazione di *interdipendenza strategica tra le imprese* poiché nel fissare il prezzo l'oligopolista influisce sulle decisioni degli altri venditori e le reazioni di questi ultimi influiscono sulle decisioni del primo. L'impresa oligopolistica è **price maker** in quanto *è in grado di esercitare un certo controllo sul prezzo*.

■ **Oligopolio**
Oligopoly
situation which occurs when only a limited and exclusive number of firms exercise a given activity.

L'oligopolio può essere collusivo o non collusivo a seconda che esistano o meno accordi tra le imprese che operano nel mercato.
Nell'ambito dell'**oligopolio collusivo** gli accordi possono assumere la forma di *cartelli* o *trust*. Un cartello è un'organizzazione unitaria creata da imprese che altrimenti sarebbero concorrenti. Il cartello può fissare le quote di produzione, come avviene nel caso dell'**Opec** che controlla circa un terzo della produzione mondiale e due terzi delle riserve di petrolio, con l'obiettivo di influenzare l'andamento dei prezzi. L'Opec fissa i tetti di produzione espressi in milioni di **barili** al giorno e di conseguenza i prezzi.

In generale gli oligopolisti tendono ad attuare politiche collusive mirate alla conclusione di accordi taciti, e spesso segreti, tra le parti interessate per evitare di farsi concorrenza sul prezzo pur mantenendo la differenziazione dei prodotti. Il regime di oligopolio prevale nei settori automobilistico, bancario, delle assicurazioni, delle compagnie telefoniche e farmaceutiche.

Il potere di mercato delle imprese nel monopolio e nell'oligopolio rende necessari interventi a tutela del consumatore da parte dello Stato; queste misure rientrano nel campo della normativa a tutela della concorrenza.

The Organization of the Petroleum Exporting Countries

The Organization of the Petroleum Exporting Countries (Opec) was founded in Baghdad, Iraq, with the signing of an agreement in September 1960 by five countries namely Islamic Republic of Iran, Iraq, Kuwait, Saudi Arabia and Venezuela. They were to become the Founder Members of the Organization.
These countries were later joined by Qatar (1961), Indonesia (1962), Libya (1962), the United Arab Emirates (1967), Algeria (1969), Nigeria (1971), Ecuador (1973), Gabon (1975) and Angola (2007).
From December 1992 until October 2007, Ecuador suspended its membership. Gabon terminated its membership in 1995. Indonesia suspended its membership effective January 2009.
Currently, the Organization has a total of 12 Member Countries.

FOCUS digitale

Per sapere qual è attualmente il prezzo del petrolio, puoi consultare il sito dell'Opec: nella home page troverai un'icona che permette di conoscere l'andamento dei prezzi espressi in dollari; dopo aver selezionato il periodo di riferimento che ti interessa (prezzi giornalieri, settimanali, mensili, annuali) clicca al centro dell'icona e potrai visualizzare il grafico completo di tutte le quotazioni. Pensi che il prezzo stabilito dall'Opec sia attualmente in crescita? Hai notizie sull'andamento del prezzo della benzina in questo periodo? C'è qualche legame? Discutine in classe con l'insegnante.

Il **mercato di concorrenza imperfetta**, o **concorrenza monopolistica**, si caratterizza per la presenza di:
- *molte imprese* in concorrenza tra loro;
- *prodotti simili ma non identici*, che si differenziano per l'immagine (il marchio, il tipo di confezionamento, le campagne pubblicitarie) e il servizio post-vendita (assistenza, garanzia). Ad esempio, nel settore delle lavatrici, i prodotti sono tutti piuttosto simili: servono a lavare meccanicamente gli indumenti, ma possono presentare un certo grado di diversificazione (velocità della centrifuga, posizione dell'oblò, variazione dei programmi di lavaggio, anni di garanzia, marchio ecc.);
- *libertà di entrata sul mercato*.

Il prezzo viene deciso dall'impresa che è **price maker**. Un aumento di prezzo da parte della singola impresa fa diminuire la domanda, ma non quanto avverrebbe in regime di concorrenza perfetta. A causa del numero elevato di concorrenti la domanda per la singola impresa è più elastica che nel monopolio poiché un imprenditore che riduca

142 ■ Unità di apprendimento 6

(o aumenti) di una data percentuale il prezzo del prodotto vedrà aumentare (o diminuire) la domanda in misura maggiore di quanto accadrebbe nell'ipotesi di monopolio. Si consideri ad esempio il caso di una riduzione del prezzo: le vendite dell'impresa aumenteranno per l'attrazione che il ribasso eserciterà su coloro che prima non acquistavano il prodotto perché troppo caro e sugli acquirenti di prodotti simili da imprese concorrenti.

La presenza sul mercato di beni con un certo grado di sostituibilità fa sì che il prezzo venga fissato a un livello vicino a quello dei concorrenti. Esempi di mercati di concorrenza imperfetta sono il settore dei beni di largo consumo (detersivi, cosmetici, alimentari ecc.) e quello della ristorazione.

Le forme del mercato e le loro caratteristiche			
	Numero di imprese	Natura dei prodotti	Determinazione del prezzo
concorrenza perfetta	moltissime	omogenea	*price taker*
monopolio	una	unica	*price maker*
oligopolio	poche	omogenea/differenziata	*price maker*
concorrenza imperfetta	molte	differenziata	*price maker*

2 La tutela della concorrenza e del consumatore

In Italia a tutela della concorrenza e degli interessi dei consumatori è stata istituita nel 1990 l'**Autorità garante della concorrenza e del mercato** (**Agcm**), comunemente denominata Autorità antitrust, che si occupa di *esercitare un controllo sul mercato, garantendo la libera concorrenza tra le imprese*. È competente in caso di:
- *intese restrittive* della libertà di concorrenza;
- *abuso di posizione dominante*;
- *operazioni di concentrazione* che comportano la costituzione o il rafforzamento di una posizione dominante in modo tale da eliminare o ridurre in misura sostanziale e duratura la concorrenza;
- *pubblicità ingannevole* e *comparativa*;
- *pratiche commerciali scorrette*.

I principali obiettivi delineati dalla normativa citata sono:
- assicurare le condizioni affinché gli operatori economici possano accedere al mercato in *condizioni concorrenziali*;
- *tutelare i consumatori* in modo che possano trarre vantaggio dal gioco della concorrenza in termini di contenimento dei prezzi e miglioramenti qualitativi dei prodotti.

Con riferimento alle **intese restrittive della concorrenza** sono vietati quegli accordi che possano restringere o falsare il gioco della concorrenza all'interno del mercato nazionale o in una sua parte rilevante. Ciò può accadere per esempio quando più imprese si accordano sui prezzi o si ripartiscono i mercati anche attraverso la costituzione di cartelli. È un'ipotesi tipica delle forme di mercato oligopolistiche.

Con riferimento all'**abuso di posizione dominante**, la norma vieta all'impresa che controlla gran parte del mercato di sfruttare la propria posizione a danno dei concorrenti. Abusi di questo tipo consistono nel praticare prezzi o altre condizioni contrattuali ingiustificatamente gravose o nell'impedire l'accesso al mercato di altri concorrenti. Imporre barriere all'entrata sul mercato potrebbe favorire la nascita di un monopolio.

Con riferimento alle **operazioni di concentrazione** l'Antitrust verifica che quando due aziende si fondono, o un'azienda ne compra un'altra, la nuova impresa non abbia un eccessivo potere di mercato. È anche questo uno dei casi che potrebbero favorire la nascita di un monopolio.

Per quanto riguarda la **pubblicità**, si ritiene *ingannevole* la diffusione di qualsiasi messaggio che per promuovere la vendita di un bene o servizio induca in errore o possa indurre in errore. Allo stesso modo anche la pubblicità *comparativa*, ossia quella che si basa sul confronto di due o più prodotti vantando come migliori le caratteristiche del prodotto pubblicizzato (si pensi per esempio ai confronti tra i costi delle telefonate), è consentita solo per beni e servizi che soddisfino gli stessi bisogni e deve riguardare caratteristiche essenziali compreso il prezzo. È stato espressamente previsto che la pubblicità debba essere trasparente, ossia l'utente debba essere posto in grado di avvertire che il messaggio percepito è oggetto di pubblicità.

Per quanto riguarda le **pratiche commerciali scorrette** si fa riferimento a tutte quelle pratiche che un'impresa può mettere in atto per condizionare le scelte del consumatore come per esempio, nascondere informazioni rilevanti o diffondere informazioni non veritiere.

L'Autorità può avviare un'indagine sia autonomamente sia a fronte della denuncia di un'impresa che ritenga d'essere danneggiata, di una pubblica amministrazione o anche di un singolo cittadino. Le sanzioni previste per le violazioni della normativa antitrust sono prevalentemente di tipo pecuniario.

Una legislazione antitrust esiste anche in molti altri Paesi, la prima di questo genere è stata lo Sherman Act americano che risale al 1890.

ENGLISH FOCUS

The Sherman Act

The Sherman Act authorized the Federal Government to institute proceedings against trusts in order to dissolve them. Any combination "in the form of trust or otherwise that was in restraint of trade or commerce among the several states, or with foreign nations" was declared illegal.

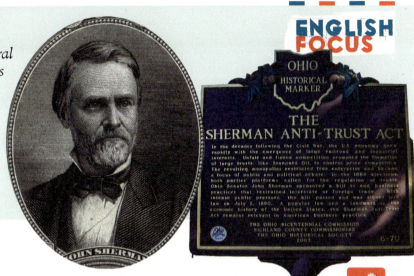

FOCUS digitale

Visita il sito dell'Autorità garante della concorrenza e del mercato Agcm http://www.agcm.it/, entra in "Stampa e comunicazione", clicca su "Comunicati stampa" per cercare, consultare ed eventualmente scaricare un comunicato stampa relativo a una delibera dell'Antitrust per ciascuna delle sue competenze. Puoi cliccare anche sull'icona "Segnala on line all'Antitrust" e visualizzare la pagina da compilare per segnalare eventuali violazioni in materia di tutela del consumatore. Prova a scorrerne tutte le sezioni e pensa se tra le situazioni che hai vissuto in prima persona o di cui sei venuto a conoscenza (offerte di operatori telefonici o vendite on line) ce n'è qualcuna per la quale è possibile inoltrare una segnalazione.

Laboratorio digitale

? RISPONDO

- Quali sono le caratteristiche del mercato di libera concorrenza?
- Quali sono le condizioni che favoriscono la nascita di un monopolio?
- Quali sono le caratteristiche dell'oligopolio?
- Come si caratterizza il regime di concorrenza imperfetta?
- Quali sono le competenze dell'Antitrust?
- Quali sono gli obiettivi della normativa antitrust?

VERIFICO L'APPRENDIMENTO

VERIFICO LE CONOSCENZE

vero o falso?

1. La principale attività della famiglia come soggetto economico è il consumo ☐V ☐F
2. Il reddito è dato dall'insieme di beni di cui una famiglia dispone in un dato momento ☐V ☐F
3. Il patrimonio è formato da diverse tipologie di beni ☐V ☐F
4. Il risparmio influenza gli investimenti ☐V ☐F
5. La propensione media al consumo è data dal rapporto tra consumo e reddito ☐V ☐F
6. La propensione marginale al consumo è il rapporto tra l'aumento del consumo e l'aumento del reddito ☐V ☐F
7. Per la legge della domanda la quantità domandata di un bene è funzione diretta del suo prezzo ☐V ☐F
8. Per la legge dell'offerta la quantità offerta di un bene è funzione diretta del suo prezzo ☐V ☐F
9. Il mercato è il luogo d'incontro tra domanda e offerta ☐V ☐F
10. Il prezzo di equilibrio è quel prezzo che dura per un certo periodo di tempo ☐V ☐F
11. Nel mercato di concorrenza perfetta i prodotti sono omogenei ☐V ☐F
12. Nel monopolio non esistono barriere all'entrata ☐V ☐F
13. Nell'oligopolio ci sono molti produttori ☐V ☐F
14. Nella concorrenza imperfetta i prodotti sono differenziati ☐V ☐F
15. L'abuso di posizione dominante non è di competenza dell'Autorità antitrust ☐V ☐F

scelgo la risposta esatta

1. Quali variabili condizionano il consumo?
   A. Il reddito
   B. Il reddito, il patrimonio e la pubblicità
   C. Il reddito e il patrimonio
   D. La pubblicità

2. Quali sono i fattori che influenzano il risparmio?
   A. Il saggio di interesse
   B. Il reddito e il saggio di interesse
   C. Il reddito, il saggio di interesse e altri fattori
   D. Il reddito

3. Che cosa misura l'elasticità della domanda?
   A. La reattività della quantità domandata a una variazione del prezzo
   B. La reattività della quantità offerta a una variazione del prezzo
   C. La reattività della quantità domandata a una variazione del reddito
   D. La reattività della quantità domandata a una variazione del risparmio

4. A quale forma di mercato si riferisce principalmente l'ipotesi di abuso di posizione dominante?
   A. Al monopolio
   B. Alla concorrenza imperfetta
   C. Alla concorrenza perfetta
   D. A tutte le forme di mercato

completo

La quantità domandata di un bene da parte di un (1) .... in un periodo di tempo determinato dipende in generale da più fattori. Alcuni di essi, per esempio il (2) .... del bene in esame, il prezzo di tutti gli altri beni, il livello del (3) .... del consumatore, sono di natura strettamente economica. Altri, quali i (4) .... del consumatore, la sua età, la (5) .... sono di natura extra-economica. L'analisi della relazione esistente tra il prezzo di un bene e la corrispondente quantità acquistata può arrivare a prendere in considerazione la reattività della quantità domandata alla variazione del prezzo. Il principale indice di reazione è l'(6) ...., che misura la (7) .... della quantità domandata di un bene, con riferimento a una variazione percentuale del suo prezzo. In base a questa analisi, la domanda può essere (8) .... o (9) ....

consumatore; elastica; elasticità della domanda; gusti; prezzo; pubblicità; reddito; rigida; variazione percentuale.

146 ■ Unità di apprendimento 6

Unità di apprendimento 6
Il consumatore e il mercato

• IMPARO A IMPARARE...

costruisci una mappa partendo dai seguenti concetti

1. La formazione del prezzo nelle diverse forme di mercato
2. Le forme di mercato
3. Le diverse ipotesi di intervento dell'Antitrust

  AIUTATI E VERIFICA IL TUO LAVORO CON LE MAPPE INTERATTIVE

• IMPARO A COMUNICARE...

rispondi verbalmente e poi in forma scritta

1. Perché il consumo è considerato il motore dell'economia?
2. Perché la propensione marginale al consumo decresce all'aumentare del reddito?
3. Qual è il legame tra prezzo di un bene e domanda di un altro bene? Fai alcune ipotesi riferite alla tua esperienza.
4. Come si forma il prezzo di equilibrio?
5. Che cosa succede se la domanda supera l'offerta? Fai alcune ipotesi riferite alla tua esperienza
6. Che cosa succede se l'offerta supera la domanda? Fai alcune ipotesi riferite alla tua esperienza.
7. Perché la concorrenza perfetta è un modello teorico? Quali ipotesi sono solo teoriche?
8. Che cosa significa barriere all'entrata sul mercato?
9. Che cosa significa oligopolio collusivo?
10. Se la domanda è elastica nel mercato di concorrenza imperfetta il produttore ha maggiori o minori possibilità di intervento sul prezzo?
11. Perché sono importanti gli interventi dell'Antitrust?

• INTERPRETO L'INFORMAZIONE

Sottolinea nel testo delle letture le parole che non conosci e cerca sul dizionario l'esatta definizione.

1 L'Antitrust sanziona cartello nel mercato delle barriere stradali.

Multe a sette aziende per complessivi 37.317.565 euro. L'istruttoria, avviata a seguito di una segnalazione del Nucleo Speciale Tutela Mercati della Guardia di Finanza, ha accertato un'intesa finalizzata alla ripartizione del mercato e alla fissazione dei prezzi.

L'Autorità Garante della Concorrenza e del Mercato, nella riunione del 27 settembre 2012, ha deliberato che 7 imprese aderenti al consorzio Comast (Consorzio Manufatti Stradali Metallici in liquidazione), oggi sciolto, hanno posto in essere un'intesa restrittiva della concorrenza nel mercato delle barriere stradali e autostradali. Dall'istruttoria, avviata a seguito di una segnalazione del Nucleo Speciale Tutela Mercati della Guardia di Finanza, sono emersi comportamenti che costituiscono un'intesa finalizzata alla ripartizione del mercato e alla condivisione dei prezzi di riferimento, realizzate anche attraverso scambi di informazioni strategiche sensibili. Lo strumento principale utilizzato a tal fine è stato il Comast, sciolto nel 2007, che ha rappresentato il luogo e veicolo per l'adozione delle condotte collusive. Le imprese riunite nel Consorzio rappresentavano circa il 95% del mercato di riferimento. Il meccanismo anticoncorrenziale, durato dal 2003 al maggio del 2007, cioè fino allo scioglimento del Consorzio, prevedeva una prima informazione relativa all'esistenza di una richiesta di offerta proveniente dai soggetti che dovevano acquistare le barriere (c.d. guardrail), anche attraverso gare pubbliche, seguita da una precisa ripartizione delle vendite con una contemporanea condivisione dei prezzi di riferimento.

(tratto da: sito Agcm, 11 ottobre 2012)

Rispondi alle domande

1. Che cosa si intende per condotte collusive?
2. A quale forma di mercato si fa riferimento?
3. Che cosa si intende per "ripartizione delle vendite con una contemporanea condivisione dei prezzi di riferimento"?

2 Leggi i due documenti e fai una sintesi del caso: situazione di partenza – intervento dell'Antitrust – conclusione.

Trasporto aereo: Antitrust, da fusione Alitalia-AirOne monopolio sulla rotta Linate-Fiumicino. La società avrà novanta giorni di tempo per presentare alle autorità le misure utili a rimuovere tale posizione entro il 28 ottobre 2012.

VERIFICO L'APPRENDIMENTO

La concentrazione Alitalia-AirOne ha creato nel 2008 una situazione di monopolio sulla rotta Linate-Fiumicino che ancora persiste e che dovrà essere rimossa entro il 28 ottobre prossimo. La società avrà tre mesi di tempo per presentare all'Antitrust le misure utili a tal fine. Lo ha deliberato l'Autorità al termine dell'istruttoria avviata, nel novembre scorso. Secondo l'Antitrust, sulla rotta in questione Alitalia-CAI non subisce alcuna pressione concorrenziale da parte di altri vettori aerei, in ragione dell'impossibilità ad ottenere slot su Linate, imputabile alle specificità regolamentari e amministrative dello scalo. Il servizio di trasporto ferroviario ad alta velocità che, dalla fine del 2009, collega Roma e Milano in meno di tre ore, pur avendo costituito una novità di assoluto rilievo, non risulta ancora idoneo a disciplinare sufficientemente i comportamenti di Alitalia-CAI, né in termini di spostamento di una parte sostanziale della domanda dal servizio di trasporto aereo a quello ferroviario, né di effettiva riduzione del prezzo tale da produrre benefici per il passeggero. Lo spostamento della domanda dall'aereo verso il trasporto ferroviario ad alta velocità risulta, peraltro, decisamente più contenuto nelle fasce orarie più remunerative del mattino e della sera, che consentono viaggi andata e ritorno nella medesima giornata. Infatti, per i passeggeri che tendono a privilegiare queste fasce orarie, il treno appare ancora oggi presentare un grado contenuto di sostituibilità con l'aereo e, pertanto, essere solo parzialmente in grado di disciplinare il potere di mercato di Alitalia-CAI.

Secondo l'Antitrust, per rimuovere il potere di mercato di Alitalia-CAI sulla Linate-Fiumicino, appare necessaria la presenza di un effettivo vincolo concorrenziale che non può che essere rappresentato dalla presenza di un altro vettore aereo in grado di contendere ad Alitalia-CAI i passeggeri che utilizzano i voli della prima mattinata e della tarda serata. Per poter rappresentare un'alternativa credibile, il nuovo vettore dovrebbe poter disporre di un numero di slot sufficiente a garantire la dimensione minima efficiente dell'offerta e un'articolazione delle frequenze idonea a garantire un'offerta adeguata nelle fasce orarie a più alta domanda.

(tratto da: sito Agcm, 17 aprile 2012)

Alitalia-CAI: Antitrust, fine del monopolio sulla rotta Roma Fiumicino-Milano Linate. EasyJet nuovo concorrente.

L'Autorità Garante della Concorrenza e del Mercato, nella riunione del 25 ottobre 2012, ha preso atto della relazione trasmessa dal monitoring trustee Nexia International-Audirevi, che ha indicato la società EasyJet quale assegnataria degli slot sullo scalo di Milano Linate messi a disposizione da Alitalia-CAI per effetto dei provvedimenti dell'Autorità stessa. In considerazione del piano operativo presentato da EasyJet, l'Antitrust ha quindi disposto che, già nel corso della stagione IATA "Winter 2012/2013", a decorrere dalla data in cui EasyJet garantirà l'effettivo avvio del servizio, Alitalia-CAI rinunci alla titolarità di sette slot (quantità richiesta dalla società assegnataria) attualmente detenuti presso l'aeroporto di Milano Linate. Ciò

consentirà ad EasyJet di entrare in competizione con Alitalia-CAI offrendo un servizio alternativo sulla rotta Roma Fiumicino-Milano Linate, in particolare nelle fasce orarie del mattino e della sera.

(tratto da: sito Agcm, 25 ottobre 2012)

Rispondi alle domande

1 Perché l'alta velocità non permette un significativo spostamento della domanda dal trasporto aereo? Quali sono gli effetti per il consumatore?

2 Se aumenta l'offerta nelle fasce orarie a più alta domanda, quale potrà essere l'effetto sui prezzi?

3 Quando interviene l'Antitrust e con quali effetti?

● APPLICO LE CONOSCENZE

problem solving

1 Calcola la propensione media e marginale al consumo sapendo che nell'anno *n* il reddito è pari a 80.000 euro e il consumo a 60.000 euro e nell'anno *n*+1 il reddito a 100.000 euro e il consumo a 65.000 euro.

2 Calcola la propensione media e marginale al consumo sapendo che nell'anno *n* il reddito è pari a 25.000 euro e il consumo a 24.000 euro e nell'anno *n*+1 il reddito a 30.000 euro e il consumo a 28.000 euro.

3 Confronta le propensioni marginali calcolate nei due esercizi precedenti. Perché nel secondo è decisamente più alta?

4 Traccia su un piano di assi cartesiani le funzioni di domanda e offerta e determina il prezzo di equilibrio. Rappresenta poi graficamente l'effetto di una diminuzione del reddito disponibile. Quale funzione subirà una modifica? Con quale effetto sul prezzo di equilibrio?

5 Traccia su un piano di assi cartesiani le funzioni di domanda e offerta e determina il prezzo di equilibrio. Rappresenta poi graficamente l'effetto di una campagna pubblicitaria di successo. Quale funzione subirà una modifica? Con quale effetto sul prezzo di equilibrio?

6 Traccia su un piano di assi cartesiani le funzioni di domanda e offerta e determina il prezzo di equilibrio riferito a un determinato prodotto A. Rappresenta poi graficamente l'effetto del lancio di un nuovo modello più avanzato B (ad esempio un telefono di nuova generazione). Quale funzione subirà una modifica? Con quale effetto sul prezzo di equilibrio?

7 Traccia la funzione di domanda di un farmaco privo di prodotti sostitutivi. Cosa succederà alla funzione di domanda se viene posto sul mercato il farmaco generico corrispondente?

148 ■ Unità di apprendimento 6

Unità di apprendimento 7

I rapporti economici: lo Stato nel sistema economico

1 La struttura dei sistemi economici
2 L'Italia: un Paese a economia mista

Conoscenze

- Le strutture dei sistemi economici
- Il welfare state
- Il ruolo dello Stato nell'economia
- La Costituzione e i rapporti economici
- L'investimento del risparmio
- Il ruolo delle banche nel sistema economico

Abilità

- Individuare le specificità dei sistemi economici
- Individuare le funzioni pubbliche nel sistema economico
- Individuare le esigenze fondamentali che ispirano scelte e comportamenti economici, nonché i vincoli a cui essi sono subordinati
- Individuare le forme di investimento del risparmio in relazione al rischio finanziario

FOCUS FILM...
Laboratorio di cinema

per comprendere l'importanza dell'espressione di idee attraverso diversi mezzi di comunicazione

Il film focalizza l'attenzione su come si possano affrontare temi economici seri quali la crisi, la disoccupazione, i prestiti delle banche con il sorriso e con il desiderio di trovare una via d'uscita nell'economia reale. Citando «Il Sole 24 Ore»: "Con *Sole a catinelle* l'economia non è triste".

1 La struttura dei sistemi economici

Le strutture dei sistemi economici dipendono principalmente dal ruolo che viene attribuito allo Stato nelle dinamiche economiche. Si va dal non intervento dello Stato nel *sistema liberista*, al "governo" dell'economia nel *sistema misto* e all'intervento esclusivo dello Stato quale unico soggetto decisionale nel *sistema pianificato*.

1 Il sistema liberista o capitalista

Il **sistema liberista** *si basa sull'idea che il meccanismo del mercato tenda a realizzare in modo spontaneo un'ottimale utilizzazione delle risorse.* Quando questo non avviene, significa che il mercato *non è perfettamente concorrenziale* e spetta allo Stato il compito di correggere le imperfezioni del sistema. Lo Stato, in genere, deve occuparsi di assicurare la convivenza civile provvedendo a garantire l'*ordine pubblico* e la *difesa* nonché ad amministrare la *giustizia*.

Per i liberisti le modalità di funzionamento del sistema possono essere così schematizzate:

- l'offerta e la produzione sono sempre in grado di *creare la propria domanda*;
- l'economia di libero mercato possiede i meccanismi che nel lungo periodo permettono di realizzare il *pieno impiego* di tutti i fattori della produzione. La disoccupazione viene eliminata attraverso la *riduzione dei salari* che spinge gli imprenditori ad assumere nuova manodopera;
- se non vi sono interferenze da parte dello Stato o di altri soggetti (per esempio monopoli e oligopoli), si attiva un *meccanismo automatico che fa sì che la domanda e l'offerta si equivalgano in corrispondenza del punto di equilibrio*;
- il modo migliore per promuovere l'interesse generale, cioè per aumentare la ricchezza dell'intero Paese, è *lasciare che ogni singolo imprenditore persegua il proprio interesse personale* finendo così per produrre un aumento della ricchezza di tutti. Lo Stato deve, pertanto, fornire soltanto alcuni servizi essenziali.

Il modello di riferimento è il seguente:

Questo modello è stato smentito dalla storia economica degli anni Trenta, che furono caratterizzati da forti tassi di disoccupazione nonostante la diminuzione dei salari.

2 Il sistema misto

La grande crisi degli anni Trenta e il grave problema della disoccupazione furono decisivi nel riorientare le teorie economiche fornendo nuove priorità; le politiche economiche di molti Stati abbandonarono l'impostazione liberista per realizzare quella forma di "governo" dell'economia che viene definita **sistema misto**.

Il principio in base al quale lo Stato può intervenire nell'economia si deve alle elaborazioni teoriche dell'economista inglese J.M. Keynes che trovarono applicazione proprio nella politica economica attuata negli Stati Uniti, a partire dagli anni Trenta, nel tentativo di trovare una via di uscita dalla grande crisi che aveva colpito l'economia mondiale.

Il modello teorico di Keynes sposta l'analisi sul ruolo della domanda aggregata (cioè la domanda dell'intera nazione) all'interno del mercato e può essere così schematizzato:

Secondo Keynes è la **spesa pubblica** (per esempio la costruzione di edifici, ospedali, porti ecc.) che può determinare un aumento della domanda, la quale a sua volta determina un aumento della produzione e dei posti di lavoro attraverso il meccanismo del **moltiplicatore**.

La **teoria del moltiplicatore** è stata sviluppata da Keynes per definire l'aumento finale del **reddito nazionale** e quindi del livello di occupazione risultante da un aumento di spesa.

Il **moltiplicatore** indica di quanto varia il livello del reddito al variare degli investimenti. A determinare il valore della variazione del reddito nazionale è la propensione marginale al consumo, che misura l'aumento del consumo corrispondente all'aumento del reddito. In particolare il moltiplicatore è dato dal rapporto:

$$\frac{1}{(1-c)}$$

dove "c" è uguale alla propensione marginale al consumo.

Se, ad esempio, la propensione marginale al consumo è 0,8 – ossia l'80% dell'aumento del reddito viene destinato al consumo – l'incremento del reddito nazionale sarà pari a 5 volte l'incremento iniziale degli investimenti (1/1² 0,8 = 1/0,2 = 5).

■ **Reddito nazionale**
somma dei redditi percepiti dai cittadini di un Paese in un dato periodo.

Se gli investimenti aumentano di 10 milioni di euro, il reddito aumenterà di 50 milioni di euro.

Se quei 10 milioni di euro vengono investiti nella costruzione di una scuola in una zona caratterizzata da forte disoccupazione, al completamento dei lavori la somma di 10 milioni passerà nelle mani delle imprese di costruzione che li hanno realizzati; tali imprese, a loro volta, pagheranno le imprese fornitrici dei materiali e i salari ai loro dipendenti, prima disoccupati.

Se tutti i beneficiari consumano l'80% dei redditi distribuiti, la spesa per consumi aumenterà di 8 milioni di euro. Se coloro che ricevono gli 8 milioni euro ne consumano l'80%, la spesa per consumi aumenterà di 6.400.000 euro e così via.

Proseguendo nel calcolo e sommando i redditi (10.000.000, 8.000.000, 6.400.000) si arriverà a un incremento totale pari a 50 milioni di euro, ossia l'effetto globale del moltiplicatore è di 5.

Se ci sono capacità produttive inutilizzate, e quindi c'è possibilità di adattare l'offerta alla domanda, all'aumento di spese per investimenti conseguirà un aumento della produzione, quindi dell'occupazione e del reddito. Un aumento del reddito determina un aumento delle spese per i consumi. La domanda di beni di consumo provocherà un corrispondente incremento della produzione di beni di consumo, quindi dell'occupazione e del reddito, ma un aumento del reddito determina un aumento delle spese e così riparte il ciclo.

Quando è insufficiente il livello della domanda (beni di consumo e di investimento) proveniente dal settore privato, deve quindi intervenire lo Stato con gli investimenti pubblici che, grazie al meccanismo del moltiplicatore, hanno per effetto l'aumento del reddito nazionale e dell'occupazione.

Lo Stato svolge pertanto un ruolo fondamentale nei processi di produzione e di distribuzione della ricchezza.

Nel sistema misto allo Stato sono affidate molteplici funzioni, che possiamo così sintetizzare:

Manovra ▪
complesso delle misure di politica economica adottate dal Governo.

▪ la *regolamentazione* e il *sostegno all'attività economica* attraverso la **manovra** della spesa pubblica con effetti sulla domanda, sulla produzione e sull'occupazione;

▪ la *redistribuzione del reddito e della ricchezza per mezzo di interventi a favore delle categorie sociali meno abbienti*; gli interventi in campo sociale – quali l'assistenza agli invalidi e agli anziani, le spese per l'educazione – sono diventati i punti qualificanti di questo modello che viene appunto definito stato sociale o **welfare state**;

Stato sociale
Welfare state ▪
State which effectively enacts policies in support of weaker sections of the community.

▪ l'impegno diretto nel mercato attraverso le imprese pubbliche, una tendenza questa che appare ormai superata dalle privatizzazioni avvenute in tutti i settori.

Oggi la maggior parte dei Paesi è caratterizzata da un'economia di tipo misto. Diverso è però il peso che l'intervento dello Stato assume, nei diversi Paesi, rispetto a quello del settore privato. A questo proposito è significativo quanto sia diverso il concetto di *welfare state* sulle due sponde dell'oceano Atlantico, negli Stati Uniti la redistribuzione del reddito viene attuata in misura decisamente minore di quanto non avvenga nella media europea.

FOCUS digitale

Continuiamo il nostro viaggio alla scoperta dell'economia e facciamo la conoscenza di John Maynard Keynes (1883-1946) che è stato definito il più importante e "rivoluzionario" economista del Novecento... scopri il perché. Costruisci una breve scheda e parlane in classe con l'insegnante.

On Efficiency, Justice, Liberty

"The political problem of mankind is to combine three things: Economic Efficiency, Social Justice and Individual Liberty."

John Maynard Keynes

3 Il sistema pianificato

L'intervento dello Stato assume un significato assai diverso nei sistemi a economia pianificata. *Lo Stato è l'unico protagonista dello scenario economico e concentra su di sé tutte le decisioni riguardanti la produzione, la distribuzione e il consumo.* L'iniziativa economica è *solo pubblica* e lo Stato predispone dei piani pluriennali per attuare la **pianificazione dell'economia**: produce direttamente quei beni e quei servizi che sono stati individuati dal *piano per il benessere della collettività*, ne fissa i prezzi, controlla il consumo e programma gli investimenti.

Questo è il sistema economico che è stato realizzato in Unione Sovietica e nei Paesi dell'Est Europa; può essere considerato un'esperienza che si è conclusa con la caduta dei regimi socialisti e l'apertura all'economia di mercato. Attualmente la maggior parte dei Paesi dell'Europa orientale è entrata a far parte dell'Unione europea o è candidata a entrarvi.

Regimi a economia pianificata sopravvivono, anche se con forme di apertura soprattutto nel settore del turismo, a Cuba e nella Corea del Nord.

Proviamo ora a sintetizzare con uno schema il funzionamento del sistema pianificato.

■ **Pianificazione economica** programmazione accentrata dell'economia di una nazione da parte di un'agenzia governativa appositamente costituita.

RISPONDO

- Quali sono le caratteristiche del sistema liberista?
- Quando è nato il sistema misto?
- Che cosa significa stato sociale?
- Quali sono le caratteristiche del sistema pianificato?

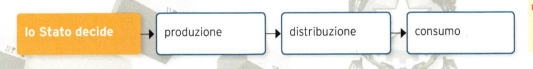

lo Stato decide → produzione → distribuzione → consumo

I rapporti economici: lo Stato nel sistema economico

2 L'Italia: un Paese a economia mista

LE ISTITUZIONI DELLA REPUBBLICA ITALIANA

Lezione

- Che cosa ti viene in mente quando senti la parola "politica"?
- Sai quali sono le istituzioni della repubblica italiana e quali sono le rispettive funzioni?
- Hai mai pensato che le decisioni prese dalle istituzioni ricadono sulla vita di tutti i cittadini?

Scoprilo seguendo la lezione multimediale!

La Costituzione delinea uno Stato a **economia mista** prevedendo le seguenti caratteristiche:

- esistenza di beni di *proprietà pubblica*;
- libertà dell'*iniziativa economica privata*;
- esistenza di un'attività produttiva realizzata dallo Stato, che si affianca a quella privata;
- quadro di riferimento normativo che regoli tutta l'attività produttiva;
- rispetto di alcuni principi ispiratori, tra cui quello per il quale *la produzione non costituisce il fine unico dell'attività economica*, ma piuttosto il mezzo per consentire ai singoli individui di raggiungere il benessere.

Lo Stato deve porsi l'obiettivo di realizzare l'uguaglianza sostanziale, contribuendo a superare gli ostacoli che impediscono a categorie di cittadini di perseguire il pieno sviluppo della propria personalità; l'attività economica è tenuta a rispettare gli altri principi costituzionalmente garantiti quali il diritto alla salute e alla libertà.

1 La libertà di iniziativa economica

ARTICOLO 41

L'iniziativa economica privata è libera.

Con questa espressione la Costituzione intende spiegare che l'Italia si riconosce in un'economia di mercato, quindi in un sistema economico di stampo **capitalistico**, anche se corretto da un insieme di limiti e controlli. Motore di tale sistema è l'iniziativa economica degli imprenditori.

Non può svolgersi in contrasto con l'utilità sociale o in modo da recare danno alla sicurezza, alla libertà, alla dignità umana.

La libertà di iniziativa degli imprenditori incontra questo primo limite: l'obiettivo del profitto individuale non può sconfinare nell'egoismo, ma deve sempre tendere, anche se indirettamente, al miglioramento della società (per esempio, con la creazione di nuovi posti di lavoro).
Un secondo limite è dato dalla legislazione antitrust, che ha sancito il divieto di costituire monopoli, più o meno occulti, e ha istituito la figura dell'Autorità garante della concorrenza e del mercato di cui abbiamo già parlato. Con questi strumenti si intende tutelare la collettività dai danni economici che potrebbe procurarle la mancanza di una sana concorrenza tra gli imprenditori; basti pensare a quello che potrebbe accadere se le case farmaceutiche si accordassero per aumentare i prezzi dei medicinali in violazione del diritto alla salute.
Anche la disciplina della pubblicità rientra tra le norme volte a regolare l'attività economica poiché, se va garantita la libertà dell'imprenditore, questa non può interferire con la libertà di scelta dei consumatori.

La legge determina i programmi e i controlli opportuni perché l'attività economica pubblica e privata possa essere indirizzata e coordinata a fini sociali.

In base a questa norma è stato attuato un sistema di programmazione economica attraverso strumenti, come la Decisione di Finanza Pubblica (Dfp) nella quale vengono individuati gli obiettivi triennali della pubblica amministrazione e le modalità della manovra necessaria al conseguimento degli obiettivi, il bilancio dello Stato che indica la previsione delle entrate e delle spese per l'anno successivo e la legge di stabilità. Questi documenti servono ad armonizzare le attività economiche pubbliche e quelle private in modo che sia possibile perseguire lo scopo finale, cioè realizzare il benessere della società.

2 La proprietà

ARTICOLO 42

La proprietà è pubblica o privata. I beni economici appartengono allo Stato, ad enti o a privati.

La Costituzione riconosce parallelamente l'esistenza della proprietà sia pubblica sia privata, senza attribuire preminenza all'una o all'altra. Specifica che *i beni economici*, cioè quelli che vengono impiegati nella produzione, *possono appartenere allo Stato, ad enti pubblici e privati e ai privati*.

La proprietà privata è riconosciuta e garantita dalla legge, che ne determina i modi di acquisto, di godimento e i limiti allo scopo di assicurarne la funzione sociale e di renderla accessibile a tutti.

La legge riconosce l'esistenza della **proprietà privata come diritto**, che tuttavia non è più considerato inviolabile come dichiarava lo Statuto albertino, e ne garantisce la tutela. Ne vengono stabiliti:

■ i *modi di acquisto*, principalmente i contratti (tra i quali la donazione) e la successione per causa di morte;

■ i *modi di godimento*, cioè tutte le possibilità cha il proprietario ha di utilizzare (o anche non utilizzare) la cosa, ad esempio coltivare il proprio campo, abitare la propria casa o darla in locazione e via dicendo;

■ i *limiti*: nel corso del tempo la proprietà è stata assoggettata a vincoli di vario genere; si pensi solo alla possibilità di espropriazione o ai vincoli urbanistici che impediscono di costruire sul proprio terreno se ciò non è previsto dai piani regolatori;

■ la *funzione sociale*: la proprietà non può essere gestita nell'ottica individualistica che è quella di assicurare un vantaggio esclusivamente a chi la detiene, ma deve assolvere anche una funzione sociale, cioè concorrere al raggiungimento degli obiettivi di progresso dell'intera società; per esempio, un immobile non va tenuto inutilizzato, il proprietario è invitato ad affittarlo nonostante esista il rischio di subire qualche danno;

■ l'*accessibilità a tutti*: concetto derivato dal solidarismo cattolico, in base al quale la legge ha la funzione di favorire l'acquisizione della proprietà da parte di tutti i cittadini.

I rapporti economici: lo Stato nel sistema economico

La proprietà privata può essere, nei casi preveduti dalla legge, e salvo indennizzo, espropriata per motivi d'interesse generale.

L'**espropriazione** è un *provvedimento amministrativo* tramite il quale la proprietà di un bene immobile (un terreno o un fabbricato) *viene trasferita a un altro soggetto*, di regola lo Stato o un altro ente pubblico, per motivi che interessano la collettività, ad esempio per permettere la costruzione di un'autostrada o un ospedale.

Il proprietario espropriato viene ricompensato della perdita subita con un indennizzo (una somma di denaro) che, pur non corrispondendo al prezzo di mercato del bene, deve essere equo e costituire per lui un "serio ristoro", cioè deve basarsi sul valore reale della cosa.

La legge stabilisce le norme ed i limiti della successione legittima e testamentaria e i diritti dello Stato sulle eredità.

L'istituto della **successione** ha la funzione di *indicare i soggetti ai quali vengono trasferiti i beni* (e anche gli eventuali debiti) di una persona defunta; può essere:

- *legittima*: la persona muore senza lasciare testamento e i suoi beni vengono assegnati, secondo quote precise stabilite dalla legge, al coniuge, ai figli legittimi e naturali e agli altri discendenti, agli ascendenti (genitori, nonni), agli altri parenti; se non vi sono parenti entro il 6° grado, eredita lo Stato;

- *testamentaria*: la persona muore lasciando un testamento e i suoi beni vengono assegnati secondo la sua volontà. Tuttavia nemmeno il testamento può violare le norme per le quali una determinata quota del patrimonio deve andare necessariamente alle persone legate al defunto da vincoli di sangue. La restante parte del patrimonio, detta quota disponibile, può essere lasciata a chi si vuole.

ENGLISH FOCUS

Charter of fundamental rights of the european union (2000)

Article 17

Right to property

1. Everyone has the right to own, use, dispose of and bequeath his or her lawfully acquired possessions. No one may be deprived of his or her possessions, except in the public interest and in the cases and under the conditions provided for by law, subject to fair compensation being paid in good time for their loss. The use of property may be regulated by law in so far as is necessary for the general interest.

3 Lo Stato imprenditore

ARTICOLO 43

A fini di utilità generale la legge può riservare originariamente o trasferire, mediante espropriazione e salvo indennizzo, allo Stato, ad enti pubblici o a comunità di lavoratori o di utenti determinate imprese o categorie di imprese, che si riferiscano a servizi pubblici essenziali o a fonti di energia o a situazioni di monopolio ed abbiano carattere di preminente interesse generale.

Questo articolo prevede la possibilità di "**nazionalizzare**" imprese che si riferiscano:

- a *servizi pubblici essenziali*: in questa espressione di ampia portata possono rientrare la sanità, l'istruzione, i trasporti ecc.;
- a *fonti di energia*;
- a situazioni di *monopolio*.

La legge può riservare allo Stato stesso o a enti pubblici tali attività dal momento della loro nascita (originariamente) come è avvenuto con la Rai; oppure le può trasferire, come con la creazione dell'Enel; il trasferimento a comunità di lavoratori o utenti non è invece stato realizzato. La finalità di questa norma consiste nell'offrire a tutti la possibilità di *usufruire di determinati servizi*, garantendone sia la distribuzione capillare sul territorio (si pensi a un servizio di pullman che raggiunge sperduti paesetti di montagna), sia l'accessibilità attraverso una politica di prezzi agevolati.

ARTICOLO 44

Al fine di conseguire il razionale sfruttamento del suolo e di stabilire equi rapporti sociali, la legge impone obblighi e vincoli alla proprietà terriera privata, fissa limiti alla sua estensione secondo le regioni e le zone agrarie, promuove ed impone la bonifica delle terre, la trasformazione del latifondo e la ricostituzione delle unità produttive; aiuta la piccola e la media proprietà. La legge dispone provvedimenti a favore delle zone montane.

Negli anni Cinquanta si è provveduto all'espropriazione di parte dei **latifondi**, soprattutto in Italia meridionale, e ad attribuire la proprietà dei terreni ai contadini: in questo modo si è potuto garantire un migliore sfruttamento del suolo riuscendo a riequilibrare i rapporti sociali. Importante è stata anche l'attività di bonifica di terreni malsani e paludosi, o in stato di dissesto idrogeologico, per renderli coltivabili. Altre norme si occupano delle zone di montagna, che, quando non vengono adeguatamente valorizzate dal punto di vista economico, subiscono un progressivo spopolamento in favore delle città.

- **Latifondo** grande estensione di terreno, incolta o estensivamente coltivata, caratterizzata dal fatto che il proprietario terriero trae un utile, più che dallo sviluppo o incremento produttivo, dall'estensione delle terre possedute, con l'effetto di creare un'economia depressa basata sui consumi anziché sulla produzione.

I rapporti economici: lo Stato nel sistema economico

ARTICOLO 45

La Repubblica riconosce la funzione sociale della cooperazione a carattere di mutualità e senza fini di speculazione privata. La legge ne promuove e favorisce l'incremento con i mezzi più idonei e ne assicura, con gli opportuni controlli, il carattere e le finalità.

Le **cooperative** sono società che non hanno, o non hanno in modo prevalente, lo *scopo di lucro*, cioè la loro attività non è finalizzata al conseguimento di un utile da ripartire tra i soci ma piuttosto alla realizzazione di uno scopo mutualistico: *intendono produrre beni e servizi da offrire ai soci a prezzi inferiori e a condizioni migliori di quelli praticati sul mercato.*
I settori d'attività delle cooperative sono i più vari, da quelle edilizie, alle quali ci si associa per acquistare un'abitazione, a quelle di consumo, per rifornirsi di alimenti e generi di prima necessità, a quelle agricole, che hanno lo scopo di commercializzare direttamente i propri prodotti evitando ogni forma di intermediazione.

La legge provvede alla tutela e allo sviluppo dell'artigianato.

È **artigiano** l'imprenditore che esercita *personalmente* e *professionalmente* l'attività di impresa, nella quale prevale il proprio lavoro, sia organizzativo che manuale: si pensi al sarto, al calzolaio, all'imbianchino, ma anche a piccole ditte di trasporti. L'artigiano può avere anche dei dipendenti, il cui numero massimo è fissato dalla legge a seconda dell'attività svolta. Il lavoro artigianale viene tutelato perché, in genere, i prodotti ottenuti mantengono un carattere di originalità che lo stesso oggetto, prodotto in fabbrica, non può avere. Gli artigiani godono di aiuti economici e incentivi.

FOCUS digitale

Fai una ricerca in Rete delle società cooperative che operano sul tuo territorio; digita su un motore di ricerca "cooperative" e il nome della tua provincia o della tua regione, seleziona nei risultati la mappa e verifica la diffusione del fenomeno cooperativo.

Le cooperative sociali sono un particolare tipo di cooperativa che gestisce servizi socio-sanitari ed educativi, oppure attività di vario genere finalizzate all'inserimento nel mercato del lavoro di persone svantaggiate.
Cerca, in particolare, le cooperative sociali che operano nel tuo territorio, scegline una tra i risultati della ricerca e naviga nel sito per scoprirne gli obiettivi e le attività proposte.

Gruppo Cooperativo Cgm

Unità di apprendimento 7

ARTICOLO 46

Ai fini della elevazione
economica e sociale
del lavoro e in armonia con
le esigenze della produzione,
la Repubblica riconosce
il diritto dei lavoratori
a collaborare, nei modi
e nei limiti stabiliti dalle leggi,
alla gestione delle aziende.

> A differenza di quanto è avvenuto in altri Paesi europei, questa norma è *rimasta sostanzialmente inapplicata* sia a causa delle resistenze degli imprenditori a condividere l'aspetto decisionale della conduzione delle imprese,
> sia per la diffidenza dei sindacati, i quali temevano che il superamento della conflittualità sociale avrebbe finito per danneggiare gli interessi dei lavoratori.

4 La tutela del risparmio

ARTICOLO 47

La Repubblica incoraggia e tutela il risparmio in tutte
le sue forme; disciplina, coordina e controlla l'esercizio
del credito.

> Il risparmio ha un ruolo essenziale nel circuito economico, sia perché consente ai singoli di provvedere a *bisogni futuri*, sia perché permette agli imprenditori di reperire *capitali necessari* a finanziare la propria attività. L'**esercizio del credito** è svolto essenzialmente dalle banche (ma oggi anche da altri soggetti, come le Poste e le società di assicurazioni): in questo settore occorrono *norme* severe che possano assicurare l'**affidabilità** degli operatori e, quindi, la sicurezza dei risparmiatori. L'**attività di controllo** viene svolta dalla Banca d'Italia, che invece condivide con la Banca centrale europea le competenze in materia di *politica monetaria*.

■ **Affidabilità** può essere valutata facendo riferimento ai giudizi delle agenzie di rating che, in base a precisi criteri, formulano un giudizio su tutti i soggetti che ricorrono a prestiti sui mercati finanziari (grandi imprese, banche, Stati).

Favorisce l'accesso del risparmio popolare
alla proprietà dell'abitazione, alla proprietà diretta
coltivatrice e al diretto e indiretto investimento
azionario nei grandi complessi produttivi del Paese.

> Lo Stato intende incoraggiare (ad esempio, concedendo delle agevolazioni fiscali per l'acquisto della prima casa) il risparmio da parte delle classi sociali meno abbienti, cioè dei lavoratori che sono in grado di accantonare soltanto somme di modesta entità.

I rapporti economici: lo Stato nel sistema economico

L'**investimento immobiliare**, tradizionalmente associato in Italia all'acquisizione della proprietà dell'abitazione, si sta consolidando sul mercato come forma di investimento del risparmio.

Passiamo ora a esaminare le principali forme di investimento del risparmio che caratterizzano lo sviluppo delle economie moderne.

Azioni
Shares (or stocks) ■
The equal portions into which the capital of a company is divided.

Le **azioni**: *il capitale di una società per azioni (Spa) è suddiviso in tante quote minime denominate azioni, che rappresentano la partecipazione alla società*; esse possono essere scambiate e, nel caso delle società che presentano determinati requisiti, quotate in Borsa. L'azionista, in quanto proprietario dei titoli azionari, ha una serie di diritti regolati dal Codice civile: quello in concreto più importante, dal punto di vista dell'investimento finanziario, è il diritto a ricevere un dividendo, cioè partecipare alla *ripartizione degli utili conseguiti dalla società*. Le azioni sono per definizione un investimento di rischio, in quanto il loro valore può aumentare o diminuire e in caso di fallimento della società viene azzerato.

Bonds ■
Debt securities issued by governments and companies as a means of raising capital which generally entitle the holder to a fixed-rate of interest during their life and repayment of the amount of the bond at maturity.

Le **obbligazioni**: *sono titoli che rappresentano le quote minime del prestito che i risparmiatori, acquistandole, hanno concesso alla società*. L'obbligazionista non è altro che un *creditore dell'impresa* e ha diritto a ricevere un interesse e il rimborso del capitale prestato alla scadenza. Le obbligazioni, come le azioni, possono essere negoziate in Borsa. Oggi il mercato delle obbligazioni offre una grande varietà di prodotti; nel gergo dei mercati finanziari si parla di diverse tipologie di *bond*.
Nel fare la propria scelta l'investitore deve tener conto del *rendimento* del titolo e dell'affidabilità della società emittente, cioè della sua solidità economica, in quanto all'aumentare del rendimento può corrispondere un rischio più elevato.

I **titoli di Stato** rappresentano le *quote di un debito* che lo Stato ha contratto con i risparmiatori; sono stati, in un recente passato, la prima scelta di investimento delle famiglie italiane per il buon rendimento in termini di interessi e perché comportavano un rischio limitato.
I titoli di Stato rappresentano la prima fonte di **finanziamento del debito pubblico**; in questa tipologia di prodotti finanziari rientrano:
■ i *Bot* (Buoni ordinari del tesoro) che hanno scadenza inferiore all'anno;
■ i *Cct* (Certificati di credito del tesoro) che sono titoli a medio-lungo termine (da 4 a 10 anni);
■ i *Btp* (Buoni del tesoro poliennali) che hanno una durata a medio-lungo termine (da 2 a 10 anni).

Fondi di investimento
Fund ■
to provide money for an activity, organization etc.

I **fondi comuni di investimento** sono *enti finanziari* che raccolgono denaro dai risparmiatori per investirlo in azioni, obbligazioni, titoli di Stato. L'investimento del risparmiatore è rappresentato da una *quota* del fondo comune amministrato da una società di gestione, che stabilisce quali titoli acquistare e quali rivendere al momento opportuno sul mercato. Il vantaggio che il fondo offre al risparmiatore è quello di distribuire su diverse opportunità il rischio dell'investimento garantendogli la competenza professionale che le società di gestione hanno nell'operare sul mercato.

L'attività di *tutela degli investitori* e il controllo sulla *trasparenza del mercato* fanno capo alla **Consob**, la Commissione nazionale per le società e la Borsa, che è *l'autorità indipendente cui è affidato il compito di vigilare sul mercato italiano dei valori mobiliari* (azioni, obbligazioni ecc.).

160 ■ Unità di apprendimento 7

FOCUS digitale — FINANCIAL LITERACY

Prosegue il nostro percorso di cultura finanziaria...
Vai al sito http://www.economiascuola.it/. Entra nella sezione dedicata agli insegnanti, e clicca sul link "Videolezioni", nel menu a sinistra scegli la "Gestione del budget familiare": http://www.economiascuola.it/wp-content/themes/bphome/swf/pillola_07/ims/glrev_engine/29/index.html .
Dopo il video iniziano un percorso di approfondimento e un'esercitazione guidata. Mettiti alla prova.

5 L'esercizio del credito e le banche

L'esercizio del credito è l'attività tipica delle banche, le quali raccolgono il risparmio dalle famiglie e lo utilizzano per concedere i prestiti:
- alle imprese, che se ne servono per finanziare gli investimenti richiesti dalla loro attività economica;
- alle stesse famiglie, che possono avere la necessità di far fronte a esigenze particolari come l'acquisto della prima casa, dell'automobile ecc.

Il **prezzo del denaro** è rappresentato dall'*interesse che la banca corrisponde periodicamente ai risparmiatori e riceve da coloro che hanno ottenuto un prestito.*

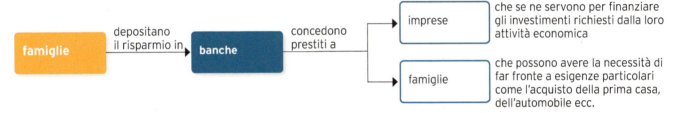

Il **conto corrente** è il più diffuso strumento tecnico per la *raccolta* e l'*impiego del risparmio*. Consente di depositare il denaro, di prelevarlo utilizzando il bancomat, gli assegni, le carte di credito ecc., di ordinare alla banca di effettuare pagamenti a terzi; inoltre il correntista può usufruire di tutta una serie di servizi bancari.

Nei conti correnti confluisce la maggior parte delle operazioni che oggi le banche effettuano con le imprese e le famiglie (si pensi ad esempio all'**accredito** mensile dello stipendio dei lavoratori dipendenti direttamente in conto corrente).

■ **Accredito**
operazione con cui un soggetto, in particolare una banca, mette a disposizione di un altro soggetto una certa somma.

Ai nostri giorni le banche si sono trasformate in vere e proprie **imprese di servizi**, che accanto all'esercizio del credito forniscono un insieme di servizi che vengono denominati **finanziari**. Le funzioni della banca moderna non si limitano all'attività bancaria tipica, ossia alla raccolta di risparmio tra il pubblico e al concomitante esercizio del credito, ma possono riguardare ogni altra attività finanziaria offerta sia ai privati sia alle imprese; oltre alla gestione dei conti correnti la banca provvede all'emissione e alla gestione di carte di credito, alla gestione dei titoli dei propri clienti (azioni, obbligazioni, titoli di Stato ecc.). Inoltre la banca può acquistare pacchetti di azioni di imprese industriali, le cosiddette partecipazioni azionarie, ed emettere obbligazioni.

L'attività bancaria è sottoposta al controllo della **Banca d'Italia**, cui sono affidate la vigilanza sulle banche e la supervisione dei mercati e dei sistemi di pagamento, mentre con la nascita dell'euro alcuni dei compiti riguardanti la moneta sono stati trasferiti alla **Banca centrale europea**, con la quale essa collabora all'interno del Sistema europeo delle banche centrali (Sebc). Nella struttura della Banca centrale l'organo più importante è il **governatore**, *che può essere definito il suo massimo organo esecutivo*. La figura del governatore ha assunto un ruolo di rilievo nell'economia nazionale: molto considerata è la sua relazione annuale all'assemblea generale della Banca d'Italia.

Laboratorio digitale

FOCUS digitale — FINANCIAL LITERACY

Prosegue il nostro percorso di cultura finanziaria...
Vai alla home page di UniCredit https://www.unicredit.it/it/privati.html, entra nella pagina dedicata ai "Giovani fino a 30 anni" e cliccando su "Conto fino a 17 anni" scoprirai quali prodotti vengono proposti ai ragazzi come te; leggi le condizioni che vengono offerte per il conto corrente "Genius TEEN".
Dopo aver consultato, attraverso un motore di ricerca, offerte analoghe fatte da altri istituti bancari (puoi cominciare dalla banca più vicina a casa tua) mettile a confronto evidenziando vantaggi e svantaggi di ciascuna.
Infine, rifletti sul perché la banca ha sviluppato una strategia commerciale rivolta a giovani e giovanissimi.

? RISPONDO

- Qual è il contenuto dell'articolo 41 della Costituzione?
- Qual è il contenuto dell'articolo 42 della Costituzione?
- In quali situazioni lo Stato esercita direttamente l'attività di produzione di beni e servizi?
- Che cosa sono le società cooperative? Che cosa significa scopo mutualistico?
- Quali sono le principali forme di investimento del risparmio?
- Che cosa significa esercizio del credito?

Quali sono le funzioni della banca moderna?

VERIFICO L'APPRENDIMENTO

VERIFICO LE CONOSCENZE

vero o falso?

1 Il sistema economico che si rifà alle teorie keynesiane viene definito misto — V F
2 Nel sistema liberista la disoccupazione viene eliminata attraverso la riduzione dei salari — V F
3 Nel sistema liberista lo Stato interviene come regolatore dell'economia — V F
4 Il sistema misto può considerarsi un'esperienza storicamente conclusa — V F
5 La manovra della spesa pubblica è tipica del sistema misto — V F
6 Nel sistema pianificato lo Stato è l'unico protagonista delle decisioni economiche — V F
7 La nostra Costituzione delinea un sistema economico liberista — V F
8 L'iniziativa economica privata non può svolgersi in contrasto con l'utilità sociale — V F
9 I beni economici appartengono solo ai privati — V F
10 La proprietà privata può essere espropriata per motivi d'interesse generale — V F
11 Secondo la nostra Costituzione, la proprietà può essere pubblica o privata — V F
12 La Repubblica tutela la funzione sociale della cooperazione — V F
13 I titoli di Stato non sono una forma d'investimento del risparmio — V F
14 Le azioni sono un investimento di rischio — V F
15 Le banche raccolgono il risparmio delle famiglie — V F

scelgo la risposta esatta

1 Su quali teorie si basa l'intervento dello Stato nell'economia?
A Liberiste
B Keynesiane
C Liberaliste
D Liberiste e keynesiane

2 In quale Paese si è realizzato il sistema pianificato?
A Stati Uniti
B Unione europea
C Unione Sovietica
D I Paesi in via di sviluppo

3 Qual è il ruolo delle banche?
A L'esercizio del credito e la fornitura di servizi finanziari
B La concessione di prestiti soltanto alle imprese
C La raccolta del risparmio dalle imprese
D La raccolta del risparmio dalle famiglie

4 Secondo l'articolo 42 Cost. i beni economici appartengono
A allo Stato
B ai privati
C allo Stato, a enti pubblici e privati e ai privati
D agli enti pubblici

5 Le cooperative sono società che
A hanno scopo di lucro
B hanno esclusivo scopo mutualistico
C non hanno, o non hanno in modo prevalente, scopo di lucro
D hanno finalità sociali

6 La redistribuzione del reddito e della ricchezza per mezzo di interventi a favore delle categorie sociali meno abbienti si realizza
A nel sistema liberista
B nel sistema pianificato
C nel sistema pianificato e nel sistema misto
D nel sistema misto

7 In quale sistema economico lo Stato è l'unico protagonista dello scenario economico?
A Nel sistema misto
B Nel sistema misto e nel sistema pianificato
C Nel sistema pianificato
D Nel sistema liberista

• IMPARO A IMPARARE...

costruisci una mappa partendo dai seguenti concetti

1 Sistema liberista, sistema misto, sistema pianificato

 AIUTATI E VERIFICA IL TUO LAVORO CON LE MAPPE INTERATTIVE

• IMPARO A COMUNICARE...

rispondi verbalmente e poi in forma scritta

1 Qual è il ruolo dello Stato nel sistema liberista? E nel sistema misto?
2 Qual è il ruolo della spesa pubblica nel sistema misto?

I rapporti economici: lo Stato nel sistema economico

VERIFICO L'APPRENDIMENTO

3 Qual è il meccanismo del moltiplicatore?

4 Quali sono le specificità del sistema misto delineato dalla nostra Costituzione?

5 Quali sono i limiti all'iniziativa economica privata?

6 Qual è il legame tra l'articolo 41 e l'articolo 42 della Costituzione?

7 Qual è il ruolo della cooperazione?

8 Che cosa significa che la Repubblica tutela il risparmio?

• INTERPRETO L'INFORMAZIONE

Sottolinea nelle letture le parole che non conosci e cerca sul dizionario l'esatta definizione

1 Gli "animal spirits": il capitalismo è instabile per natura

Nella visione economica liberista prevale l'idea che il mercato sia in grado di auto-equilibrarsi. Il massimo che può accadere sono oscillazioni temporanee nella produzione e nell'occupazione, le quali però modificheranno altre grandezze economiche come salari e prezzi e quindi il sistema, come un pendolo, tornerà da solo in una situazione di equilibrio ottimale. Keynes rifiuta l'idea che il capitalismo funzioni come un sistema meccanico e quindi rifiuta l'accostamento dell'economia alle scienze naturali ed "esatte". Nel sistema capitalistico i protagonisti non sono oggetti inanimati sottoposti a immutabili leggi fisiche in ogni particolare del loro comportamento, ma persone dotate di volontà propria e incline a sbagliare. A differenza dei classici – ma anche dei moderni economisti che immaginano gli attori del mercato (imprese, consumatori, banche, lavoratori) comportarsi sempre secondo "aspettative razionali" – Keynes vedeva l'economia dominata dagli "spiriti animali" degli imprenditori che, per la natura stessa del mercato, non sono in grado di prevedere ogni singola conseguenza della loro azione e pertanto agiscono di istinto o basandosi su previsioni parziali e spesso fuorvianti. Il mercato assomiglia molto ad un gioco d'azzardo in cui ogni partecipante deve indovinare il comportamento degli altri giocatori, con tutte le incertezze che ne derivano. L'incertezza, le aspettative, la fiducia o la sfiducia in un futuro sostanzialmente inconoscibile, gli istinti (in particolare il desiderio di accumulare la moneta), rendono il capitalismo, quando viene lasciato a se stesso, soggetto a squilibri gravi e imprevedibili. Ma per Keynes questa situazione non è disperata e non va accettata passivamente. Al contrario, tutta la scienza economica sarebbe inutile se si limitasse a descrivere semplicemente i fatti come fanno le scienze naturali. È inutile (e infondato teoricamente) sostenere che, nel lungo periodo, tutto tornerà alla normalità: "Questo lungo periodo è una guida fallace per gli affari correnti: nel lungo periodo saremo tutti morti". Il compito degli economisti, come quello dei medici, è trovare una cura. Il mercato non è né efficiente né giusto.

Per Keynes insomma il capitalismo è un cavallo imbizzarrito da domare, piuttosto che un docile cavallo a dondolo che tornerà senza alcun intervento esterno alla sua posizione di equilibrio dopo aver oscillato avanti e indietro.

(tratto da: keynesblog.wordpress.com)

Rispondi alle domande

1 In quale sistema economico il mercato è considerato efficiente e giusto?

2 Che cosa sono per Keynes gli "animal spirits"?

3 Quali sono le conseguenze delle teorie di Keynes?

2 Dallo Statuto della cooperativa sociale Onlus Hermete

Art. 3 - Scopo ed oggetto

La Piccola Cooperativa Sociale, con riferimento ai principi ed al metodo delle mutualità, senza finalità di speculazione privata, ha lo scopo di perseguire l'interesse generale della comunità volto alla promozione umana e all'integrazione sociale attraverso l'attivazione di servizi socio assistenziali ed educativi.

Essa ha per oggetto:

1. La produzione di attività educative e culturali anche in collaborazione con istituti scolastici e formativi di ogni ordine e grado, pubbliche amministrazioni, enti associativi ed altri organismi pubblici e privati. A titolo esemplificativo possono essere realizzati:
– Centri estivi per minori e centri infanzia;
– Servizi collegati all'università popolare;
– Laboratori educativi per giovani adolescenti;
– Percorsi di animazione e ricreazione sociale;
– Eventi che promuovono il protagonismo e la partecipazione giovanile;
– Collaborazioni tra associazioni e realtà di volontariato del territorio;
– Percorsi formativi e di socializzazione anche con strumenti informatici ed attività connesse (…).

Rispondi alle domande

1 In che cosa consiste lo scopo mutualistico della cooperativa?

2 Quali interventi in campo sociale realizza?

3 In quale sistema economico si inseriscono gli interventi sul sociale?

4 Si può considerare un modo alternativo di realizzare il *welfare state*?

Unità di apprendimento 7

Unità di apprendimento 7 — **I rapporti economici: lo Stato nel sistema economico**

• APPLICO LE CONOSCENZE

problem solving

1. Lo Stato decide di finanziare la costruzione di un nuovo centro di ricerca con un investimento di 30.000.000 di euro. La propensione marginale al consumo è 0,90. Quale sarà l'effetto sul reddito nazionale?

2. Lo Stato decide di finanziare l'ampliamento di una rete stradale con un investimento di 40.000.000 di euro. La propensione marginale al consumo è 0,80. Quale sarà l'effetto sul reddito nazionale?

3. Quale dei due interventi ha un effetto maggiore sul reddito nazionale? Perché?

confronta le fonti

1. **Confronta i seguenti articoli relativi al diritto di proprietà con l'articolo 42 della nostra Costituzione; sottolinea nei testi le parole-chiave ricorrenti e, partendo dagli elementi evidenziati negli articoli, riassumi le caratteristiche comuni.**

DALLA COSTITUZIONE TEDESCA

Art. 14. (I) La proprietà e il diritto ereditario sono garantiti. Contenuto e limiti vengono stabiliti dalle leggi.
(II) La proprietà impone degli obblighi. Il suo uso deve al tempo stesso servire al bene della collettività.
(III) Un'espropriazione è ammissibile soltanto per il bene della collettività. Essa può avvenire solo per legge o in base ad una legge che regoli il modo e la misura dell'indennizzo. L'indennizzo deve essere stabilito mediante un giusto contemperamento fra gli interessi della collettività e gli interessi delle parti. In caso di controversia sull'ammontare dell'indennizzo è aperta la via giudiziaria di fronte ai tribunali ordinari.

DALLA COSTITUZIONE SPAGNOLA

Art. 33. 1) Si riconosce il diritto alla proprietà privata e all'eredità.
2) La funzione sociale di questi diritti delimiterà il loro contenuto, in conformità con le leggi.
3) Nessuno potrà, essere privato dei suoi beni e diritti, se non per un giustificato motivo di pubblica utilità o d'interesse sociale, dietro corrispondente indennizzo e secondo quanto disposto dalla legge.

Unità di apprendimento 8

I rapporti politici

1 La partecipazione dei cittadini alla politica
2 I doveri dei cittadini

Conoscenze

- Il voto e le sue caratteristiche
- I partiti politici e le loro funzioni
- La petizione, strumento di democrazia diretta
- La parità tra uomini e donne nell'accesso alle cariche pubbliche
- I doveri dei cittadini: la difesa della patria, il pagamento dei tributi, la fedeltà alla Repubblica

Abilità

- Riconoscere il voto come lo strumento primario della democrazia diretta
- Analizzare il ruolo dei partiti politici
- Analizzare il problema delle "quote rosa"
- Distinguere i doveri dei cittadini
- Riconoscere i concetti di capacità contributiva e di sistema tributario progressivo

FOCUS MEDIA...

per comprendere l'importanza dell'espressione di idee attraverso diversi mezzi di comunicazione: donne al voto

1 La partecipazione dei cittadini alla politica

1 Il diritto di voto

TITOLO I
DIRITTI E DOVERI DEI CITTADINI
TITOLO IV
RAPPORTI POLITICI

Diritto di voto
Voting right ■ the entitlement of an individual to vote.

DALLO STATUTO ALBERTINO ALLA COSTITUZIONE REPUBBLICANA

Video
Per saperne di più guarda il video!

ARTICOLO 48

Sono elettori tutti i cittadini, uomini e donne, che hanno raggiunto la maggiore età.

L'**elettorato attivo**, cioè il **diritto di votare**, spetta a tutti coloro che godono della *cittadinanza italiana* e che sono *maggiorenni* (ma per votare per il Senato occorrono 25 anni).
Lo specifico richiamo al voto delle donne intende sottolineare il fatto che le donne hanno votato per la prima volta nel 1946.

Il voto è personale ed eguale, libero e segreto.

Le caratteristiche del voto sono quattro:
- **personale**: ciascuno deve votare personalmente, non è possibile delegare altri a votare per conto proprio. Solo chi è colpito da un grave impedimento fisico, come la cecità, può farsi accompagnare da persona di sua fiducia dentro la cabina elettorale perché voti per lui;
- **eguale**: ogni voto vale per uno, non esiste il voto plurimo, cioè che ha valore di più voti;
- **libero**: nessuno può essere costretto a votare in modo diverso da come vuole, con minacce o promesse di benefici;
- **segreto**: la segretezza del voto, senza la quale non ne sarebbe assicurata la libertà, è garantita dal fatto che nella cabina elettorale si entra da soli e che le schede elettorali vengono messe personalmente nell'urna e non sono in alcun modo riconoscibili. Le schede rese riconoscibili tramite qualche segno vengono considerate nulle.

168 ■ Unità di apprendimento 8

Il suo esercizio è dovere civico.

Il voto è un **diritto** ma anche un **dovere**. Tuttavia non viene applicata alcuna sanzione per il suo mancato esercizio. Si tratta di un *dovere morale*, il cui adempimento contraddistingue il buon cittadino. Le lievi sanzioni precedentemente previste sono state abrogate nel 1993.

La legge stabilisce requisiti e modalità per l'esercizio del diritto di voto dei cittadini residenti all'estero e ne assicura l'effettività. A tale fine è istituita una circoscrizione Estero per l'elezione delle Camere, alla quale sono assegnati seggi nel numero stabilito da norma costituzionale e secondo criteri determinati dalla legge.

Il presente comma è stato inserito con la legge costituzionale 1/2000, per permettere anche a coloro che risiedono all'estero (ma mantengono la cittadinanza italiana), e non intendono rientrare in Italia in occasione delle elezioni, di esprimere le proprie preferenze politiche.

La **circoscrizione Estero**, istituita con la legge 459/2001 e divenuta operativa per la prima volta per le elezioni del 2006, *raccoglie i voti dei cittadini residenti all'estero*, che votano per posta, inviando la propria scheda elettorale al consolato. I voti verranno da questo inviati all'Ufficio centrale per la circoscrizione Estero presso la Corte d'Appello di Roma ed eleggeranno 12 deputati e 6 senatori.

Il diritto di voto non può essere limitato se non per incapacità civile o per effetto di sentenza penale irrevocabile o nei casi di indegnità morale indicati dalla legge.

Oltre ai *minorenni*, non possono esercitare il diritto di voto, per cause di **indegnità morale**, le persone sottoposte a **misure di prevenzione** o **di sicurezza** (provvedimenti applicabili alle persone *socialmente pericolose*) e le persone condannate con sentenza irrevocabile che comporta l'interdizione dai pubblici uffici.

Godono invece del diritto di voto, in base a una specifica norma della legge 180/1978, gli interdetti e gli inabilitati.

> ■ **Consolato**
> ufficio di rappresentanza dello Stato, in città non capitali di un Paese straniero. Le funzioni principali consistono nel proteggere e assistere i connazionali, favorire lo sviluppo di relazioni commerciali con lo Stato ricevente, rilasciare passaporti e documenti di viaggio.
>
> ■ **Interdizione dai pubblici uffici**
> è una pena accessoria (che si aggiunge alla pena principale, per esempio alla reclusione): con essa si perde, oltre al diritto di elettorato attivo e passivo, anche la possibilità di svolgere servizi pubblici o di essere tutore o curatore.

2 I partiti politici

ARTICOLO 49

Tutti i cittadini hanno diritto di associarsi liberamente in partiti

Espressione del più generale diritto di associazione, *l'associazione in partiti politici è essenziale per l'esercizio della democrazia*: essi rappresentano infatti lo *strumento di comunicazione e mediazione tra il popolo e le istituzioni*. I partiti, come si è già visto, sono associazioni non riconosciute, la cui esistenza rispecchia il principio del pluralismo. Ciascun partito è portatore di una diversa ideologia, di una diversa visione rispetto ai rapporti di potere, all'esercizio dei diritti, alla distribuzione della ricchezza tra i membri della società.

> **per concorrere con metodo democratico a determinare la politica nazionale.**
>
> Il termine "concorrere" significa che i partiti *partecipano alla determinazione della politica nazionale*, che può nascere solo dal confronto di idee e principi diversi.
> L'unico limite posto alla loro esistenza è l'utilizzo del **metodo democratico**, cioè la necessità di perseguire le proprie idee politiche senza sopraffazioni. Fondamentale risulta il collegamento con la XII Disposizione transitoria: «È vietata la riorganizzazione, sotto qualsiasi forma, del disciolto partito fascista». Dall'entrata in vigore della Costituzione tale norma è stata applicata per sciogliere due formazioni politiche di estrema destra, Ordine nuovo e Avanguardia nazionale.

LE IDEE CARDINE DELLA COSTITUZIONE ITALIANA
Lettura
Se vuoi approfondire clicca qui!

I partiti svolgono importanti funzioni:
- **redigono le liste dei candidati alle elezioni**; un cittadino che intenda candidarsi per essere eletto non può farlo da solo, ma deve essere candidato, cioè *presentato*, da un partito, anche se non intende farne parte; in tal caso prende il nome di *candidato indipendente*;
- **formano**, in Parlamento, **i gruppi politici** che contribuiscono a determinare la politica nazionale stabilendo l'ordine del giorno dei lavori parlamentari;
- **indicano** al Presidente della Repubblica la persona da nominare come **Presidente del Consiglio**.

Finanziamento pubblico = avviene attraverso le imposte pagate dai cittadini.

Un problema molto rilevante riguarda il cosiddetto **finanziamento pubblico** dei partiti, di cui la Costituzione tace. Nel 1993 fu proposto un referendum che chiedeva di abrogarne solo una parte, cioè quella relativa al *funzionamento ordinario dei partiti*, lasciando in vita il rimborso spese per le campagne elettorali. Il referendum passò a larga maggioranza. Tuttavia negli anni seguenti, disattendendo la chiara espressione referendaria della volontà popolare, varie norme hanno nuovamente *aumentato le quote di finanziamento concesse ai partiti*.

	Una sintesi delle ideologie politiche ed economiche			
	Liberalismo	**Socialismo**	**Fascismo**	**Solidarismo cattolico**
Le idee fondamentali in politica	• l'individuo deve essere libero, perciò lo Stato deve intervenire con il minor numero possibile di norme • la libertà personale e quella di manifestazione del pensiero sono considerate le libertà più importanti	• gli interessi collettivi prevalgono su quelli individuali • lo Stato ha il compito di soddisfare i bisogni dei cittadini • vengono limitati i diritti civili e politici • vengono perseguitati gli oppositori	• l'individuo è al servizio dello Stato, che decide qual è il bene per i cittadini • vengono limitati i diritti civili e politici • un'organizzazione capillare inquadra i cittadini al fine di mantenere viva l'adesione all'ideologia • vengono perseguitati gli oppositori	• vanno rispettate le libertà del singolo, in primo luogo la libertà di religione • lo Stato deve vigilare per impedire abusi e sfruttamento dei lavoratori da parte dei datori di lavoro
Le idee fondamentali in economia	**liberismo**: l'intervento dello Stato nell'economia è dannoso; gli imprenditori devono godere di ampie libertà	**economia pianificata**: la proprietà privata dei mezzi di produzione è abolita e sostituita dalla proprietà statale. Lo Stato decide che cosa, quanto e come produrre	**corporativismo**: la lotta di classe non esiste, lavoratori e datori di lavoro sono raggruppati nelle stesse organizzazioni; lo sciopero è vietato	**solidarismo**: occorre rispettare la proprietà privata e quella dei mezzi di produzione; la lotta di classe è condannata; i lavoratori hanno però diritto a un trattamento equo e ad accedere alla piccola proprietà

Parties in the United Kingdom

Conservative Party, *byname **Tories**, in the United Kingdom, a political party whose guiding principles include the promotion of private property and enterprise, the maintenance of a strong military, and the preservation of traditional cultural values and institutions. Since World War I the Conservative Party and its principal opponent, the Labour Party, have dominated British political life.*

Labour Party*, British political party whose historic links with trade unions have led it to promote an active role for the state in the creation of economic prosperity and in the provision of social services. In opposition to the Conservative Party, it has been the major democratic socialist party in Britain since the early 20th century.*

(http://www.britannica.com)

3 Le petizioni

ARTICOLO 50

Tutti i cittadini possono rivolgere petizioni alle Camere per chiedere provvedimenti legislativi o esporre comuni necessità.

> La **petizione**, che significa *richiesta*, è, insieme al referendum e alla proposta di legge di iniziativa popolare, *un istituto di democrazia diretta*.
> Non sono previsti né un numero minimo di cittadini firmatari, né una forma particolare per la sua presentazione. Deve riguardare *interessi comuni alla collettività* e non solamente interessi individuali. Si tratta tuttavia di uno strumento poco usato dai cittadini e poco considerato dai parlamentari, che raramente la prendono in esame per sottoporre al Governo la necessità espressa dai cittadini, o per trarne una proposta di legge.
> La commissione parlamentare competente per materia non ha il dovere di esaminarla, ma "può" farlo.

I rapporti politici

4 L'accesso alle cariche pubbliche

ARTICOLO 51

Tutti i cittadini dell'uno o dell'altro sesso possono accedere agli uffici pubblici e alle cariche elettive in condizioni di eguaglianza, secondo i requisiti stabiliti dalla legge. A tale fine la Repubblica promuove con appositi provvedimenti le pari opportunità tra donne e uomini.

Si ribadisce l'**effettiva uguaglianza di tutti i cittadini**, uomini e donne, sia nello *svolgimento di funzioni pubbliche*, sia per quanto riguarda il *diritto di elettorato passivo*. La seconda parte di questo primo comma è stata introdotta con legge costituzionale 1/2003 per cercare di risolvere il problema della scarsa partecipazione delle donne alle cariche politiche. La questione delle cosiddette "**quote rosa**" è stata affrontata a più riprese, in passato, ma senza successo, nonostante le numerose richieste del Parlamento europeo. Recenti provvedimenti rendono obbligatoria la presenza di donne (una su tre) negli organi di amministrazione e di controllo delle società quotate in Borsa e nelle società pubbliche. Per le elezioni ai Consigli comunali, provinciali e regionali, nelle liste "nessuno dei due sessi può essere rappresentato in misura superiore ai due terzi dei candidati". A livello di elezioni parlamentari, invece, la questione viene risolta con una diminuzione del 5% del finanziamento pubblico a quei partiti che abbiano presentato un numero di candidati del medesimo sesso superiore ai **due terzi del totale**.

Quote rosa ▪ provvedimento (in genere temporaneo) teso a equilibrare la presenza di uomini e donne nelle sedi decisionali (consigli di amministrazione, sedi istituzionali elettive e così via) effettuato introducendo obbligatoriamente un certo numero di presenze femminili.

Due terzi del totale ▪ in base alla legge n. 96 del 6 luglio 2012.

La legge può, per l'ammissione ai pubblici uffici e alle cariche elettive, parificare ai cittadini gli italiani non appartenenti alla Repubblica.

Rientrano in questa categoria coloro che non sono cittadini italiani a causa della *perdita di territori*, come l'Istria, o perché *cittadini di ex colonie*, o perché *emigrati*.

Chi è chiamato a funzioni pubbliche elettive ha diritto di disporre del tempo necessario al loro adempimento e di conservare il suo posto di lavoro.

Chi è stato eletto a una carica pubblica ha diritto:
- ad *assentarsi dal lavoro* per poter svolgere le attività inerenti la carica (per esempio, consiglieri comunali o provinciali);
- a ottenere *l'aspettativa*, cioè il mantenimento del posto di lavoro, senza retribuzione, per potervi rientrare alla fine del proprio mandato (per esempio, deputati, senatori e parlamentari europei).

FOCUS digitale

Laboratorio digitale

Vai sul sito www.parlamento.it, entra attraverso l'apposito link nel sito del **Senato**, clicca su "Composizione" e poi nel colonnino a sinistra su "Statistiche": compare una tabella che evidenzia la distribuzione dei senatori in carica tra uomini e donne e per età. Fai la stessa cosa sul sito della **Camera dei deputati**, cliccando su "Documenti" e poi nel colonnino a sinistra su "Statistiche parlamentari". Infine vai sul sito del **Parlamento europeo** http://www.europarl.europa.eu/aboutparliament/it/00622bc71a/Distribuzione-uomini-donne.html.

Dopo aver preso appunti per mettere i dati a confronto, rispondi per iscritto alle seguenti domande:
- ci sono differenze significative nella distribuzione donne-uomini tra Senato e Camera dei deputati?
- ci sono differenze significative tra il Parlamento italiano e il Parlamento europeo?
- ci sono nel Parlamento europeo degli Stati che hanno la stessa percentuale di uomini e donne tra i propri parlamentari?
- ci sono nel Parlamento europeo Stati che non hanno alcuna parlamentare donna?
Infine discutine in classe.

RISPONDO

- Che cosa s'intende per *elettorato attivo*?
- Quali sono le *caratteristiche del voto*?
- Che cosa sono i *partiti politici*?
- Che cos'è la *petizione*?
- Quali sono i *diritti* di chi è stato eletto a una carica pubblica?

I rapporti politici

2 I doveri dei cittadini

1 La difesa della patria

ARTICOLO 52

La difesa della Patria è sacro dovere del cittadino.

> Gli articoli 52, 53 e 54 sono gli unici articoli della Costituzione nei quali sono elencati i *doveri* dei cittadini. A prescindere dalle numerose posizioni di diritto-dovere (di voto, all'istruzione ecc.), è evidente che la Costituzione ha voluto porre l'accento ben più sui *diritti* che non sui doveri.
> Il concetto di **Patria** è qui inteso non semplicemente come territorio italiano, ma come l'*insieme dei valori che contraddistinguono il nostro Stato*. Tali valori vanno difesi sia in guerra sia in pace, in ottemperanza di un obbligo morale ("sacro dovere").

Il servizio militare è obbligatorio nei limiti e modi stabiliti dalla legge. Il suo adempimento non pregiudica la posizione di lavoro del cittadino, né l'esercizio dei diritti politici.

> Oggi, in base alla legge 23 agosto 2004 numero 226, il servizio militare non è più obbligatorio, ma è organizzato *solo su base volontaria*, al fine di formare corpi armati di professionisti.
> È la conclusione di una tormentata serie di vicende che hanno portato, intorno agli anni Settanta del Novecento, al riconoscimento, a favore degli **obiettori di coscienza**, del *diritto ad adempiere al servizio civile al posto di quello militare*. Recentemente, anche le donne sono state ammesse nelle forze armate e nella Guardia di finanza.

L'ordinamento delle Forze armate si informa allo spirito democratico della Repubblica.

> Anche all'interno dei corpi militari devono essere rispettati i **principi democratici**: i militari hanno oggi organi rappresentativi e diritto di difesa nei procedimenti disciplinari.

Obiettore di coscienza ■ è colui che rifiuta il servizio militare; non contesta il dovere costituzionale della difesa dello Stato, ma oppone ad esso l'alternativa del servizio civile che promuove la difesa non violenta e la solidarietà invece della difesa militare armata.

174 ■ Unità di apprendimento 8

2 Il pagamento dei tributi

ARTICOLO 53

Tutti sono tenuti a concorrere alle spese pubbliche in ragione della loro capacità contributiva.

Le spese pubbliche sono le spese effettuate dallo Stato per il *soddisfacimento dei bisogni pubblici*. Si ricordi che sono **bisogni pubblici** quei *bisogni collettivi* che lo Stato si assume il compito di soddisfare. Hanno il dovere di contribuire a tali spese tutti, e non solo i cittadini: si pensi agli stranieri che lavorano in Italia e percepiscono un reddito, o a coloro che in Italia hanno acquistato una casa per le vacanze, o a grandi società multinazionali che producono nel nostro territorio.
Il problema fondamentale è quello della misura da stabilire affinché ciascuno paghi il giusto.
Un tempo il pagamento dei tributi era a carico delle classi sociali più disagiate, mentre nobili e clero ne erano totalmente esonerati.
Oggigiorno, la nostra Costituzione impone il principio della **capacità contributiva**.
Quest'ultima si può definire come la capacità di pagare i tributi, che *dipende dalla effettiva ricchezza a disposizione*, ma è diversa da persona a persona, tenuto conto delle condizioni personali e familiari e della **fonte della ricchezza** colpita dai tributi.
Un altro problema riguarda il fenomeno dell'**evasione fiscale**: oltre ad essere un reato, viola il principio di solidarietà solennemente enunciato dall'articolo 2 della Costituzione, impedendo di fatto il raggiungimento dell'uguaglianza sostanziale cui tende l'articolo 3.

Il sistema tributario è informato a criteri di progressività.

Il sistema tributario è costituito dall'*insieme delle norme che consentono allo Stato di reperire le entrate necessarie* a effettuare le spese pubbliche.
Le entrate sono costituite in larga misura dalle **imposte** e dalle **tasse** che i cittadini sono chiamati a pagare. La Costituzione richiede che il sistema delle entrate sia caratterizzato da **criteri di progressività**.

I TRIBUTI E L'EVASIONE FISCALE

Lettura

Se vuoi approfondire clicca qui!

- **Fonte della ricchezza**
origine dei redditi da tassare: per ragioni di equità, un reddito che ha origine dal capitale può essere tassato in misura maggiore di un reddito che deriva dal lavoro.

- **Evasione fiscale Tax evasion**
an illegal practice where a person, organization or corporation intentionally avoids paying his/her/its true tax liability. Those caught evading taxes are generally subject to criminal charges and substantial penalties.

Per capire il concetto di progressività, esaminiamo la seguente tabella:

reddito	tributi	
	sistema tributario proporzionale	sistema tributario progressivo
100	10	10
200	20	30
300	30	70

Il **sistema proporzionale** corrisponde a un *principio di giustizia applicato in modo meccanico*, mentre il **sistema progressivo** pretende dalle persone con più ampia disponibilità economica un sacrificio che cresce *in misura più che proporzionale in relazione all'aumento della quantità di ricchezza a disposizione*. Tale principio trova pertanto la sua giustificazione in un criterio di solidarietà sociale, in base al quale le classi economiche più disagiate e le persone in condizioni di difficoltà godranno dei servizi offerti dallo Stato pagando meno tasse delle classi più benestanti.

I rapporti politici   175

ENGLISH FOCUS — History of taxation

Taxes have been a major subject of political controversy throughout history, even before they constituted a sizable share of the national income. A famous instance is the rebellion of the American colonies against Great Britain, when the colonists refused to pay taxes imposed by a Parliament in which they had no voice – hence the slogan, "No taxation without representation". Another instance is the French Revolution of 1789, in which the inequitable distribution of the tax burden was a major factor.

(http://www.britannica.com/EBchecked/topic/584578/taxation/72006/Proportional-progressive-and-regressive-taxes#toc72007)

3 La fedeltà alla Repubblica

ARTICOLO 54

Tutti i cittadini hanno il dovere di essere fedeli alla Repubblica e di osservarne la Costituzione e le leggi.

La norma di chiusura della Prima Parte della Costituzione impone ai cittadini un terzo e ultimo dovere: essere fedeli alla Repubblica. Ciò significa il *rispetto assoluto dei valori e dei principi della Costituzione*, senza limitare tuttavia il *diritto alla critica* e al *dissenso*, che sono sempre ammessi quando non violino il metodo democratico.

I cittadini cui sono affidate funzioni pubbliche hanno il dovere di adempierle con disciplina ed onore, prestando giuramento nei casi stabiliti dalla legge.

In vari casi la legge impone ai cittadini che svolgono funzioni pubbliche, cioè politiche o amministrative, di *prestare giuramento*. Si pensi al giuramento del Presidente della Repubblica, del Presidente del Consiglio e dei ministri, dei membri della Corte costituzionale. Essi perciò hanno un vincolo di fedeltà più forte rispetto agli altri cittadini.
Tutti i pubblici funzionari, comunque, devono adempiere le loro funzioni con «disciplina ed onore».

 **RISPONDO**

- Che cosa significa *dovere di difendere la patria*?
- Che cosa significa *dovere di pagare i tributi*?
- Che cos'è la *capacità contributiva*?
- Che cosa significa *sistema tributario progressivo*?
- Che cos'è il *dovere di fedeltà alla Repubblica*?

VERIFICO L'APPRENDIMENTO

VERIFICO LE CONOSCENZE

vero o falso?

1. L'elettorato attivo spetta, tranne poche eccezioni, a tutti i cittadini italiani maggiorenni V F
2. Il voto è un diritto e non un dovere V F
3. Il diritto di voto non può mai essere limitato V F
4. Tutti i cittadini devono associarsi in partiti V F
5. I partiti concorrono a determinare la politica nazionale V F
6. La petizione è uno strumento di democrazia indiretta V F
7. Il Parlamento ha il dovere di esaminare le petizioni V F
8. Tutti i cittadini godono dell'elettorato passivo V F
9. La difesa della patria è sacro dovere del cittadino V F
10. Le donne non possono far parte delle forze armate V F
11. La capacità contributiva non tiene conto delle condizioni personali e familiari V F
12. Il sistema progressivo prevede un maggiore sacrificio a carico delle persone con maggiore disponibilità economica V F

scelgo la risposta esatta

1. I partiti politici sono
   A. associazioni riconosciute
   B. associazioni non riconosciute
   C. associazioni obbligatorie
   D. associazioni con scopo di lucro

2. Il voto è
   A. obbligatorio, personale, segreto, libero
   B. facoltativo, segreto, libero, uguale
   C. personale, uguale, segreto, libero
   D. libero, segreto, personale, plurimo

3. La capacità contributiva tiene conto
   A. della ricchezza, della sua fonte, delle condizioni personali e familiari
   B. delle condizioni personali e familiari
   C. della ricchezza a disposizione di un certo soggetto
   D. della fonte da cui deriva la ricchezza di un certo soggetto

4. In un sistema tributario progressivo i tributi che un soggetto deve pagare
   A. aumentano proporzionalmente all'aumentare della ricchezza
   B. diminuiscono proporzionalmente all'aumentare della ricchezza
   C. aumentano in misura meno che proporzionale all'aumentare della ricchezza
   D. aumentano in misura più che proporzionale all'aumentare della ricchezza

completo

L'elettorato attivo spetta a tutti i (1) .... maggiorenni. Le donne hanno votato per la prima volta nel (2) .... Il voto ha le seguenti caratteristiche: (3) ...., uguale, libero, (4) .... La Circoscrizione Estero elegge 12 deputati e (5) .... senatori. Non può esercitare il diritto di voto chi è stato condannato con (6) .... dai pubblici (7) .... I partiti politici (8) .... a determinare la politica nazionale. I doveri dei cittadini sono: difendere la patria, (9) ...., la fedeltà alla Repubblica. La difesa della patria riguarda la difesa dei (10) .... che contraddistinguono il nostro Stato. Ciascun cittadino paga i tributi in relazione alla propria (11) .... contributiva. Il sistema tributario è improntato ai caratteri della (12) ....

6; 1946; capacità; cittadini; concorrono; interdizione; pagare i tributi; personale; progressività; segreto; uffici; valori

• IMPARO A IMPARARE…

costruisci una mappa partendo dai seguenti concetti

1. Diritti politici
2. Diritto di voto
3. Doveri dei cittadini

AIUTATI E VERIFICA IL TUO LAVORO CON LE MAPPE INTERATTIVE

• IMPARO A COMUNICARE…

rispondi verbalmente e poi in forma scritta

1. Quali sono le caratteristiche del voto?
2. Che cosa significa che votare è anche un dovere?
3. Che cos'è la circoscrizione Estero?
4. In quali casi il diritto di voto non può essere esercitato?

I rapporti politici   177

VERIFICO L'APPRENDIMENTO

5 Che cosa sono i partiti politici?

6 Quali funzioni svolgono i partiti politici?

7 Che cos'è la petizione?

8 In che cosa consiste il problema delle "quote rosa"?

9 Che cosa significa "dovere di difendere la patria"?

10 Che cosa significa il dovere di pagare i tributi?

11 In che cosa consiste la capacità contributiva?

12 Che cosa significa "sistema tributario progressivo"?

13 In che cosa consiste il dovere di fedeltà alla Repubblica?

• INTERPRETO L'INFORMAZIONE

Sottolinea nel testo le parole che non conosci e cerca sul dizionario l'esatta definizione

1 Le date dell'emancipazione femminile nel mondo

Fine XVIII secolo. Nel corso della rivoluzione francese avviene la proclamazione dei **Diritti dell'uomo e del cittadino.**
1791. Olympe de Gouges scrive la Dichiarazione dei diritti della donna e della cittadina, inizio del femminismo.
1804. Con il **Codice civile napoleonico** si ritorna a sancire l'inferiorità della donna ribadendo l'autorità del padre e del marito su di essa.
Seconda metà XIX secolo: Con l'**industrializzazione** la donna viene inserita nel lavoro nelle fabbriche e il movimento femminista si propone la conquista dei *diritti civili* e dei *diritti politici.*
1893. Diritto di voto concesso in Nuova Zelanda.
1903. Viene fondata, in Inghilterra, da Emmelline Pankhurst la Women's Social and Political Union (WSPU), popolarmente definita **movimento delle suffragette** che propugnava l'estensione del suffragio elettorale alle donne.
1917. Con la Rivoluzione bolscevica le donne ottengono il diritto di voto in URSS.
1918. Le suffragette inglesi ottengono il diritto di voto.
1920. Gli Stati Uniti d'America concedono il voto alle donne.
1946. Le donne riescono a esercitare il diritto di voto in Italia e in Francia.
1971. Le donne ottengono il diritto di voto in Svizzera.

2 Le date dell'emancipazione femminile in Italia

1881. Anna Maria Mozzoni, scrittrice e donna politica fonda la Lega promotrice degli interessi femminili
1890. Anna Michailovna Kuliscioff, politica russa esule in Italia, promuove la discussione sui diritti delle donne all'interno del movimento socialista con una conferenza sul "Monopolio dell'uomo"
1896. Primo grande sciopero femminile

1914/1945. Scioperi femminili contro la guerra
1919. Papa Benedetto XV si pronuncia a favore dell'estensione del diritto di voto alle donne
1944. Nasce a Roma l'Unione donne italiane (UDI)
1946. Le donne votano per la prima volta in occasione del referendum che istituisce la Repubblica
1950. Viene approvata la legge sul congedo per maternità per le lavoratrici
1958. La legge Merlin abolisce le case di tolleranza
1960. Ammissione a tutte le professioni
1961. Ammissione alla magistratura
1962. Abolizione della norma che permetteva il licenziamento in caso di matrimonio
1970. Legge sul divorzio
1971. Tutela delle lavoratrici madri
1975. Riforma del diritto di famiglia
1978. Legge sull'interruzione volontaria di gravidanza
1991. Legge sulle Pari Opportunità
2001. Testo unico delle disposizioni legislative in materia di tutela e sostegno della maternità e della paternità
2012. Diminuzione del 5 per cento dei contributi pubblici qualora il partito o il movimento politico abbia presentato un numero di candidati del medesimo sesso superiore ai due terzi del totale
2012. Parità di accesso alle cariche elettive e agli organi esecutivi dei comuni, delle province e delle regioni
2012. Obbligatoria la presenza di donne (una su tre) negli organi di amministrazione e di controllo delle società quotate e pubbliche

(http://www.edscuola.it/archivio/antologia/donna/evoluzione3.htm)

Rispondi alle domande

1 Qual è stato il primo Paese al mondo a concedere il diritto di voto alle donne?

2 E l'ultimo (tra i Paesi occidentali)?

3 Quale movimento fonda in Inghilterra Emmelline Pankhurst?

4 Quali sono le leggi più importanti che riguardano l'emancipazione femminile in Italia?

• APPLICO LE CONOSCENZE

cerca sul web

Visita la home page dei principali partiti politici italiani: si notano grandi differenze nella grafica di questi portali? È facile individuare l'orientamento ideologico di ciascun partito? Si riescono ad apprezzare le differenze tra le diverse ideologie? Prepara una sintetica relazione da discutere in classe.

Unità di apprendimento 9

Il Parlamento

1. Il sistema parlamentare
2. Lo status di parlamentare
3. Le funzioni delle Camere

Conoscenze

- Il principio della divisione dei poteri
- La Camera dei deputati e il Senato della Repubblica
- I sistemi elettorali
- Lo *status* di deputato e senatore
- Le tappe dell'*iter legis*
- La formazione dei decreti legge e dei decreti legislativi
- Le altre funzioni delle Camere e la legge di bilancio

Abilità

- Comprendere l'importanza del principio della divisione dei poteri
- Confrontare le caratteristiche delle due Camere e dei loro componenti
- Analizzare le tappe dell'iter legislativo
- Confrontare le caratteristiche del decreto legge e del decreto legislativo
- Valutare l'importanza delle norme che regolano il bilancio dello Stato

FOCUS FILM...

per comprendere l'importanza dell'espressione delle idee attraverso diversi mezzi di comunicazione

Nel film-documentario, si avvia una riflessione sull'Italia nell'epoca della crisi della politica; sulle note di Ligabue e con le interviste si focalizza l'attenzione su noi e la Costituzione, perché come dice lo stesso Ligabue "questo Paese è di chi lo abita e non di chi lo governa..."

1 Il sistema parlamentare

L'ORDINAMENTO DELLA REPUBBLICA

Video

Per saperne di più guarda il video!

1 Il principio della divisione dei poteri

Con questa Unità di apprendimento si inizia a esaminare la *II Parte della Costituzione* che descrive l'**ordinamento della Repubblica**, cioè gli *organi fondamentali dello Stato*, il loro funzionamento, le loro competenze e i rapporti reciproci.

La Costituzione fa proprio un principio enunciato verso la metà del 1700 dai filosofi illuministi: non deve esistere il potere assoluto, tutto concentrato nelle mani di una sola persona, perché, di regola, sconfina nell'arbitrio. Perciò *il potere all'interno di uno Stato deve essere diviso tra più organi, indipendenti l'uno dall'altro*, secondo il seguente schema:

potere	definizione	organo
legislativo	potere di emanare le leggi	Parlamento
esecutivo	potere di fare eseguire le leggi	Governo
giudiziario (o giurisdizionale)	potere di emanare le sentenze	magistratura

Il principale ideatore di questo principio fu Montesquieu, che lo enunciò nel 1748 nella sua opera più importante, *Lo spirito delle leggi*. Il modello da seguire doveva essere quello della monarchia costituzionale inglese.
Inoltre Montesquieu indicò il concetto di **sovranità popolare**: *il potere all'interno di uno Stato è legittimo quando rispetta la volontà dei cittadini*, che la esprimono attraverso **organi rappresentativi eletti**.

La Costituzione italiana attribuisce i tre poteri ai tre diversi organi indicati da Montesquieu. Prevede inoltre l'esistenza di altri due organi, il Presidente della Repubblica e la Corte costituzionale, che hanno il compito di garantire l'indipendenza del Parlamento, del Governo e della Magistratura e operano come strumenti di equilibrio e controllo sui reciproci rapporti.

2. La composizione del Parlamento

ARTICOLO 55

Il Parlamento si compone della Camera dei deputati e del Senato della Repubblica.

Espressione diretta della volontà popolare, il **Parlamento** *rappresenta tutta la nazione* ed è l'istituzione centrale del nostro sistema costituzionale.
È dotato di particolare dignità in quanto *eletto direttamente dal popolo*. Tuttavia i suoi poteri non possono travalicare quelli degli altri organi poiché sono regolati rigidamente dalla Costituzione.
La sua principale funzione è quella **legislativa**.
Il Parlamento è un organo complesso, cioè formato da due organi: la *Camera dei deputati* e il *Senato della Repubblica*. Lo Stato è una persona giuridica e perciò, per operare, necessita dell'attività dei suoi organi.

Entrambe le Camere svolgono le stesse funzioni e hanno gli stessi poteri.
Ciò significa che l'Italia ha scelto il *bicameralismo perfetto*, cioè un sistema parlamentare nel quale le due Camere svolgono la stessa attività, di modo che ciascuna eserciti una funzione di controllo e di ripensamento sulle decisioni approvate dall'altra.
Nei sistemi di bicameralismo imperfetto, invece, le due Camere si possono diversificare in vari modi, o per le *funzioni* (ad esempio, legislativa e di controllo) o per la *rappresentatività* (ad esempio, nazionale e regionale).
Da tempo si pensa a una differenziazione delle funzioni delle due Camere, anche per snellire la lunga e complessa procedura per l'approvazione delle leggi che il bicameralismo perfetto comporta.

Il Parlamento si riunisce in seduta comune dei membri delle due Camere nei soli casi stabiliti dalla Costituzione.

Di regola ciascuna camera si riunisce separatamente nella propria sede, che per la Camera dei deputati è il Palazzo di Montecitorio e per il Senato è Palazzo Madama.
Vi sono però vari casi in cui la Costituzione richiede che le due Camere si riuniscano insieme, cioè in *seduta comune* (e ciò avviene a Montecitorio):

- per l'elezione del Presidente della Repubblica;
- per il suo giuramento;
- per la sua messa in stato d'accusa;
- per l'elezione di un terzo dei componenti del Consiglio superiore della magistratura;
- per l'elezione di un terzo dei componenti della Corte costituzionale.

PARTE II
ORDINAMENTO DELLA REPUBBLICA
TITOLO I
IL PARLAMENTO
SEZIONE I
LE CAMERE

Lezione

LE ISTITUZIONI DELLA REPUBBLICA ITALIANA

- Conosci il ruolo e le caratteristiche delle varie Istituzioni della Repubblica?
- Secondo te che cosa si intende con l'espressione "avere rispetto delle Istituzioni"?
- Pensi che ci sia relazione tra le decisioni prese dalle Istituzioni e il benessere economico dei cittadini?

Scoprilo seguendo la lezione multimediale!

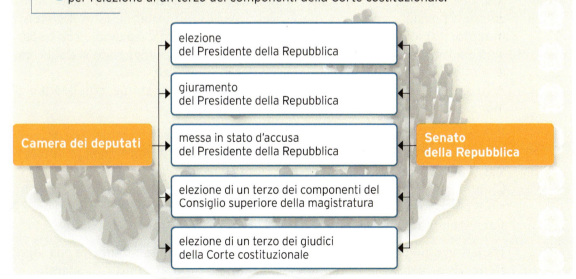

Il Parlamento 181

ENGLISH FOCUS

The British Parliament

The British Parliament is made up of three parts: the Crown, the House of Lords and the House of Commons. Parliament is where new laws are debated and agreed. Parliament should not be confused with the Government, although Members of the Government are also usually Members of Parliament. However another responsibility of Parliament is to scrutinise what the Government does.

(http://www.parliament.uk/site-information/glossary/parliament/)

LA LEGGE ELETTORALE ITALIANA

Lettura

Se vuoi approfondire clicca qui!

Premio di maggioranza ▪ al partito o alla coalizione (cioè insieme di partiti alleati) vincenti vengono attribuiti seggi in numero maggiore ai voti conseguiti. Alla coalizione vincente alla Camera dei deputati vengono assegnati 340 seggi, mentre al Senato il premio di maggioranza viene attribuito per regione, nella misura del 55% dei seggi.

Soglia di sbarramento ▪ sono eletti solo i candidati di partiti che hanno ottenuto, a livello nazionale, la percentuale minima stabilita. La Camera dei deputati prevede una soglia di sbarramento del 10% per le coalizioni e del 4% per i partiti non coalizzati.

Liste bloccate ▪ l'elettore non può esprimere la sua preferenza per un candidato, ma può solo votare per la lista.

3 La legge elettorale

Per **legge elettorale** s'intende l'*insieme delle norme che regolano l'elezione dei parlamentari*. La Costituzione detta i principi fondamentali e, nell'ambito di tali principi, la legge elettorale specifica le modalità tecniche di votazione e di attribuzione dei voti. Applicando metodi diversi si possono ottenere risultati differenti e addirittura opposti, pur con la stessa distribuzione di voti.

Dal 1948 a oggi si sono succedute varie leggi elettorali. Per molti anni si è utilizzato il sistema proporzionale. Due leggi del 1993, approvate in seguito a un referendum abrogativo, avevano introdotto un **sistema elettorale misto**, *in prevalenza maggioritario* e *in parte proporzionale*. In seguito la legge 270/2005 ha reintrodotto il sistema proporzionale. Sulla base di tale legge si sono svolte le elezioni del 2006, del 2008 e del 2013.

Con il **sistema proporzionale** i candidati risultano eletti *in misura proporzionale ai voti ottenuti dalla propria lista elettorale*. Con tale sistema, molto rispettoso della volontà degli elettori, il Parlamento risulta suddiviso in molti partiti, grandi o piccoli, dando luogo a Governi per lo più instabili. Con il **sistema maggioritario** all'interno di ogni collegio risulta *eletto il candidato che ha ottenuto più voti*. In questo modo i Governi godono di una maggiore stabilità, ma non tutte le idee politiche sono rappresentate in Parlamento.

Attualmente in Italia si applica un **sistema proporzionale** con **premio di maggioranza**, **soglie di sbarramento** e **liste bloccate**.

Per l'elezione alla Camera dei deputati il territorio nazionale viene suddiviso in *27 circoscrizioni elettorali*, corrispondenti alle regioni, tranne quelle più popolose, cui corrispondono più circoscrizioni (due per Piemonte, Veneto, Lazio, Campania, Sicilia e tre per la Lombardia). Per l'elezione al Senato le circoscrizioni corrispondono alle regioni, e dunque sono 20. A queste circoscrizioni è stata aggiunta la *circoscrizione Estero*.

Tra le forze politiche è vivo ancora oggi il dibattito sulle modifiche alla legge elettorale attualmente in vigore, poiché non ha prodotto i risultati sperati.

Nel dicembre 2013 la Corte costituzionale ha emanato una sentenza che dichiara l'illegittimità costituzionale di alcune parti della legge elettorale appena descritta (premio di maggioranza e liste bloccate). Il Parlamento dovrà decidere per una revisione della legge stessa. Si può seguire l'iter legislativo con il Laboratorio digitale.

FOCUS digitale — SURFING THE PARLIAMENT

Laboratorio digitale

Visita il sito della Camera ed entra nel link "Conoscere la Camera" (http://www.camera.it/leg17/13): nella sezione "Norme essenziali" seleziona "Il sistema elettorale"(http://www.camera.it/leg17/359); sarà possibile visualizzare una scheda informativa che ti permetterà di approfondire numerosi aspetti della legge elettorale trattati nel testo e, soprattutto, seguire l'evolversi della situazione e le eventuali modifiche. Nella stessa pagina si possono consultare anche i regolamenti attuativi della l. 459/2001 e 277/1993.

4 La Camera dei deputati e il Senato della Repubblica

ARTICOLO 56

La Camera dei deputati è eletta a suffragio universale e diretto.

L'elettorato **attivo**, cioè il diritto di votare, è *esercitato*, secondo il principio del suffragio universale, *da tutti i cittadini*, uomini e donne, maggiorenni. Essi formano il *corpo elettorale*.
L'elezione è diretta, nel senso che i cittadini votano direttamente i propri rappresentanti.
È invece indiretta, ad esempio, l'elezione del Presidente della Repubblica, che avviene tramite il Parlamento.

Il numero dei deputati è di seicentotrenta, dodici dei quali eletti nella circoscrizione Estero.

Sono eleggibili a deputati tutti gli elettori che nel giorno delle elezioni hanno compiuto i venticinque anni di età.

L'elettorato **passivo**, cioè il *diritto di essere eletti*, spetta ai cittadini che hanno compiuto venticinque anni.
Il numero dei deputati, seicentotrenta, è piuttosto ampio: se vi si aggiungono i trecentoquindici senatori, più i senatori a vita, i parlamentari sono poco meno di mille. Da tempo si discute sulla necessità di ridurre tale numero, che è considerato una delle cause della lentezza dei lavori parlamentari.

Il Parlamento 183

Censimento ■
rilevazione statistica per accertare lo stato della popolazione, e cioè la sua consistenza numerica, la sua distribuzione territoriale e la sua composizione.

Istat ■
è l'acronimo di Istituto nazionale di statistica ed è un ente di ricerca pubblico. Presente nel Paese dal 1926, è il principale produttore di statistica ufficiale. Opera in piena autonomia e in continua interazione con il mondo accademico e scientifico.

La ripartizione dei seggi tra le circoscrizioni, fatto salvo il numero dei seggi assegnati alla circoscrizione Estero, si effettua dividendo il numero degli abitanti della Repubblica, quale risulta dall'ultimo censimento generale della popolazione, per seicentodiciotto e distribuendo i seggi in proporzione alla popolazione di ogni circoscrizione, sulla base dei quozienti interi e dei più alti resti.

Il numero dei seggi in Parlamento assegnati a ciascuna circoscrizione deve essere proporzionale alla popolazione che vi risiede. Si fa perciò riferimento all'ultimo **censimento** *generale*, elaborato dall'**Istat**, per calcolare il numero degli abitanti; poi tale numero viene diviso per seicentodiciotto (630 - 12 seggi assegnati alla circoscrizione Estero).

ARTICOLO 57

Senato ■
il termine Senato deriva dal latino *senex*, che significa anziano.

Il Senato della Repubblica è eletto a base regionale.

L'elezione per il **Senato** avviene su *base regionale*, a differenza che per la *Camera dei deputati*, che avviene su *base nazionale*.

Il numero dei senatori elettivi è di trecentoquindici, sei dei quali eletti nella circoscrizione Estero.

I senatori eletti dal corpo elettorale sono in numero di trecentoquindici, cioè la metà del numero dei deputati. Ad essi si deve aggiungere un ristretto numero di senatori a vita (art. 59).

Nessuna Regione può avere un numero di senatori inferiore a sette; il Molise ne ha due, la Valle d'Aosta uno.

Occorre tener presente il numero di abitanti di ciascuna regione, perciò quelle meno popolate hanno un minor numero di senatori.

La ripartizione dei seggi tra le Regioni, fatto salvo il numero dei seggi assegnati alla circoscrizione Estero, previa applicazione delle disposizioni del precedente comma, si effettua in proporzione alla popolazione delle Regioni quale risulta dall'ultimo censimento generale, sulla base dei quozienti interi e dei più alti resti.

Si veda il commento al comma 4 dell'articolo 56.

184 ■ Unità di apprendimento 9

ARTICOLO 58

I senatori sono eletti a suffragio universale e diretto dagli elettori che hanno superato il venticinquesimo anno di età.

> Anche per il Senato *il suffragio è universale e diretto*, ma il limite minimo di età per l'elettorato attivo sale a venticinque anni.

Sono eleggibili a senatori gli elettori che hanno compiuto il quarantesimo anno.

> L'**elettorato passivo** spetta a coloro che abbiano compiuto *quarant'anni*. La differenza nell'elettorato attivo e passivo di Camera e Senato si giustifica in base alla tradizione: una camera che è votata da elettori più "maturi" e composta di membri più "anziani" vuole essere garanzia di maggiore ponderazione delle decisioni prese. Nella realtà, tuttavia, le differenze nella composizione politica tra Camera e Senato in genere sono minime.

ARTICOLO 59

È senatore di diritto e a vita, salvo rinunzia, chi è stato Presidente della Repubblica.

> Una piccola parte del Senato è composta da senatori non eletti e la cui carica dura per tutta la vita. La *prima categoria* di senatori a vita è data dagli *ex Presidenti della Repubblica*.

Il Presidente della Repubblica può nominare senatori a vita cinque cittadini che hanno illustrato la Patria per altissimi meriti nel campo sociale, scientifico, artistico e letterario.

> La *seconda categoria* di senatori a vita è data da coloro che sono stati *nominati dal Presidente della Repubblica*, quale massimo riconoscimento per avere onorato la Patria in uno dei campi citati dalla Costituzione.

I senatori a vita nella XVII legislatura

ex Presidenti della Repubblica
- Carlo Azeglio Ciampi (2006)

nominati dal Presidente della Repubblica
- Mario Monti (2011)
- Elena Cattaneo (2013)
- Renzo Piano (2013)
- Carlo Rubbia (2013)

Il Parlamento

FOCUS digitale

Consulta il sito www.senato.it, poi clicca su "Sito storico" e, nella colonna a destra, seleziona "Senatori a vita", scorri l'elenco dei senatori a vita di nomina presidenziale e rispondi per iscritto alle seguenti domande:
• riconosci il nome di qualche illustre personaggio?
• In quale ramo della cultura, della scienza, dell'economia ecc. tale personaggio ha illustrato la patria? (Per esempio: Trilussa: poesia, Agnelli: economia.)

5 I lavori delle Camere

ARTICOLO 60

La Camera dei deputati e il Senato della Repubblica sono eletti per cinque anni.

> Si chiama **legislatura** il *periodo di tempo che intercorre tra una elezione delle Camere e quella successiva*, e la sua durata è prevista per *cinque anni*, sempre che non ne venga deciso lo scioglimento anticipato (art. 88 Cost.).

La durata di ciascuna Camera non può essere prorogata se non per legge e soltanto in caso di guerra.

> Questa norma mira a prevenire la possibilità che una delle due Camere intenda prorogare indefinitamente i propri poteri, instaurando in tal modo una situazione di dittatura. Solo in caso di **guerra**, tramite l'approvazione di una apposita legge, *la durata naturale delle Camere può essere protratta*. Questo provvedimento eccezionale si chiama **proroga**, e non va confuso con la *prorogatio* di cui tratta l'articolo successivo.

Le date delle legislature repubblicane

I Legislatura	dal 08/05/1948 - al 24/06/1953	X Legislatura	dal 02/07/1987 - al 22/04/1992
II Legislatura	dal 25/06/1953 - all'11/06/1958	XI Legislatura	dal 23/04/1992 - al 14/04/1994
III Legislatura	dal 12/06/1958 - al 15/05/1963	XII Legislatura	dal 15/04/1994 - all'08/05/1996
IV Legislatura	dal 16/05/1963 - al 04/06/1968	XIII Legislatura	dal 09/05/1996 - al 29/05/2001
V Legislatura	dal 05/06/1968 - al 24/05/1972	XIV Legislatura	dal 30/05/2001 - al 27/04/2006
VI Legislatura	dal 25/05/1972 - al 04/07/1976	XV Legislatura	dal 28/04/2006 - al 28/04/2008
VII Legislatura	dal 04/07/1976 - al 19/06/1979	XVI Legislatura	dal 29/04/2008 - al 14/03/2013
VIII Legislatura	dal 20/06/1979 - all'11/07/1983	XVII Legislatura	dal 15/03/2013
IX Legislatura	dal 12/07/1983 - al 01/07/1987		

ARTICOLO 61

Le elezioni delle nuove Camere hanno luogo entro settanta giorni dalla fine delle precedenti.

Allo scopo di *evitare una situazione di vuoto di potere* che potrebbe crearsi alla fine di una legislatura, se non si provvedesse immediatamente all'elezione delle nuove Camere, è stabilito un termine di settanta giorni dalla fine delle Camere precedenti per effettuare le nuove elezioni.

La prima riunione ha luogo non oltre il ventesimo giorno dalle elezioni.

I lavori delle nuove Camere devono iniziare entro venti giorni dalla loro elezione.

Finché non siano riunite le nuove Camere sono prorogati i poteri delle precedenti.

Si chiama **prorogatio** il potere delle vecchie Camere di continuare la loro attività, anche se nei limiti dell'"ordinaria amministrazione", ad esempio, la conversione di un decreto legge, finché le nuove Camere non comincino a operare. Anche questa norma intende evitare il verificarsi di un vuoto di potere.

ARTICOLO 62

Le Camere si riuniscono di diritto il primo giorno non festivo di febbraio e di ottobre.

La Costituzione si è preoccupata di stabilire due date fisse per le riunioni delle Camere. In realtà questa norma è stata superata dai fatti: i lavori parlamentari *proseguono continuativamente* in ogni periodo dell'anno, con qualche interruzione per brevi periodi di ferie.

Ciascuna Camera può essere convocata in via straordinaria per iniziativa del suo Presidente o del Presidente della Repubblica o di un terzo dei suoi componenti.

Ancora per evitare una situazione di paralisi dei lavori parlamentari, ciascuna Camera può essere convocata in via straordinaria (cioè al di fuori delle date previste dal primo comma) per iniziativa del proprio Presidente (è il caso più comune), o del Presidente della Repubblica, o di un terzo dei suoi componenti. L'ultima ipotesi è la più significativa, perché attribuisce tale potere anche alla *minoranza*.

Quando si riunisce in via straordinaria una Camera, è convocata di diritto anche l'altra.

Data la scelta del bicameralismo perfetto, le due Camere devono lavorare parallelamente e, dunque, contemporaneamente.

Il Parlamento 187

ARTICOLO 63

Ciascuna Camera elegge fra i suoi componenti il Presidente e l'Ufficio di presidenza.

Il presidente di ciascuna Camera, eletto dai membri della Camera stessa, e coadiuvato da un Ufficio di presidenza, ha compiti estremamente delicati, che devono essere svolti con la massima imparzialità. Infatti il Presidente:
- *rappresenta* la Camera che presiede;
- *decide l'ordine del giorno* dei lavori parlamentari, quando su tale decisione manchi l'unanimità dei **gruppi parlamentari**;
- assicura il rispetto dei *diritti delle minoranze*, che devono avere la possibilità di esprimersi e contestare la maggioranza, pur senza ricorrere a forme estreme come l'*ostruzionismo*.

L'Ufficio di presidenza si compone di vicepresidenti, che possono supplire il Presidente, di segretari, che compilano i verbali delle sedute e controllano la presenza del **numero legale**, e di questori, che hanno il compito di mantenere l'ordine (l'autorità di pubblica sicurezza non può entrare nelle sedi delle Camere).

Quando il Parlamento si riunisce in seduta comune, il Presidente e l'Ufficio di presidenza sono quelli della Camera dei deputati.

La motivazione di questa norma risiede nel fatto che le riunioni del Parlamento in seduta comune avvengono a Montecitorio.

> ■ **Gruppi parlamentari** riuniscono coloro che fanno parte dello stesso partito. Esiste anche un gruppo misto, che raccoglie coloro che non si riconoscono in nessun partito. Ciascun gruppo parlamentare elegge il proprio presidente; l'insieme dei presidenti forma la *Conferenza dei capigruppo*. Quest'ultima decide l'ordine del giorno dei lavori parlamentari, insieme al Presidente della Camera o del Senato.

ARTICOLO 64

Ciascuna Camera adotta il proprio regolamento a maggioranza assoluta dei suoi componenti.

> I **regolamenti** delle due Camere *contengono le norme che ne disciplinano il funzionamento*; presentano alcune diversità, per esempio per quanto riguarda il tipo di maggioranza richiesto per le deliberazioni.
> A *tutela delle minoranze*, è richiesta la maggioranza assoluta dei componenti della Camera per l'approvazione e per le eventuali modifiche del regolamento.

Le sedute sono pubbliche; tuttavia ciascuna delle due Camere e il Parlamento a Camere riunite possono deliberare di adunarsi in seduta segreta.

> Poiché i parlamentari rappresentano il popolo, è decisamente opportuno che le *sedute* siano *pubbliche*, in modo che ciascun cittadino possa venire a conoscenza di quanto si svolge in Parlamento.
> La pubblicità è assicurata sia tramite la *presenza del pubblico* alle sedute stesse, sia attraverso *trasmissioni televisive e radiofoniche*, sia con la riproduzione delle discussioni in *Internet*.
> *Le sedute segrete*, deliberate a norma di regolamento, devono essere *l'eccezione*: per esempio, quando l'argomento della discussione possa mettere in pericolo la sicurezza dello Stato.

Le deliberazioni di ciascuna Camera e del Parlamento non sono valide se non è presente la maggioranza dei loro componenti, e se non sono adottate a maggioranza dei presenti, salvo che la Costituzione prescriva una maggioranza speciale.
I membri del Governo, anche se non fanno parte delle Camere, hanno diritto, e se richiesti obbligo, di assistere alle sedute. Devono essere sentiti ogni volta che lo richiedono.

> Occorre definire delle regole perché le decisioni prese da entrambe le Camere siano valide. La Costituzione si limita a indicare:
> - il **quorum costitutivo** (cioè il numero minimo, detto numero legale, di deputati o senatori che devono essere presenti in aula per la validità della votazione): è dato dalla metà più uno dei componenti di ciascuna Camera;
> - il **quorum deliberativo** (cioè il numero minimo di voti validi perché sia approvata la deliberazione): è dato dalla maggioranza dei presenti, sempre che la stessa Costituzione non richieda una maggioranza diversa: per esempio, per l'elezione del Presidente della Repubblica è richiesta, nelle prime tre votazioni, la maggioranza dei due terzi.

Il Parlamento

Approfondimento

Il calcolo della maggioranza

Regola fondamentale della democrazia è che prevalga la volontà della maggioranza e che la minoranza sia tenuta al rispetto di tale volontà.
Un problema aperto è però in base a quali regole debba avvenire il calcolo della maggioranza.

La Costituzione, all'articolo 64, richiede, per la validità delle deliberazioni delle Camere, la presenza della **maggioranza dei componenti** la Camera (*quorum costitutivo*) e la votazione favorevole della **maggioranza dei presenti** (*quorum deliberativo*), chiamata anche maggioranza semplice.
Per quanto riguarda il quorum deliberativo, in alcuni casi particolari sono richieste maggioranze più consistenti della maggioranza semplice, ossia la **maggioranza assoluta** o **qualificata**.

Come si può vedere dalla tabella, i regolamenti della Camera dei deputati e del Senato hanno adottato regole diverse per quanto riguarda il calcolo della maggioranza nelle deliberazioni ordinarie. La diversità risiede soprattutto nel diverso peso che assumono le astensioni.
Poiché la presenza della maggioranza dei componenti l'assemblea è presunta, sempre che non venga fatta richiesta di verifica del numero legale, accade talvolta che le Camere deliberino con la presenza di un numero veramente esiguo di deputati o senatori.

	definizione	esempio	applicazione
maggioranza semplice	metà più uno dei votanti, *esclusi gli astenuti*	votanti 400 astenuti 100 la maggioranza è 151	è applicata alla Camera dei deputati
maggioranza assoluta dei presenti	metà più uno dei votanti, *compresi gli astenuti*	votanti 300 astenuti 100 la maggioranza è 151	è applicata al Senato
maggioranza assoluta dei componenti	metà più uno degli aventi diritto al voto	poiché i deputati sono 630, la maggioranza è 316. Poiché i senatori sono 315 più i senatori a vita, che sono in numero variabile, la maggioranza viene stabilita in base al numero effettivo.	è richiesta in alcuni casi, per esempio per l'approvazione dei regolamenti parlamentari
maggioranza qualificata	in generale, è una maggioranza superiore a quella assoluta. La più frequente è dei due terzi degli aventi diritto al voto	aventi diritto al voto 630, la maggioranza dei 2/3 è 420	è richiesta in alcuni casi; per esempio, è dei 2/3 per le prime tre votazioni per l'elezione del Presidente della Repubblica

 RISPONDO

- Che cosa enuncia il principio della divisione dei poteri? Chi lo elaborò?
- Che cosa significa *bicameralismo perfetto*?
- Quali sono le differenze fondamentali tra Camera dei deputati e Senato della Repubblica?
- Che cos'è la *legislatura*? Quanto può durare?
- Quali sono i *compiti* dei Presidenti di ciascuna Camera?
- Che cosa sono i *regolamenti parlamentari*?

2 Lo *status* di parlamentare

1 L'ineleggibilità e l'incompatibilità

ARTICOLO 65

La legge determina i casi di ineleggibilità e di incompatibilità con l'ufficio di deputato e di senatore.

> Con l'espressione **status di parlamentare** si intende l'insieme delle *situazioni giuridiche particolari* (diverse da quelle dei cittadini comuni) di cui sono titolari deputati e senatori. Il termine **ineleggibilità** fa riferimento alla *situazione di chi non può essere eletto in quanto ricopre già cariche istituzionali*, e dunque la sua elezione sarebbe invalida; con il termine **incompatibilità** si intende la *situazione di chi non può cumulare cariche diverse* e che quindi, se eletto, dovrà *scegliere quale carica ricoprire*.
> Sono, per esempio, ineleggibili: i magistrati (per la circoscrizione relativa alla propria giurisdizione), i diplomatici, i prefetti, alcuni amministratori locali, come i sindaci di comuni con popolazione superiore ai ventimila abitanti.

Nessuno può appartenere contemporaneamente alle due Camere.

> È un caso di *incompatibilità*: non si può essere contemporaneamente deputato e senatore, perciò chi si trovasse in questa situazione dovrebbe scegliere tra l'una e l'altra carica. Un altro caso è previsto dall'articolo 122 della Costituzione e riguarda i consiglieri regionali.

ARTICOLO 66

Ciascuna Camera giudica dei titoli di ammissione dei suoi componenti e delle cause sopraggiunte di ineleggibilità e di incompatibilità.

Il Parlamento è sovrano nel giudicare la *regolarità delle elezioni* e la presenza dei requisiti richiesti per ciascun eletto.
È escluso il ricorso alla magistratura, tranne quando si possano configurare dei reati.
È inoltre entrato recentemente in vigore il d.lgs. n. 235 del 31/12/2012, Testo unico in materia di incandidabilità e di divieto di ricoprire cariche elettive e di Governo conseguenti a sentenze definitive di condanna per delitti non colposi.

2 L'esclusione del vincolo di mandato

ARTICOLO 67

Ogni membro del Parlamento rappresenta la Nazione ed esercita le sue funzioni senza vincolo di mandato.

Una volta eletto, il parlamentare deve ritenersi del tutto libero rispetto alle promesse fatte durante la campagna elettorale, sulla base delle quali i suoi elettori si sono decisi a votarlo: egli *non rappresenta esclusivamente chi l'ha eletto, ma tutti i cittadini*.
L'espressione **senza vincolo di mandato**, nota anche come *divieto di mandato imperativo*, significa che il parlamentare è *libero di votare secondo coscienza, di rispettare o meno il programma politico presentato* e addirittura *di cambiare schieramento politico, partito e gruppo parlamentare di appartenenza*.
Gli elettori che giudicheranno non corretto tale comportamento potranno sanzionarlo solo attraverso una eventuale mancata rielezione alla scadenza del mandato. Non esiste invece l'obbligo di rassegnare le dimissioni né la possibilità di una revoca da parte degli elettori.
La norma che prevede il divieto di mandato imperativo è stata voluta a salvaguardia della libertà e dell'indipendenza dei parlamentari, che devono ritenersi *sciolti da qualsiasi vincolo relativo a interessi di gruppi ristretti o lobbies*. Tuttavia i frequenti "spostamenti" di deputati e senatori da un gruppo parlamentare all'altro non sono visti di buon occhio dai cittadini, che li considerano "voltafaccia" e "tradimenti" rispetto alle loro idee di partenza.

> **Mandato**
> **Mandate** = contract by which one party (legal representative) agrees to perform one or more legal acts on behalf of the other party (the principal), usually in return for payment.
>
> **Lobby** = a group of people seeking to influence legislators on a particular issue.

ENGLISH FOCUS

Lobbying

Lobbying is the practice of individuals and organisations trying to influence the opinions of MPs and Lords. Methods of lobbying vary and can range from sending letters, making presentations, providing briefing material to Members and organised rallies.

(http://www.parliament.uk/get-involved/have-your-say/lobbying/)

3 Le immunità parlamentari

> **ARTICOLO 68**
>
> **I membri del Parlamento non possono essere chiamati a rispondere delle opinioni espresse e dei voti dati nell'esercizio delle loro funzioni.**
>
> Con l'espressione **immunità parlamentari** si intendono due concetti diversi:
> - l'*irresponsabilità per le attività svolte in qualità di parlamentare*, a tutela della completa libertà di espressione di ciascun membro del Parlamento, allo scopo di evitare le persecuzioni contro gli avversari politici che si erano verificate durante il fascismo; *nessun parlamentare può essere* **perseguito** *in via giudiziaria per le opinioni che ha sostenuto e per come ha votato* mentre esercita le sue funzioni di deputato o senatore, anche nel caso in cui queste attività configurino la commissione di un reato, per esempio, l'ingiuria o la diffamazione;
> - l'*immunità penale* o *inviolabilità* per le attività compiute al di fuori del Parlamento; ciò che il parlamentare dice o fa al di fuori delle sue funzioni ufficiali *può essere perseguito, ma secondo i limiti e nel rispetto delle regole dettati dal comma seguente*.
>
> **Senza autorizzazione della Camera alla quale appartiene, nessun membro del Parlamento può essere sottoposto a perquisizione personale o domiciliare, né può essere arrestato o altrimenti privato della libertà personale, o mantenuto in detenzione, salvo che in esecuzione di una sentenza irrevocabile di condanna, ovvero se sia colto nell'atto di commettere un delitto per il quale è previsto l'arresto obbligatorio in flagranza.**
>
> L'autorità giudiziaria non può dare ordine di:
> - perquisire un parlamentare o perquisire il suo domicilio;
> - procedere al fermo;
> - privarlo in altro modo della libertà personale (per esempio, tramite una misura di sicurezza);
> - mantenerlo in stato di detenzione;
>
> con l'eccezione dei casi in cui:
> - il provvedimento dia esecuzione a una sentenza irrevocabile di condanna;
> - il parlamentare sia colto in flagranza di reato (cioè nell'atto di commettere un reato: per esempio, perché sta portando con sé la valigetta che contiene la somma con la quale è stato corrotto) per il quale sia obbligatorio l'arresto;
> - la Camera alla quale appartiene abbia concesso la sua autorizzazione ai provvedimenti limitativi della libertà, accogliendo la richiesta dell'autorità giudiziaria.

■ **Perseguito**
da perseguire, agire penalmente contro qualcuno per un reato.

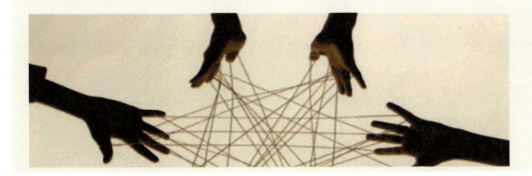

Il Parlamento 193

Analoga autorizzazione è richiesta per sottoporre i membri del Parlamento a intercettazioni, in qualsiasi forma, di conversazioni o comunicazioni e a sequestro di corrispondenza.

L'autorizzazione della Camera di appartenenza all'autorità giudiziaria è richiesta anche per poter effettuare intercettazioni telefoniche o ambientali e per poter procedere al controllo della corrispondenza. L'articolo che si sta esaminando è stato modificato da una legge costituzionale del 1993, poco dopo l'inizio di "Tangentopoli". Prima di tale data era richiesta l'autorizzazione a procedere, oltre che per i casi sopra esaminati, anche per sottoporre il parlamentare a un processo e per eseguire una sentenza di condanna.
Le Camere hanno spesso negato la propria autorizzazione a procedere, anche in casi nei quali l'intervento della magistratura sarebbe stato utile per fare chiarezza.

■ **Tangentopoli** termine entrato in uso in Italia dal 1992 in seguito alle inchieste giudiziarie, conosciute come «Mani pulite», svolte dalla magistratura di Milano. Definisce un sistema diffuso di corruzione politica basato sulla pratica di pretendere e incassare tangenti.

ARTICOLO 69

I membri del Parlamento ricevono una indennità stabilita dalla legge.

Un tempo le cariche di deputato e senatore erano del tutto gratuite. Questo comportava che solo le persone ricche, o almeno benestanti, potevano dedicarsi alla politica, cosa che diventava impossibile per coloro che vivevano del proprio lavoro.
Solo nel 1912, con l'introduzione del **suffragio universale maschile**, si stabilì una *indennità* per i parlamentari.
La previsione di un contributo economico a favore dei parlamentari è dunque una *applicazione del principio di uguaglianza sostanziale* e una *regola di democrazia*. Tuttavia, poiché gli "stipendi" dei parlamentari sono ritenuti molto elevati e i relativi aumenti periodici avvengono tramite legge, cioè sono decisi dai parlamentari stessi, ciò è in genere malvisto dalla maggioranza dei cittadini.

Laboratorio digitale

FOCUS digitale — SURFING THE PARLIAMENT

Visita il sito della Camera ed entra nel link "Conoscere la Camera" (http://www.camera.it/leg17/13): nella sezione "Spese e trasparenza" seleziona "Trattamento economico dei deputati" (http://www.camera.it/leg17/383?conoscerelacamera=4); sarà possibile visualizzare una scheda informativa riguardante la funzione dell'indennità parlamentare e le modifiche che vi sono state apportate nel tempo. Che cosa ne pensi dell'importo dell'indennità parlamentare? Discutine in classe.

RISPONDO

- Che cosa significano i termini *"ineleggibilità"* e *"incompatibilità"*?
- Che cosa significa che ogni parlamentare esercita le sue funzioni «*senza vincolo di mandato*»?
- Che cosa sono le *immunità parlamentari*?
- Che cos'è l'*indennità*?

■ Unità di apprendimento 9

3 Le funzioni delle Camere

1 La formazione delle leggi

SEZIONE II
LA FORMAZIONE DELLE LEGGI

ARTICOLO 70

La funzione legislativa è esercitata collettivamente dalle due Camere.

La funzione più importante del Parlamento consiste nella *produzione delle leggi*, nella *abrogazione di quelle obsolete* (cioè sorpassate, vecchie), nella *modifica di quelle non più rispondenti alla realtà del Paese*. Tramite la **funzione legislativa** il Parlamento modifica l'ordinamento giuridico creando *norme primarie*, cioè leggi ordinarie, che nella gerarchia delle fonti si pongono subito al di sotto della Costituzione.

Camera dei deputati e Senato esercitano collettivamente tale funzione, data la scelta del *bicameralismo perfetto*.

Si vedrà più avanti che compito del Parlamento è anche introdurre modifiche alla Costituzione, tramite le *leggi costituzionali*.

ARTICOLO 71

L'iniziativa delle leggi appartiene al Governo, a ciascun membro delle Camere ed agli organi ed enti ai quali sia conferita da legge costituzionale.

L'*iter* di approvazione di una legge ordinaria inizia dalla **proposta di legge**.
Possono presentare proposte di legge cinque diversi soggetti:
1 il **Governo** (in questo caso si parla di disegno di legge o d.d.l.); il Governo si serve dei disegni di legge per portare avanti il proprio programma politico;
2 ciascun **parlamentare**;
3 ciascun **Consiglio regionale**;
4 il **Cnel**, Consiglio nazionale per l'economia e il lavoro, limitatamente alle materie economiche e sociali;
5 il **popolo** (in questo caso si chiama proposta popolare di legge).

Il popolo esercita l'iniziativa delle leggi, mediante la proposta, da parte di almeno cinquantamila elettori, di un progetto redatto in articoli.

Per presentare al Parlamento una proposta popolare di legge occorre la raccolta di *cinquantamila firme di cittadini che godono del diritto di voto*.
La proposta non deve essere formulata in modo generico, altrimenti sarebbe una petizione; deve invece assumere la forma della legge, e perciò essere *redatta in articoli*.
Il Parlamento ha il dovere di esaminare la proposta popolare, ma non di approvarla.
Non sempre tali proposte sono state prese in considerazione con la dovuta attenzione o entro tempi ragionevoli. Per esempio, la proposta di riforma della legge contro la violenza sessuale è rimasta giacente presso le Camere per vent'anni.

Il Parlamento

FOCUS digitale

Cerca nel web alcuni siti che presentano proproste popolari di legge, per esempio
http://www.litaliasonoanchio.it/index.php?id=522, http://www.3leggi.it/,
http://www.leggerifiutizero.it/testo-completo.
Rispondi per iscritto alla seguente domanda:
In quali ambiti una parte del popolo italiano ritiene ci sia bisogno di una nuova legge?

ARTICOLO 72

Ogni disegno di legge, presentato ad una Camera è, secondo le norme del suo regolamento, esaminato che una commissione e poi dalla Camera stessa, che lo approva articolo per articolo e con votazione finale.

La Costituzione prevede, nel procedimento di formazione della legge, l'intervento di *commissioni*.

Le **commissioni permanenti** sono composte in modo tale da rispecchiare la *formazione politica del Parlamento*. Esistono *commissioni parallele* presso la Camera dei deputati e presso il Senato. Ciascuna commissione si occupa di una materia specifica, per esempio l'istruzione, la sanità, la difesa e via dicendo.

In questo primo comma si prevede l'attività delle commissioni **in sede referente**: la commissione esamina preliminarmente il *progetto di legge* (l'uso del termine disegno di legge è da intendersi in senso ampio), e su di esso elabora una *relazione*. La legge viene poi esaminata dall'**assemblea plenaria**.

> **Assemblea plenaria** ◾ l'intera Camera dei deputati o l'intero Senato.

Ciascuna Camera vota la legge articolo per articolo e successivamente la legge nel suo complesso. Se nella seconda Camera vengono approvati degli *emendamenti*, cioè delle modifiche al testo originario, la legge deve tornare alla prima Camera, e così via, finché il testo approvato sia identico.

Il passaggio da una Camera all'altra si chiama *navetta*.

Il regolamento stabilisce procedimenti abbreviati per i disegni di legge dei quali è dichiarata l'urgenza.

Il **procedimento d'urgenza** è dichiarato, con una votazione preliminare, dalla stessa Camera che prende in esame la proposta di legge. Vengono ridotti i tempi per l'approvazione, seguendo comunque la procedura ordinaria.

Può altresì stabilire in quali casi e forme l'esame e l'approvazione dei disegni di legge sono deferiti a commissioni, anche permanenti, composte in modo da rispecchiare la proporzione dei gruppi parlamentari.

Molte leggi vengono *approvate definitivamente*, senza essere prese in esame dalle Camere, dalle **commissioni in sede deliberante**, detta anche **legislativa**.

In questo caso assume particolare rilevanza che la formazione delle commissioni rispecchi fedelmente la composizione del Parlamento.

I regolamenti delle due Camere prevedono anche una procedura di approvazione della legge nella quale le commissioni si riuniscono **in sede redigente**.

Spetta comunque alle Camere la votazione finale sulla legge nel suo complesso, dopo il lavoro preliminare della commissione sugli articoli.

Unità di apprendimento 9

Anche in tali casi, fino al momento della sua approvazione definitiva, il disegno di legge è rimesso alla Camera, se il Governo o un decimo dei componenti della Camera o un quinto della commissione richiedono che sia discusso o votato dalla Camera stessa oppure che sia sottoposto alla sua approvazione finale con sole dichiarazioni di voto. Il regolamento determina le forme di pubblicità dei lavori delle commissioni.

> L'approvazione definitiva di una legge in commissione non dà le stesse garanzie di una discussione e votazione in Parlamento. Per questo motivo la proposta di legge il cui esame è iniziato in commissione in sede deliberante o redigente passa al procedimento normale presso le Camere, quando ne facciano richiesta:
> - il *Governo*;
> - *un decimo dei membri di una Camera*;
> - *un quinto dei membri di una commissione*.

La procedura normale di esame e di approvazione diretta da parte della Camera è sempre adottata per i disegni di legge in materia costituzionale ed elettorale e per quelli di delegazione legislativa, di autorizzazione a ratificare trattati internazionali, di approvazione di bilanci e consuntivi.

> Non si possono approvare in commissione, ma *necessitano della deliberazione da parte delle Camere*, le **leggi più importanti**, che riguardano:
> - la *revisione della Costituzione*;
> - le *leggi elettorali*;
> - la delega al Governo per l'emanazione di *decreti legislativi*;
> - l'autorizzazione al Governo alla *ratifica di trattati internazionali*;
> - l'approvazione del *bilancio preventivo e consuntivo*.

Le commissioni permanenti			
si riuniscono in sede	**referente**	**redigente**	**deliberante**
funzioni	elaborano una o più relazioni da presentare alle Camere	svolgono l'attività preparatoria sugli articoli (con modalità diverse tra Camera e Senato)	discutono, votano e approvano o no la legge
intervento delle Camere	discussione, emendamenti e votazioni avvengono nelle Camere	le Camere votano la legge nel suo complesso	le Camere non intervengono, sempre che non ne facciano domanda gli aventi diritto

State Laws and Regulations

State laws generally apply just to people living in that state. State legislatures create and pass bills and the governor signs them into law. State courts may review these laws and remove them if they think they do not agree with the state's constitution.
The United States Code contains the general and permanent laws of the United States. It does not include regulations issued by executive branch agencies, decisions of federal courts, treaties, or laws enacted by state or local governments.

(http://www.usa.gov/Topics/Reference-Shelf/Laws.shtml#State_Laws_and_Regulations)

Il Parlamento

FOCUS digitale — SURFING THE PARLIAMENT

Laboratorio digitale

Vai al sito della Camera. Entra nel link "Deputati e organi", clicca su "Commissioni" (http://www.camera.it/leg17/48) e prendi nota delle quattordici commissioni elencate. Entra poi nel link a destra "Agenda dei lavori" (http://www.camera.it/leg17/76) e consulta l'ordine del giorno di una commissione a tua scelta (per esempio cultura). Verifica in quale sede è convocata. Troverai spesso anche la sede consultiva che non è citata nel testo, ma è prevista dai regolamenti parlamentari. Vai alla scoperta nelle altre commissioni della sede più frequente.
Per saperne di più puoi sempre entrare nel link "Conoscere la Camera" e navigare nelle pagine "Il ruolo della Camera" e "La Camera esamina le leggi" (http://www.camera.it/leg17/619?conoscerelacamera=11).

ARTICOLO 73

Le leggi sono promulgate dal Presidente della Repubblica entro un mese dall'approvazione.

> Dopo che la legge è stata approvata definitivamente dalle Camere, deve essere **promulgata** *dal Presidente della Repubblica*. Tale atto deve essere controfirmato dal ministro della Giustizia.

Promulgazione = dichiarazione formale, da parte del capo dello Stato, per rendere operante una legge.

Se le Camere, ciascuna a maggioranza assoluta dei propri componenti, ne dichiarano l'urgenza, la legge è promulgata nel termine da essa stabilito.

> Quando l'entrata in vigore di una legge risulti di particolare urgenza, il Presidente della Repubblica ha il dovere di promulgarla nel *termine richiesto dalle Camere a maggioranza assoluta*, e non nel termine normale di un mese. La data che assume la legge è quella della promulgazione.

Le leggi sono pubblicate subito dopo la promulgazione ed entrano in vigore il quindicesimo giorno successivo alla loro pubblicazione, salvo che le leggi stesse stabiliscano un termine diverso.

> Dopo la promulgazione, la legge viene trascritta nella *Raccolta ufficiale degli atti normativi della Repubblica italiana*, e subito pubblicata sulla **Gazzetta Ufficiale**. Con tale pubblicazione viene rispettato il principio di *dare pubblicità alla legge*, affinché i cittadini ne vengano a conoscenza.
> Dalla pubblicazione decorre un periodo di tempo, detto *vacatio legis*, nel quale la legge non è ancora in vigore. La *vacatio legis* è di regola di quattordici giorni, ma può essere stabilito un termine più breve se la legge è urgente, o più lungo se è particolarmente complessa.
> Decorsa la *vacatio legis* la legge entra in vigore, cioè *inizia a produrre i suoi effetti e deve essere rispettata da tutti*.

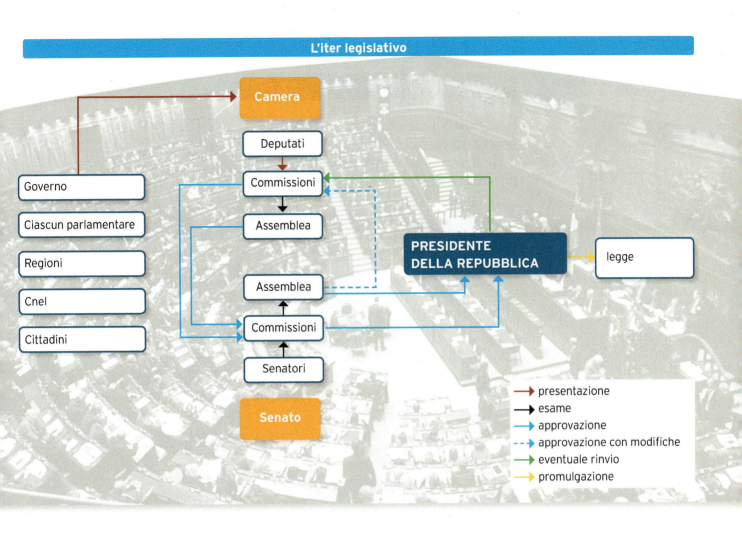

ARTICOLO 74

Il Presidente della Repubblica, prima di promulgare la legge, può con messaggio motivato alle Camere chiedere una nuova deliberazione.

Il Presidente della Repubblica, se ritiene che una legge, pur regolarmente approvata, sia incostituzionale o quantomeno inopportuna, può esercitare la prerogativa del **veto sospensivo**.
In tale caso *rinvia la legge alle Camere* con messaggio motivato, nel quale spiega i motivi del suo dissenso.

Se le Camere approvano nuovamente la legge, questa deve essere promulgata.

A questo punto le Camere hanno due possibilità:
1 *approvare nuovamente la legge* senza tener conto dei rilievi del Presidente della Repubblica, il quale deve promulgarla, sempre che con la promulgazione non incorra in uno dei due reati presidenziali, cioè l'**alto tradimento e** l'**attentato alla Costituzione**;
2 *modificare la legge* nel senso indicato dal Presidente della Repubblica, il quale non potrà più rifiutarne la promulgazione.

■ **Alto tradimento e attentato alla Costituzione** vedi l'Unità di apprendimento "Il Presidente della Repubblica e il Governo".

2 Il referendum

ARTICOLO 75

È indetto referendum popolare per deliberare la abrogazione, totale o parziale, di una legge o di un atto avente valore di legge quando lo richiedono cinquecentomila elettori o cinque Consigli regionali.

Il **referendum abrogativo** è un istituto di *democrazia diretta*, tramite il quale *il popolo esprime la propria volontà* in relazione alla abrogazione di una legge, cioè la sua *eliminazione* dall'ordinamento giuridico. L'abrogazione può essere **totale**, quando elimina l'intera legge, o **parziale**, quando ne elimina solo alcune parti.

L'iniziativa del referendum può essere presa sia dai *cittadini*, tramite un comitato promotore che deve raccogliere almeno cinquecentomila firme, sia da *cinque Consigli regionali*.

Non è ammesso il referendum per le leggi tributarie e di bilancio, di amnistia e di indulto, di autorizzazione a ratificare trattati internazionali.

Non possono essere sottoposte a referendum popolare le leggi:
- *tributarie*, cioè che obbligano i cittadini al pagamento di tasse o imposte;
- di *bilancio*, essenziale per il funzionamento dello Stato;
- di *amnistia* e *indulto*, che comportano una riduzione di pena per chi ha commesso determinati reati (vedi art. 79 Cost.);
- di *autorizzazione*, conferita dal Parlamento al Governo, *per ratificare* (cioè attribuire valore di legge) *trattati internazionali*.

Spetta alla Corte costituzionale giudicare l'ammissibilità di un referendum.

Hanno diritto di partecipare al referendum tutti i cittadini chiamati ad eleggere la Camera dei deputati.

> Hanno diritto di voto per il referendum i cittadini che votano per la Camera dei deputati.

La proposta soggetta a referendum è approvata se ha partecipato alla votazione la maggioranza degli aventi diritto, e se è raggiunta la maggioranza dei voti validamente espressi. La legge determina le modalità di attuazione del referendum.

> Perché la consultazione referendaria dia luogo all'abrogazione, occorre che siano rispettate due condizioni:
> - abbia votato il **50% più uno** degli aventi diritto al voto;
> - la maggioranza di coloro che hanno votato abbia espresso la propria **volontà di abrogare** la legge in questione.
>
> La legge rimane invece in vigore sia se ha votato un numero inferiore di aventi diritto, sia se la maggioranza si è espressa nel senso del mantenimento della legge. La definizione delle norme per l'esercizio del referendum è riservata alla legge (l. 352/1970).

Inizialmente l'istituto referendario è stato utilizzato con cautela e per la soluzione di questioni che laceravano profondamente la coscienza civile degli italiani, come il divorzio e l'aborto.
In seguito, altri importanti referendum hanno riguardato la legge elettorale, il finanziamento pubblico ai partiti, la responsabilità civile dei magistrati. Più di recente la loro eccessiva proliferazione ha prodotto, in alcuni casi, la mancata partecipazione del 50% degli elettori, invalidandone il risultato.
Da non confondere il referendum abrogativo, di cui si sta trattando, *con il referendum costituzionale*, di cui si parlerà più avanti.

Lettura
FINANZIAMENTO PUBBLICO AI PARTITI
Se vuoi approfondire clicca qui!

Laboratorio digitale

FOCUS digitale

Cerca sul web quali sono stati i referendum abrogativi effettuati in Italia (per esempio: http://www.ilsole24ore.com/fc?cmd=art&codid=22.0.950145713&chId=30) e rispondi alle seguenti domande:
Quali sono stati gli argomenti più importanti sui quali si sono svolti uno o più referendum?
Perché, secondo te, in vari casi non è stato raggiunto il numero minimo di votanti?

Il Parlamento

3 I decreti legislativi e i decreti legge

ARTICOLO 76

L'esercizio della funzione legislativa non può essere delegato al Governo se non con determinazione di princìpi e criteri direttivi e soltanto per tempo limitato e per oggetti definiti.

Sulla base del principio della divisione dei poteri, *la funzione legislativa spetta solo al Parlamento*. Tuttavia, il **Governo** può emanare **decreti legge** e **decreti legislativi**, che sono atti aventi forza di legge e vanno perciò ad affiancare le leggi ordinarie del Parlamento.

Questa attività normativa può però avvenire solo con un *controllo diretto e penetrante da parte delle Camere*: nel caso dei **decreti legge** il controllo è *successivo* e avviene tramite la *conversione in legge*; nel caso dei **decreti legislativi** il controllo è *preventivo* e avviene attraverso una *delega da parte del Parlamento al Governo*.

Si chiama **legge-delega** la legge con la quale *le Camere attribuiscono al Governo il potere di emanare norme giuridiche*.

La delega *non può essere generale*, non può attribuire perciò al Governo il potere di emanare norme su qualsiasi materia, ma deve porre limiti precisi; pertanto deve indicare:

i *principi e criteri direttivi*	cioè l'indicazione delle finalità che il decreto legislativo deve realizzare
il *tempo*	cioè la data entro la quale il decreto deve essere emanato
l'*oggetto*	cioè la materia, l'argomento preciso che può essere regolato tramite decreto; di regola i decreti legislativi riguardano argomenti complessi (per esempio, un nuovo codice), per i quali la discussione alle Camere risulterebbe troppo lunga e rischierebbe, tramite gli emendamenti, di modificare eccessivamente il testo iniziale

ARTICOLO 77

Il Governo non può, senza delegazione delle Camere, emanare decreti che abbiano valore di legge ordinaria.

Il primo comma dell'articolo 77 riguarda ancora i decreti legislativi commentati nell'articolo precedente. Essi prendono anche il nome di **decreti delegati** o *leggi delegate*.

Quando, in casi straordinari di necessità e d'urgenza, il Governo adotta, sotto la sua responsabilità, provvedimenti provvisori con forza di legge, deve il giorno stesso presentarli per la conversione alle Camere che, anche se sciolte, sono appositamente convocate e si riuniscono entro cinque giorni.

Il secondo comma dell'articolo 77 prende in considerazione i **decreti legge**, che presentano le seguenti caratteristiche:
- vengono adottati in *casi straordinari* (eccezionali) *di necessità* e *urgenza*: per esempio, un terremoto impone al Governo di provvedere con tempestività a favore delle popolazioni colpite, senza dover attendere i ben più lunghi tempi parlamentari;
- il *Governo* si assume la *responsabilità politica* della loro emanazione;
- si tratta di *provvedimenti provvisori* perché, per diventare definitivi, necessitano della **conversione in legge**;
- si tratta di *provvedimenti aventi forza di legge*.

Se le Camere sono sciolte perché si attendono nuove elezioni, quelle vecchie devono essere subito convocate per la conversione del decreto in legge e si riuniscono entro cinque giorni.

I decreti perdono efficacia sin dall'inizio, se non sono convertiti in legge entro sessanta giorni dalla loro pubblicazione. Le Camere possono tuttavia regolare con legge i rapporti giuridici sorti sulla base dei decreti non convertiti.

I decreti legge sono pubblicati sulla *Gazzetta Ufficiale* ed *entrano in vigore immediatamente*, cioè il giorno stesso della pubblicazione.
Entro due mesi dalla loro emanazione, però, per non decadere, devono essere *convertiti* (ossia, trasformati) *in legge* dal Parlamento.
Talvolta le Camere rifiutano la conversione, oppure il termine dei sessanta giorni viene superato: il decreto perde efficacia dall'inizio.
In tali casi si pone il problema di cosa fare dei rapporti giuridici che sono sorti quando il decreto era in vigore: essi vanno *regolati tramite legge ordinaria*.

Un esempio di intestazione di una legge di conversione di decreto legge è il seguente.

Legge 9 agosto 2013, n. 99
«Conversione in legge, con modificazioni, del decreto-legge 28 giugno 2013, n. 76, recante primi interventi urgenti per la promozione dell'occupazione, in particolare giovanile, della coesione sociale, nonché in materia di Imposta sul valore aggiunto (IVA) e altre misure finanziarie urgenti.»

Il Parlamento **203**

FOCUS digitale — SURFING THE PARLIAMENT

Visita il sito della Camera ed entra nella sezione "Lavori" (http://www.camera.it/leg17/201), sulla destra seleziona, "Ultimi decreti-legge esaminati", cliccando su "Mostra l'iter legislativo e il voto finale dei deputati" potrai sapere in quale fase si trovano i vari decreti.

4 Le altre funzioni delle Camere

ARTICOLO 78

Le Camere deliberano lo stato di guerra e conferiscono al Governo i poteri necessari.

Questo articolo, collegato con l'articolo 11 che considera la guerra solo come *strumento di difesa e non di offesa*, prevede che sia il Parlamento a decidere se l'Italia debba entrare in guerra o meno.
Inoltre il Parlamento attribuisce al Governo i poteri necessari, cioè eccezionali ma indispensabili per fronteggiare un momento di grave crisi come la guerra.

ARTICOLO 79

L'amnistia e l'indulto sono concessi con legge deliberata a maggioranza dei due terzi dei componenti di ciascuna Camera, in ogni suo articolo e nella votazione finale.

L'**amnistia** e l'**indulto** sono due provvedimenti di carattere generale, che riguardano cioè una pluralità di persone, detti *di clemenza* (un terzo provvedimento di clemenza, ma di carattere individuale, è la **grazia**, concessa dal Presidente della Repubblica); essi mirano a far ottenere ai condannati a una pena detentiva una *riduzione della pena* stessa. La differenza tra i due istituti consiste nel fatto che mentre *l'amnistia cancella il reato* e, di conseguenza, *la pena ad esso correlata*, *l'indulto cancella la pena ma non influisce sull'esistenza del reato*.
Per l'approvazione della legge che prevede l'amnistia o l'indulto è richiesta la *maggioranza qualificata dei due terzi*.
Di regola la finalità di tali leggi consiste nel tentativo di risolvere, almeno temporaneamente, l'annoso problema del sovraffollamento delle carceri.

La legge che concede l'amnistia o l'indulto stabilisce il termine per la loro applicazione.
In ogni caso l'amnistia e l'indulto non possono applicarsi ai reati commessi successivamente alla presentazione del disegno di legge.

La legge deve specificare il termine entro il quale il reato che gode dell'amnistia o dell'indulto deve essere stato commesso.
Se l'applicazione di tali provvedimenti potesse essere estesa anche a reati commessi dopo la presentazione della proposta di legge, ne risulterebbe un vero e proprio invito a commetterli.

ARTICOLO 80

Le Camere autorizzano con legge la ratifica dei trattati internazionali che sono di natura politica, o prevedono arbitrati o regolamenti giudiziari, o importano variazioni del territorio od oneri alle finanze o modificazioni di leggi.

La **ratifica** è l'atto formale con il quale uno Stato dichiara la propria *volontà di aderire a un trattato internazionale*: l'atto di ratifica è proprio del Presidente della Repubblica, mentre è il Governo a portare avanti la formazione dell'accordo con l'altro o gli altri Stati sul trattato stesso. Il Parlamento controlla l'operato internazionale del Governo. I trattati la cui ratifica deve essere autorizzata dalle Camere riguardano materie molto vaste:
- trattati di natura *politica*;
- *arbitrati o regolamenti giudiziari*, quando cioè gli Stati conferiscono a un potere imparziale (arbitro) o a un tribunale internazionale la possibilità di risolvere una controversia;
- trattati che comportano *variazioni di territorio*;
- trattati che comportano maggiori spese in bilancio;
- trattati che comportano *modificazioni di leggi nazionali*.

Il Parlamento 205

5 La legge di approvazione del bilancio

ARTICOLO 81

Lo Stato assicura l'equilibrio tra le entrate e le spese del proprio bilancio, tenendo conto delle fasi avverse e delle fasi favorevoli del ciclo economico.

Con la **legge di approvazione del bilancio** il Parlamento esercita una funzione di *controllo sull'operato del Governo*. Il bilancio è un documento di natura contabile che contiene le entrate e le spese dello Stato relative a un certo periodo di tempo.
L'articolo 81 è stato profondamente modificato dalla legge costituzionale 20 aprile 2012 n. 1, votata dal nostro Parlamento per rispondere alle pressanti richieste dell'Unione europea in materia di risanamento dei conti pubblici.
Per la prima volta entra nella Costituzione il principio del pareggio del bilancio, anche se è consentito di tenere conto delle fasi di *recessione* e di *espansione* che si alternano durante i **cicli economici**, e quindi di non rispettare tale principio.

Il ricorso all'indebitamento è consentito solo al fine di considerare gli effetti del ciclo economico e, previa autorizzazione delle Camere adottata a maggioranza assoluta dei rispettivi componenti, al verificarsi di eventi eccezionali.

Il **debito pubblico** va tenuto strettamente sotto controllo e vi si può fare ricorso solo nelle *fasi recessive del ciclo economico* o se vi siano stati *eventi eccezionali* (terremoti, alluvioni ecc.). In questo secondo caso le Camere devono autorizzare il Governo con una legge adottata a maggioranza assoluta.

Ogni legge che importi nuovi o maggiori oneri provvede ai mezzi per farvi fronte.

Se una legge prevede, per esempio, la costruzione di un'importante opera pubblica, deve individuare da quali entrate si otterranno i mezzi economici per sostenerla (per esempio tramite un "risparmio" nel campo della sanità o degli armamenti).

Bilancio ■
Il bilancio dello Stato è in pareggio quando le spese sono uguali alle entrate, è in avanzo quando le spese sono minori delle entrate ed è in disavanzo o deficit quando le spese (è il caso più frequente) sono superiori alle entrate.

Ciclo economico Business cycle ■
a period during which a country's economy goes from growth to recession (= a time when business conditions are bad) and back to growth.

Debito pubblico ■
debito dello Stato italiano nei confronti di privati, imprese, banche o soggetti stranieri, che hanno sottoscritto obbligazioni in Italia (es. Bot, Cct) per coprire la differenza fra spese ed entrate dello Stato stesso.

Le Camere ogni anno approvano con legge il bilancio e il rendiconto consuntivo presentati dal Governo.

Si distingue tra:
- **bilancio preventivo annuale**, relativo all'anno che sta per iniziare (per esempio, entro il 31 dicembre 2014 va approvato il bilancio per l'anno 2015);
- **bilancio preventivo pluriennale**, relativo ai tre anni a venire (per esempio, 2015, 2016, 2017);
- **rendiconto consuntivo**, relativo alle entrate e alle spese che si sono effettivamente verificate nell'anno appena trascorso (per esempio, nel 2015 per le entrate e le spese del 2014).

L'esercizio provvisorio del bilancio non può essere concesso se non per legge e per periodi non superiori complessivamente a quattro mesi.

La legge del bilancio annuale preventivo deve essere approvata dal Parlamento entro il 31 dicembre di ciascun anno, altrimenti tutta l'attività dello Stato rimarrebbe bloccata, non potendosi effettuare né pagamenti (per esempio, gli stipendi ai pubblici dipendenti) né riscossioni (di tasse e imposte).
Se l'approvazione non avviene entro la data stabilita, il Parlamento, tramite legge, consente l'**esercizio provvisorio del bilancio** (una sorta di *bilancio "parziale"*), per un periodo non superiore ai quattro mesi.
Mentre è in vigore il bilancio provvisorio, verrà approvato il bilancio definitivo.

Il contenuto della legge di bilancio, le norme fondamentali e i criteri volti ad assicurare l'equilibrio tra le entrate e le spese dei bilanci e la sostenibilità del debito del complesso delle pubbliche amministrazioni sono stabiliti con legge approvata a maggioranza assoluta dei componenti di ciascuna Camera, nel rispetto dei princìpi definiti con legge costituzionale.

La legge di bilancio deve "fotografare" la situazione contabile attuale: per stabilire nuovi tributi e nuove spese occorre l'approvazione di altre leggi, che sono la **legge di stabilità** e la **Dfp** (Decisione di finanza pubblica). La **Dfp** individua gli *obiettivi programmatici della pubblica amministrazione* e la *manovra necessaria al conseguimento degli obiettivi stessi*, mentre la *legge di stabilità*, insieme alla legge di bilancio, costituisce la *manovra di finanza pubblica per il triennio di riferimento* e rappresenta lo strumento principale di attuazione degli obiettivi definiti con la Decisione di finanza pubblica.

Il Parlamento **207**

6 Le commissioni d'inchiesta

ARTICOLO 82

> Ciascuna Camera può disporre inchieste su materie di pubblico interesse.

Tra i poteri del Parlamento c'è quello **ispettivo**: viene esercitato tramite *inchieste* che riguardino questioni di interesse collettivo. Importanti risultati hanno dato, per esempio, le commissioni d'inchiesta sulla mafia e sulla **Loggia massonica P2**.

> A tale scopo nomina fra i propri componenti una commissione formata in modo da rispecchiare la proporzione dei vari gruppi. La commissione d'inchiesta procede alle indagini e agli esami con gli stessi poteri e le stesse limitazioni dell'autorità giudiziaria.

Tale attività viene svolta formando **commissioni d'inchiesta** che rispecchino la formazione politica del Parlamento.
Le commissioni possono essere *mono* o *bicamerali*, cioè formate da soli deputati o soli senatori, oppure da deputati e senatori insieme.
Esercitano gli stessi poteri della magistratura, anche se *i loro lavori non possono concludersi con sentenze*. Si concludono invece con una *relazione che viene discussa e votata dal Parlamento in seduta comune*. I risultati dell'inchiesta servono sia al Parlamento sia al Governo, perché possano prendere gli opportuni provvedimenti.

Loggia massonica P2 (Propaganda 2) ■ loggia massonica coperta (i cui membri cioè non sono conosciuti dagli affiliati ad altre logge). Formalmente sciolta nel 1974 e ricostruita nel 1975, sotto la guida di Licio Gelli si trasformò in una potente forza occulta in grado di condizionare il sistema economico e politico italiano. La scoperta (1981) degli elenchi degli affiliati e del programma dell'associazione aprirono un caso politico e giudiziario. Sciolta in quanto associazione segreta, fu oggetto di un'inchiesta parlamentare e di vari procedimenti giudiziari. (liberamente tratto da: http://www.treccani.it/enciclopedia/ricerca/P2/)

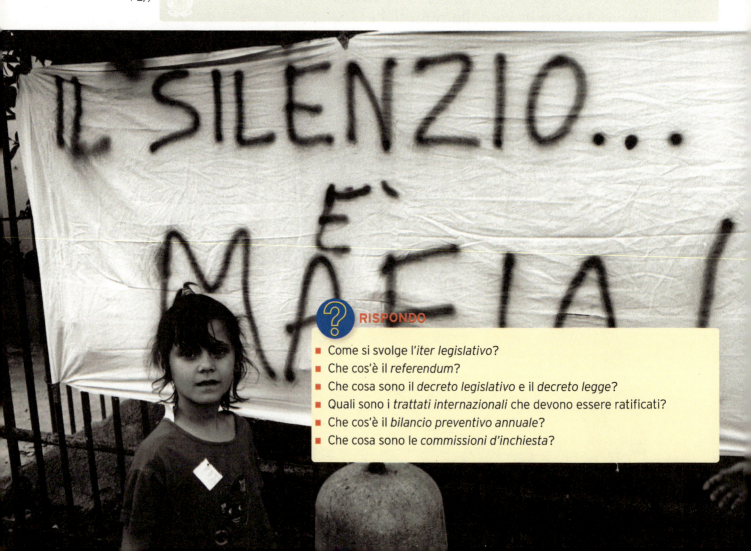

? RISPONDO

- Come si svolge l'*iter legislativo*?
- Che cos'è il *referendum*?
- Che cosa sono il *decreto legislativo* e il *decreto legge*?
- Quali sono i *trattati internazionali* che devono essere ratificati?
- Che cos'è il *bilancio preventivo annuale*?
- Che cosa sono le *commissioni d'inchiesta*?

VERIFICO L'APPRENDIMENTO

VERIFICO LE CONOSCENZE

vero o falso?

1. Montesquieu ha enunciato il principio della divisione dei poteri — V F
2. Il Parlamento italiano si compone di Camera dei deputati e Camera dei senatori — V F
3. Il Parlamento si riunisce in seduta comune per approvare le leggi — V F
4. La legislatura dovrebbe durare cinque anni — V F
5. Con l'ostruzionismo la maggioranza intende impedire l'approvazione di un provvedimento presentato dalla minoranza — V F
6. I parlamentari non possono essere perseguiti per come hanno votato — V F
7. Il popolo esercita l'iniziativa legislativa con la proposta da parte di 500.000 elettori — V F
8. Le commissioni parlamentari permanenti devono rispecchiare la composizione politica del Parlamento — V F
9. Le commissioni in sede deliberante approvano le leggi senza l'intervento del Parlamento — V F
10. Normalmente la *vacatio legis* è della durata di un mese — V F
11. Le leggi vengono pubblicate sul *Gazzettino Ufficiale* — V F
12. Il veto sospensivo deve essere esercitato con messaggio motivato — V F
13. Il referendum è indetto per approvare una legge — V F
14. I decreti legislativi possono essere emanati in casi straordinari di necessità e urgenza — V F
15. I decreti legge devono essere convertiti in legge entro 60 giorni — V F
16. La legge di approvazione del bilancio contiene nuovi tributi e nuove spese — V F

scelgo la risposta esatta

1. **Si chiama proroga il prolungamento della durata delle Camere**
   A finché non sono riunite le nuove Camere
   B in caso di guerra
   C in caso di convocazione in via straordinaria
   D in caso di scioglimento anticipato

2. **Le proposte di legge possono essere presentate**
   A da ciascun parlamentare, dal Presidente della Repubblica, dal Cnel, dal popolo, dai Consigli regionali
   B dai Consigli regionali, da ciascun parlamentare, dal Governo, dal Cnel, dal popolo
   C da ciascun parlamentare, dal Governo, dal Cnel, dal Presidente del Consiglio, dai Consigli regionali
   D dalle commissioni parlamentari, dal Governo, dal Cnel, dal popolo, dai Consigli regionali

3. **I decreti legislativi**
   A devono essere convertiti in legge entro 60 giorni
   B entrano in vigore lo stesso giorno della loro pubblicazione
   C sono adottati in casi straordinari di necessità e urgenza
   D necessitano di una legge-delega da parte delle Camere

4. **Il referendum abroga la legge se**
   A ha votato il 50% più uno degli elettori
   B ha votato il 50% più uno degli elettori e la maggioranza dei votanti ha votato per l'abrogazione
   C non ha votato il 50% più uno degli elettori
   D ha votato il 50% più uno degli elettori e la maggioranza dei votanti non ha votato per l'abrogazione

5. **Il decreto legge deve essere convertito in legge**
   A entro 14 giorni
   B entro 15 giorni
   C entro 60 giorni
   D entro 30 giorni

completo

La Camera dei deputati ha (1) .... membri, il Senato della Repubblica 315 più i senatori (2) .... In alcune occasioni le due Camere si riuniscono in seduta (3) .... a Montecitorio. L'elettorato passivo per la Camera dei deputati si ottiene a (4) .... anni, per il Senato a (5) .... Si chiama (6) .... il periodo di tempo tra una elezione delle Camere e quella successiva. La durata delle Camere dovrebbe essere di (7) .... anni. Generalmente le sedute delle Camere sono pubbliche, solo talvolta sono (8) .... Il parlamentare colto in (9) .... di reato può essere arrestato. Quando le (10) .... permanenti si riuniscono in sede (11) ...., approvano la legge senza che venga esaminata dalle Camere in seduta (12) .... L'(13) .... *legis* presenta le seguenti fasi: proposta, (14) .... e approvazione, (15) .... da parte del Presidente della Repubblica, (16) ...., *vacatio legis*.

Il Parlamento 209

VERIFICO L'APPRENDIMENTO

Sono emanati in casi straordinari di necessità e urgenza i decreti (17) .... Necessitano di una legge (18) .... da parte del Parlamento i decreti (19) ....

5; 25; 40; 630; a vita; commissioni; comune; delega; deliberante; discussione; flagranza; iter; legge; legislativi; legislatura; plenaria; promulgazione; pubblicazione; segrete.

• IMPARO A IMPARARE…

costruisci una mappa partendo dai seguenti concetti

1. Potere legislativo
2. Poteri del Presidente della Repubblica
3. *Iter legis*

  ▶ **AIUTATI E VERIFICA IL TUO LAVORO CON LE MAPPE INTERATTIVE**

Mappa

• IMPARO A COMUNICARE…

rispondi verbalmente e poi in forma scritta

1. Come si chiamano le due Camere che formano il Parlamento italiano?
2. In quali casi le due Camere si riuniscono *in seduta comune*?
3. Quale *sistema elettorale* è adottato in Italia per l'elezione delle Camere?
4. Chi sono i *senatori a vita*?
5. Che cosa sono i gruppi parlamentari?
6. Che cosa si intende per ostruzionismo?
7. A chi spetta l'*iniziativa legislativa*?
8. Da chi vengono promulgate le leggi?
9. Dove vengono pubblicate le leggi?
10. Che cos'è il *veto sospensivo*?
11. Chi può richiedere il referendum?
12. Per quali leggi *non è ammissibile*?
13. Quali condizioni si devono verificare perché il referendum abroghi la legge?
14. Perché è necessario il controllo da parte del Parlamento sui decreti legislativi e sui decreti legge?
15. Che cosa deve contenere la legge-delega?
16. Entro quanto tempo un decreto legge deve essere convertito in legge?
17. Che differenza c'è tra amnistia e indulto?

• INTERPRETO L'INFORMAZIONE

Sottolinea nel testo le parole che non conosci e cerca sul dizionario l'esatta definizione.

1. **BAMBINI STRANIERI IN ITALIA: DI QUALI LEGGI ABBIAMO BISOGNO**
   Salvatore Geraci e Marco Mazzetti
   Area Sanitaria Caritas Roma. Società Italiana di Medicina delle Migrazioni

Come già nella maggior parte dei Paesi di strutturale immigrazione appare necessario passare dallo *ius sanguinis* allo *ius soli* nella concessione della **cittadinanza italiana**, in modo che nascere in Italia comporti l'acquisizione dello *status* di cittadino. Attualmente nascere in Italia non comporta infatti l'acquisizione della cittadinanza che segue invece il "sangue", cioè lo *status* dei genitori. I bambini figli di stranieri sono così costretti a crescere in una condizione di discriminazione rispetto ai loro coetanei figli di italiani, di cui non condividono i diritti civili, nonostante i loro genitori condividano al contrario tutti i doveri degli italiani, in primo luogo il pagamento delle tasse.

Le **scuole** devono predisporre appropriati percorsi di inserimento didattico dei bambini recentemente immigrati che non conoscano l'uso della lingua italiana. Questi percorsi devono venire integrati nella normale attività didattica delle classi (e non con "classi differenziate") avvalendosi di insegnanti di supporto e ore aggiuntive per l'apprendimento della lingua, e al tempo stesso favorendo l'integrazione del bambino nel normale gruppo classe.

(liberamente tratto da: http://www.simmweb.it/fileadmin/documenti/Simm_x_news/2010_bis/11-geraci_mazzetti_chieti_2010.pdf)

Rispondi alle domande

1. Di quale argomento tratta l'articolo che hai letto?
2. Di quali leggi si chiede l'approvazione?
3. Sei d'accordo con quanto richiesto?

Unità di apprendimento

9 Il Parlamento

2 Dodici referendum proposti dai radicali

(http://www.ilcittadinoonline.it/news/162474/Radicali__raccolta_firme_pro_referendum_in_piazza_Salimbeni.html
Puoi vedere anche: http://www.youtube.com/watch?v=XE7b9Cb02fk)

Rispondi alle domande

1. Chi sono i radicali?
2. Di quali argomenti trattano i referendum proposti dai radicali?
3. Sei d'accordo con quanto richiesto?

• APPLICO LE CONOSCENZE

cerca sul web

1. Vai sul sito http://www.senato.it/leg17/BGT/Schede_v3/Ddliter/41729.htm, clicca sul bottone "Disegni di legge" e poi sul menu a tendina "Disegni di legge e documenti maggiormente richiesti".
Dopo aver scelto e consultato una proposta di legge di tuo interesse, rispondi alle seguenti domande.

    1. Di quale argomento tratta la legge?
    2. Chi ha presentato la proposta di legge?
    3. Chi sono i relatori?
    4. A quale commissione permanente (o quali commissioni) è stata assegnata?

2. Vai sul sito del Senato. Entra nelle pagine il "Senato per i ragazzi" (http://www.senatoperiragazzi.it/#&slider1=5) e scopri insieme ai tuoi compagni le attività che il Senato propone. Entra poi nella sezione in basso a destra "Gioca con noi", clicca sul link "Come nasce una legge" e prova a rispondere tu.

Vai poi al link "Le istituzioni per i ragazzi in Italia e negli altri paesi del mondo", entra in "Irlanda - Parlamento" e clicca su "Glossary". Contiene un glossario inglese che potrai consultare anche nell'Unità sulle istituzioni internazionali.

team working

Dopo aver formato dei gruppi di lavoro all'interno della classe, vai al sito della Camera. Segui i link: "Lavori - Attività Legislativa (http://www.camera.it/leg17/201). Clicca su "Progetti di legge": scegli attraverso i filtri a destra un progetto di legge di iniziativa popolare e analizzalo nei suoi aspetti formali.
Crea un format di riferimento (intestazione – Onorevoli colleghi! – una breve relazione motivata introduttiva – testo redatto in articoli). Scegli un argomento all'interno del gruppo e scrivi un progetto di legge. Nomina un relatore che lo esponga in classe.

problem solving

1. Nel corso di una votazione della legge nel suo insieme alla Camera i presenti sono 510, gli astenuti 20, quanti voti favorevoli sono necessari per l'approvazione?
2. Nel corso di una votazione della legge nel suo insieme al Senato i presenti sono 190, gli astenuti 10, quanti voti favorevoli sono necessari per l'approvazione?
3. Nel corso di una votazione della legge nel suo insieme alla Camera i presenti sono 420, gli astenuti 150, quanti voti favorevoli sono necessari per l'approvazione? Nel corso della votazione del disegno di legge al Senato i presenti sono 280, gli astenuti 10, quanti voti favorevoli sono necessari per l'approvazione? Discuti dei risultati ottenuti con i tuoi compagni. Che cosa pensi del diverso ruolo degli astenuti?

Il Parlamento

Unità di apprendimento 10

Il Presidente della Repubblica e il Governo

1 Il Presidente della Repubblica
2 Il Governo

Conoscenze

- Le modalità di elezione del Presidente della Repubblica
- Lo status e le funzioni del Presidente della Repubblica
- Le principali forme di Governo e il Governo degli Stati Uniti d'America
- La composizione e la formazione del Governo italiano
- Le funzioni del Governo
- La pubblica amministrazione

Abilità

- Riconoscere le funzioni del Presidente della Repubblica
- Confrontare le principali forme di Governo
- Sintetizzare le fasi di formazione del Governo
- Analizzare le funzioni del Governo
- Confrontare le funzioni delle più importanti pubbliche amministrazioni

FOCUS FILM...

 Laboratorio di cinema

per comprendere l'importanza dell'espressione di idee attraverso diversi mezzi di comunicazione

Il film focalizza l'attenzione sulla campagna elettorale per le primarie presidenziali negli Stati Uniti, le elezioni interne ai partiti nelle quali gli elettori dei singoli Stati scelgono il loro candidato alla Casa Bianca, sui compromessi, sulle meschinità della politica e sulla cinica lotta per il potere.

1 Il Presidente della Repubblica

1 L'elezione del Presidente della Repubblica

**TITOLO II
IL PRESIDENTE DELLA REPUBBLICA**

ARTICOLO 83

Il Presidente della Repubblica è eletto dal Parlamento in seduta comune dei suoi membri.

Uno dei casi di riunione del Parlamento *in seduta comune* riguarda l'elezione del Presidente della Repubblica.

All'elezione partecipano tre delegati per ogni Regione eletti dal Consiglio regionale in modo che sia assicurata la rappresentanza delle minoranze. La Valle d'Aosta ha un solo delegato.

Essendo l'Italia una **Repubblica parlamentare**, *il Presidente è eletto dal Parlamento* e non direttamente dal popolo, come avviene nelle Repubbliche presidenziali.
I tre delegati per ogni regione più l'unico della Valle d'Aosta (in tutto sono 58, nominati dai Consigli regionali) modificano assai relativamente la composizione del Parlamento.

214 ■ Unità di apprendimento 10

L'elezione del Presidente della Repubblica ha luogo per scrutinio segreto a maggioranza di due terzi dell'assemblea. Dopo il terzo scrutinio è sufficiente la maggioranza assoluta.

> Lo scrutinio è **segreto** perché ciascun parlamentare sia perfettamente libero di votare per chi ritiene opportuno. È richiesta la *maggioranza qualificata dei due terzi per le prime tre votazioni. Dalla quarta, è sufficiente la maggioranza assoluta*. Tali elevate maggioranze sono richieste affinché il Presidente sia effettivamente rappresentativo di tutta la nazione.

I Presidenti della Repubblica dal 1946 a oggi

Presidente	Anni	Numero di votanti	Voti ottenuti	Numero scrutini
Enrico De Nicola (capo provvisorio dello Stato)	1946-1947 1947-1948	504 431	396 (78%) 405 (94%)	1 1
Luigi Einaudi	1948-1955	872	518 (60%)	4
Giovanni Ronchi	1955-1962	833	658 (78%)	4
Antonio Segni	1962-1964	842	443 (52%)	9
Giuseppe Saragat	1964-1971	937	646 (69%)	21
Giovanni Leone	1971-1978	996	518 (52%)	23
Sandro Pertini	1978-1985	995	832 (83%)	16
Francesco Cossiga	1985-1992	977	752 (76%)	1
Oscar Luigi Scalfaro	1992-1999	1002	672 (67%)	16
Carlo Azeglio Ciampi	1999-2006	990	707 (70%)	1
Giorgio Napolitano	2006-2013	990	543 (54,8%)	4
Giorgio Napolitano	dal 2013	997	738 (74%)	6

ARTICOLO 84

Può essere eletto Presidente della Repubblica ogni cittadino che abbia compiuto cinquanta anni d'età e goda dei diritti civili e politici.

> Le sole condizioni richieste per poter essere eletto Presidente sono: essere *cittadino italiano*, godere dei *diritti civili e politici*, avere compiuto *cinquant'anni*.
>
> Anche se non si è ancora verificato, può ovviamente essere eletta una *donna*. Non è nemmeno richiesto che il futuro Presidente faccia parte del Parlamento, come è avvenuto con il Presidente Ciampi, o si sia comunque dedicato all'attività politica o abbia un certo grado di istruzione.

L'ufficio di Presidente della Repubblica è incompatibile con qualsiasi altra carica.

L'incompatibilità è **assoluta**, sia nei confronti di altre cariche pubbliche, sia nei confronti di qualsiasi attività privata. Non c'è dubbio che il numero e la delicatezza delle funzioni del Presidente richiedano un impegno a tempo pieno.

L'assegno e la dotazione del Presidente sono determinati per legge.

Per consentirgli di svolgere in totale autonomia le proprie funzioni, con legge viene determinato a favore del Presidente un *assegno*, cioè un compenso periodico.
Con il termine *dotazione* si intendono i palazzi e le tenute nei quali può abitare il Presidente, anche se non tutti i Presidenti hanno usufruito di tali possibilità.
La residenza ufficiale è al palazzo del Quirinale, dove si svolgono anche le visite ufficiali degli ospiti.

Quirinale = dal nome del dio Quirino cui era dedicato il colle su cui sorge il palazzo. Nel linguaggio giornalistico è molto usata la metonimia (figura retorica) di Quirinale per Presidente della Repubblica.

ARTICOLO 85

Il Presidente della Repubblica è eletto per sette anni.

Il termine di **sette anni** è stato stabilito dall'Assemblea costituente per *non far coincidere l'elezione delle Camere con quella del Presidente della Repubblica*. Solo Giorgio Napolitano è stato rieletto per la seconda volta.

Trenta giorni prima che scada il termine il Presidente della Camera dei deputati convoca in seduta comune il Parlamento e i delegati regionali, per eleggere il nuovo Presidente della Repubblica.

Il secondo comma dell'articolo 85 illustra l'inizio della procedura per l'elezione del Presidente: essa deve cominciare, al fine di evitare un pericoloso vuoto di potere, *trenta giorni prima che scada il settennato*, con la convocazione delle Camere e dei delegati regionali.

Se le Camere sono sciolte, o manca meno di tre mesi alla loro cessazione, la elezione ha luogo entro quindici giorni dalla riunione delle Camere nuove. Nel frattempo sono prorogati i poteri del Presidente in carica.

È opportuno che il Presidente della Repubblica venga eletto da Camere "fresche" per avere maggiori consensi. Perciò, se il Parlamento è sciolto o il suo termine scade entro tre mesi, l'elezione del Presidente avverrà entro quindici giorni dall'insediamento di quello nuovo. In questo caso, i poteri del Presidente vengono prorogati.

Il primo Presidente della Repubblica italiana Enrico De Nicola (1948). Nella foto accanto: Giovanni Gronchi (1955-1962).

FOCUS digitale — SURFING THE PARLIAMENT

Vai nel sito della Camera (http://www.camera.it/leg17/1), entra nella sezione "Lavori" e clicca nella colonna a sinistra su "Parlamento in seduta comune"; entra nella sezione "Elezioni Presidente della Repubblica". Attivando il motore di ricerca ti sei collegato al sito del Parlamento dove è possibile consultare un'ampia documentazione riguardante l'elezione del Presidente della repubblica (modalità di elezione, norme della Costituzione, risultati delle votazioni). Potrai navigare nelle pagine relative all'elezione dell'attuale Presidente e guardare il video del giuramento.

2 Le funzioni del Presidente della Repubblica

ARTICOLO 86

Le funzioni del Presidente della Repubblica, in ogni caso che egli non possa adempierle, sono esercitate dal Presidente del Senato.

> Il **Presidente del Senato**, in quanto seconda carica dello Stato, esercita la funzione di *supplire il Presidente della Repubblica* quando questi non può svolgere le sue funzioni o perché **assente**, come durante le visite all'estero, o perché **impedito temporaneamente**, per esempio, per una breve malattia.

In caso di impedimento permanente o di morte o di dimissioni del Presidente della Repubblica, il Presidente della Camera dei deputati indice la elezione del nuovo Presidente della Repubblica entro quindici giorni, salvo il maggior termine previsto se le Camere sono sciolte o manca meno di tre mesi alla loro cessazione.

> Nell'ipotesi in cui l'impedimento diventi **permanente**, come nel caso del Presidente Segni, o di **dimissioni**, come nel caso del Presidente Leone, o in caso di **morte**, occorre procedere alla nuova elezione entro quindici giorni. Se le Camere sono sciolte o mancano meno di tre mesi alla loro scadenza, occorrerà attendere il rinnovo del Parlamento. Nel tempo che intercorre prosegue la *supplenza del Presidente del Senato*.

Da sinistra: Giovanni Leone (1971-1978), Francesco Cossiga (1985-1992), Oscar Luigi Scalfaro (1992-1999).

ARTICOLO 87

Il Presidente della Repubblica è il capo dello Stato e rappresenta l'unità nazionale.

Il Presidente della Repubblica *non è titolare di nessuno dei tre poteri dello Stato*, legislativo, esecutivo e giudiziario, ma *partecipa a tutti e tre con una serie di importanti e delicate funzioni*.
Egli è il **capo dello Stato**: in questa veste appare e agisce sia nei rapporti internazionali, sia come organo *super partes* rispetto agli altri poteri dello Stato, sia come garante della Costituzione.
Inoltre rappresenta l'*unità della nazione*, cioè è il Presidente di tutti gli italiani, indipendentemente dal proprio pensiero politico. In tale veste esercita il **potere di esternazione**, cioè la possibilità di *esprimere il proprio pensiero sull'operato degli altri organi costituzionali*, anche in situazioni non espressamente previste dalla Costituzione (interviste, messaggi alla Nazione e via dicendo).

Tradizionalmente i poteri del Presidente della Repubblica vengono divisi in tre diverse categorie.
Nei confronti del *potere legislativo*:

Può inviare messaggi alle Camere.

Indice le elezioni delle nuove Camere e ne fissa la prima riunione.

Autorizza la presentazione alle Camere dei disegni di legge di iniziativa del Governo.

Promulga le leggi ed emana i decreti aventi valore di legge e i regolamenti.

Indice il referendum popolare nei casi previsti dalla Costituzione.

Nei confronti del *potere esecutivo*:

Nomina, nei casi indicati dalla legge, i funzionari dello Stato.

Accredita e riceve i rappresentanti diplomatici, ratifica i trattati internazionali, previa, quando occorra, l'autorizzazione delle Camere.

Ha il comando delle Forze Armate, presiede il Consiglio supremo di difesa costituito secondo la legge, dichiara lo stato di guerra deliberato dalle Camere.

Nei confronti del *potere giudiziario*:

Presiede il Consiglio superiore della magistratura.

Può concedere grazia e commutare le pene.

Ancora nei confronti del *potere esecutivo*:

Conferisce le onorificenze della Repubblica.

Sandro Pertini (1978-1985).

Tra i poteri del Presidente della Repubblica non dobbiamo dimenticare che può sciogliere anticipatamente le Camere ed esercitare il veto sospensivo.

Sen. Barack Obama spoke at a rally in Grant Park in Chicago, Illinois, after winning the race for the White House

The following is an exact transcript of his speech.

This is our time, to put our people back to work and open doors of opportunity for our kids; to restore prosperity and promote the cause of peace; to reclaim the **American dream** *and reaffirm that fundamental truth, that, out of many, we are one; that while we breathe, we hope. And where we are met with cynicism and doubts and those who tell us that we can't, we will respond with that timeless creed that sums up the spirit of a people: Yes, we can.*
Thank you. God bless you. And may God bless the United States of America

(tratto da: http://edition.cnn.com/2008/POLITICS/11/04/obama.transcript/index.html)

■ **American dream** the belief that everyone in the US has the chance to be successful, rich, and happy if they work hard.

FOCUS digitale

Consulta il sito del Quirinale (http://www.quirinale.it), clicca sul bottone "Gli atti del Capo dello Stato" e, poi, seleziona "Il potere di grazia"; infine, scegli "L'esercizio del potere di grazia del Presidente della Repubblica". Dopo aver letto attentamente il resoconto riguardante la sentenza della Corte costituzionale 200/2006 che ha risolto un passato conflitto di attribuzione riguardante la titolarità del potere di grazia, rispondi per iscritto alle seguenti domande:
• perché si è verificato un conflitto di competenza tra il Presidente della Repubblica e il ministro della Giustizia?
• per quali motivi la Corte costituzionale ha dato ragione al Presidente della Repubblica?
• sei d'accordo con questa sentenza? Perché?

Il Presidente della Repubblica e il Governo 219

Oscar Luigi Scalfaro.

ARTICOLO 88

Il Presidente della Repubblica può, sentiti i loro Presidenti, sciogliere le Camere o anche una sola di esse.

Nel caso che i rami del Parlamento non possano funzionare a causa di gravi disaccordi interni o non si riesca a formare una maggioranza stabile che appoggi il Governo, il Presidente della Repubblica può *scioglierli entrambi o uno solo* prima della loro scadenza naturale, e *indire nuove elezioni*.
Ha l'obbligo di discutere tale ipotesi con i Presidenti delle Camere.

Non può esercitare tale facoltà negli ultimi sei mesi del suo mandato, salvo che essi coincidano in tutto o in parte con gli ultimi sei mesi della legislatura.

Gli ultimi sei mesi prima della scadenza del mandato prendono il nome di **semestre bianco**: in questo periodo il Presidente della Repubblica *non può sciogliere anticipatamente le Camere* (sempre che non ci si trovi contemporaneamente negli ultimi sei mesi della legislatura), per impedire che il Presidente faccia ricorso alle elezioni anticipate del Parlamento nella speranza di essere da questo rieletto.

3 L'irresponsabilità del Presidente della Repubblica

Luigi Einaudi con una scolaresca.

Consiglio supremo di difesa ■
composto, oltre che dal Presidente della Repubblica, dal Presidente del Consiglio dei ministri, dai ministri della Difesa, degli Esteri, dell'Interno, dell'Economia e dal capo di Stato maggiore della Difesa, ha il compito di organizzare la difesa nazionale.

ARTICOLO 89

Nessun atto del Presidente della Repubblica è valido se non è controfirmato dai ministri proponenti, che ne assumono la responsabilità.

Il Presidente della Repubblica gode dell'*irresponsabilità* sia politica sia giuridica, quest'ultima disciplinata dall'articolo seguente.
L'**irresponsabilità politica** deriva direttamente dalla prerogativa regia prevista dallo Statuto albertino e consiste nel fatto che *gli atti del Presidente della Repubblica, per essere validi, devono essere controfirmati dai ministri competenti* che se ne assumono la responsabilità, appunto, politica e giuridica. Esistono anche atti che non devono essere firmati da alcun ministro, come le dimissioni, le esternazioni, gli atti compiuti in qualità di Presidente del Consiglio superiore della magistratura e del **Consiglio supremo di difesa**.

Gli atti che hanno valore legislativo e gli altri indicati dalla legge sono controfrimati anche dal Presidente del Consiglio dei Ministri.

La presentazione di *disegni di legge*, l'emanazione di *decreti legge* e *legislativi* e ogni atto che preveda una *deliberazione del Governo* devono essere controfirmati, oltre che dal ministro proponente, anche dal Presidente del Consiglio dei ministri, in quanto questi atti servono a realizzare il disegno politico del Governo, di cui il Presidente del Consiglio è responsabile, nonché dal Presidente della Repubblica.

ARTICOLO 90

Il Presidente della Repubblica non è responsabile degli atti compiuti nell'esercizio delle sue funzioni, tranne che per alto tradimento o per attentato alla Costituzione.

L'articolo 90 prevede l'**irresponsabilità civile**, **penale** e **amministrativa** per gli atti compiuti dal Presidente della Repubblica nell'esercizio delle sue funzioni. *L'irresponsabilità non è però assoluta*: il Presidente della Repubblica può commettere i reati di *alto tradimento* e *attentato alla Costituzione*. Tali reati prevedono "ipotesi di scuola" assai difficilmente realizzabili: l'**alto tradimento** consisterebbe infatti in *"intese con il nemico"*, come dire che il Presidente della Repubblica potrebbe accordarsi con un Paese straniero perché invada l'Italia, o potrebbe fornire notizie riservate tanto da rendere inefficace qualsiasi difesa; l'**attentato alla Costituzione** corrisponderebbe invece a situazioni da cui si evince la volontà del Presidente della Repubblica di violare o modificare la Costituzione al fine di *esercitare un potere dittatoriale*.
Nessun fatto del genere si è mai verificato.
Permane invece la sua responsabilità per gli *atti compiuti al di fuori dell'esercizio delle sue funzioni* (per esempio, se commettesse un omicidio o non pagasse un debito).

■ **Ipotesi di scuola** ipotesi teorica, situazione astratta considerata dal legislatore come presupposto per l'applicazione di una norma.

In tali casi è messo in stato di accusa dal Parlamento in seduta comune, a maggioranza assoluta dei suoi membri.

Spetta al Parlamento in seduta comune e a maggioranza assoluta deliberare la *messa in stato di accusa* del Presidente della Repubblica. Il giudizio verrà poi esercitato dalla Corte costituzionale, integrata dalla presenza di sedici cittadini.

Luigi Einaudi (1948-1955).

ARTICOLO 91

Il Presidente della Repubblica, prima di assumere le sue funzioni, presta giuramento di fedeltà alla Repubblica e di osservanza della Costituzione dinanzi al Parlamento in seduta comune.

La formula del giuramento è la seguente: «Giuro di essere fedele alla Repubblica e di osservarne lealmente la Costituzione». In seguito il Presidente pronuncia un discorso nel quale spiega quelle che saranno le *linee-guida* del suo settennato.

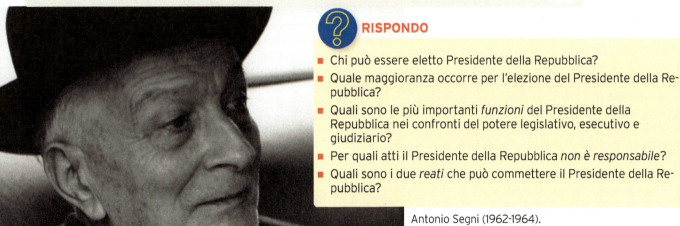

? RISPONDO

- Chi può essere eletto Presidente della Repubblica?
- Quale maggioranza occorre per l'elezione del Presidente della Repubblica?
- Quali sono le più importanti *funzioni* del Presidente della Repubblica nei confronti del potere legislativo, esecutivo e giudiziario?
- Per quali atti il Presidente della Repubblica *non è responsabile*?
- Quali sono i due *reati* che può commettere il Presidente della Repubblica?

Antonio Segni (1962-1964).

2 Il Governo

1 Forme di governo

Forma di governo
Form of government ■ nature of the relationship existing between the most important State bodies.

La **forma di governo** (da non confondere con la forma di Stato, di cui abbiamo parlato nell'Unità di apprendimento 2) è il *modo in cui, all'interno di uno Stato, è distribuito e organizzato il potere*; essa definisce *a chi è attribuita la sovranità* e *quali sono gli organi destinati all'esercizio delle diverse funzioni*.
Le principali forme di governo sono la **monarchia** e la **repubblica**.

La **monarchia** attribuisce, in genere per diritto divino, la *sovranità al re*, che la trasmette ai propri *discendenti* (anche se esiste qualche caso di monarca eletto, per esempio lo Stato Città del Vaticano, gli Emirati Arabi Uniti o Samoa).
La monarchia si distingue in:
- **assoluta**, quando *tutti i poteri sono concentrati nelle mani del re*;
- **costituzionale pura**, quando il monarca ha concesso una costituzione che pur applicando il principio della divisione dei poteri *prevede che il Governo sia responsabile solo nei confronti del re*, il quale può revocargli la propria fiducia (com'era previsto dallo Statuto albertino);
- **parlamentare**, in cui *il ruolo del Parlamento diventa preminente e il Governo risponde delle proprie iniziative e della propria politica* di fronte al Parlamento, con il quale deve esistere un rapporto di fiducia.

In Europa hanno mantenuto il sistema monarchico vari Stati tra i quali ricordiamo Spagna, Gran Bretagna, Belgio, Olanda, Svezia, Norvegia. Le moderne monarchie si sono profondamente modificate rispetto al passato, sono divenute delle democrazie. Infatti tra i due termini non c'è contraddizione, essendo la *monarchia una forma di governo*, mentre la *democrazia è una forma di Stato*; anzi, la Gran Bretagna, da sempre monarchia, è stata definita come la prima democrazia al mondo. Nelle monarchie contemporanee il re ha mantenuto essenzialmente la funzione di simbolo dell'unità nazionale, mentre il Parlamento, eletto dal popolo, esercita il potere. Nel mondo esistono ancora monarchie assolute, per esempio, l'Arabia Saudita e lo Stato Città del Vaticano.

La Camera dei Deputati, Palazzo Montecitorio, Roma.

La **repubblica** è una forma di governo che prevede che *il potere sia esercitato da organi eletti dai cittadini: la sovranità, perciò spetta al popolo.*
In base alle competenze che all'interno della repubblica sono attribuite ai vari organi dello Stato è possibile distinguere:

- **repubblica parlamentare**: tra Parlamento e Governo deve esistere una relazione di fiducia, cioè il *Governo deve godere della maggioranza dei voti in Parlamento*; quando questa viene a mancare, il Governo deve dimettersi; il Presidente della Repubblica non è a capo del Governo (lo è il Presidente del Consiglio dei ministri) ma rappresenta l'unità della nazione e ha compiti di garanzia. L'Italia ha scelto questa forma di governo;
- **repubblica presidenziale**: *il Presidente, eletto direttamente dai cittadini, è anche capo del Governo*, perciò i suoi poteri sono più incisivi di quelli che spettano al Presidente nella repubblica parlamentare. Gli Stati Uniti sono un esempio di repubblica presidenziale.

Un'altra forma di governo è la **teocrazia** che indica un ordinamento in cui *il potere politico è subordinato a quello religioso* in quanto è ammessa un'unica religione che diviene *fondamento dello Stato e dell'esercizio del potere*: i governanti si considerano chiamati da Dio alla propria missione. Nel corso della storia è stata una teocrazia l'antico Egitto. Stati teocratici sono sorti negli ultimi decenni nel mondo islamico; è il caso dell'Iran e dell'Afghanistan dei talebani. In questi Paesi islamici la legge fondamentale è la **shari'a**.

- **Teocrazia**
termine di derivazione greca (*theos-kratos*) che significa governo di Dio.

- **Shari'a**
legge che si basa essenzialmente sul Corano, il libro sacro dell'Islam, e sulla tradizione sacra ("Sunna"), che riprende una serie di casi concreti risolti da Maometto per colmare le lacune del Corano.

Esiste un'ulteriore classificazione degli Stati che si basa sulla **forma di organizzazione**: essa stabilisce se *l'ordinamento giuridico e il governo sono unici su tutto il territorio o sono differenziati.* Si distingue tra:

- **Stato unitario**, in cui *tutti i poteri sono di competenza del Governo centrale* (per esempio, la Francia);
- **Stato regionale** (per esempio, l'Italia): è uno Stato unitario in cui si riconoscono *ampi poteri alle regioni*;
- **Stato federale** (per esempio gli Stati Uniti, la Svizzera, la Federazione russa): i singoli Stati mantengono un proprio sistema legislativo ma attribuiscono *al Governo centrale il potere su materie di interesse comune* come la difesa, la politica estera e la politica economico-monetaria.

FOCUS digitale

La **Magna Charta Libertatum** è il documento che il re d'Inghilterra Giovanni Senzaterra fu costretto a concedere ai baroni del Regno nel 1215. È considerata la prima normativa che riconosce i *diritti fondamentali dei cittadini*. Consulta uno dei numerosi siti che la presentano, per esempio http://www.rivstoricavirt.com/rivstoricavirt_sito/CorpoMC1215I.html. La classe può dividersi in gruppi in modo che ciascun gruppo legga dieci o quindici norme della Carta stessa.
Ciascun gruppo risponda alla seguente domanda:
A quali diritti fanno riferimento le norme lette?
Infine discutete in classe:
Quali sono i diritti maggiormente ricorrenti nella Carta?
Perché re Giovanni fu costretto a emanarla?

Il Presidente della Repubblica e il Governo 223

Approfondimento

Gli Usa, un governo presidenziale

Il **Presidente degli Stati Uniti** possiede, in estrema sintesi, i poteri del nostro Presidente della Repubblica e del nostro Presidente del Consiglio.
Il **Presidente,** in base alla Costituzione:

- è investito del *potere esecutivo*;
- in materia internazionale, *negozia e stipula i trattati*, con il consenso di almeno due terzi dei membri del Senato;
- in materia legislativa *ha potere di raccomandazione o "impulso"* (attraverso il messaggio sullo stato dell'Unione o specifici messaggi) e *potere di veto sospensivo*. Non può, però, presentare direttamente proposte di legge in quanto *l'iniziativa legislativa appartiene ai membri del Congresso*, senatori e deputati;
- *nomina i funzionari e i giudici federali*, con il necessario consenso del Senato;
- *ha il comando delle* **Forze armate**;
- in casi eccezionali, *può esercitare poteri straordinari*.

L'elezione del Presidente Usa è considerata la più significativa espressione di **voto "diretto" del popolo**. In realtà la Costituzione prevede una elezione "di secondo grado", mediata dai delegati.
Il popolo elegge i "Grandi elettori" (delegati) *che a loro volta eleggono il Presidente*. I delegati sono eletti con il **sistema maggioritario** in ogni singolo Stato. Ciò significa che il vincitore per voti popolari di uno Stato si prenderà tutti i delegati di quel territorio, mentre il perdente (anche se di un solo voto) non ne avrà nessuno. Di conseguenza un candidato alla Presidenza può ottenere più voti popolari a livello nazionale ed essere ugualmente sconfitto. Per esempio, se un candidato ottiene la maggioranza dei voti popolari in California (cinquantacinque delegati nel 2004) per mille voti popolari in più, avrà tutti i cinquantacinque delegati. Se il suo avversario ottiene per diecimila voti popolari in più lo Stato del Nord Dakota (tre delegati nel 2004), avrà tre delegati. Nel calcolo complessivo, il secondo candidato ha novemila voti popolari in più ma solo tre delegati contro i cinquantacinque dell'altro.
Il mandato dura quattro anni (rinnovabili per altri quattro) e *non è prevista la possibilità di una sfiducia* da parte del Congresso. **Il Presidente può essere destituito solo attraverso l'impeachment** (letteralmente: *accusa, incriminazione*) che è una procedura costituzionale nella quale *il Senato ha il potere esclusivo di giudicare le accuse*, che devono riguardare «casi di corruzione, tradimento o altro delitto e crimine importante», *formulate dalla Camera contro il Presidente*. Nei casi d'impeachment a presiedere il Senato è chiamato il presidente della Corte suprema.

Il **Congresso** degli Stati Uniti, ossia il *Parlamento*, è formato dalle due assemblee elettive nazionali: la **Camera dei Rappresentanti**, costituzionalmente considerata *organo rappresentativo del popolo* nella sua totalità, e il **Senato**, espressione, invece, dei *singoli Stati membri*.
La votazione, fissata ogni biennio in novembre, prevede sempre il rinnovo totale della Camera nonché quello di un terzo del Senato. I senatori restano in carica sei anni.
Al Congresso spettano le *competenze legislative*.
Esiste inoltre un altro importante organo, la **Corte suprema**, nella quale i giudici federali, la cui carica è a vita, sono nominati dal Presidente con il consenso del Senato.
La Corte suprema è il *massimo organo giudiziario a livello federale* previsto dalla Costituzione (art. III). Ha la funzione di *rendere uniforme l'applicazione del diritto* in tutti gli Usa e di *controllare la costituzionalità delle leggi*.
La Corte suprema svolge, perciò, i compiti della nostra Corte di Cassazione e, insieme, della Corte costituzionale.

Forze armate ▪ l'insieme delle istituzioni militari che si occupano della difesa dall'esterno ma anche del mantenimento dell'ordine interno. Ne fanno parte l'esercito, la marina e l'aeronautica militari, la Guardia di finanza e gli agenti di custodia. Non ne fa parte la polizia di Stato, smilitarizzata nel 1981.

Impeachment ▪ a proceeding brought against a federal government official.

Facciata esterna della Casa Bianca, White House, residenza ufficiale e principale ufficio del presidente degli Stati Uniti.

The President

Article. II.

Section. 1.
The executive Power shall be vested in a President of the United States of America. He shall hold his Office during the Term of four Years, and, together with the Vice President, chosen for the same Term, be elected, as follows: Each State shall appoint, in such Manner as the Legislature thereof may direct, a Number of Electors, equal to the whole Number of Senators and Representatives to which the State may be entitled in the Congress: but no Senator or Representative, or Person holding an Office of Trust or Profit under the United States, shall be appointed an Elector.

(http://www.archives.gov/exhibits/charters/constitution_transcript.html)

ENGLISH FOCUS

2 La composizione del Governo

ARTICOLO 92

Il Governo della Repubblica è composto del Presidente del Consiglio e dei ministri, che costituiscono insieme il Consiglio dei ministri.

Il Governo è un **organo** collegiale e complesso. È **collegiale** in quanto *composto da più persone*; è **complesso** in quanto *costituito da più organi*.

Mentre il Parlamento rappresenta tutte le forze politiche presenti nel Paese che sono riuscite a ottenere dei seggi tramite il voto dell'elettorato, *il Governo rappresenta solo la maggioranza*, cioè le forze politiche che hanno vinto le elezioni e i loro alleati.

TITOLO III
IL GOVERNO
SEZIONE I
IL CONSIGLIO DEI MINISTRI

■ Gli **organi** che costituiscono il Governo sono: il Presidente del Consiglio dei ministri (organo individuale); il Consiglio dei ministri (organo collegiale); ciascun ministro (organo individuale).

Il Presidente della Repubblica nomina il Presidente del Consiglio dei ministri e, su proposta di questo, i ministri.

Il Presidente della Repubblica ha il delicato compito di scegliere il Presidente del Consiglio. Prima di giungere a tale nomina il Presidente della Repubblica effettua numerose *consultazioni* con gli ex Presidenti della Repubblica, i Presidenti delle due Camere, le delegazioni politiche.
La scelta del Presidente non può essere condizionata dalle sue preferenze personali, ma deve tener conto delle *indicazioni che vengono dalle forze politiche* e soprattutto dai risultati delle elezioni. Questo è più facile quando le elezioni del Parlamento sono avvenute di recente, ed è quindi evidente l'indicazione della volontà popolare.

Il Presidente del Consiglio incaricato accetta, "con riserva": anch'egli procederà alle proprie consultazioni e scioglierà la riserva solo quando sarà in grado di fornire un *elenco di ministri* che, dopo la nomina del Presidente della Repubblica, andranno a formare il **Consiglio dei ministri**.
In caso contrario, rimette l'incarico nelle mani del capo dello Stato, il quale dovrà effettuare una nuova scelta, ricominciando la procedura dalle consultazioni.
Tale procedura avviene di regola, a meno che il Presidente incaricato non abbia già in mano la lista dei ministri, nel qual caso *accetta senza riserva*.

> **Risultati delle elezioni** ■ l'attuale legge elettorale 270/2005 prevede che i partiti formino delle coalizioni, cioè delle alleanze, e che le coalizioni indichino non solo un programma elettorale unitario, ma anche un unico candidato premier. Ciò semplifica il compito del Presidente della Repubblica, poiché la sua scelta deve necessariamente cadere sul leader della coalizione vincente.

ARTICOLO 93

Il Presidente del Consiglio dei ministri e i ministri, prima di assumere le funzioni, prestano giuramento nelle mani del Presidente della Repubblica.

Una volta completata la formazione del nuovo Governo, *tutti i componenti giurano nelle mani del Presidente della Repubblica*, con la seguente formula: «Giuro di essere fedele alla Repubblica, di osservarne lealmente la Costituzione e le leggi e di esercitare le mie funzioni nell'interesse esclusivo della nazione». Con il giuramento, il Governo inizia a esercitare con pienezza le sue funzioni, fino a quel momento espletate dal Governo precedente, rimasto in carica per l'ordinaria amministrazione; tuttavia *non si tratta ancora di un esercizio pieno delle funzioni*, mancando il voto di fiducia del Parlamento.

> **Ordinaria amministrazione** ■ disbrigo degli affari correnti, cioè il Governo non può prendere iniziative in materie di indirizzo politico, ma solo decisioni di portata circoscritta che consentano il normale funzionamento del Governo stesso.

I governi potrebbero e dovrebbero durare quanto la legislatura, cioè cinque anni. Questo periodo di tempo consentirebbe al Governo di realizzare almeno in buona parte il proprio programma politico. Tuttavia finora nessun Governo è arrivato fino alla scadenza naturale: nel corso di ciascuna legislatura se ne sono succeduti più di uno. In media, la durata è stata inferiore all'anno.

FOCUS digitale

Consulta il sito del Governo http://www.governo.it/Governo/Governi/governi.html: troverai l'elenco dei governi che si sono succeduti dal 1943 a oggi. Inserisci in uno schema quanti governi si sono succeduti nel corso di ciascuna legislatura e trova qual è stato il Governo di durata più breve e quello più duraturo. Discutine in classe.

ARTICOLO 94

Il Governo deve avere la fiducia delle due Camere.

I rapporti tra Parlamento e Governo devono essere contrassegnati dalla costante **fiducia** che il primo accorda al secondo.
Venendo a mancare la fiducia, ci sono due possibilità:
- *il Governo rassegna le dimissioni*;
- *il Presidente della Repubblica scioglie anticipatamente le Camere* (in questo caso saranno le nuove Camere a dover concedere la fiducia a un Governo di nuova formazione).

Ciascuna Camera accorda o revoca la fiducia mediante mozione motivata e votata per appello nominale.

La **mozione di fiducia** (*per accordare la fiducia* quando il Governo appena formato si presenta alle Camere) e la **mozione di sfiducia** (*per revocare la fiducia* al Governo in carica) devono essere motivate e votate dai parlamentari con voto palese.

Entro dieci giorni dalla sua formazione il Governo si presenta alle Camere per ottenerne la fiducia.

Ultimo atto nella procedura di formazione del Governo è il **voto di fiducia** da parte delle Camere, che si riuniscono separatamente.
Tale voto viene espresso dai parlamentari sulla base del programma di Governo esposto dal Presidente del Consiglio, nel quale vengono delineati le *linee-guida*, gli *obiettivi*, gli *strumenti* che l'esecutivo intende adottare per governare il Paese nel tempo in cui resterà in carica.
Se il Parlamento non vota a favore della mozione di fiducia il Governo non può entrare in carica e deve rassegnare le dimissioni.

Il voto contrario di una o d'entrambe le Camere su una proposta del Governo non importa obbligo di dimissioni.

Talvolta il Governo viene "battuto", nel senso che il Parlamento non approva un provvedimento proposto dall'esecutivo. In questi casi, però, non è necessario che il Governo si dimetta.

La mozione di sfiducia deve essere firmata da almeno un decimo dei componenti della Camera e non può essere messa in discussione prima di tre giorni dalla sua presentazione.

Le crisi di governo possono essere **parlamentari** o **extraparlamentari** (cioè che maturano e si concludono al di fuori del Parlamento). La Costituzione prevede solo quella *parlamentare*.

Essa inizia con la *presentazione della mozione di sfiducia da parte di un decimo dei componenti di una Camera*. Devono passare almeno tre giorni prima della sua discussione, per consentire al Governo di preparare una "linea di difesa" e ai parlamentari di prepararsi al dibattito. In tal modo la discussione che seguirà dovrebbe servire a fare chiarezza sui motivi della crisi e fornire indicazioni precise al futuro Governo che prenderà il posto di quello "sfiduciato".

Solo raramente, nella realtà, si è verificata la discussione della mozione di sfiducia. Molto pù spesso i governi hanno dato le dimissioni quando hanno constatato che il rapporto di fiducia con il Parlamento non esisteva più; hanno perciò optato per la crisi extraparlamentare, impedendo con ciò che si affrontassero i necessari chiarimenti.

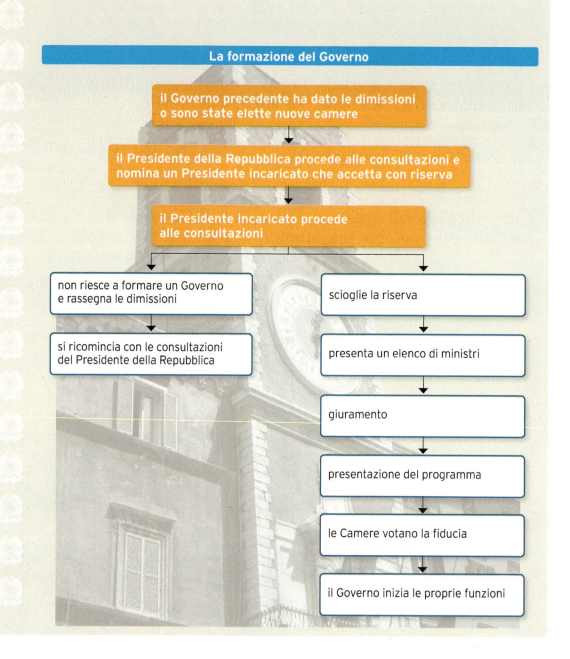

228 ■ Unità di apprendimento 10

FOCUS digitale

Organizza con i tuoi compagni di classe una simulazione in cui si attribuiscono i vari ruoli: il Presidente della Repubblica che prima fa le consultazioni e poi conferisce l'incarico, il Presidente del Consiglio che sceglie i ministri, i ministri stessi (che per semplicità possono essere quattro o cinque). Il resto degli studenti assume il ruolo di parlamentari, che voteranno la fiducia dopo il discorso programmatico del Presidente del Consiglio. Se ti mancano le idee, puoi cercare sul sito http://www.governo.it/Presidente/Interventi/dettaglio.asp?d=70916, quali sono i punti fondamentali del discorso pronunciato dal Presidente del Consiglio in carica davanti alle Camere.

Quando il Governo ritiene un certo provvedimento di fondamentale importanza per il raggiungimento dei propri obiettivi (per esempio, l'approvazione di un disegno di legge) e ha fondati motivi di ritenere che il Parlamento potrebbe *votare contro o fare ostruzionismo*, può cercare di aggirare l'ostacolo ponendo la **questione di fiducia**.

Il Governo chiede perciò al Parlamento l'*approvazione del provvedimento*, ponendo la condizione che, *se il provvedimento non sarà approvato, verranno presentate le dimissioni*.

Il Parlamento deve quindi decidere se accettare la discussa proposta governativa o non accettarla, provocando in tal modo una **crisi di Governo**.

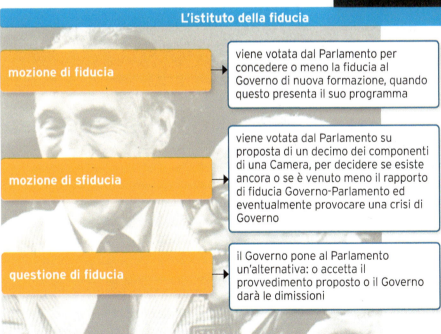

L'istituto della fiducia

mozione di fiducia	viene votata dal Parlamento per concedere o meno la fiducia al Governo di nuova formazione, quando questo presenta il suo programma
mozione di sfiducia	viene votata dal Parlamento su proposta di un decimo dei componenti di una Camera, per decidere se esiste ancora o se è venuto meno il rapporto di fiducia Governo-Parlamento ed eventualmente provocare una crisi di Governo
questione di fiducia	il Governo pone al Parlamento un'alternativa: o accetta il provvedimento proposto o il Governo darà le dimissioni

Altri strumenti che il Parlamento ha nei confronti dell'operato del Governo, per esercitare la propria funzione di indirizzo politico e controllo, sono le **interrogazioni** e **interpellanze** che consistono in una richiesta di chiarimento che il Parlamento pone al Governo.

■ **L'interrogazione**
mira a chiarire come si sono svolti certi fatti e come si è comportato il Governo in quelle circostanze. Si svoge nel c.d. "question time".

■ **L'interpellanza**
ha invece l'intento di capire perché il Governo ha assunto un certo comportamento: tende perciò ad essere più penetrante rispetto all'interrogazione e a promuovere una discussione in Parlamento sulle eventuali responsabilità del Governo. Ciascuna camera dedica di regola un giorno la settimana per discutere le interrogazioni e le interpellanze.

Il Presidente della Repubblica e il Governo

FOCUS digitale — SURFING THE PARLIAMENT

Vai nel sito della Camera; entra nella sezione "Conoscere la Camera" (http://www.camera.it/leg17/13) e visita la sezione "Il ruolo della camera" – "Il rapporto fiduciario con il Governo". Clicca poi, nella colonna a sinistra, sul link "La fiducia" e raccogli informazioni sulle vicende del Governo in carica in merito alla sua formazione e al rapporto di fiducia. Entra poi nelle pagine "Mozioni e questioni di fiducia"; dopo aver letto la documentazione presentata, prova a individuare i punti qualificanti per organizzare, nell'ambito della classe, un dibattito sulle situazioni e le modalità che caratterizzano il ricorso alla questione di fiducia da parte del Parlamento. Organizza le informazioni raccolte e costruisci una breve scheda di sintesi.

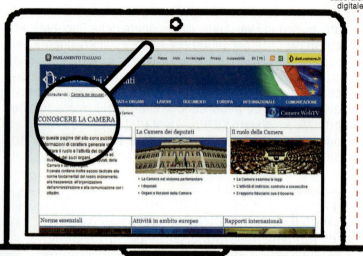

3 Le funzioni del Governo

ARTICOLO 95

Il Presidente del Consiglio dei ministri dirige la politica generale del Governo e ne è responsabile.

Il Presidente del Consiglio dei ministri viene definito, rispetto ai ministri, *primus inter pares*.
Non occorrono particolari requisiti per la nomina: basta la *cittadinanza italiana* e il godimento dei *diritti civili e politici*; non occorre essere parlamentari.
La sua particolare posizione gli conferisce vari poteri, come quello di elaborare il programma di Governo, di porre la questione di fiducia, di stabilire l'ordine del giorno del Consiglio dei ministri: in questo senso, *dirige la politica generale del Governo e ne è responsabile politicamente di fronte al Parlamento*.

Mantiene l'unità di indirizzo politico ed amministrativo, promuovendo e coordinando l'attività dei ministri.

Il Presidente del Consiglio ha anche il compito di chiedere ai singoli ministri di *rispettare le direttive politiche e amministrative* deliberate dal Consiglio stesso.
I **ministri** sono a capo di un ministero, detto anche dicastero, che è una struttura amministrativa composta da persone e mezzi. Tale struttura ha la classica forma piramidale al vertice della quale c'è il ministro. *Ciascun ministero ha a propria disposizione dei fondi*, previsti anno per anno dalla legge di bilancio, che servono al ministro per portare avanti le proprie finalità istituzionali. Tali fondi sono detti "**portafoglio**".
Esistono anche *ministri senza portafoglio*, i quali perciò *non sono a capo di un ministero* e non hanno a loro disposizione fondi propri. Tuttavia essi fanno parte a pieno titolo del Consiglio dei ministri. La loro partecipazione al Governo è utile, sia per l'attività politica che svolgono come membri del Consiglio, sia per allargare la base di consenso del Governo.

> **Primus inter pares** ■ primo tra pari, cioè i ministri, i quali non hanno nei suoi confronti un vincolo di subordinazione.

I ministri sono responsabili collegialmente degli atti del Consiglio dei ministri, e individualmente degli atti dei loro dicasteri.

Anche ai ministri compete la responsabilità politica, sia *individualmente* sia *collegialmente*.

Il **Consiglio dei ministri** delibera la politica generale del Governo adottando i disegni di legge, emanando **decreti legge** e **legislativi**, prendendo le decisioni di *politica internazionale*, controllando l'*operato delle regioni*, deliberando sulla *situazione economica e finanziaria*, risolvendo gli eventuali *conflitti tra ministri* e via dicendo.

Anche se la Costituzione non lo dice, è possibile che le Camere votino una mozione di sfiducia nei confronti di un singolo ministro, senza provocare la crisi dell'intero Governo.

La legge provvede all'ordinamento della Presidenza del Consiglio e determina il numero, le attribuzioni e l'organizzazione dei ministeri.

Sono riservate alla legge le norme che riguardano l'organizzazione della Presidenza del Consiglio. Inoltre varie leggi si sono succedute nello stabilire il numero dei ministri con portafoglio e senza portafoglio.

Di solito, per definire l'attività del Governo, si dice che esso è *titolare del potere esecutivo* (o della funzione esecutiva): per spiegare tale funzione si fa riferimento alla comune espressione "fare eseguire le leggi". Usare questi termini appare tuttavia un po' limitativo e anche fuorviante: infatti sono molti i soggetti che "fanno eseguire le leggi", dai magistrati all'autorità di pubblica sicurezza. La **funzione esecutiva** vera e propria consiste nell'esercizio della **potestà regolamentare**: *il Governo emana regolamenti governativi che servono a definire, precisare, rendere più esplicita una norma di legge*, in altri termini la potestà regolamentare serve a "far eseguire le leggi", nel senso di renderle applicabili. Non c'è dubbio che questa funzione sia di fondamentale importanza: una volta approvata una legge, che per sua natura contiene norme generali e astratte, molto spesso è indispensabile l'emanazione di un **regolamento governativo** (*esecutivo*) che, pur contenendo a sua volta norme generali e astratte, *rende applicabili le norme della legge specificando meglio il loro contenuto*.

Il palazzo della Farnesina, sede del ministero degli Affari esteri.

Inoltre i singoli ministri "fanno eseguire le leggi" attraverso l'attività di direzione del proprio ministero, servendosi di atti amministrativi, per esempio i regolamenti (di organizzazione) e le circolari ministeriali.

Ma ancora più importante è la **funzione politica** del Governo, o meglio, come si esprime la Costituzione, la funzione di *direzione della politica generale*, che spetta al Presidente del Consiglio, e di *determinazione della stessa*, che spetta al Consiglio dei ministri.

Il termine "**politica**" va inteso come *l'insieme delle scelte che il Governo compie giorno dopo giorno negli ambiti di sua competenza*, scelte che non sono affatto indifferenti per i cittadini, ma che, al contrario, *incidono profondamente sulla vita quotidiana*, andando a modificare diritti e doveri e distribuzione della ricchezza, e sulle relazioni che l'Italia intrattiene con gli altri Paesi.

Anche se il Governo non è titolare esclusivo delle decisioni politiche, perché il Parlamento esercita un controllo continuo sulle scelte del Governo, approvando o bocciando i provvedimenti proposti e giungendo alla revoca della propria fiducia, finché il Governo gode della **maggioranza parlamentare**, *le sue proposte saranno accettate ed esso potrà portare avanti il programma prefissato*, lasciando impronte rilevanti sulla vita del Paese.

A seconda dei settori di intervento si può suddividere la politica in:

- **estera**;
- **militare**;
- della **sicurezza pubblica**;
- del **lavoro** e dell'**occupazione**;
- della **previdenza** e **assistenza**;
- **economica**: dei redditi, fiscale e monetaria.

In Congress, july 4, 1776. The unanimous Declaration of the thirteen United States of America

We hold these truths to be self-evident, that all men are created equal, that they are endowed by their Creator with certain unalienable Rights, that among these are Life, Liberty and the pursuit of Happiness.

That to secure these rights, Governments are instituted among Men, deriving their just powers from the consent of the governed. That whenever any Form of Government becomes destructive of these ends, it is the Right of the People to alter or to abolish it, and to institute new Government, laying its foundation on such principles and organizing its powers in such form, as to them shall seem most likely to effect their Safety and Happiness.

FOCUS digitale

Visita il sito http://www.governo.it/, clicca sul link "Ministri e Ministeri". Qui sono disponibili tutte le informazioni riguardanti i componenti del governo, la denominazione e l'indirizzo dei diversi dicasteri (sito web, recapiti telefonici e di posta elettronica); dopo aver consultato questa pagina elabora una scheda sui membri dell'esecutivo in carica: il Presidente del Consiglio dei ministri, il Vicepresidente del Consiglio dei ministri, i ministri senza portafoglio e i ministri con portafoglio, ricordando di segnalare, quando possibile, a quale partito appartengono.

4 La responsabilità dei ministri

ARTICOLO 96

Il Presidente del Consiglio dei ministri ed i ministri, anche se cessati dalla carica, sono sottoposti, per i reati commessi nell'esercizio delle loro funzioni, alla giurisdizione ordinaria, previa autorizzazione del Senato della Repubblica o della Camera dei deputati, secondo le norme stabilite con legge costituzionale.

I membri del Governo, per gli atti compiuti nell'esercizio delle loro funzioni, *si assumono la responsabilità*:
- **politica**, davanti al Parlamento;
- **amministrativa**, per i danni arrecati alla pubblica amministrazione, davanti alla Corte dei conti;
- **civile**, per i danni causati a privati cittadini, davanti alla magistratura ordinaria;
- **penale**, per i reati commessi nell'esercizio delle loro funzioni, ancora davanti alla magistratura ordinaria.

In caso di commissione di reati, *se i ministri* in questione *sono anche* **parlamentari**, e questa è la situazione più frequente, godono delle immunità previste dall'articolo 68 della Costituzione. Nel caso in cui *non siano parlamentari* occorre l'autorizzazione da parte del Senato. In entrambi i casi interviene il **tribunale dei ministri**, formato da tre magistrati, che può concludere per l'*archiviazione* o la *trasmissione degli atti* al procuratore della Repubblica, che li invia alla Camera competente.

Il Presidente della Repubblica e il Governo

5 La pubblica amministrazione e gli organi ausiliari

SEZIONE II
LA PUBBLICA
AMMINISTRAZIONE

ARTICOLO 97

Le pubbliche amministrazioni, in coerenza con l'ordinamento dell'Unione europea, assicurano l'equilibrio dei bilanci e la sostenibilità del debito pubblico.

> Questo primo comma è stato aggiunto dalla legge costituzionale 20 aprile 2012, n. 1 Introduzione del principio del pareggio di bilancio nella Carta costituzionale, le cui disposizioni si applicano a partire dall'esercizio finanziario relativo all'anno 2014. Si veda il commento all'art. 81 Cost.

Pubblica amministrazione ▪ Public administration all departments and officials performing administrative functions.

I pubblici uffici sono organizzati secondo disposizioni di legge, in modo che siano assicurati il buon andamento e l'imparzialità dell'amministrazione.

> Come è già stato detto, l'attività amministrativa è strettamente collegata all'attività del Governo.
> Per **pubblica amministrazione** si intende l'*insieme delle persone, dei mezzi e degli uffici che svolgono l'attività amministrativa*, cioè attività concrete al fine di realizzare interessi pubblici.
> L'organizzazione degli uffici pubblici gode della riserva di legge, al fine di assicurare il rispetto dei principi fondamentali dell'attività amministrativa:
> ▪ **principio di legalità**: gli atti amministrativi non devono essere in contrasto con la legge;
> ▪ **principio del buon andamento**: l'attività amministrativa deve soddisfare in modo adeguato i bisogni dei cittadini;
> ▪ **principio di imparzialità**: deve essere rispettato il principio di uguaglianza.

Nell'ordinamento degli uffici sono determinate le sfere di competenza, le attribuzioni, e le responsabilità proprie dei funzionari.

> Ogni funzionario che fa parte di una pubblica amministrazione *ha una propria competenza*, cioè può svolgere solo gli atti ai quali è preposto, *proprie attribuzioni*, cioè ha a disposizione i mezzi necessari per svolgere l'attività, e *proprie responsabilità*, cioè è chiamato a rispondere per gli atti illeciti eventualmente commessi.

Agli impieghi nelle pubbliche amministrazioni si accede mediante concorso, salvo i casi stabiliti dalla legge.

> Per diventare impiegati e funzionari delle pubbliche amministrazioni occorre superare un concorso: questa modalità di assunzione dovrebbe assicurare che *i pubblici impiegati siano i migliori e i più competenti tra i concorrenti*.

ARTICOLO 98

I pubblici impiegati sono al servizio esclusivo della Nazione.

> Gli impiegati e i funzionari presso le pubbliche amministrazioni non possono utilizzare la loro posizione per godere di particolari privilegi, o per favorire determinati soggetti: *essi sono al servizio di tutta la collettività*.

234 ▪ Unità di apprendimento 10

Se sono membri del Parlamento, non possono conseguire promozioni se non per anzianità.

> Questa norma è particolarmente opportuna per *impedire che vengano concesse promozioni agli impiegati che siano anche parlamentari per ottenerne favori*.

Si possono con legge stabilire limitazioni al diritto d'iscriversi ai partiti politici per i magistrati, i militari di carriera in servizio attivo, i funzionari ed agenti di polizia, i rappresentanti diplomatici e consolari all'estero.

> Attualmente la legge prevede il **divieto** di iscriversi a partiti politici per i *militari di carriera*, i *funzionari* e gli *agenti di polizia penitenziaria*, i giudici della Corte costituzionale e i *membri del Consiglio superiore della magistratura*.

ARTICOLO 99

SEZIONE III — GLI ORGANI AUSILIARI

Il Consiglio nazionale dell'economia e del lavoro è composto, nei modi stabiliti dalla legge, di esperti e di rappresentanti delle categorie produttive, in misura che tenga conto della loro importanza numerica e qualitativa.

> Il **Cnel** è formato da *centoundici membri*:
> - **dodici** esperti in *materie economiche*;
> - **novantanove** rappresentanti delle varie *categorie produttive*: lavoratori dipendenti, lavoratori autonomi e imprese, ciascun gruppo ripartito per settori di attività.

È organo di consulenza delle Camere e del Governo per le materie e secondo le funzioni che gli sono attribuite dalla legge.
Ha l'iniziativa legislativa e può contribuire alla elaborazione della legislazione economica e sociale secondo i princìpi ed entro i limiti stabiliti dalla legge.

> *Il Cnel è uno dei soggetti che possono presentare proposte di legge*: in base alla propria particolare competenza, però, tale iniziativa può riguardare solo la **materia economica**, del **lavoro** e della **legislazione sociale**. Svolge inoltre *attività di consulenza e di indagine* a favore del Governo, del Parlamento e delle regioni.

Facciata esterna di Villa Lubin, sede del Consiglio nazionale dell'economia e del lavoro.

ARTICOLO 100

Il Consiglio di Stato è organo di consulenza giuridico-amministrativa e di tutela della giustizia nell'amministrazione.

Il **Consiglio di Stato** è un organo formato da circa *centoventi magistrati* divisi in *sette sezioni*. Ha due importanti competenze:
- esprime pareri al Governo su **atti normativi** e **amministrativi** (come sui disegni di legge e sui più importanti contratti);
- è *giudice di secondo grado* per le sentenze dei **Tribunali amministrativi regionali** (Tar).

La Corte dei conti esercita il controllo preventivo di legittimità sugli atti del Governo, e anche quello successivo sulla gestione del bilancio dello Stato. Partecipa, nei casi e nelle forme stabiliti dalla legge, al controllo sulla gestione finanziaria degli enti a cui lo Stato contribuisce in via ordinaria. Riferisce direttamente alle Camere sul risultato del riscontro eseguito.

La legge assicura l'indipendenza dei due istituti e dei loro componenti di fornte al Governo.

La **Corte dei conti** è un organo formato da diciannove sezioni. Le sue competenze riguardano:
- il **controllo preventivo** sugli atti del Governo che comportano una spesa, in particolare sul *bilancio preventivo*;
- Il **controllo successivo** sul *rendiconto generale* dello Stato (art. 81 Cost.) e sulla *gestione finanziaria* degli enti che ricevono contributi dallo Stato;
- la **funzione giurisdizionale** *sulle pensioni e sugli atti di tutti i funzionari e dipendenti della pubblica amministrazione* che hanno a disposizione denaro pubblico.

Controllo preventivo e successivo ■ il primo avviene precedentemente alla erogazione della somma, il secondo successivamente.

Su tali controlli relaziona alle Camere, perché eventualmente discutano la responsabilità politica del Governo nei casi di irregolarità.

I magistrati del Consiglio di Stato e della Corte dei conti godono di assoluta indipendenza nei confronti del Governo: ciò assicura che il loro controllo sia veramente *libero* e perciò *attendibile*.

? RISPONDO

- Quali sono le più importanti *forme di governo*?
- Come avviene la *formazione del Governo*?
- Che cosa sono la *mozione di fiducia*, la *mozione di sfiducia* e la *questione di fiducia*?
- Che cosa sono i *ministri senza portafoglio*?
- Quali sono le *funzioni del Governo*?
- Che cos'è la *pubblica amministrazione*?

L'attuale Presidente della Repubblica Giorgio Napolitano.

VERIFICO L'APPRENDIMENTO

VERIFICO LE CONOSCENZE

vero o falso?

1. Il Presidente della Repubblica è eletto da entrambe le Camere con votazioni separate V F
2. Per l'elezione del Presidente della Repubblica nei primi tre scrutini occorre la maggioranza dei due terzi V F
3. Una donna non può essere eletta Presidente della Repubblica V F
4. Il Presidente della Repubblica è eletto per cinque anni V F
5. Il Presidente della Repubblica rappresenta l'unità della nazione V F
6. Il Presidente della Repubblica concede l'amnistia e l'indulto V F
7. I ministri proponenti si assumono la responsabilità degli atti firmati dal Presidente della Repubblica V F
8. Il Presidente della Repubblica è in ogni caso irresponsabile degli atti compiuti nell'esercizio delle sue funzioni V F
9. Il Governo rappresenta le forze politiche che hanno vinto le elezioni e i loro alleati V F
10. Il Presidente del Consiglio è scelto dal Presidente della Repubblica dopo numerose consultazioni V F
11. Le Camere devono avere la fiducia del Governo V F
12. Se viene meno la fiducia, il Governo rassegna le dimissioni V F
13. Le crisi di Governo possono essere solo parlamentari V F
14. Il ministro dell'Istruzione è un ministro senza portafoglio V F
15. Gli atti amministrativi possono essere in contrasto con la legge V F
16. La Corte dei conti esercita il controllo sulla gestione del bilancio dello Stato V F

scelgo la risposta esatta

1. Il Presidente della Repubblica è eletto per
   A. 10 anni
   B. 4 anni
   C. 7 anni
   D. 9 anni

2. Il Presidente della Repubblica
   A. è titolare del potere esecutivo
   B. è titolare del potere legislativo
   C. è titolare del potere giudiziario
   D. non è titolare di alcun potere ma partecipa a tutti e tre

3. Il Governo esercita il potere esecutivo tramite l'emanazione di
   A. regolamenti
   B. decreti legge
   C. decreti legislativi
   D. leggi ordinarie

4. Il Presidente del Consiglio è nominato
   A. dal popolo a suffragio universale
   B. dal Presidente della Repubblica
   C. dalle Camere in seduta comune
   D. dal Governo

5. Avviene certamente una crisi di Governo con
   A. il voto della maggioranza sulla mozione di sfiducia
   B. il voto sulla questione di fiducia
   C. il voto della maggioranza sulla mozione di fiducia
   D. il voto della minoranza sulla mozione di sfiducia

completo

Il Presidente della Repubblica è eletto dalle Camere in seduta (1) ...., al palazzo di (2) ...., con l'aggiunta di (3) .... delegati regionali. La sua carica dura (4) .... anni. La sua residenza è al (5) .... Quando è impedito o assente è sostituito dal Presidente del (6) .... La maggior parte degli atti del Presidente della Repubblica devono essere controfirmati dal (7) .... proponente. L'irresponsabilità del Presidente della Repubblica significa che risponde solo dei reati di (8) .... e di attentato alla (9) .... Il Presidente della Repubblica, dopo le (10) ...., nomina il Presidente del Consiglio e, su indicazione di questo, i (11) .... Il Parlamento accorda la fiducia al Governo mediante (12) ...., e la revoca mediante mozione di (13) .... La durata di ciascun Governo dovrebbe essere di (14) .... anni. Il Governo esercita la funzione esecutiva tramite i (15) .... Il Presidente del Consiglio dirige la (16) .... generale del Governo. I ministri possono essere con o senza (17) .... Solo mediante (18) .... si può accedere agli impieghi nelle pubbliche amministrazioni.

5; 7; 58; alto tradimento; comune; concorso; consultazioni; Costituzione; ministri; ministro; Montecitorio; mozione; politica; portafoglio; Quirinale; regolamenti; Senato; sfiducia.

VERIFICO L'APPRENDIMENTO

• IMPARO A IMPARARE...

costruisci una mappa partendo dai seguenti concetti

1. Organi che compongono il Governo
2. Presidente della Repubblica
3. Mozione di fiducia

  AIUTATI E VERIFICA IL TUO LAVORO CON LE MAPPE INTERATTIVE

• IMPARO A COMUNICARE...

rispondi verbalmente e poi in forma scritta

1. Chi elegge il Presidente della Repubblica?
2. Che cosa sono l'assegno e la dotazione del Presidente della Repubblica?
3. Quanto tempo dura la carica del Presidente della Repubblica?
4. In quale periodo il Presidente della Repubblica non può sciogliere le Camere?
5. Chi *controfirma* gli atti del Presidente della Repubblica?
6. Chi formula lo *stato di accusa* nei confronti del Presidente della Repubblica?
7. Chi *giudica* il Presidente della Repubblica?
8. Quali *organi* compongono il Governo?
9. Come avvengono la scelta e la nomina del *Presidente del Consiglio*?
10. Quale deve essere il *rapporto* tra Parlamento e Governo?
11. Come possono essere le *crisi di Governo*?
12. Quali sono le *differenze* tra mozione e questione di fiducia?
13. Quali sono le *funzioni* del Governo?
14. Che cosa sono i *ministri senza portafoglio*?
15. Quali sono le *funzioni del Presidente del Consiglio*?
16. Che tipo di *responsabilità* hanno i ministri?
17. Che cos'è la *pubblica amministrazione*?
18. Quali sono i *principi fondamentali dell'attività amministrativa*?

• INTERPRETO L'INFORMAZIONE

Sottolinea nelle letture le parole che non conosci e cerca sul dizionario l'esatta definizione.

1 Messaggio del Presidente della Repubblica Giorgio Napolitano al Parlamento nel giorno del giuramento. Aula della Camera dei deputati, 22/4/2013

Avevo già nello scorso dicembre pubblicamente dichiarato di condividere l'autorevole convinzione che la non rielezione, al termine del settennato, è "l'alternativa che meglio si conforma al nostro modello costituzionale di Presidente della Repubblica". Avevo egualmente messo l'accento sull'esigenza di dare un segno di normalità e continuità istituzionale con una naturale successione nell'incarico di Capo dello Stato. (...) A queste ragioni e a quelle più strettamente personali, legate all'ovvio dato dell'età, se ne sono infine sovrapposte altre, rappresentatemi – dopo l'esito nullo di cinque votazioni in quest'aula di Montecitorio, in un clima sempre più teso – dagli esponenti di un ampio arco di forze parlamentari e dalla quasi totalità dei Presidenti delle Regioni.

Negli ultimi anni, a esigenze fondate e domande pressanti di riforma delle istituzioni e di rinnovamento della politica e dei partiti – che si sono intrecciate con un'acuta crisi finanziaria, con una pesante recessione, con un crescente malessere sociale – non si sono date soluzioni soddisfacenti: hanno finito per prevalere contrapposizioni, lentezze, esitazioni circa le scelte da compiere, calcoli di convenienza, tatticismi e strumentalismi. Ecco che cosa ha condannato alla sterilità o ad esiti minimalistici i confronti tra le forze politiche e i dibattiti in Parlamento.

(http://www.internazionale.it/news/italia/2013/04/22/il-discorso-integrale-di-giorgio-napolitano/)

Rispondi alle domande e discutine in classe

1. Quali sono gli elementi di difficoltà della nostra società presi in considerazione dal Presidente Napolitano?
2. Perché ha accettato, nonostante l'età, una seconda elezione a capo dello Stato?

2 Letta illustra provvedimenti della Presidenza del Consiglio

12 agosto 2013
Alle 16, nella sala stampa di Palazzo Chigi, il Presidente del Consiglio, Enrico Letta, ha illustrato alcuni provvedimenti della Presidenza del Consiglio.

Spese di Palazzo Chigi, 3 nuove direttive per ridurle
Continuare a contenere le spese della Presidenza del Consiglio, lanciando un nuovo segnale di "autoriforma" dell'amministrazione improntata prima di tutto alla riduzione degli sprechi e all'eliminazione dei privilegi.
Tre sono le direttive firmate dal segretario generale di Pa-

Unità di apprendimento 10
Il Presidente della Repubblica e il Governo

lazzo Chigi, Roberto Garofoli, e presentate oggi alla stampa dal Presidente del Consiglio, Enrico Letta. Gli interventi riguardano:
- l'utilizzo delle "auto blu" (auto di servizio);
- la consistenza della flotta aerea gestita dalla Presidenza;
- le missioni del personale della Presidenza.

Auto blu
Vengono ridotte del 25%, da 60 a 44, escluse quelle in dotazione per esigenze di sicurezza. Se ne disciplina poi l'utilizzo, superando la distinzione tra auto assegnate in uso non esclusivo (per esempio, ai capi di gabinetto e ai capi dipartimento) e auto utili per servizi operativi. Le prime potranno dunque essere utilizzate a pieno regime per esigenze comuni all'amministrazione negli orari in cui non saranno necessarie agli assegnatari.

Flotta aerea
D'intesa con il capo di stato maggiore dell'Aeronautica militare, scende da 10 a 7 aerei la flotta di Stato. Saranno ceduti un Airbus 319 e due Falcon 900, per un valore complessivo di mercato stimato in circa 50 milioni di euro. Ne conseguirà inoltre un risparmio nei costi di supporto logistico e manutenzione. Le risorse così ricavate verranno reindirizzate a beneficio del budget a disposizione della flotta anti incendi della Protezione civile, che sarà dunque rafforzata, dopo i tagli degli ultimi anni che ne avevano diminuito l'operatività. La riduzione della flotta aerea di Stato non inciderà sull'efficienza del lavoro svolto anche in campo umanitario.

Spese di missione
Dovranno essere coerenti con l'attività istituzionale, sempre rendicontate e soprattutto connesse ad esigenze di servizio inderogabili.

(liberamente tratto da: http://www.governo.it/Presidente/Comunicati/dettaglio.asp?d=72562)

Rispondi alle domande e discutine in classe

1. Di quali argomenti tratta l'articolo che hai letto?
2. Qual è la finalità di tali provvedimenti?
3. Sei d'accordo con quanto approvato dal Governo?

3 L'Abc della legge sul femminicidio

Nuove aggravanti e nuove misure a tutela delle vittime di maltrattamenti e violenza domestica. Il decreto sul femminicidio, diventato legge con il voto del Senato, non punta solo alla repressione, ma prevede anche risorse per finanziare un piano d'azione antiviolenza, una rete di case-rifugio e l'estensione del gratuito patrocinio. [...]

Allontanamento urgente da casa
Al di fuori dell'arresto obbligatorio, la Polizia giudiziaria se autorizzata dal Pm e se ricorre la flagranza di gravi reati (tra cui lesioni gravi, minaccia aggravata e violenze) può applicare la misura dell'allontanamento d'urgenza dalla casa familiare e del divieto di avvicinamento ai luoghi frequentati dalla persona offesa.

Ammonimento in caso di "reati sentinella"
Il questore in presenza di percosse o lesioni (considerati "reati sentinella") può ammonire il responsabile aggiungendo anche la sospensione della patente da parte del prefetto. Si estende, dunque, alla violenza domestica una misura preventiva già prevista per lo stalking. Non sono ammesse segnalazioni anonime, ma è garantita la segretezza delle generalità del segnalante. L'ammonito deve essere informato dal questore sui centri di recupero e servizi sociali disponibili sul territorio. Arresto obbligatorio anche per stalking e maltrattamenti in famiglia. In caso di flagranza, l'arresto sarà obbligatorio anche nei reati di maltrattamenti in famiglia e stalking.

Braccialetto elettronico e intercettazioni
Chi è allontanato dalla casa familiare potrà essere controllato attraverso il braccialetto elettronico o altri strumenti elettronici. Nel caso di atti persecutori, inoltre, sarà anche possibile ricorrere alle intercettazioni telefoniche.

Case rifugio
Finanziamenti in arrivo anche per i centri antiviolenza e le case-rifugio. Nel 2013 ci sono 10 milioni di euro, 7 nel 2014 e altri 10 all'anno a partire dal 2015.

Gratuito patrocinio
A prescindere dal reddito, le vittime di stalking, maltrattamenti in famiglia e mutilazioni genitali femminili potranno essere ammesse al gratuito patrocinio.

Obblighi di informazione
A tutela della persona offesa scattano in sede processuale una serie di obblighi di comunicazione in linea con la direttiva europea sulla protezione delle vittime di reato. La persona offesa, ad esempio, dovrà essere informata della facoltà di nomina di un difensore e di tutto ciò che attiene alla applicazione o modifica di misure cautelari o coercitive nei confronti dell'imputato in reati di violenza alla persona.

Permesso di soggiorno per le immigrate
In analogia a quanto già accade in attuazione di direttive europee per le vittime di tratta, il permesso di soggiorno potrà essere rilasciato anche alle donne straniere che subiscono violenza, lesioni, percosse, maltrattamenti in ambito domestico. Sarà sempre però necessario un parere dell'autorità giudiziaria. I maltrattanti (anche in caso di condanna non definitiva) potranno essere espulsi.

Piano antiviolenza
Sul tavolo 10 milioni di euro per azioni di prevenzione, educazione e formazione. Il Piano, elaborato dal ministro per le Pari opportunità, dovrà tra l'altro promuovere il recupero dei maltrattanti e sensibilizzare i media ad adottare codici di autoregolamentazione per una informazione che rispetti le donne. Ogni anno sarà presentata una relazione in Parlamento.

Processi e indagini preliminari più rapide
Nella trattazione dei processi priorità assoluta ai reati di maltrattamenti in famiglia, stalking, violenza sessuale, atti sessuali con minori, corruzione di minori e violenza sessuale di gruppo. Si accelerano anche le indagini preliminari, che non potranno mai superare la durata di un anno per i reati di stalking e i maltrattamenti in famiglia.

VERIFICO L'APPRENDIMENTO

Querela a doppio binario
Il dilemma revocabilità/irrevocabilità della querela nel reato di stalking è sciolto fissando una soglia di rischio: se si è in presenza di gravi minacce ripetute, ad esempio con armi, la querela diventa irrevocabile. Resta revocabile invece negli altri casi, ma la remissione può essere fatta solo in sede processuale davanti all'autorità giudiziaria, e ciò al fine di garantire e non comprimere la libera determinazione e consapevolezza della vittima.

Relazione affettiva, nuovo parametro per le aggravanti
È il nuovo parametro su cui tarare aggravanti e misure di prevenzione. Rilevante sotto il profilo penale è da ora in poi la relazione tra due persone, a prescindere da convivenza o vincolo matrimoniale (attuale o pregresso).

Violenza assistita, la nuova aggravante
Il codice si arricchisce di una nuova aggravante comune applicabile al maltrattamento in famiglia e a tutti i reati di violenza fisica commessi in danno o in presenza di minorenni o in danno di donne incinte. Quanto all'aggravante per lo stalking commesso dal coniuge, viene meno la condizione che vi sia separazione legale o divorzio. Aggravanti specifiche, inoltre, sono previste nel caso di violenza sessuale contro donne in gravidanza o commessa dal coniuge (anche separato o divorziato) o da chi sia o sia stato legato da relazione affettiva.

(tratto da: Nicoletta Cottone, "Il Sole 24 Ore", 11 ottobre 2013)

Rispondi alle domande e discutine in classe

1. Quale organo ha emanato questo provvedimento? Da chi è stato proposto?
2. Quali sono, secondo te, le misure più efficaci previste dal provvedimento a tutela delle vittime?
3. Può tale decreto influire in modo positivo sulla vita delle donne maltrattate?
4. Sei d'accordo con quanto deliberato?

• APPLICO LE CONOSCENZE

cerca sul web

Sottolinea nel testo le parole che non conosci e cerca sul dizionario l'esatta definizione.

Cerca sul web i seguenti tre documenti: La Dichiarazione di Indipendenza degli Stati Uniti (1776), La Costituzione degli Stati Uniti d'America (1787) e la Carta dei Diritti (1791).
(Per esempio sul sito: http://www.humanrights.com/it/what-are-human-rights/brief-history/declaration-of-independence.html)

Rispondi alle domande per iscritto

1. Perché i tre documenti si succedono a distanza di pochi anni?
2. Cerca di rintracciare, all'interno dei documenti, alcuni tra i più importanti diritti enunciati.

team working

**Dopo aver formato dei gruppi di lavoro all'interno della classe, cercate sul sito della Presidenza della repubblica il testo del Discorso di fine anno. Scaricate il Pdf e individuate tutti i riferimenti alle difficoltà del momento presente (ad es. crisi economica, disoccupazione, giovani, carceri e via dicendo) sia la direzione indicata dal Presidente per le possibili soluzioni.
Poi confrontate l'elaborato con gli altri gruppi.**

Unità di apprendimento 11

Le dinamiche dei sistemi economici

1 I cicli economici
2 Gli squilibri dello sviluppo

Conoscenze

- Processi di crescita dei sistemi economici e squilibri dello sviluppo
- I cicli economici e i loro indicatori
- La politica fiscale anticiclica
- Il sottosviluppo
- Le strategie di intervento a favore dei Paesi sottosviluppati

Abilità

- Individuare le dinamiche dello sviluppo e del sottosviluppo
- Commentare i grafici relativi ai principali fenomeni macroeconomici
- Comprendere e interpretare gli indicatori del ciclo economico
- Individuare gli effetti della politica fiscale
- Confrontare e commentare le possibili soluzioni al sottosviluppo

FOCUS FILM... *Laboratorio di cinema*

per comprendere l'importanza dell'espressione di idee attraverso diversi mezzi di comunicazione

Il film focalizza l'attenzione sulla crisi economica del 2008 e sulle responsabilità degli uomini d'affari senza scrupoli che operano in Borsa.

1 I cicli economici

1 Il Pil, prodotto interno lordo

Pil
GDP
(Gross domestic product) ■ it is calculated by adding the total value (at market prices) of a country's annual output of goods and services: GDP = private consumption + investment + public spending + exports − imports.

Il **prodotto interno lordo**, **Pil**, è definito come il **valore lordo** totale, ai prezzi di mercato, *di tutti i beni e servizi finali prodotti nel sistema economico* in un determinato intervallo di tempo, di norma l'anno.
Il Pil può essere visto come il **volume complessivo di spesa per prodotti finali** da parte dei soggetti che partecipano all'attività economica: le famiglie, le imprese, lo Stato (la pubblica amministrazione) e il Resto del mondo.

Le spese del soggetto economico **famiglia** formano i **consumi privati nazionali**, che consistono nell'acquisto di beni e servizi per il soddisfacimento diretto dei bisogni individuali delle famiglie.

Le spese del soggetto economico **impresa** formano gli **investimenti** che sono costituiti dagli acquisti di beni capitale.
Gli *investimenti lordi* si compongono di due voci:
■ gli **investimenti fissi lordi**, ossia gli investimenti in capitali fissi (nuovi impianti, macchinari, attrezzature, sostituzione di impianti esistenti ecc.);
■ la **variazione delle scorte**, ossia l'incremento o la diminuzione delle giacenze di merci (materie prime, prodotti in corso di lavorazione, prodotti finiti), che si è verificata nel corso dell'anno. L'aumento delle scorte si somma al prodotto interno lordo, mentre la diminuzione è sottratta dal Pil, in quanto si tratta di beni prodotti in periodi precedenti e già conteggiati.

Il soggetto **Resto del mondo** comprende tutti gli operatori economici (famiglie, imprese, pubblica amministrazione) *non residenti* nel nostro Paese. Le voci relative a questo operatore sono le **esportazioni** totali di beni e servizi dalle quali si sottraggono le **importazioni** totali.
Le spese dello **Stato** formano i **consumi pubblici**, ossia gli acquisti di beni e servizi da parte della pubblica amministrazione, e gli **investimenti** delle imprese pubbliche e di tutti i settori della pubblica amministrazione.

In sintesi il prodotto interno lordo è dato da:

Pil = consumi + investimenti + esportazioni − importazioni

Il **Pil**, considerato come **somma delle spese effettuate**, è contenuto nei Conti economici nazionali pubblicati dall'Istat. Si deve tener presente che i consumi finali nazionali e gli investimenti fissi lordi comprendono le voci di spesa delle famiglie, delle imprese e della pubblica amministrazione.

Le spese dello **Stato** (*spesa pubblica*) possono essere indicate in modo distinto rispetto ai consumi e agli investimenti del *settore privato*. In questo caso il Pil è dato da:

**Pil = consumi + investimenti + spesa pubblica +
+ esportazioni − importazioni**

Il livello della **spesa pubblica** è strettamente legato alle *scelte di politica economica dello Stato* e, in particolare, alla *politica fiscale*.

Per quanto riguarda la **domanda interna** (consumi e investimenti) si può notare, in generale, quanto segue.
I **consumi** sono la categoria più stabile del Pil, in quanto una parte delle spese per consumi è costituita dai *beni primari* (i beni alimentari, l'alloggio, l'abbigliamento) ai quali è difficile rinunciare anche nei momenti di crisi.
Gli **investimenti** presentano maggiori oscillazioni, in quanto i fattori che stanno alla base delle decisioni di investimento sono più complessi di quelli relativi al consumo. Tra i fattori si ricordano:
■ le *previsioni sul livello della domanda attesa*, cioè la possibilità di vendere i prodotti;
■ la *possibilità di procurarsi i capitali finanziari necessari*, sia all'interno dell'impresa (profitti realizzati e accantonati), sia all'esterno (prestiti dalle banche, emissione di obbligazioni e azioni);
■ il *costo del capitale finanziario*, ossia il *saggio di interesse*. Minore è il saggio di interesse e maggiori potranno essere gli investimenti.

Il Pil è un importante indicatore per rappresentare le *dinamiche economiche di un Paese* ma anche per effettuare *confronti tra diverse aree economiche*.
Per il confronto risultano significativi sia i **valori assoluti**, per valutarne in particolare le dimensioni a livello globale, sia i **valori percentuali**, ossia le variazioni percentuali rispetto al periodo di riferimento precedente, di solito l'anno. Questi ultimi permettono di effettuare un'analisi, a prescindere dalle dimensioni dell'economia del Paese come nel grafico che segue.

Aggiornamenti

DATI AGGIORNATI CON UN CLIC

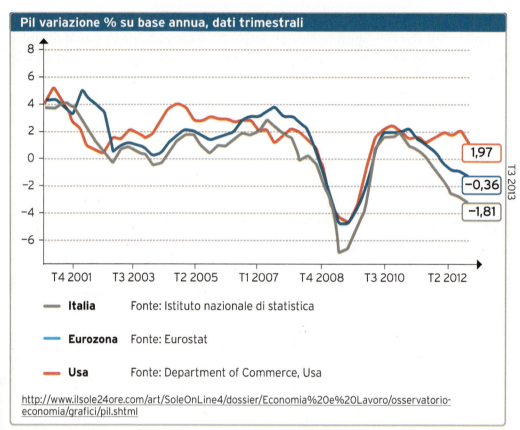

http://www.ilsole24ore.com/art/SoleOnLine4/dossier/Economia%20e%20Lavoro/osservatorio-economia/grafici/pil.shtml

2 Il ciclo economico

Il **ciclo economico** si può definire come l'*andamento nel tempo di alcune variabili economiche come il prodotto interno lordo, l'occupazione, la produzione industriale*.

La situazione economica varia nel tempo in *modo ciclico*: a periodi di sviluppo, con aumento del Pil e dell'occupazione, seguono periodi di crisi con elevati tassi di disoccupazione e così di seguito.
I cicli economici, oggetto di studio dell'economia contemporanea, si possono suddividere in due tipologie:
■ *cicli di breve periodo*, inferiori all'anno, legati ad andamenti stagionali come, per esempio, l'aumento dei consumi nel periodo natalizio;
■ *cicli di medio periodo* della durata di 8-10 anni.

Il **ciclo di medio periodo** è caratterizzato da *periodi di* **crescita economica** (**espansione**) della durata di 3-6 anni e da *periodi di crisi* della durata di 1-3 anni.
Con riferimento alla **crisi** si usa la seguente terminologia:
■ **depressione**, per lunghi periodi di crescita negativa, come nel caso della "Grande depressione" degli anni Trenta del Novecento;

Economic development ■ the process in which an economy grows or changes and becomes more advanced, especially when both economic and social conditions are improved.

- **recessione**, quando il Pil diminuisce per due trimestri consecutivi. Con la crisi del 2008, che è iniziata negli Stati Uniti e ha poi coinvolto per più anni l'economia mondiale, questo termine è stato utilizzato anche per periodi più lunghi e si è parlato in particolare di "Grande recessione";
- **stagnazione**, quando il Pil non si contrae, ma neppure si sviluppa (è la cosiddetta *crescita zero*);
- **rallentamento**, per tassi di crescita del Pil positivi, ma inferiori a quelli degli anni precedenti.

Recessione
- **Recession**
a period, usually at least six months, of low economic activity, when investments lose value, businesses fail, and unemployment rises.

Per indicare il *passaggio da una fase di recessione a una di espansione* si usa il termine **ripresa**.

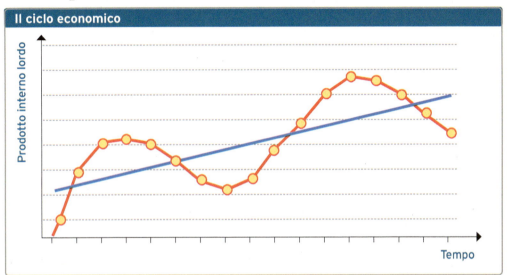

L'andamento del ciclo di medio periodo può essere rappresentato su un piano di assi cartesiani, indicando sull'asse orizzontale il tempo e su quello verticale il prodotto interno lordo come nel grafico qui a fianco.

I *periodi di espansione* sono caratterizzati da:
- *domanda (consumi) in aumento* e maggiore dell'*offerta potenziale*;
- *aumento degli investimenti e dell'occupazione* per far fronte alla domanda aggiuntiva.

I *periodi di recessione* sono caratterizzati da:
- *domanda (consumi) in diminuzione* e inferiore all'*offerta potenziale*;
- *diminuzione degli investimenti e dell'occupazione*.

Il **trend** (o *linea di tendenza*) indica sinteticamente l'andamento dell'economia.

FOCUS digitale

Vai nell'home page dell'Istat (www.istat.it), e, tra i grafici elencati nel riquadro centrale e riferiti all'anno in corso, apri il grafico relativo all'andamento del Pil trimestrale, contenuto nella sezione "Prodotto interno lordo". L'analisi trimestrale è fondamentale per definire le fasi del ciclo in particolare per quanto riguarda la recessione. In quale situazione si trova il nostro Paese?

Le dinamiche dei sistemi economici

**Gdp Recession
Expansion** ■

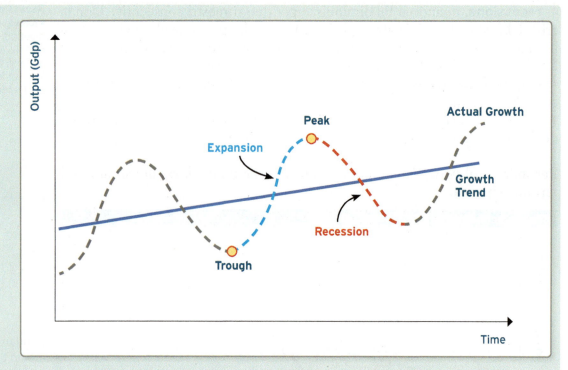

MICRO E MACRO
ECONOMIA
ITALIANA

Lettura
Se vuoi approfondire
clicca qui!

3 Gli indicatori del ciclo e la Borsa

Gli **indicatori economici** hanno la funzione di *dare informazioni relative all'andamento generale di un sistema* e di *prevedere l'evoluzione futura del ciclo economico*.

I principali indicatori del ciclo, spesso riportati dalla stampa economica, sono:
- gli **indici relativi alla produzione industriale**, i quali evidenziano l'andamento della produzione di beni di consumo;
- il **numero degli occupati** e la **durata media della disoccupazione**. I dati sull'occupazione sono un importante indicatore economico. La conoscenza del numero di persone impiegate in un dato settore economico e del numero di ore di lavoro effettuate permette di valutare la ricchezza prodotta e di definire le stime sul prodotto interno lordo.

Ritorna all'home page dell'Istat, e, tra i grafici elencati nel riquadro centrale, seleziona quello relativo alla produzione industriale dell'ultimo periodo di riferimento cliccando su "Produzione industriale"; dopo aver scaricato la figura insieme a quella presentata nel box di pagina precedente metti a confronto le due serie di dati. L'andamento dei due indicatori è simile? Prova a spiegare il perché.

I dati sull'occupazione e sulla disoccupazione forniscono un quadro generale dell'economia e sono usati dagli economisti nella previsione di altre variabili:
- il **tasso di interesse** richiesto dalle banche per i prestiti;
- l'**andamento della domanda in termini di consumi e investimenti**: è un dato importante per capire l'evoluzione del Pil perché ne rappresenta una componente fondamentale. Il Pil, infatti, si compone di: *domanda interna* (consumi e investimenti) e *domanda estera*;

DATI AGGIORNATI CON UN CLIC
Aggiornamenti

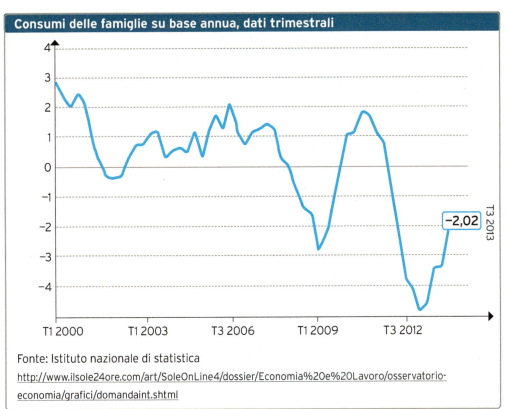

Fonte: Istituto nazionale di statistica
http://www.ilsole24ore.com/art/SoleOnLine4/dossier/Economia%20e%20Lavoro/osservatorio-economia/grafici/domandaint.shtml

Interessante risulta il confronto tra l'andamento dei consumi e quello del Pil nelle pagine precedenti. Si noti come il picco negativo degli anni 2008-2009 (gli anni della "Grande recessione") coincide nell'andamento delle due variabili.

- **l'andamento della domanda estera**, che riflette i dati del commercio estero ossia il *confronto tra esportazioni e importazioni*;
- **l'andamento della Borsa**, che è uno degli indicatori tenuti sotto stretta osservazione dagli economisti.

La **Borsa** è il *mercato regolamentato dei valori mobiliari, ossia di azioni, obbligazioni e titoli di Stato*.
Gli *indici di Borsa* misurano la variazione dei prezzi delle azioni di un dato settore o dell'intero mercato. *Nelle fasi di espansione* gli indici di Borsa hanno *segno positivo*: i prezzi aumentano perché gli acquisti sono superiori alle vendite. *Nei momenti di crisi* hanno *segno negativo*: i prezzi diminuiscono per effetto di consistenti vendite di azioni.
La Borsa segue le regole del mercato: se la domanda (richiesta di azioni) è maggiore dell'offerta (vendite di azioni) i prezzi salgono; se l'offerta è maggiore della domanda i prezzi scendono.
Il mercato azionario influisce sull'attività di investimento in quanto l'andamento delle azioni costituisce il barometro del mondo degli affari. Quando il mercato è al rialzo, ossia gli indici hanno segno positivo, è un segnale che il clima è favorevole e l'effetto sulle imprese è di incoraggiare i piani di investimento. Quando il mercato è al ribasso, le imprese sono meno disposte ad avviare piani di espansione.

La **Borsa italiana** ha sede a Milano, in gergo si chiama Piazza Affari (dal nome della piazza dove è ubicata la sua sede), e l'indice più importante è l'**FTSE MIB**.
L'andamento degli indici e i prezzi delle azioni quotate in Borsa sono pubblicati in ordine alfabetico sulle pagine economiche dei quotidiani, inoltre sono disponibili sulle pagine web della Borsa e dei quotidiani e gli indicatori sintetici anche sulle app di smartphone e tablet.
Per quanto riguarda l'economia internazionale, i principali indici di riferimento delle **Borse straniere** sono i seguenti.

- **Borsa valori**
- **Stock exchange**
regulated market for the trading of financial instruments; nowadays it no longer is a physical place but a computerized circuit accessible only to authorized dealers.

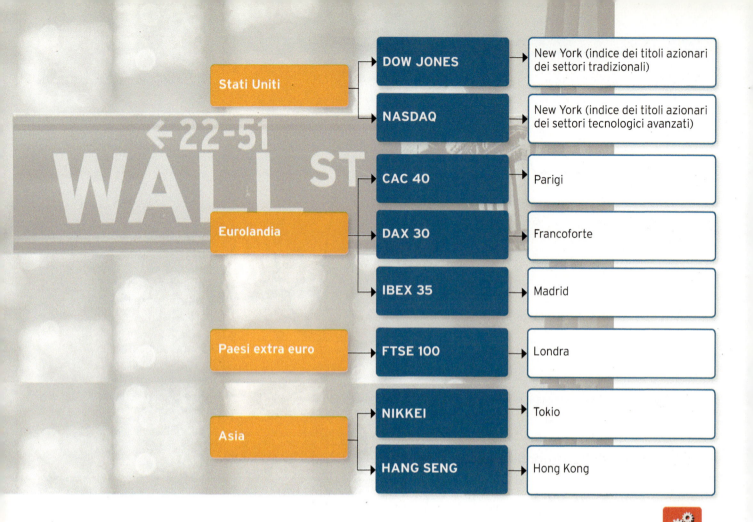

FOCUS digitale — FINANCIAL LITERACY

Laboratorio digitale

Prosegue il nostro percorso di cultura finanziaria...
Uno sguardo sulla crisi globale del 2008 attraverso il documetario *Inside Job*. Avvalendosi di economisti, giornalisti, docenti, alternando interviste e dichiarazioni di banchieri, esponenti politici a materiali d'archivio, il film con un ritmo implacabile – risalendo fino agli anni Ottanta e individuando nella **deregolamentazione** finanziaria, voluta dall'amministrazione di Ronald Reagan, l'origine del tutto – formula il proprio *j'accuse* conducendo, con grande maestria, lo spettatore in un viaggio all'interno del mondo finanziario statunitense. Ne emerge un quadro allarmante, un'inquietante relazione tra esponenti del mondo economico e della sfera politica, sia a destra sia a sinistra, di ieri e di oggi.
http://www.mymovies.it/film/2010/insidejob/

■ **Deregolamentazione**
politica economica che consiste nella sistematica abolizione di norme volte a regolamentare settori e imprese.

248 ■ Unità di apprendimento 11

4 La politica fiscale anticiclica

FINANZA PUBBLICA

La **politica fiscale** rappresenta uno degli interventi di maggior rilievo a disposizione del Governo per guidare l'economia nelle diverse fasi del ciclo economico. Gli strumenti della politica fiscale sono il *prelievo delle imposte* e la *spesa pubblica* per consumi o investimenti pubblici.

Le **imposte** sono la *fonte principale delle entrate dello Stato* e sono strettamente *legate all'andamento dei redditi delle famiglie e delle imprese*.
L'aumento o la diminuzione delle imposte ha effetti sul livello del reddito disponibile per consumi e risparmi di famiglie e imprese.
In particolare, un **aumento delle imposte** è *un buon metodo per far diminuire la domanda nel medio termine*, in quanto le famiglie avranno a disposizione un reddito inferiore da destinare ai consumi.
La **diminuzione delle imposte** *ha l'effetto di far aumentare la spesa privata*, ma non è detto che famiglie e imprese spendano tutto ciò che pagano in meno di imposte. I consumi che derivano da un aumento del reddito, e che dipendono dalla propensione marginale al consumo, sono pertanto inferiori all'aumento del reddito. Inoltre, spesso tale provvedimento non favorisce i redditi più bassi che presentano propensioni al consumo più elevate, ma i redditi medio-alti con propensioni al consumo inferiori.
Infatti, la scelta delle famiglie di consumare o meno dipende dal livello del reddito: minore è il reddito e maggiori sono le quote consumate, viceversa maggiore è il reddito e maggiori sono le quote risparmiate. L'effetto moltiplicativo sulla spesa, che è strettamente legato alla propensione al consumo, può risultare ridotto.
La politica fiscale basata sull'intervento sulle imposte è in genere meno efficace per sostenere la domanda nei momenti di crisi economica, e più efficace nel diminuire la domanda che provoca inflazione.

L'**aumento della spesa pubblica** *sotto forma di consumi o sotto forma di investimenti pubblici è un tipo di intervento più efficace per aumentare la domanda.*
L'aumento dei consumi, in particolare dei trasferimenti (sussidi, pensioni, bonus, assegni familiari ecc.), tende a favorire i soggetti con redditi più bassi che hanno una forte propensione al consumo.

Lezione
- Conosci il significato dell'espressione "debito pubblico"?
- Pensi che l'indebitamento dello Stato possa incidere sulla tua vita e su quella dei tuoi familiari?
- Credi ci siano delle soluzioni efficaci ai problemi relativi al debito pubblico?

Scoprilo seguendo la lezione multimediale!

■ **Imposta**
Tax
compulsory levy imposed by governments on individuals or entities for public purposes.

■ **Sussidio**
contributo in denaro, erogato dallo Stato o da enti pubblici a fini assistenziali o per altri motivi.

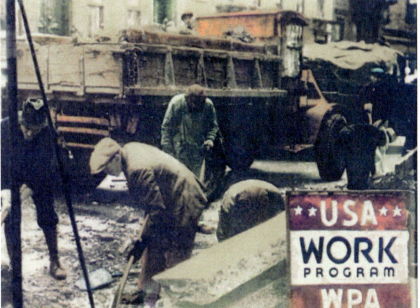

Le dinamiche dei sistemi economici

Deficit ▪ the total amount by which money spent by a business or government is more than the money it receives.

L'effetto di un investimento pubblico sulla domanda è oggetto degli studi di J.M. Keynes e si sintetizza nella *teoria del moltiplicatore del reddito*, che misura l'aumento finale del reddito nazionale risultante da un investimento pubblico. A determinare il valore della variazione del reddito è la *propensione marginale al consumo*.

Questo tipo di intervento fu utilizzato negli Usa per uscire dalla grave crisi del 1929 e prese il nome di *New Deal*: la spesa pubblica fu destinata a finanziare grandi opere come, ad esempio, dighe, argini, strade. L'effetto fu di diminuire la disoccupazione e di aumentare la domanda di beni e servizi da parte di coloro che prima non avevano la possibilità di spendere. Oggi l'investimento pubblico potrebbe essere sulla banda larga, sull'assetto del territorio, sulle energie verdi.

Il punto debole delle politiche fiscali è rappresentato dal **deficit nel bilancio dello Stato**, ossia dal saldo negativo tra entrate e uscite.
Tale saldo negativo determina poi l'ammontare del **debito pubblico**, sul quale lo Stato deve pagare gli interessi, che portano a un ulteriore aumento delle uscite.
I disavanzi della spesa pubblica coperti con aumenti del debito possono essere efficaci per sostenere lo sviluppo economico, ma dovrebbero essere invece limitati nelle fasi di crescita economica.
In periodi di stagnazione o di recessione, quando il settore privato necessita di un sostegno, *un aumento della spesa da parte dello Stato può rilanciare l'economia e favorire lo sviluppo*.

Per valutare le reali possibilità di intervento nell'economia è opportuno prendere in considerazione i vincoli che i Paesi appartenenti all'area euro sono tenuti a rispettare e la nuova formulazione dell'articolo 81 della Costituzione italiana.
Il Trattato di Maastricht del 1992 ha fissato alcuni criteri economici per entrare a far parte dell'area euro tra i quali il **rapporto deficit/Pil inferiore al 3%** e il **rapporto debito pubblico/Pil tendente al 60%**, parametri poi confermati dal Patto di stabilità e per la crescita del 1997.
Nel 2012 è stato poi approvato il Fiscal Compact, che ha aggiornato i vincoli europei con due regole che si possono così sintetizzare. La prima è il **pareggio di bilancio**, o meglio il divieto per il deficit di superare lo 0,5% del Pil nel corso di un ciclo economico, anche se sono autorizzati scostamenti dagli obiettivi nel caso di eventi eccezionali, prevalentemente situazioni di grave recessione economica.
La seconda regola fissa un percorso di **riduzione del debito pubblico** in rapporto al Pil: dovrà scendere ogni anno di 1/20 della distanza tra il suo livello effettivo e la soglia del 60%.
La situazione italiana presenta notevoli difficoltà soprattutto con riferimento al debito pubblico che è ben lontano dall'obiettivo fissato come risulta dai livelli del debito nel grafico a pagina seguente.

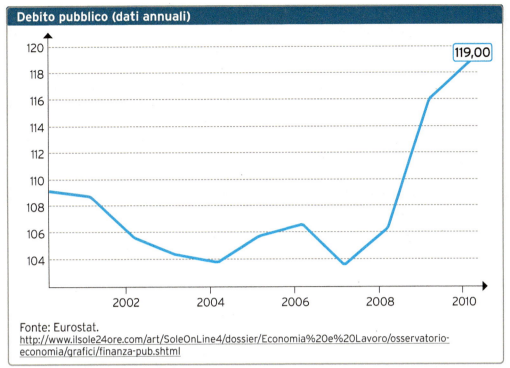

Per quanto riguarda l'articolo 81 della Costituzione, la nuova formulazione è in linea con i vincoli europei del Fiscal Compact in quanto si parla di "pareggio di bilancio", in base al quale *lo Stato assicura l'equilibrio tra le entrate e le spese del proprio bilancio*, tenendo conto delle diverse fasi, avverse o favorevoli, del ciclo economico. Si prevede tuttavia una eventuale deroga alla regola generale del pareggio, stabilendo che possa consentirsi il ricorso all'indebitamento solo al fine di considerare gli effetti del ciclo economico e al verificarsi di eventi eccezionali, che possono consistere in gravi recessioni economiche, crisi finanziarie e gravi calamità naturali.

La "Grande recessione" del 2008 ha riaperto il dibattito sulla validità delle politiche keynesiane nei momenti di crisi e i vincoli di bilancio e ha visto contrapporsi i sostenitori dell'austerità che hanno posto l'accento sul rigore dei conti pubblici e i keynesiani favorevoli invece a politiche espansive.

FOCUS digitale

Visita in rete i blog dedicati a J.M. Keynes (http://keynesiano.wordpress.com/ oppure http://keynesblog.com/). Vengono presentati articoli, video, dati relativi ai più recenti dibattiti economici a livello internazionale. Cerca un intervento da proporre in classe e analizzare con l'insegnante. Per mantenerti aggiornato potresti seguirli sui social network.

RISPONDO

- Che cos'è il Pil? Quali voci lo compongono?
- Che cos'è il ciclo economico? Quali sono le sue fasi?
- Quali sono gli indicatori del ciclo economico?
- Quali sono le caratteristiche delle fasi di espansione? E delle fasi di recessione?
- Qual è il significato che si attribuisce all'andamento della Borsa?
- Quali sono gli strumenti della politica fiscale?
- Qual è il punto debole delle politiche fiscali?
- Quali sono i vincoli europei?

Le dinamiche dei sistemi economici

2 Gli squilibri dello sviluppo

UN MODELLO DI SVILUPPO SOSTENIBILE

Video

Per saperne di più guarda il video!

1 La politica di cooperazione allo sviluppo

Quando si parla di **cooperazione allo sviluppo** si fa riferimento alla *strategia economica internazionale di lotta alla povertà* che si basa su accordi tra governi e società civile dei Paesi del Nord e del Sud del mondo caratterizzati da differenti gradi di sviluppo economico.

Gli *squilibri* che derivano dalla **povertà** si possono così sintetizzare:
- *difficoltà d'accesso al consumo privato* (basso reddito);
- *difficoltà d'accesso alle risorse pubbliche*;
- *difficoltà d'accesso* per gli individui e le famiglie *a beni di base*, quali la casa, l'acqua, il trasporto ecc.;
- *difficoltà culturali rispetto ai valori comuni della società*, ad esempio, difficoltà ad avere un'esistenza dignitosa o autonoma.

Per comprendere le azioni da svolgere da parte dei governi per combattere la povertà è opportuno presentare un quadro delle principali problematiche relative al sottosviluppo.

2 Sviluppo e sottosviluppo

Il divario tra ricchi e poveri nel mondo sta aumentando. Alla base di questo processo vi è il "**circolo vizioso della povertà**". Nei Paesi sottosviluppati *bassi livelli di reddito determinano bassi livelli di consumi*, quindi *di produzione, di investimenti, di occupazione* e quindi *di reddito*: e così il ciclo ricomincia e si autoalimenta.

Il circolo vizioso della povertà

I **sistemi economici** di questi Paesi risultano così caratterizzati da una *carenza strutturale di investimenti* sia del settore pubblico che di quello privato e dalla netta prevalenza del settore agricolo su quello industriale e sul terziario a causa del ritardo tecnologico e della mancanza di capitali finanziari.

Il divario tra ricchi e poveri è tale non solo dal punto di vista economico, ma anche dal *punto di vista sociale*, in termini di tasso di alfabetizzazione, di mortalità infantile, di igiene, di accesso all'acqua potabile, di diffusione di malattie quali l'Aids, la malaria, la tubercolosi.

The Poverty Cycle

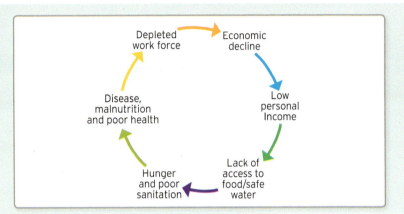

3 Indici di sviluppo economico e qualità della vita

Il Pil è l'indicatore statistico più usato per definire lo sviluppo economico e il benessere di un Paese, nonché per operare confronti a livello internazionale.
Lo **sviluppo economico** può essere definito come la *crescita della produzione di un Paese nel corso del tempo*.
Dal Pil si ricavano pertanto la *ricchezza prodotta da un Paese* e la sua *evoluzione nel tempo*.
Il Pil ha il pregio di condensare in un'unica cifra una certa quantità di informazioni, in quanto la ricchezza prodotta è importante per determinare lo standard di vita, ma *presenta una serie di difetti soprattutto per quanto riguarda gli aspetti qualitativi delle condizioni sociali ed economiche*.
Il **Pil pro-capite** permette, in particolare, confronti diretti tra Paesi indipendentemente dal numero di abitanti. È dato dal *rapporto tra Pil nazionale* e *popolazione* e indica la disponibilità in media di beni e servizi di ogni singolo cittadino.
È un valore medio e pertanto non evidenzia la distribuzione del reddito tra i singoli individui. È un indicatore che non può essere usato da solo perché potrebbe fornire informazioni inesatte in merito al benessere di una popolazione.

Per valutare il **benessere** di una popolazione è opportuno utilizzare anche altri indicatori, quali:
- il **tasso di mortalità infantile**;
- la **durata media della vita**;
- il **livello medio di istruzione**;
- l'**indice di sviluppo umano** (Isu).

Quest'ultimo è un indicatore composito, elaborato dalle Nazioni Unite, che considera insieme:
- il *livello della sanità*, ovvero la *speranza di vita alla nascita*;
- il *livello dell'istruzione*, ovvero il *tasso di alfabetizzazione* della popolazione adulta e la media del numero di anni di studio;
- il *livello del reddito*, ovvero il *Pil pro-capite* dopo una trasformazione che tiene conto del reale potere d'acquisto del Paese.

L'indice di sviluppo umano misura pertanto la media dei risultati ottenuti da un Paese in relazione a tre aspetti fondamentali dello sviluppo umano: una *vita lunga e sana*, *l'accesso alla conoscenza* e *condizioni di vita dignitose*.

Il *Rapporto sullo sviluppo umano* delle Nazioni Unite elenca i Paesi in base al loro indice di sviluppo umano e li raggruppa per aree geografiche e per gradi di sviluppo.

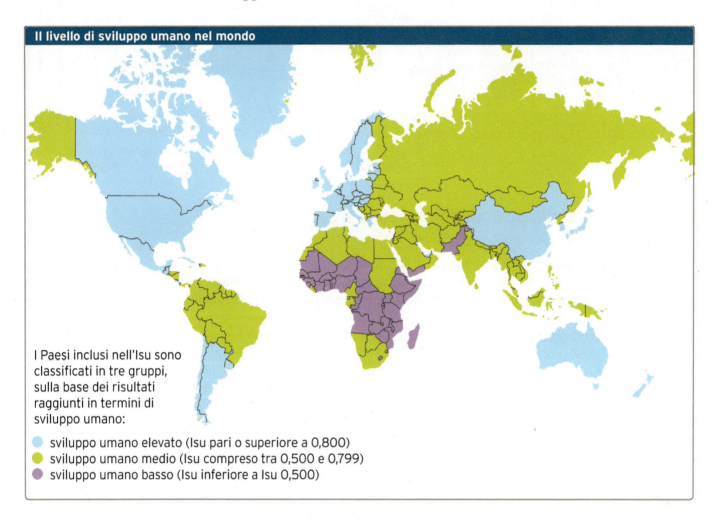

Il livello di sviluppo umano nel mondo

I Paesi inclusi nell'Isu sono classificati in tre gruppi, sulla base dei risultati raggiunti in termini di sviluppo umano:

- sviluppo umano elevato (Isu pari o superiore a 0,800)
- sviluppo umano medio (Isu compreso tra 0,500 e 0,799)
- sviluppo umano basso (Isu inferiore a Isu 0,500)

ENGLISH FOCUS

Human Development Reports

"The human development approach is a major advance in the difficult exercise of understanding the successes and deprivations of human lives, and in appreciating the importance of reflection and dialogue, and through that advancing fairness and justice in the world."

Nobel Laureate Amartya Sen

FOCUS digitale

Consulta l'ultimo Rapporto sullo sviluppo umano pubblicato sul sito http://hdr.undp.org/en/. Se vuoi, puoi selezionare la lingua italiana in alto a destra. Scorri il rapporto fino alle pagine relative alle tabelle di dati e cerca la classifica dei Paesi in base all'indice Isu.
Analizza la sua composizione, individuando le caratteristiche dei Paesi che occupano le posizioni di vertice per metterle a confronto con quelle dei Paesi che, invece, sono relegati in fondo. Dopo aver riflettuto sulle possibili cause della realtà che i dati restituiscono, discutine con i tuoi compagni.

4 Strategie di intervento

Il problema da risolvere è come offrire un **futuro migliore** ai cinque miliardi di persone che vivono nei Paesi in via di sviluppo, tre miliardi delle quali devono sopravvivere con due euro al giorno, il prezzo di una coppa di gelato in Italia.

Gli **aiuti pubblici** dei Governi dei Paesi sviluppati non sono sufficienti per avviare i Paesi poveri verso la riduzione della povertà. Si pone inoltre un problema di *efficiente utilizzo dei fondi*, da parte dei Governi locali, *per investimenti oculati nel settore sociale e per rimuovere inefficienze strutturali*. La spesa pubblica (investimenti pubblici) finalizzata alla creazione di ricchezza nazionale è molto bassa nei Paesi in via di sviluppo, il che significa che l'attività economica si basa principalmente sul settore privato.
Un ruolo importante può essere svolto proprio dagli **investimenti** *delle imprese dei Paesi sviluppati*, che potrebbero contribuire a interrompere il circolo vizioso della povertà. Sono necessarie però prudenza nella gestione delle risorse e responsabilità verso la comunità locale, affinché questi progetti economici producano vantaggi per l'intera collettività. Le imprese dovrebbero operare in modo **etico** rispettando, ad esempio, i diritti dei lavoratori.

■ **Etico**
che concerne i costumi, il comportamento morale.

La **cancellazione del debito estero** è *un'altra via da seguire* per contribuire a ridurre i problemi dei Paesi in via di sviluppo.
Il debito internazionale dei Paesi poveri è, secondo molti economisti, *la causa principale del loro mancato sviluppo*. I Paesi indebitati devono pagare gli interessi e restituire il capitale prestato e quindi destinare le loro già limitate risorse al pagamento dei debiti: non possono così investirle nella sanità, nell'istruzione, nella lotta alla povertà. È una spirale che strangola l'economia.
Il debito estero deriva da "**crediti di aiuto**" dati dai Paesi del Nord del mondo composti da una parte *a titolo di donazione* (da non restituire), da una parte costituita da un vero e proprio *finanziamento concesso a condizioni privilegiate* (con tassi di interesse agevolati) e da *debiti originati dal pagamento dei beni importati o da finanziamenti sottoscritti direttamente dallo Stato*.
La cancellazione del debito richiede *in primis* l'esistenza di un sistema democratico efficiente per evitare di finanziare regimi autoritari o il commercio di armi.
L'iniziativa internazionale per la cancellazione del debito si chiama **Hipc** (Heavily Indebted Poor Countries) e fu adottata nel 1996, nel quadro delle azioni intraprese dalla comunità internazionale a favore dei Paesi più poveri.

La **Tobin tax** è uno degli argomenti che suscita dibattiti a livello internazionale.
James Tobin, premio Nobel per l'economia nel 1981, propose nel 1972 l'*introduzione di una tassa sulle transazioni valutarie* (gli scambi di moneta estera, per esempio, l'acquisto di dollari in cambio di euro), *al fine di ridurre i movimenti finanziari a carattere puramente speculativo*.
Secondo i sostenitori della Tobin tax, i proventi così raccolti dovrebbero essere utilizzati per risolvere i problemi internazionali più urgenti come la povertà e le malattie. Un simile provvedimento richiede necessariamente una cooperazione internazionale per essere efficace, in quanto se adottato solo da un gruppo di Paesi non farebbe che allontanare i capitali verso mercati più liberi.

Sviluppo sostenibile
Sustainable development ■
economic development that is capable of being maintained at a steady level without exhausting natural resources or causing severe ecological damage.

Lo **sviluppo sostenibile** consiste in un approccio diverso ai modelli di sviluppo e di cooperazione internazionale, ossia *un genere di sviluppo che consenta alle popolazioni di soddisfare i propri bisogni senza danneggiare l'ambiente*.
Il Programma per l'ambiente delle Nazioni Unite definisce lo sviluppo soste-

nibile in termini di programmi che porterebbero a "migliorare la qualità della vita delle persone nell'ambito della capacità di portata del sistema che sostiene la vita sulla Terra". Il concetto di sviluppo sostenibile comporta pertanto il *superamento del divario tra Paesi ricchi e Paesi poveri*, come modo importante per garantire che sia le generazioni di oggi che quelle di domani possano soddisfare le proprie necessità. Si sottolinea l'importanza del legame che esiste fra degrado economico e degrado ambientale, e il fatto che la protezione dell'ambiente nei Paesi in via di sviluppo deve essere considerata parte integrante del processo di sviluppo.

Il **libero accesso ai mercati** è la richiesta dei Paesi in via di sviluppo nelle riunioni internazionali. L'**apertura dei mercati alle produzioni prevalentemente agricole** del Sud del mondo sarebbe *l'unico modo per sostenere i processi di sviluppo a lungo termine*.

A impedirlo sono le **alte tariffe** sulle loro esportazioni, che fanno aumentare nei mercati di destinazione i prezzi dei prodotti, rendendoli così non convenienti per i consumatori. Negli Stati Uniti sono applicate ai prodotti tessili e all'abbigliamento e in Europa e Giappone ai prodotti agricoli, alimentari e alle calzature.

Per esempio, le alte tariffe nei Paesi ricchi hanno ridotto il Ghana e la Costa d'Avorio a limitarsi all'esportazione della fava di cacao non lavorata e il Mali e il Burkina Faso all'esportazione di cotone grezzo.

Anche le **sovvenzioni** (aiuti economici) **agricole** *ai produttori dei Paesi ricchi rappresentano barriere per l'accesso ai mercati.*

L'istituzione che si occupa di libero scambio a livello internazionale è l'**Organizzazione mondiale del commercio**, nota con la sigla **Wto** (World Trade Organization).

L'obiettivo dell'organizzazione è la *progressiva liberalizzazione del commercio mondiale*, da perseguire con lo strumento della negoziazione di accordi commerciali tra i Governi dei Paesi membri.

Dispone di un tribunale interno, che giudica sui ricorsi presentati dai Paesi membri e può autorizzare pesanti sanzioni economiche sotto forma di ritorsioni commerciali, come, per esempio, l'imposizione di nuovi dazi.

PROTEZIONISMO E LIBERO SCAMBIO
Lettura
Se vuoi approfondire clicca qui!

5 La globalizzazione

«Nessun fenomeno che attiene a economia, comunicazione, politica rimane senza conseguenze sul resto del mondo. Attraversa i confini nazionali, porta diritti, ma anche sfide; travolge le capacità dei governi deboli, ma può essere temperato e indirizzato da governi legittimi, capaci, efficienti.»
(voce **globalizzazione**: liberamente tratta da Bobbio, Matteucci, Pasquino, *Dizionario della politica*, Utet, 2004)

Il termine **globalizzazione** cominciò a circolare negli anni Ottanta del Novecento nelle Business School di Harvard e della Columbia University, ma il fenomeno si è sviluppato solo alla fine del decennio, con il crollo dell'Urss e del sistema pianificato e con la scelta della Cina di aprirsi all'economia di mercato: dagli anni Novanta sono **cadute le frontiere** *per i prodotti e i processi produttivi, per i capitali e gli investimenti, per le tecnologie, le informazioni, le idee.*

Per molti Paesi, la globalizzazione ha portato un *miglioramento delle condizioni di vita*, con un aumento della vita media e della scolarità, e la ricchezza prodotta è cresciuta. Purtroppo la crescita ha portato con sé l'*aumento delle disparità tra Nord e Sud del mondo*.

■ **Globalizzazione**
Globalization
the process by which particular goods and services, or social and cultural influences, gradually become similar in all parts of the world.

Le dinamiche dei sistemi economici **257**

Gli *organismi guida della globalizzazione sono* il **Fondo monetario internazionale** (Fmi) e la **Banca mondiale** nati dalla Conferenza di Bretton Woods (1944), alla quale parteciparono i delegati di 44 nazioni animati dall'esigenza di creare *un sistema di regole che garantisca l'equilibrio dei mercati internazionali*, con lo scopo di regolare l'economia e la finanza mondiale.

Il **Fmi** è stato istituito per risolvere i problemi finanziari globali e *si occupa del commercio mondiale e di sistemi finanziari*.

La **Banca mondiale** ha come obiettivo istituzionale di "*ridurre la povertà e migliorare gli standard di vita* promuovendo lo sviluppo sostenibile e gli investimenti nella popolazione".

Un movimento critico a livello mondiale ha chiesto una radicale riforma di queste istituzioni, soprattutto per quanto riguarda le loro ricette in campo economico. La concessione dei loro prestiti è condizionata al rispetto del cosiddetto **Washington Consensus**, ossia *taglio delle spese pubbliche, eliminazione di sussidi e limiti al libero scambio, privatizzazioni*. Questo tipo di interventi si è rivelato vincente per alcuni Paesi con settori industriali ad alto contenuto di manodopera come, per esempio, la Malaysia, che ha visto crescere in modo consistente il livello dei salari reali, ma fallimentare per altri come, per esempio, lo Zimbabwe che, secondo un rapporto di alcune fra le più prestigiose università economiche (Harvard, Oxford, Yale), ha visto invertire il suo trend di miglioramento della salute nel periodo di applicazione del programma del Fmi.

6 Movimenti e Ong

Le organizzazioni umanitarie e di solidarietà hanno mobilitato l'opinione pubblica sui temi della globalizzazione. Sono nati diversi *movimenti e organizzazioni non governative* (Ong) che si sono attivati con campagne di aiuti e di sensibilizzazione a favore dei Paesi poveri.

Governativo = che proviene o dipende dal Governo, statale.

Le **Ong** sono rappresentate da una vasta gamma di associazioni senza scopo di lucro, missioni religiose, organizzazioni sindacali e professionali. Si caratterizzano per l'*impiego di personale volontario* e, più in generale, per la capacità di *coinvolgere attivamente le popolazioni del Sud del mondo*, beneficiarie dell'aiuto, *nel processo di crescita economica e sociale* dei rispettivi Paesi.

Nell'ordinamento italiano, le Ong appartengono alla categoria giuridica delle **associazioni senza scopo di lucro** (Onlus). Sono esempi di Ong *Medici senza frontiere, Emergency, Mani Tese,* la *Caritas*.

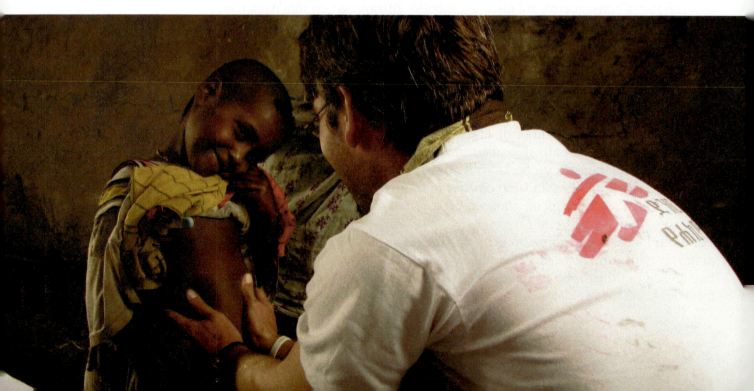

FOCUS digitale

Cerca informazioni sull'attività delle Ong che abbiamo citato visitando i rispettivi siti (http://www.medicisenzafrontiere.it/, http://www.emergency.it/index.html, http://www.manitese.it/landing/). Dopo aver chiarito quali sono i progetti in corso di realizzazione, discuti con i compagni di una vostra possibile forma di partecipazione a sostegno di una delle iniziative descritte.

Il **Commercio equo & solidale** è una forma di cooperazione allo sviluppo dei Paesi poveri che si basa su *rapporti paritari con gruppi organizzati di produttori del Sud del mondo* e si pone come obiettivo un'*adeguata remunerazione dei lavoratori*. I principi alla base di questa formula sono:
- *rapporti commerciali stabili con il produttore* tenuti in genere da consorzi o da cooperative che svolgono un ruolo di selezione, promozione e distribuzione dei prodotti;
- *prezzo equo* che si forma in modo trasparente. I distributori, le botteghe del Commercio equo, curano il rapporto con il consumatore. Il prezzo pagato al produttore viene stabilito in accordo con quest'ultimo a garanzia di una retribuzione dignitosa del lavoro svolto;
- possibilità di ottenere sostanziosi *anticipi sugli ordini* (fino al 50% del valore al momento dell'ordine).

La globalizzazione è un fenomeno complesso che, dal punto di vista economico, porta grandi *concentrazioni di imprese* (le imprese multinazionali nel settore farmaceutico, petrolifero, automobilistico, delle telecomunicazioni ecc.) e **delocalizzazioni produttive**, ma ha anche forti implicazioni sul piano culturale e politico, ed è difficile da gestire.
Abbiamo parlato di cancellazione del debito, di sviluppo sostenibile, di istituzioni internazionali, di Ong, di Commercio equo & solidale, ma si deve parlare anche di **imposizione di standard**: è giusto che i Paesi poveri sfruttino il loro basso costo del lavoro per svilupparsi, ma *si devono imporre standard minimi sul lavoro*.
Le convenzioni dell'**Organizzazione internazionale del lavoro** (Ilo) rappresentano i punti di riferimento più autorevoli, ma devono essere fatte maggiori pressioni sui governi locali affinché siano rispettate.
Le multinazionali devono redigere codici di condotta e farli rispettare in tutte le sedi di produzione, e anche i consumatori possono far la loro parte privilegiando le marche che hanno una politica di **delocalizzazione** *del lavoro accettabile*.
La globalizzazione è un fenomeno inevitabile e dev'essere governata nel modo migliore con il contributo di tutti: governi, organizzazioni, imprese e cittadini.

▪ **Delocalizzazione Outsourcing**
a situation in which a company employs another organization to do some of its work, rather than using its own employees to do it.

? RISPONDO

- Che cosa significa circolo vizioso della povertà?
- Quali sono le caratteristiche dei Paesi in via di sviluppo?
- Che cos'è l'Isu?
- Perché il debito estero è una causa del mancato sviluppo?
- Che cos'è l'iniziativa internazionale per la cancellazione del debito?
- Come può essere definita la globalizzazione?
- Quali sono le principali istituzioni internazionali?
- Che cosa sono le Ong?

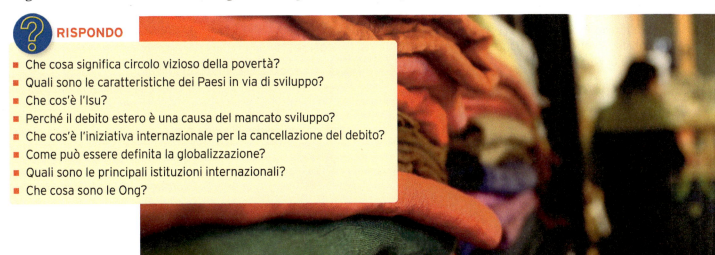

VERIFICO L'APPRENDIMENTO

VERIFICO LE CONOSCENZE

vero o falso?

1. Il Pil è l'insieme dei beni e servizi finali prodotti in un sistema economico in un dato periodo V F
2. L'operatore Resto del mondo incide sul Pil solo con le esportazioni V F
3. I consumi sono la categoria meno stabile del Pil V F
4. L'indice di sviluppo umano è un indicatore del benessere di una popolazione V F
5. Nei periodi di espansione diminuiscono gli investimenti V F
6. L'andamento della Borsa è un indicatore economico V F
7. La ripresa è il passaggio da una fase di crisi a una di espansione V F
8. Il trend indica in sintesi l'andamento decrescente dell'economia V F
9. Il numero degli occupati è un indicatore del ciclo economico V F
10. Il prelievo delle imposte è uno strumento efficace per sostenere la domanda nei momenti di crisi V F
11. In periodi di crisi un aumento della spesa da parte dello Stato può rilanciare l'economia e favorire lo sviluppo V F
12. Il circolo vizioso della povertà è determinato da bassi livelli di consumo, di investimento e di occupazione V F
13. L'elevata mortalità infantile è una delle caratteristiche dei Paesi sottosviluppati V F
14. Gli aiuti pubblici dei governi dei Paesi sviluppati non sono sufficienti V F
15. Le istituzioni internazionali coinvolte nella globalizzazione sono la Banca mondiale, l'Fmi e la Wto V F

scelgo la risposta esatta

1. Qual è l'equazione del Pil?
   A consumi + investimenti + esportazioni − importazioni
   B consumi + investimenti + esportazioni
   C consumi + investimenti − esportazioni + importazioni
   D consumi + investimenti + importazioni

2. Quali sono le diverse tipologie di fasi negative del ciclo?
   A recessione e depressione
   B recessione, depressione, stagnazione, rallentamento
   C recessione e stagnazione
   D stagnazione e rallentamento

3. Che cos'è il deficit?
   A il saldo negativo tra entrate e uscite nel bilancio dello Stato
   B il saldo positivo tra entrate e uscite
   C le entrate e le uscite nel bilancio dello Stato
   D le uscite nel bilancio dello Stato

4. Che cos'è il debito pubblico?
   A il saldo negativo tra entrate e uscite nel bilancio dello Stato
   B l'indebitamento dello Stato per finanziare il deficit
   C l'insieme dei deficit
   D le uscite nel bilancio dello Stato

5. Che cos'è il Pil pro-capite?
   A il Pil di un Paese
   B la variazione percentuale del Pil
   C il rapporto tra Pil nazionale e popolazione
   D il rapporto tra Pil nazionale e Pil mondiale

6. Quali sono le voci che compongono l'indice Isu?
   A la speranza di vita alla nascita, il tasso di alfabetizzazione, il Pil pro-capite
   B il livello della sanità e il livello dell'istruzione
   C il livello della sanità e il Pil pro-capite
   D la speranza di vita alla nascita e il tasso di alfabetizzazione

7. La cancellazione del debito estero
   A è l'unica causa del sottosviluppo
   B è una delle cause del sottosviluppo
   C è un'iniziativa internazionale a favore dei Paesi sottosviluppati
   D è un'iniziativa europea a favore dei Paesi sottosviluppati

8. Le organizzazioni non governative
   A sono associazioni con scopo di lucro
   B sono associazioni senza scopo di lucro
   C sono imprese multinazionali
   D dipendono dalle istituzioni internazionali

• IMPARO A IMPARARE...

costruisci una mappa partendo dai seguenti concetti

1. Le voci che compongono il Pil
2. Le politiche fiscali collegate alle fasi del ciclo economico
3. L'indice di sviluppo umano

AIUTATI E VERIFICA IL TUO LAVORO CON LE MAPPE INTERATTIVE

260 ■ Unità di apprendimento 11

Unità di apprendimento 11
Le dinamiche dei sistemi economici

• IMPARO A COMUNICARE...

rispondi verbalmente e poi in forma scritta

1. Quali fattori influiscono sugli *investimenti*?
2. Che cosa s'intende per *domanda interna*? E per *domanda estera*?
3. Quali sono le politiche fiscali espansive? In quale fase del ciclo economico sono opportune?
4. Quali sono le politiche fiscali restrittive? In quale fase del ciclo economico sono opportune?
5. Quali sono gli *indicatori del benessere* di una popolazione?
6. Quali sono i possibili *rimedi al sottosviluppo*?
7. Perché il debito estero è una *causa del mancato sviluppo*?
8. Che cosa significa *libero accesso ai mercati*?
9. Che cos'è lo *sviluppo sostenibile*?
10. Quali sono i principi alla base del Commercio equo & solidale?

• INTERPRETO L'INFORMAZIONE

Sottolinea nelle letture le parole che non conosci e cerca sul dizionario l'esatta definizione.

1 La dittatura del Grande Contabile, dal dopoguerra a oggi

«Il Pil è un po' più giovane di me, ma non tanto. Nacque nell'immediato dopoguerra. Da allora continua a crescere (a volte, è vero, in maniera un po' stentata). Mi chiedo dove voglia arrivare. Di lui si parla con rispetto, compunzione e timore. Soprattutto se ne parla troppo. Confesso che la cosa mi infastidisce. Non credo che si tratti semplicemente di invidia per un quasi coetaneo che ha fatto una carriera un po' immeritata. La questione è più grave. Non possiamo misurare lo spirito nazionale sulla base dell'indice Dow Jones né i successi del Paese sulla base del Prodotto interno lordo. Il Pil comprende l'inquinamento dell'aria, la pubblicità delle sigarette, le ambulanze per sgombrare le nostre autostrade dalle carneficine del fine settimana. Contabilizza le serrature speciali per le porte delle nostre case e le prigioni per coloro che cercano di forzarle... Comprende programmi televisivi che valorizzano la violenza per vendere prodotti violenti ai bambini. Cresce con la produzione di napalm, missili e testate nucleari, comprende anche le ricerche per migliorare la disseminazione della peste bubbonica, si accresce con gli equipaggiamenti che la polizia usa per sedare le rivolte e non fa che aumentare quando sulle loro ceneri si ricostruiscono i bassifondi popolari. Il Pil non tiene conto della salute delle nostre famiglie, della qualità della loro educazione e della gioia dei loro momenti di svago... Non comprende la bellezza della nostra poesia e la solidità dei valori familiari, l'intelligenza del nostro dibattere e l'onestà dei pubblici dipendenti. Non tiene conto della giustizia dei nostri tribunali, né dell'equità dei rapporti fra noi. Non misura né la nostra arguzia né il nostro coraggio né la nostra saggezza né la nostra conoscenza né la nostra compassione né la devozione al Paese. Misura tutto, eccetto ciò che rende la vita degna di essere vissuta».

(tratto dal discorso di Robert Kennedy del 18 marzo 1968 all'Università del Kansas)

Ascolta su Youtube la versione originale del discorso di Robert Kennedy del 18 marzo 1968 all'Università del Kansas (è disponibile anche con i sottotitoli in italiano)

Rispondi alle domande

1. Quando nacque il Pil?
2. Che cosa comprende il Pil secondo Robert Kennedy?
3. Di che cosa non tiene conto il Pil?
4. Chi è il "Grande Contabile"?
5. Che cosa ne pensi del discorso di Kennedy? Pensi possa essere ancora attuale?

2 Guarire la crisi con il debito? Forse, ma non qui

Si può guarire, in alcuni casi, da una crisi di debito accumulando altro debito, suggerisce il Nobel Paul Krugman. Che invoca una politica fiscale espansiva come unico strumento possibile per creare domanda e generare occupazione quando il settore privato ha un indebitamento eccessivo. Il costo si scaricherà sui contribuenti e se la spesa pubblica verrà utilizzata in modo produttivo, le generazioni future avranno più debito, ma anche più asset. In Italia, però, la ricetta non può funzionare. Ecco perché.

Uno dei dibattiti più importanti e anche più radicali in questo periodo è sul ruolo che deve avere la politica fiscale in questa crisi. In Europa, UE e Bce, ma soprattutto la Germania, chiedono ai Paesi in difficoltà di fare i compiti a casa, ridurre la spesa e mettere in ordine i loro conti. Il Governo Monti è impegnato in una *spending review* per capire quali sono i tagli possibili nel breve termine. La Grecia sta cercando di adottare, con risultati dubbi, politiche di austerità da un paio d'anni e anche il Governo Rajoy ha annunciato un piano di forti tagli alla spesa pubblica spagnola. Ma le politiche di austerità, quasi inevitabilmente, sono seguite da **contrazioni** dell'attività economica che hanno a volte l'effetto di aprire altri buchi nel bilancio degli Stati, in un esasperante circolo vizioso.

Non sorprendentemente, è sorta una **reazione** alle politiche fiscali restrittive, il cui leader intellettuale a livello

VERIFICO L'APPRENDIMENTO

mondiale è senza dubbio **Paul Krugman**. Dalle colonne del «New York Times» il premio Nobel per l'economia invoca una politica fiscale espansiva come unico strumento possibile per **creare domanda** e generare occupazione. Con un debito pubblico ormai sopra l'80 per cento del Pil anche negli Usa, dovuto anche alla ricapitalizzazione delle banche che sono state all'origine della crisi del 2008, l'obiezione ovvia a Krugman è: ma si può guarire da una crisi di debito accumulando altro debito? (...)

In altre parole, dato che il settore privato **non genera** domanda perché sta cercando di ripagare il debito, e dato che riuscire ad aumentare le esportazioni non è facile nel breve periodo, l'unico modo per non aggravare la recessione nel breve periodo è quello di lasciare che lo Stato aumenti il deficit pubblico. Quindi la politica fiscale espansiva resta, secondo questa prospettiva, la via più convincente per evitare una **forte depressione**. (...) Inoltre, se il deficit pubblico verrà utilizzato per finanziare investimenti pubblici in modo produttivo, le **generazioni future** avranno più debito, ma anche una maggiore ricchezza complessiva.

POLITICHE ESPANSIVE IN ITALIA?
Naturalmente si possono avere preferenze diverse sulla desiderabilità di questa politica, in particolare sulle conseguenze per le generazioni future, ma il ragionamento di Krugman ha una sua coerenza. (...) I problemi italiani sono proprio quelli di un **debito pubblico** eccessivo che ci rende vulnerabili a quella che stoltamente viene chiamata la "dittatura dei mercati" nonché di una spesa pubblica eccessiva e improduttiva. Invocare maggiore spesa pubblica dopo avere letto degli sprechi della Regione Sicilia, delle forestali calabresi, degli squilibri nella spesa sanitaria tra regioni italiane per prestazioni equivalenti, in una situazione in cui lo Stato si indebita al 6%, non è essere keynesiani o krugmaniani: è divorziare dalla realtà.

(Fausto Panunzi, la voce.info, 1° agosto 2012)

Rispondi alle domande

1 Che cosa si intende per politiche fiscali espansive?

2 Quali sono i motivi di politiche fiscali espansive nonostante il debito pubblico?

3 Sono attuabili in Italia? Perché?

4 Cerca informazioni su Paul Krugman e scrivi una breve biografia.

● APPLICO LE CONOSCENZE

problem solving

1 Il Pil degli ultimi tre trimestri ha segno negativo, quale potrebbe essere un opportuno intervento di politica fiscale? Analizzane i possibili effetti.

2 Il Governo ha deciso un aumento delle imposte sui consumi. In quale situazione economica può aver proposto questo tipo di intervento? Perché?

3 Traccia un grafico di un ciclo economico evidenziando una grave e prolungata crisi economica.

team working

1 Africa – povertà e conflitti dimenticati

Dopo aver formato dei gruppi di lavoro all'interno della classe, assegnate a ciascuno un certo numero di Paesi africani e raccogliete, per mezzo di una ricerca in Internet, tutte le informazioni riguardanti: Forma di governo – Risorse economiche – Indice di sviluppo umano (fai riferimento al rapporto sullo sviluppo umano segnalato nel Focus digitale) – Guerre civili negli ultimi decenni e guerre in corso dimenticate (consulta il sito http://www.conflittidimenticati.org/).
Con i dati raccolti predisponi un poster da esporre o una presentazione PowerPoint da mostrare in classe.
Per documentare il lavoro svolto da ciascun componente del gruppo compila un "diario di bordo" da allegare all'elaborato.

2 Un breve articolo di economia per il giornalino della scuola

Forma dei gruppi di lavoro con i tuoi compagni. Prendi in considerazione i grafici relativi al Pil e alla produzione industriale segnalati nel Focus digitale.
All'interno del gruppo organizza i dati in una tabella e usando un foglio di calcolo ricrea il grafico (chiedi all'insegnante di matematica o informatica eventuali indicazioni operative).
Inserisci poi il grafico che hai creato in un file di testo, scegli un titolo e scrivi un breve testo come se fossi un giornalista che commenta la situazione economica attuale.
Gli articoli di ciascun gruppo possono poi essere esposti in poster.
Per documentare il lavoro svolto da ciascun componente del gruppo compila un "diario di bordo" da allegare al prodotto ottenuto.

Unità di apprendimento 12

Le istituzioni internazionali

1 Le Nazioni Unite
2 L'Unione europea

Conoscenze

- Le istituzioni internazionali
- Finalità, organi, attività delle Nazioni Unite
- Finalità, organi, attività dell'UE

Abilità

- Riconoscere il ruolo delle principali istituzioni internazionali
- Riconoscere gli atti normativi dell'UE e saperli collocare nel sistema delle fonti
- Orientarsi nel percorso di costruzione dell'Unità europea
- Individuare le funzioni degli organi in relazione agli obiettivi da conseguire

FOCUS FILM... *Laboratorio di cinema*

per comprendere l'importanza dell'espressione di idee attraverso diversi mezzi di comunicazione

Il film focalizza l'attenzione sulla guerra civile che nel 1994 ha visto in cento giorni il genocidio di un milione di abitanti di etnia Tutsi ad opera dei rivali Hutu, senza che la comunità internazionale facesse nulla, se non lasciare alle forze dell'Onu, rappresentata dal coraggioso colonnello Peter Oliver, il compito di un'interdizione di scarsa efficacia.

1 Le Nazioni Unite

1 Storia e finalità

L'**Organizzazione delle Nazioni Unite** (Onu) è stata costituita alla fine della Seconda guerra mondiale.
Ripercorriamo ora le tappe fondamentali del processo che ha portato alla sua creazione.

- La *Carta atlantica*, firmata nel 1941 dal presidente americano F.D. Roosevelt e dal primo ministro britannico Winston Churchill, nella quale venne enunciato un insieme di principi mirati alla *collaborazione internazionale per il mantenimento della pace e della sicurezza*.
- La *Conferenza di Yalta* del febbraio 1945, nel corso della quale il presidente Roosevelt, il primo ministro Churchill e il premier sovietico Stalin dichiararono di voler costituire "*un'organizzazione internazionale per la salvaguardia della pace e della sicurezza*".
- La *Conferenza di San Francisco* del giugno 1945, che venne denominata "Conferenza delle Nazioni Unite sull'organizzazione internazionale" e fu l'occasione in cui i rappresentanti delle 50 nazioni partecipanti sottoscrissero lo *Statuto delle Nazioni Unite* che entrò in vigore il 24 ottobre dello stesso anno.

Le finalità dell'Onu sono enunciate dall'**articolo 1** del suo Statuto e possono essere così sintetizzate:

- il *mantenimento della pace e della sicurezza a livello internazionale*;
- lo *sviluppo di relazioni internazionali amichevoli*, che siano basate sul rispetto dell'*uguaglianza dei diritti*;
- la *cooperazione internazionale* nella risoluzione dei problemi di carattere economico, sociale, culturale o umanitario;
- il *rispetto dei diritti umani*.

Article 1 Charter of the United Nations

The Purposes of the United Nations are:
1. To maintain international peace and security, (...);
2. To develop friendly relations among nations based on respect for the principle of equal rights and self-determination of peoples, and to take other appropriate measures to strengthen universal peace;
3. To achieve international co-operation in solving international problems of an economic, social, cultural, or humanitarian character, and in promoting and encouraging respect for human rights and for fundamental freedoms for all without distinction as to race, sex, language, or religion; and
4. To be a centre for harmonizing the actions of nations in the attainment of these common ends.

ENGLISH FOCUS

I Paesi membri dell'Onu sono oggi 193; l'Italia è entrata a farne parte nel 1955. Tra le più recenti adesioni può essere definita storica quella della Svizzera, avvenuta nel marzo 2002.
Pur essendo stata nel 1920 tra i fondatori della Società delle nazioni (che si rivelò impotente di fronte allo scoppio di un nuovo conflitto mondiale), la Svizzera ha fino a oggi evitato l'adesione all'Onu, collaborandovi, come il Vaticano, solo in qualità di osservatore permanente. La sua lunga tradizione di politica estera fondata sulla neutralità internazionale e la consolidata pratica della **democrazia diretta**, che ha reso l'opinione pubblica diffidente rispetto a qualunque forma di governo sovranazionale, hanno rafforzato nel corso degli anni questa scelta finché alla luce delle mutate condizioni internazionali (il crollo del muro di Berlino e il nuovo assetto geopolitico) è stato indetto un referendum che ha deciso per l'adesione con il 55% dei voti a favore.

■ **Democrazia diretta** (o plebiscitaria) quando il potere è esercitato direttamente da assemblee popolari o mediante plebisciti.

FOCUS digitale

Visita il sito dell'Onu Italia http://www.onuitalia.it/ e soffermati sulle notizie internazionali d'attualità. Proponi in classe di approfondire una delle tematiche.

2 La struttura

La struttura di base dell'Onu prevede i seguenti organi: l'*Assemblea generale*, il *Consiglio di sicurezza*, il *Segretario generale* e il *Consiglio economico e sociale* che hanno sede a New York. A questi si aggiunge la *Corte internazionale di giustizia* che, invece, si riunisce a L'Aia, in Olanda.

L'**Assemblea generale** *è l'organo in cui sono rappresentati tutti gli Stati membri e in cui ogni Stato ha diritto a un voto.*

Il **Consiglio di sicurezza** *ha la principale responsabilità per il mantenimento della pace e può essere convocato in qualunque momento essa sia minacciata.*
È composto da 15 membri di cui 5 permanenti e 10 eletti ogni 2 anni dall'Assemblea generale.

Le istituzioni internazionali **265**

I membri permanenti hanno **diritto di veto**, ossia *possono bloccare con il loro voto contrario le decisioni prese dalla maggioranza del Consiglio*. Fanno parte del Consiglio di sicurezza in qualità di membri permanenti le potenze vincitrici della Seconda guerra mondiale: Usa, Francia, Gran Bretagna, Russia e Cina. Alla luce dei recenti sviluppi del contesto politico internazionale i rapporti di forza all'interno del Consiglio hanno reso sempre più urgenti le richieste di avviarne un processo di riforma.

Il **Segretario generale** *svolge un ruolo di primo piano nell'amministrazione delle Nazioni Unite*. Viene eletto ogni 5 anni dall'Assemblea e può essere riconfermato nell'incarico. Svolge compiti di rappresentanza dell'organizzazione e dispone l'esecuzione delle deliberazioni del Consiglio.

Il **Consiglio economico e sociale** *ha il compito di studiare i problemi relativi allo sviluppo economico, sociale, culturale e sanitario a livello internazionale*.

La **Corte internazionale di giustizia** *è il principale organo giudiziario delle Nazioni Unite e delibera sulle controversie fra Stati*. Si compone di 15 giudici eletti dall'Assemblea generale e dal Consiglio di sicurezza.

Non va confusa con la **Corte (o tribunale) penale internazionale**, istituita con lo Statuto di Roma del 1998, entrato in vigore nel 2002, che si occupa di crimini di guerra e di crimini contro l'umanità. Ha sede a L'Aia e mantiene rapporti di collaborazione con le Nazioni Unite.

Esempi concreti delle attività svolte dagli organismi delle Nazioni Unite sono:
- le *operazioni di mantenimento della pace*: l'attività di *peace-keeping* è stata introdotta e sviluppata dalle Nazioni Unite come uno degli strumenti per garantire la pace e la sicurezza internazionali. A partire dal 1948, oltre 750.000 tra militari e forze di polizia, coadiuvati da migliaia di persone appartenenti al personale civile, sono stati impegnati nelle operazioni per il mantenimento della pace;
- i *processi di pacificazione*: l'Onu ha negoziato 172 accordi di pace;
- la *promozione della democrazia*: l'Onu ha permesso ai cittadini di vari Paesi del mondo (Cambogia, Namibia, El Salvador, Mozambico ecc.) di partecipare a elezioni libere e regolari; un esempio tra i tanti è quello delle elezioni che si sono svolte a Timor Est nel 2001 con il monitoraggio dell'Onu;
- la *difesa dei diritti umani*: la **Dichiarazione universale dei diritti dell'uomo**, promulgata dall'Assemblea generale nel 1948, ha sancito il rispetto dei

Un afroamericano sale le scale per raggiungere l'entrata del cinema riservata alla gente di colore. Mississippi, ottobre 1939.

diritti umani (tra gli altri alla vita, alla libertà, alla nazionalità, alla libertà di pensiero, di coscienza e religione, al lavoro, all'istruzione ecc.). La **Commissione per i diritti umani**, sulla base di denunce individuali, si è occupata di casi di tortura, detenzione e sparizione e ha cercato di intervenire sui governi esercitando pressioni a livello internazionale;

■ l'*abolizione del sistema dell'***apartheid** *in Sudafrica*, cui l'Onu ha contribuito direttamente attraverso l'imposizione di misure come l'**embargo** sulle armi o la convenzione contro l'*apartheid* nello sport. Solo dal 1994 tutti i sudafricani possono esercitare il diritto di voto;

■ la *promozione degli investimenti nei Paesi in via di sviluppo*: per mezzo dell'Unido, l'**Organizzazione delle Nazioni Unite per lo sviluppo industriale**, l'Onu si è occupata di sviluppo degli scambi commerciali, creazione di standard compatibili, trasferimento di tecnologie sostenibili. A questo proposito possiamo citare l'esempio dell'Uganda che ha potuto adeguare i propri standard produttivi a quelli vigenti sui mercati occidentali, riuscendo così a esportare il pesce persico del lago Victoria in Europa per un valore di milioni di dollari l'anno;

■ la *rimozione delle mine terrestri*: l'Onu è a capo di una vasta operazione internazionale volta a rimuovere le mine (che continuano a uccidere e mutilare persone) in Angola, Cambogia, El Salvador, Mozambico e Somalia.

■ **Apartheid**
the separation of races in one country, especially of blacks and whites.

■ **Embargo**
sospensione delle forniture militari o di altre merci decisa da uno o più Paesi nei confronti di altri.

FOCUS digitale

Cerca nel sito delle Nazioni Unite http://www.un.org/en/peacekeeping/ la pagina dedicata alle operazioni di peace keeping: nel menu "Peace keeping Operations" scegli, nella colonna sinistra, "Current operations"; potrai visualizzare un planisfero in cui sono indicate tutte le missioni di pace dell'Onu; poi, fai una ricerca nei siti dei principali quotidiani per vedere quale tipo di "copertura mediatica" ricevono queste attività; infine, prepara una sintetica relazione da discutere in classe.

3 Le agenzie delle Nazioni Unite

Le *Nazioni Unite*, le *agenzie specializzate*, i *fondi* e i *programmi* dell'Onu formano il cosiddetto **sistema Onu**. Operano in diversi modi al fine di perseguire vari obiettivi economici e sociali.

Le **agenzie specializzate** *forniscono assistenza tecnica* e altre forme di *aiuto concreto* alle nazioni di tutto il mondo. Vediamo nel dettaglio quali sono le principali agenzie analizzandone le funzioni:

■ l'**Unicef** (Fondo delle Nazioni Unite per l'infanzia): *lavora a lungo termine per la sopravvivenza, la protezione e lo sviluppo dei bambini*; si occupa delle

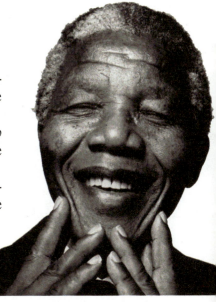

Nelson Mandela (1918-2013) ha speso la sua vita nella lotta contro l'apartheid. Nel 1993 è stato insignito del premio Nobel per la pace e l'anno successivo, durante le prime elezioni libere del suo Paese (le prime in cui potevano partecipare anche i neri), venne eletto Presidente della Repubblica del Sudafrica e capo del governo. Resterà in carica fino al 1998.

Le istituzioni internazionali

LA NATO

Se vuoi approfondire clicca qui!

Lettura

campagne di vaccinazione, dell'assistenza sanitaria di base, della nutrizione e dell'istruzione elementare;
- l'**Ilo** (Organizzazione internazionale del lavoro): *formula politiche e programmi per migliorare le condizioni lavorative e le opportunità di impiego*; stabilisce gli standard di lavoro adottati dai Paesi di tutto il mondo;
- la **Fao** (Organizzazione delle Nazioni Unite per l'alimentazione e l'agricoltura): *lavora per incrementare la produttività agricola e la sicurezza alimentare, e per migliorare le condizioni di vita delle popolazioni rurali*;
- l'**Unesco** (Organizzazione delle Nazioni Unite per l'istruzione, la scienza e la cultura): si occupa di promuovere *l'accesso all'istruzione per tutti, lo sviluppo culturale, la protezione del patrimonio naturale e culturale del pianeta, la cooperazione internazionale in campo scientifico, la libertà di stampa e la comunicazione*;
- l'**Oms** (Organizzazione mondiale per la sanità): *coordina programmi volti a risolvere problemi sanitari e garantire a tutti la possibilità di raggiungere il livello di salute più elevato possibile*. Opera in settori quali la vaccinazione, l'educazione sanitaria e la fornitura di medicinali essenziali;
- l'**Unido** (Organizzazione delle Nazioni Unite per lo sviluppo industriale): *promuove il progresso industriale dei Paesi in via di sviluppo* fornendo assistenza tecnica, servizi di consulenza e formazione.

FOCUS digitale

Visita il sito dell'Unicef Italia (http://www.unicef.it/): clicca nella sezione "Cosa facciamo" per verificare quali sono gli interventi attualmente in corso nei Paesi colpiti da emergenze umanitarie e, selezionando il link "Progetti", potrai conoscere le relative campagne di sensibilizzazione. Dopo aver riflettuto sulle modalità con le quali un ragazzo come te può dare il suo contributo al lavoro dell'Unicef, discutine in classe con i compagni.

? RISPONDO

- Che cosa sono le Nazioni Unite?
- Quali sono le finalità delle Nazioni Unite?
- Quali sono gli organi delle Nazioni Unite?
- Quali Paesi sono membri permanenti del Consiglio di sicurezza?
- Che cosa significa diritto di veto?

2 L'Unione europea

1 Storia e finalità

L'**Unione europea** nasce dal lungo processo di integrazione avviato nel decennio successivo alla Seconda guerra mondiale per volontà di sei Paesi fondatori: Belgio, Repubblica federale tedesca, Francia, Italia, Lussemburgo e Paesi Bassi.

Le successive adesioni si realizzano in quattro tappe fondamentali; al gruppo dei Paesi fondatori si aggiungono:
- Danimarca, Irlanda e Regno Unito nel 1973;
- Grecia nel 1981;
- Spagna e Portogallo nel 1986;
- Austria, Finlandia e Svezia nel 1995.

Nel 2004 altri 10 Paesi (Cipro, Repubblica Ceca, Estonia, Ungheria, Lettonia, Lituania, Malta, Polonia, Slovacchia, Slovenia) entrano nell'Unione. Si tratta dell'allargamento più consistente realizzato dall'UE.
Ulteriori tappe del processo di allargamento sono il 2007 con l'ingresso di Bulgaria e Romania e il 2013 con l'ingresso della Croazia. I Paesi candidati all'adesione sono l'ex Repubblica jugoslava di Macedonia, la Turchia, il Montenegro, la Serbia e l'Islanda.

L'UNIONE EUROPEA
Lezione

- Lo sai che gran parte delle norme che disciplinano le tue attività quotidiane derivano da decisioni prese a livello comunitario?
- Conosci il significato del marchio CE che trovi stampato, ad esempio sul tuo computer?
- Hai mai riflettuto su vantaggi/svantaggi dell'euro come moneta unica?

Scoprilo seguendo la lezione multimediale!

Laboratorio digitale

FOCUS digitale — SURFING THE EUROPEAN UNION

Il sito ufficiale dell'Unione europea (http://europa.eu/index_it.htm) è un ottimo strumento per entrare in contatto con l'istituzione Europa, per conoscerne le attività e mantenersi aggiornati. È disponibile nelle varie lingue comunitarie e quindi permette anche di acquisire un lessico in lingua straniera. Inizia, quindi, il percorso alla scoperta del sito, link specifici ti saranno poi suggeriti nel corso dell'unità nella rubrica "Surfing the European Union".

L'Unione europea non è paragonabile ad altre organizzazioni internazionali in quanto non ha compiti di ordine tecnico strettamente delimitati, ma *coinvolge vari settori di attività con un'influenza determinante sulla vita degli Stati membri*, i quali *trasferiscono parte della propria sovranità a istituzioni comuni rappresentative dell'Unione nel suo insieme*, permettendole così di acquisire un'influenza mondiale che nessun Paese potrebbe avere da solo.
È basata sulle idee fondamentali di *libertà* e *uguaglianza* e nasce dalla volontà di mantenere la pace e creare un'Europa unita. Su tale concezione si fondano i

Le istituzioni internazionali **269**

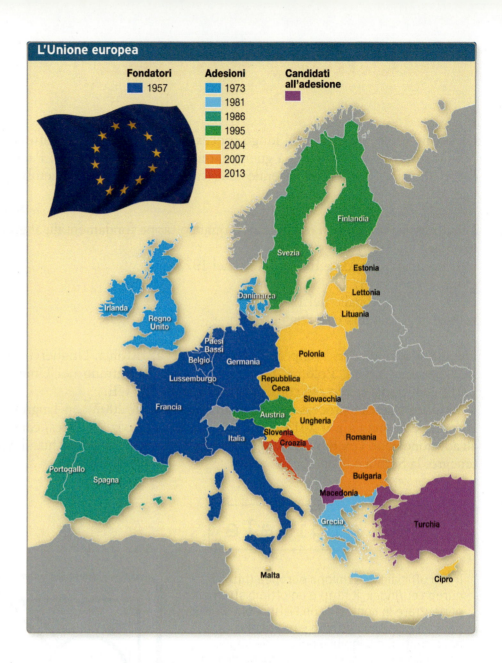

trattati istitutivi intesi come atti di creazione prima della Comunità economica europea (Cee) e poi dell'Unione europea (UE).

Gli **obiettivi** compresi nei trattati possono essere così raggruppati:

■ la promozione del *progresso economico e sociale* attraverso la realizzazione del Mercato unico, della moneta unica, la creazione di posti di lavoro, lo sviluppo regionale, la protezione dell'ambiente;
■ la *cittadinanza europea*;
■ lo sviluppo di uno spazio di *libertà*, di *sicurezza* e di *giustizia*;
■ l'affermazione dell'identità europea sulla scena internazionale attraverso la *politica estera e di sicurezza comune*, l'intervento nella gestione delle crisi internazionali, la posizione comune all'interno delle organizzazioni internazionali.

Le principali **istituzioni** alle quali è affidato il funzionamento dell'Unione europea sono:

- il **Parlamento**, eletto dai cittadini;
- il **Consiglio dell'Unione**, che rappresenta i governi degli Stati membri;
- la **Commissione**, che rappresenta gli interessi dell'Unione;
- il **Consiglio europeo,** che riunisce i capi di Stato e di Governo;
- la **Corte di giustizia**, che garantisce il rispetto del diritto;
- la **Corte dei conti**, che controlla la gestione finanziaria dell'Unione.

I due trattati fondanti la **Comunità economica europea** (Cee) e la **Comunità europea dell'energia atomica** (Euratom) sono stati firmati il 25 marzo 1957 a Roma dai sei Paesi (Francia, Repubblica federale tedesca, Italia, Belgio, Paesi Bassi e Lussemburgo) che nel 1951 a Parigi avevano già dato vita alla **Comunità europea del carbone e dell'acciaio** (Ceca). Obiettivo della Cee era la creazione di un *Mercato comune europeo*. Presentiamo ora quelle che si possono ritenere le tappe fondamentali del processo di integrazione europea.

Nel 1979 si vota per la prima volta per eleggere il Parlamento europeo. Fino al 1979 gli europarlamentari venivano scelti dai Parlamenti nazionali, quindi erano persone che avevano il compito prioritario di servire gli interessi del proprio Paese e non quelli dell'Europa. Con l'*elezione diretta*, il Parlamento assume un ruolo importante per la formazione di un'*opinione pubblica europea*.
L'**Atto unico europeo** (1986), che riforma il trattato istitutivo della Cee (Trattato di Roma), getta le basi per il completamento del *Mercato unico* e per la creazione di uno *spazio senza frontiere*. Con il Trattato di Roma la libera circolazione delle persone era strettamente collegata allo svolgimento di un'attività economica, cioè un'attività di lavoro dipendente o autonomo oppure di prestazione di servizi. L'Atto unico si propone, invece, di *abolire i controlli sulle persone alle frontiere interne*.

Il Parlamento europeo con sede a Strasburgo.

Le istituzioni internazionali

Il diritto di circolare e soggiornare liberamente si è consolidato con l'introduzione del concetto di *cittadinanza europea* nel **Trattato sull'Unione europea** – più noto come Trattato di Maastricht – (1992): «È cittadino dell'Unione chiunque abbia la cittadinanza di uno Stato membro». Questo passaggio riveste un ruolo importante nella costruzione dell'identità europea. Al Mercato unico e alla libera circolazione dei beni e dei servizi si affianca anche la *libera circolazione delle persone* indipendentemente dal fatto che si giustifichi attraverso lo svolgimento di un'attività economica.
Il Trattato di Maastricht ha, inoltre, pianificato il cammino della *moneta unica*.

Con il **Trattato di Amsterdam** (1997) è stata messa a punto una soluzione che consente di ampliare la libera circolazione delle persone, inserendo nel Trattato sull'Unione europea l'Accordo di Schengen, in base al quale dal 1995 si stabiliva l'*eliminazione dei controlli alle frontiere* per i cittadini degli Stati membri.
Per quanto riguarda la cittadinanza europea si precisa che «costituisce un complemento della cittadinanza nazionale e non sostituisce quest'ultima». Significa che per poter usufruire della cittadinanza dell'Unione occorre essere già in possesso della cittadinanza di uno Stato membro. Inoltre nasce un nuovo diritto: la possibilità di *rivolgersi alle istituzioni europee nella propria lingua* e di ricevere da queste una risposta redatta nella stessa lingua.
Il Trattato di Amsterdam integra l'elenco dei diritti civili di cui godono i cittadini dell'Unione e definisce con maggior precisione il nesso esistente fra la cittadinanza nazionale e la cittadinanza europea.

I diritti civili, politici, economici e sociali dei cittadini europei nonché di tutte le persone che vivono sul territorio dell'Unione sono raggruppati per la prima volta in un testo unico: la **Carta dei diritti fondamentali** dell'Unione europea firmata in occasione del Consiglio di Nizza del dicembre 2000. Il documento è diviso in sei grandi capitoli: dignità, libertà, eguaglianza, solidarietà, cittadinanza e giustizia.

30.3.2010 — EN — Official Journal of the European Union — C 83/391

The European Parliament, the Council and the Commission solemnly proclaim the following text as the Charter of Fundamental Rights of the European Union.

CHARTER OF FUNDAMENTAL RIGHTS OF THE EUROPEAN UNION

Preamble

The peoples of Europe, in creating an ever closer union among them, are resolved to share a peaceful future based on common values.

Nel corso del Consiglio di Nizza è stato adottato il **Trattato di Nizza** che imposta la riforma per l'*allargamento dell'Unione europea ai Paesi candidati dell'Europa orientale e meridionale*. Il Trattato di Nizza è stato ratificato da tutti gli Stati membri secondo le rispettive regole costituzionali ed è entrato in vigore il 1° febbraio 2003.

Nel dicembre 2001 a Laeken (Belgio) viene approvata la creazione di una **Convenzione** per scrivere la nuova Costituzione dell'Europa. Questo organismo è formato da 105 membri in rappresentanza dei governi e dei parlamenti nazionali degli Stati membri e dei Paesi candidati all'adesione, del Parlamento europeo e della Commissione europea. La Convenzione, riunita dal febbraio 2002 al luglio 2003 sotto la presidenza di Valéry Giscard d'Estaing, ha redatto un progetto di *trattato costituzionale*. Tale progetto è servito da base di lavoro ai negoziati della **Conferenza intergovernativa (Cig)**, composta dai capi di Stato e di Governo degli Stati membri e degli Stati aderenti.

Il 1° maggio 2004 è nata ufficialmente l'Europa a *venticinque*.
Il 18 giugno 2004 a Bruxelles i 25 leader dell'Unione europea hanno adottato formalmente la prima, storica **Costituzione dell'Europa**. Come sede per la firma ufficiale è stata scelta Roma, per continuità ideale con i trattati istitutivi della Cee e dell'Euratom del 1957.
Il Trattato istitutivo di una Costituzione per l'Europa non è stato ratificato da tutti i Paesi membri e quindi non è mai entrato in vigore, decisivi sono stati i "no" di Francia e Paesi Bassi.

Il 1° gennaio 2007 altri due Paesi dell'Europa dell'Est, Bulgaria e Romania, sono entrati a far parte dell'Unione.
Il 13 dicembre 2007 i 27 Paesi membri hanno approvato il **Trattato di Lisbona** per uscire dall'impasse creato dalla mancata ratifica della Costituzione e per rendere l'UE a 27 più democratica ed efficiente al fine di soddisfare le aspettative dei cittadini europei in termini di trasparenza e partecipazione. Il trattato è entrato in vigore il 1° gennaio 2009.

FOCUS digitale — SURFING THE EUROPEAN UNION

Laboratorio digitale

Vai alla sezione "Funzionamento dell'UE". Nella colonna di sinistra apri il link "Storia", quindi seleziona "2010 – giorni nostri". Potrai così visualizzare la cronologia di tutti gli eventi significativi che hanno segnato, nei diversi ambiti, la vita dell'Unione europea e delle sue istituzioni; dopo aver letto la documentazione, elabora una scheda di sintesi.

Le istituzioni internazionali 273

Approfondimento

Cronologia dell'integrazione europea

1950 9 maggio - Robert Schuman, ministro degli Esteri francese propone di mettere in comune le politiche della Francia e della Repubblica federale di Germania riguardanti due importanti risorse economiche, carbone e acciaio, in un'organizzazione aperta agli altri Paesi europei. Ora il 9 maggio è la giornata dell'Europa.

1957 25 marzo - A Roma si firmano i trattati che istituiscono la Comunità economica europea (Cee) e l'Euratom.

1979 7 e 10 giugno - Vengono eletti, per la prima volta, a suffragio universale, i 410 membri del Parlamento europeo.

1986 17 e 28 febbraio - Viene sottoscritto l'Atto unico europeo a Lussemburgo e a L'Aia.

1989 9 novembre - Con la caduta del muro di Berlino e la riunificazione della Germania fino ad allora divisa in due Stati, i Paesi dell'Europa centro-orientale, fino a questo momento sotto l'influenza sovietica, progressivamente si riavvicinano all'Europa riconoscendosi nell'identità culturale europea fino all'ingresso come nuovi Stati membri nel 2004.

1990 19 giugno - Si firma l'Accordo di Schengen per la soppressione dei controlli sulle persone alle frontiere terrestri.

1992 7 febbraio - Si firma a Maastricht il Trattato sull'Unione europea.

1993 1° gennaio - Attuazione del Mercato unico.

1997 2 ottobre - Si firma il Trattato di Amsterdam (viene introdotto un nuovo sistema di numerazione per gli articoli del Trattato UE in precedenza designati con lettere).

1998 31 marzo - Schengen: diventa operativa la soppressione dei controlli sulle persone alle frontiere terrestri.

2001 26 febbraio - Viene sottoscritto il Trattato di Nizza adottato dal Consiglio del dicembre 2000.

15 Dicembre - Al vertice di Laeken si decide l'istituzione della Convenzione sul futuro dell'Europa, un'assemblea incaricata di redigere la futura Costituzione europea.

2002 1° gennaio - Inizia la circolazione delle monete e delle banconote in euro.

28 febbraio - Seduta inaugurale della Convenzione a Bruxelles. È composta di 105 membri e presieduta da Valéry Giscard d'Estaing. Ha concluso i suoi lavori il 10 luglio 2003.

2003 4 ottobre - A Roma i 25 capi di Stato e di Governo dell'UE danno il via alla Conferenza intergovernativa (Cig) che deve mettere a punto il testo definitivo della Costituzione europea.

Cerimonia per l'assegnazione del Premio Nobel presso il Municipio di Oslo (Norvegia).

2 La cittadinanza europea

La **cittadinanza europea** si concretizza in quattro diritti specifici:

■ *diritto di circolare e di soggiornare liberamente nel territorio dell'Unione*, è nato come diritto di libera circolazione dei lavoratori ed è diventato diritto di poter circolare, lavorare e risiedere in tutta l'Unione;

■ *diritto di voto e di* **eleggibilità** alle elezioni comunali e a quelle del Parlamento europeo, nello Stato in cui si risiede;

> **Eleggibilità** ■ possesso dei requisiti necessari per essere eletto.

■ *tutela diplomatica e consolare* da parte delle autorità di qualsiasi Stato membro, allorché lo Stato di cui il soggetto è cittadino non sia rappresentato in un Paese terzo;

■ *diritto di petizione e diritto di ricorso al Mediatore europeo*: questa istituzione è nominata dal Parlamento europeo ed è incaricata di ricevere le denunce di qualsiasi cittadino dell'Unione riguardanti casi di cattiva amministrazione nell'operato delle istituzioni o degli organi comunitari. Lo scopo di questi diritti è quello di fornire ai cittadini europei un mezzo semplice per rivolgersi alle istituzioni europee per esporre lamentele e auspici. Le petizioni devono contenere nome, qualifica, cittadinanza e domicilio del firmatario.

2004 18 giugno – A Bruxelles il Consiglio dei ministri dell'UE adotta formalmente la prima, storica Costituzione dell'Europa, firmata poi a Roma il 29 ottobre. La Costituzione non entra poi in vigore a causa della mancata ratifica da parte di alcuni Paesi, Francia e Paesi Bassi.
2007 13 dicembre – Viene firmato il Trattato di Lisbona che contiene le modalità di funzionamento della nuova Europa a 27.
2009 Entra in vigore il Trattato di Lisbona.
2012 10 dicembre – L'Unione europea riceve a Oslo il premio Nobel per la pace. Il premio riconosce il ruolo svolto dall'UE da oltre sessanta anni per promuovere la pace e la riconciliazione, la democrazia e i diritti umani.

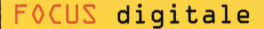

FOCUS digitale — SURFING THE EUROPEAN UNION

Laboratorio digitale

Ogni anno l'UE sceglie un argomento specifico per incoraggiare il dibattito e il dialogo tra i Paesi europei e al loro interno. Il 2013 è stato l'Anno dei **diritti e vantaggi che la cittadinanza europea comporta** dal punto di vista pratico. Tra questi citiamo la possibilità di viaggiare più facilmente e di vivere, lavorare o studiare all'estero, l'accesso ai sistemi sanitari di altri Paesi e la tutela dei consumatori. Visita la pagina http://europa.eu/citizens-2013/it/home.

3 La nascita dell'euro

A partire dal 1° gennaio 2002 i cittadini di 12 Stati membri dell'Unione europea, corrispondenti a quell'area che nel linguaggio giornalistico viene definita **Eurolandia**, hanno a disposizione una moneta unica: l'**euro** (€). È l'ultimo passo di un lungo e graduale *processo d'integrazione economica* avviato nel 1957 con la creazione della Comunità economica europea e nel 1992 con il Trattato di Maastricht che sancisce ufficialmente la nascita dell'Unione europea come **Unione economica e monetaria** e stabilisce le premesse per l'introduzione della *moneta unica*. Per entrare a far parte dell'area euro ogni Paese deve rispettare alcuni criteri economici fissati dal trattato:

- **stabilità dei prezzi**: il tasso di inflazione non deve superare di oltre l'1,5% la media dei tre Stati che hanno riportato i tassi di inflazione più bassi;
- **tassi di interesse**: i tassi di interesse a lungo termine non devono superare di oltre due punti percentuali la media dei tre Paesi aventi i tassi d'interesse meno elevati dell'Unione;
- **deficit**: i disavanzi di bilancio nazionali devono essere vicini o inferiori al 3% del Pil;
- **debito pubblico**: il debito pubblico non può superare il 60% del Pil tranne nel caso in cui mostri una tendenza a diminuire avvicinandosi a tale livello;
- **stabilità dei corsi**: una valuta nazionale non può essere stata svalutata durante il biennio precedente l'ammissione all'Uem e deve essere rimasta entro il margine di oscillazione del 2,25%.

Allo scopo di evitare che gli Stati abbandonino la stabilità economica, nel 1997 è stato inserito nel Trattato UE il **Patto di stabilità e per la crescita**, che prevede misure preventive anti-deficit, per correggere gli squilibri nei Paesi dell'area euro.
Il patto stabilisce che **il rapporto tra deficit e Pil** deve mantenersi al di sotto del 3%.
Se il disavanzo di un Paese si avvicina al 3%, il Consiglio Ecofin emana un avvertimento preventivo (**early warning**) al quale segue una raccomandazione. Se un Paese non rispetta la raccomandazione e supera la soglia del 3% per due volte di seguito, l'Ecofin può imporre sanzioni pecuniarie (che hanno una base fissa pari allo 0,2% del Pil).

Il 2 maggio 1998 i Quindici approvano la **nascita dell'euro** con undici Paesi partecipanti. L'Italia è ammessa. A giugno viene fondata la **Banca centrale europea** (Bce) con sede a Francoforte.

Avvertimento preventivo Early warning ■ advance notice of some impending event or development.

La Banca centrale europea (Bce) a Francoforte sul Meno (Germania).

Il 1° gennaio 1999 vengono fissati i tassi di cambio tra l'euro e le valute nazionali (1 euro = 1936,27 lire) e diventa operativa la **Bce**, *l'istituzione che ha il compito di gestire l'euro*. Il suo obiettivo principale è di assicurare la stabilità dei prezzi per evitare che l'economia europea subisca le conseguenze negative dell'inflazione, ossia di un fenomeno di aumento generalizzato dei prezzi.

Dal 1° gennaio 2002 inizia la circolazione di banconote e monete in euro. Dal 1° marzo le valute nazionali (lira italiana, franco francese, marco tedesco, peseta spagnola ecc.) non hanno più valore legale.

Nel 2012 i Paesi dell'UE hanno adottano infine il **Fiscal Compact**, un trattato che contiene due regole fondamentali per i Paesi dell'area euro. La prima è il **pareggio di bilancio**, o meglio il divieto per il deficit di superare lo 0,5 per cento del Pil nel corso di un ciclo economico, anche se sono autorizzati scostamenti dagli obiettivi nel caso di eventi eccezionali, prevalentemente situazioni di grave recessione economica. La seconda regola fissa un **percorso di riduzione del debito pubblico** in rapporto al Pil: dovrà scendere ogni anno di 1/20 della distanza tra il suo livello effettivo e la soglia del 60 per cento.

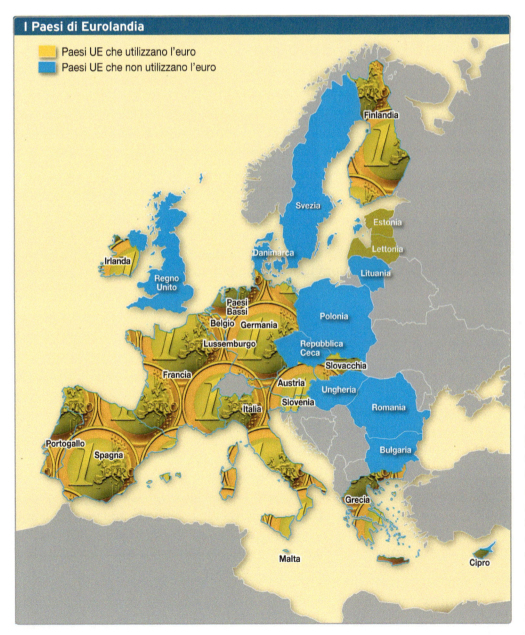

"Eurolandia" è il termine giornalistico riferito agli Stati che hanno adottato l'euro come moneta. Il blocco iniziale degli 11 è composto da: Belgio, Germania, Spagna, Francia, Irlanda, Italia, Lussemburgo, Paesi Bassi, Austria, Portogallo, Finlandia. Il 12° Paese è la Grecia dal 2001. La Slovenia è entrata a far parte dell'area euro dal 2007, Cipro e Malta dal 2008, la Slovacchia dal 2009, l'Estonia dal 2011 e la Lettonia dal 2014.

FOCUS digitale — SURFING THE EUROPEAN UNION

Visita la pagina dedicata all'euro: seleziona "Funzionamento dell'UE" poi, nella colonnina a sinistra, "Le finanze della UE"; infine, scegli "L'euro" nella tendina che comparirà; potrai così visualizzare e consultare una dettagliata scheda sulla moneta unica; nel paragrafo "Vantaggi dell'euro", cliccando sul link "Sulla scena mondiale" (http://ec.europa.eu/economy_finance/euro/world/index_it.htm), potrai consultare la pagina "L'euro nel mondo", che affronta il suo ruolo nel quadro del contesto economico internazionale.

4 Le istituzioni europee

Le istituzioni europee *nascono da una* **delega di sovranità** *fatta dagli Stati membri all'Unione* e rappresentano contestualmente *l'interesse comunitario* (la Commissione), *gli interessi nazionali* (il Consiglio) *e quelli dei cittadini* (il Parlamento). Questo sistema viene definito "triangolo istituzionale", in quanto l'adozione di decisioni a livello europeo è il risultato delle interazioni tra questi soggetti.

Il **Parlamento europeo** viene eletto a suffragio universale diretto ogni 5 anni. I parlamentari sono raggruppati in base all'appartenenza politica e non alla nazionalità. La sua sede è a Strasburgo, ma alcune sedute si tengono anche a Bruxelles.

L'attività del Parlamento comprende varie funzioni:
- la *funzione legislativa*: partecipa all'elaborazione delle norme europee (regolamenti, direttive e decisioni) insieme al Consiglio dell'UE;
- la *funzione in materia di bilancio*: condivide con il Consiglio il potere di bilancio e può modificare le spese comunitarie;
- la *funzione di controllo*: esercita un controllo democratico sulla Commissione e su tutte le istituzioni.

Il **Consiglio dell'Unione** è il principale **organo decisionale**. È composto dai *ministri dei governi degli Stati membri* e si riunisce in *formazioni specializzate per materia*: come Consiglio dell'agricoltura quando partecipano i ministri dell'Agricoltura, come Ecofin quando è composto dai ministri di Economia e Finanze ecc.

Il Consiglio è l'**organo legislativo** dell'Unione: esercita la *funzione legislativa* insieme al Parlamento europeo. Ha inoltre il compito di definire le *principali politiche economiche generali* degli Stati membri, condivide con il Parlamento il *potere di bilancio*, conclude *accordi internazionali*.

La **Commissione** è l'organo deputato a curare l'"interesse generale della comunità" perciò è considerata il *motore della politica comunitaria*. Ha sede a Bruxelles.

Il presidente viene designato dai governi degli Stati membri e indica, d'intesa con i governi, i commissari che devono avere l'approvazione del Parlamento. Le sue funzioni principali sono le seguenti:

- ha il diritto di **iniziativa legislativa**, ossia propone *regolamenti* e *direttive* ai due organi legislativi;
- è un **organo esecutivo** e come tale *garantisce l'esecuzione* delle norme comunitarie, del bilancio e dei programmi adottati da Parlamento e Consiglio;
- è la **custode dei trattati** in quanto *vigila sull'applicazione* del diritto comunitario insieme alla Corte di giustizia.

Il **Consiglio europeo** riunisce i capi di Stato e di Governo e il presidente della Commissione. Affronta i problemi comunitari e svolge un'importante *funzione di orientamento e incentivo*.

La **Corte di giustizia** ha il compito di *far rispettare l'applicazione dei trattati e degli atti giuridici* emanati da Parlamento e Consiglio. È competente a risolvere le controversie che possono sorgere tra gli Stati membri, le istituzioni comunitarie, le imprese, i privati. Nelle decisioni della Corte di giustizia vive il *diritto comunitario*.
Non è da confondere con la Corte internazionale di giustizia che dipende dalle Nazioni unite e ha sede a L'Aia.

La **Corte dei conti** controlla la *regolarità delle entrate e delle spese dell'Unione* e vigila sulla *gestione del bilancio europeo*. Fra le istituzioni europee si ricordano inoltre:

- la **Banca centrale europea** che è responsabile della *gestione dell'euro*;
- il **Mediatore europeo** che si occupa delle denunce presentate dai cittadini per i casi di *cattiva amministrazione* nell'azione di un'istituzione o di un organo dell'Unione europea;
- il **Comitato economico e sociale europeo** che esercita *funzioni consultive su questioni economiche e sociali* ed è composto da rappresentanti della *società civile* (datori di lavoro, lavoratori ecc.);
- il **Comitato delle regioni** che esercita *funzioni consultive su questioni legate agli enti regionali e locali*.

▪ **Organo esecutivo**
organo collegiale composto di un numero ristretto di dirigenti, con a capo il segretario generale, incaricato di attuare le direttive stabilite dagli organi deliberanti, dai quali è stato eletto, di elaborare la politica e dirigere l'attività.

FOCUS digitale — SURFING THE EUROPEAN UNION

Laboratorio digitale

Nel portale dell'Unione seleziona "Funzionamento dell'UE" (http://europa.eu/about-eu/index_it.htm), poi "Istituzioni e altri organi dell'UE" potrai approfondire il processo legislativo dell'Unione, conoscerne i protagonisti e, attraverso appositi link, collegarti direttamente ai siti delle istituzioni che vi prendono parte.

Le istituzioni internazionali

5 Le fonti comunitarie

Le fonti del diritto comunitario, ossia le norme giuridiche europee, sono i *regolamenti*, le **direttive**, le *decisioni*, i *pareri* e le *raccomandazioni*.

Direttiva
Directive (European Union) ■ is a legislative act of the European Union, which requires member States to achieve a particular result without dictating the means of achieving that result.

I **regolamenti** sono gli *atti normativi più importanti dell'UE*. Hanno due aspetti fondamentali:
■ il *carattere comunitario*, ossia il fatto che indipendentemente dai confini nazionali, essi sanciscono lo stesso diritto in tutta l'Unione;
■ l'*efficacia diretta*, ossia il fatto che attribuiscono diritti o impongono doveri ai cittadini dell'Unione al pari delle rispettive normative nazionali.

Il **regolamento** ha portata generale, è *obbligatorio* in tutti i suoi elementi e *direttamente applicabile* in ciascuno degli Stati membri. Un settore che viene in gran parte disciplinato mediante regolamenti è l'agricoltura. Un esempio è il regolamento (CE) n. 510/2006 del Consiglio del 20 marzo 2006 relativo alla protezione delle indicazioni geografiche e delle denominazioni d'origine dei prodotti agricoli e alimentari.

Le **direttive** sono rivolte agli Stati membri. Esse *vincolano lo Stato membro* cui sono rivolte *rispetto al risultato da raggiungere*, restando salva la competenza degli organi nazionali in merito alla forma e ai mezzi.
A differenza di quanto avviene per il regolamento, in questo caso non viene creato direttamente un nuovo diritto uniforme valido per tutta l'Unione. Gli obblighi per i cittadini nascono dall'applicazione della direttiva da parte degli organi competenti degli Stati membri.
In Italia lo strumento utilizzato per *recepire* le direttive nell'ordinamento giuridico è il **decreto legislativo**. Il Parlamento approva la cosiddetta *legge comunitaria*, che è una legge contenente la delega al Governo per l'attuazione delle direttive comunitarie.

La **decisione** è invece *obbligatoria solo per i destinatari da essa indicati*. Si tratta in genere di atti normativi utilizzati per regolare *in maniera vincolante* singoli casi specifici. La decisione con la quale la Commissione ha sanzionato la Microsoft per abuso di posizione dominante si applicava ad esempio solo alla Microsoft.

Pareri e **raccomandazioni** *non sono invece vincolanti* ossia non impongono obblighi giuridici ai destinatari.

Laboratorio digitale

FOCUS digitale SURFING THE EUROPEAN UNION

Visita la sezione "Diritto dell'UE" (http://europa.eu/eu-law/index_it.htm).
In questo link puoi cercare le fonti normative citate nel testo. Mettiti alla prova.

6 Il Trattato di Lisbona

Il **Trattato di Lisbona** è stato firmato dai capi di Stato e di Governo dei 27 Paesi dell'Unione europea il 13 dicembre 2007 con l'obiettivo di rendere più democratica ed efficiente l'Unione e di soddisfare le aspettative dei cittadini europei in termini di trasparenza e partecipazione.

Il testo del trattato è entrato in vigore il 1° dicembre 2009 dopo *essere stato approvato da ciascuno dei Paesi firmatari secondo le rispettive disposizioni costituzionali*: è quello che si definisce **ratifica del trattato** da parte degli Stati membri. Le procedure previste dalle costituzioni prevedono due meccanismi:

- la *via parlamentare*: il testo è approvato in seguito al voto di un provvedimento legislativo riguardante la ratifica di un trattato internazionale da parte del Parlamento dello Stato, come già avvenuto in Italia;
- la *via referendaria*: viene indetto un referendum per permettere ai cittadini di pronunciarsi direttamente a favore o contro il testo del trattato, come ad esempio in Irlanda.

Il Trattato *rafforza il ruolo del* **Parlamento europeo** e lo pone in una posizione di *parità* rispetto al Consiglio per quanto riguarda la *legislazione*, il *bilancio* e gli *accordi internazionali*.
Viene rafforzato anche il ruolo dei Parlamenti nazionali, i quali riceveranno direttamente le proposte di legge europee per valutare se ledono le loro competenze. Se un terzo del Parlamento nazionale dovesse riconoscere questa eventualità la proposta sarà rimandata a Bruxelles per una verifica della Commissione.
È inoltre prevista la cosiddetta *"iniziativa dei cittadini"*: un milione di cittadini europei possono invitare la Commissione europea a proporre un'iniziativa legislativa.
All'interno del **Consiglio**, a partire dal 2014, aumenteranno le aree in cui si prendono le decisioni a maggioranza e non più all'unanimità in particolare per quanto riguarda la giustizia e gli affari di polizia. Il nuovo sistema di votazione prevede una doppia maggioranza qualificata corrispondente a un minimo del 55% di Stati membri che rappresentino almeno il 65% della popolazione.
Sarà introdotta la figura dell'Alto rappresentante dell'Unione per gli Affari esteri e la politica di sicurezza comune che sarà anche vicepresidente della Commissione.
La **Commissione** avrà meno componenti: attualmente ogni Paese ha un commissario, dal 2014 il numero dei membri dell'esecutivo europeo sarà pari a due terzi degli Stati membri.

Il Trattato riconosce inoltre la possibilità per gli Stati membri di *uscire* dall'Unione: nell'articolo 35 è previsto che "ogni Stato membro può decidere, conformemente alle proprie norme costituzionali, di *recedere* dall'Unione". Sarà necessaria una notifica al Consiglio europeo che poi delibera a maggioranza qualificata sulla richiesta di recesso, "previa approvazione del Parlamento europeo".

Infine, il Trattato rende *giuridicamente vincolante* la Carta dei diritti fondamentali, mantiene e rafforza i diritti dei cittadini che riguardano libertà, eguaglianza, diritti sociali ed economici.

Le istituzioni internazionali

FOCUS digitale — SURFING THE EUROPEAN UNION

Laboratorio digitale

Nella sezione "Diritto dell'UE" clicca su "Trattati dell'UE" potrai visualizzare la pagina in cui sono sinteticamente presentati i principali trattati dell'Unione, scegliendo "Trattato di Lisbona" nella colonna centrale entra nella pagina "Iniziativa dei cittadini" http://ec.europa.eu/citizens-initiative/public/?lg=it e soffermati sulle pagine dedicate al diritto d'iniziativa e a come sostenere un'iniziativa http://ec.europa.eu/citizens-initiative/public/how-to-signup.

More transparency and cheaper roaming prices for EU citizens

The EU roaming regulation was adopted in 2007 and introduced caps on roaming prices ("Eurotariff") and imposed certain information obligations on operators, ensuring that mobile phone subscribers pay affordable and transparent roaming prices when they are travelling across the EU. The Eurotariff set maximum prices for phone calls made and received while abroad. These maximum prices apply to all consumers unless they opted for special packages offered by operators. In July 2009, revised rules were adopted that cut voice calls roaming prices further and introduced new caps on SMS tariffs ("Euro SMS tariff"). In addition, as of 1 July 2010, consumers are protected by an automatic safeguard against data roaming bill shocks.

Eurotariff maximum roaming charge per minute in euros (without VAT)

Eurotariff maximum price while abroad	Making a call	Receiving a call	Sending an SMS	Receiving an SMS	Mobile Internet
Summer 2012	29 cents	8 cents	9 cents	free	70 cents/MB

RISPONDO

- Quando nasce l'UE?
- Quanti Stati fanno parte dell'UE?
- Quali sono gli obiettivi dell'UE?
- Quali sono i diritti del cittadino europeo?
- Quali sono i passaggi fondamentali nella storia dell'UE?
- Quali sono le principali istituzioni europee?
- Quali sono le fonti comunitarie?
- Quali sono gli obiettivi del Trattato di Lisbona?

VERIFICO L'APPRENDIMENTO

VERIFICO LE CONOSCENZE

vero o falso?

1. Il Consiglio di sicurezza è formato da 15 membri permanenti — V F
2. Il rispetto dei diritti umani è uno dei fini delle Nazioni Unite — V F
3. La Dichiarazione universale dei diritti dell'uomo è stata promulgata dall'Assemblea generale nel 1948 — V F
4. La Corte internazionale di giustizia è l'organo giudiziario delle Nazioni Unite — V F
5. La Commissione è eletta dai cittadini — V F
6. Il Parlamento europeo rappresenta i cittadini europei — V F
7. Il Consiglio dell'Unione è l'organo legislativo — V F
8. La Commissione è l'organo esecutivo — V F
9. I regolamenti sono direttamente applicabili negli Stati membri — V F
10. Le direttive sono rivolte agli Stati membri — V F
11. Le raccomandazioni sono obbligatorie — V F
12. I cittadini europei non possono circolare liberamente all'interno dell'UE — V F
13. L'Italia è uno dei Paesi fondatori dell'UE — V F
14. Il Trattato di Maastricht è fondamentale per la nascita dell'euro — V F
15. La Carta dei diritti fondamentali dell'Unione europea è stata firmata a Nizza nel dicembre 2000 — V F

scelgo la risposta esatta

1. Quali sono gli organi legislativi dell'Unione europea?
   - A il Parlamento e la Commissione
   - B il Parlamento e il Consiglio europeo
   - C il Parlamento e il Consiglio dell'Unione
   - D la Commissione europea

2. Quale funzione ha la Commissione?
   - A esecutiva
   - B legislativa
   - C giudiziaria
   - D esecutiva e di iniziativa legislativa

3. Con quali modalità si recepisce una direttiva nel nostro Paese?
   - A con una legge ordinaria
   - B con una legge di ratifica
   - C con una legge comunitaria e successivo decreto legislativo
   - D con un decreto legge

4. Il Parlamento europeo è eletto:
   - A dai parlamenti nazionali
   - B dai cittadini europei
   - C dai governi nazionali
   - D dalla Commissione

5. Il Consiglio dell'Unione è formato:
   - A dai ministri dei governi dei Paesi membri
   - B dai capi di Stato e di Governo dei Paesi membri
   - C dai presidenti dei Parlamenti nazionali
   - D dai ministri dei governi dei Paesi membri e dai membri della Commissione

6. Il Consiglio di sicurezza delle Nazioni Uniti è formato da:
   - A 15 membri permanenti
   - B 10 membri a rotazione e 5 membri permanenti
   - C 15 membri elettivi
   - D 5 membri elettivi e 10 membri permanenti

7. L'Assemblea generale delle Nazioni Unite è formata da:
   - A dai rappresentanti dei primi 50 Stati membri
   - B dai rappresentanti dei Paesi sviluppati
   - C dai rappresentanti di 15 Stati membri a rotazione
   - D dai rappresentanti di tutti gli Stati membri

• IMPARO A COMUNICARE...

rispondi verbalmente e poi in forma scritta

1. Quali sono le *tappe fondamentali* che hanno portato alla creazione delle Nazioni Unite?
2. Quali sono le *attività* delle Nazioni Unite? Puoi indicare alcuni esempi?
3. Quali sono le funzioni del *Consiglio europeo*?
4. Quali sono le funzioni della *Corte di giustizia*?
5. Qual è la funzione del *Mediatore europeo*?
6. Qual è la principale differenza tra *regolamenti* e *direttive*?
7. Qual è la caratteristica dei *pareri* e delle *raccomandazioni*?
8. Come si inseriscono le *fonti normative* dell'Unione nel nostro ordinamento?
9. Quando nasce l'*euro*?
10. Quando è entrato in vigore il Trattato di Lisbona? Quali novità introduce?
11. Come si *ratificano* i trattati nel nostro Paese? È possibile la via referendaria?
12. È prevista la possibilità di uscire dall'Unione?

Le istituzioni internazionali

VERIFICO L'APPRENDIMENTO

• IMPARO A IMPARARE...

costruisci una mappa partendo dai seguenti concetti

1. Gli organi delle Nazioni Unite
2. Gli organi dell'Unione europea
3. La tripartizione dei poteri riferita alle competenze delle istituzioni europee
4. Le fonti comunitarie

AIUTATI E VERIFICA IL TUO LAVORO CON LE MAPPE INTERATTIVE

• INTERPRETO L'INFORMAZIONE

Sottolinea nel testo le parole che non conosci e cerca sul dizionario l'esatta definizione.

1 Sintesi della decisione sulla denuncia 371/2010/(MF)AN (riservata) contro la Commissione europea. Caso: 0371/2010/(MF)AN

Il denunciante, che ha trascorso quasi 10 anni a lavorare nel campo dei diritti umani e della giustizia in Africa, ha partecipato con successo a un concorso per agenti contrattuali presso le delegazioni della Commissione europea in Paesi terzi e nelle organizzazioni internazionali. A seguito di un colloquio ha ottenuto un incarico in una di queste delegazioni. Tuttavia, in seguito non è stato assunto perché la Commissione ha ritenuto che non possedesse la necessaria formazione universitaria. In particolare, aveva conseguito il diploma universitario francese in virtù del riconoscimento dell'equivalenza della sua esperienza professionale.

Il Mediatore europeo ha ritenuto che il requisito di un diploma universitario come condizione per l'assunzione dev'essere interpretato alla luce della legislazione dello Stato membro dov'è rilasciato il diploma. Il principio della sussidiarietà e della sincera cooperazione quindi impedisce alla Commissione di ignorare la decisione delle autorità francesi di considerare l'esperienza professionale del denunciante come equivalente al corso di studi pertinente. Il Mediatore ha proposto quale soluzione amichevole che la Commissione dichiarasse il denunciante idoneo per l'incarico.

Inizialmente la Commissione ha respinto la proposta di soluzione amichevole del Mediatore. Tuttavia, in seguito ha informato il Mediatore di aver adottato una nuova politica in materia di riconoscimento dei diplomi nazionali, per tenere conto delle diverse prassi nazionali. Inoltre, ha dichiarato il denunciante idoneo per l'incarico in questione. Il denunciante ha informato i servizi del Mediatore di essere soddisfatto del risultato. Ritenendo pertanto che la Commissione avesse risolto la questione, il Mediatore ha proceduto all'archiviazione.

(tratto da: http://www.ombudsman.europa.eu/cases/summaries.faces)

Rispondi alle domande

1. A quale istituzione europea si è rivolto il denunciante?
2. In che cosa consiste nel caso specifico la "cattiva amministrazione"?
3. Quale risultato è stato raggiunto?

• APPLICO LE CONOSCENZE

cerca sul web

Visita la pagina del Mediatore e, tra i casi risolti, scegline uno che ritieni significativo da presentare in classe.

team working

Di seguito è riportato l'intervento del Parlamento relativo al doping. Ritieni possa rappresentare una misura efficace nella lotta al doping? Cerca nel sito dell'UE se di recente ci sono stati altri interventi.

Risoluzione del Parlamento europeo, del 14 aprile 2005, sulla lotta contro il doping nello sport

Il numero di casi di doping rilevati nel corso dei Giochi olimpici di Atene del 2004 ha nuovamente dimostrato che il doping nello sport è più che mai una realtà da combattere. Partendo da tale constatazione il Parlamento europeo ha fra l'altro invitato la Commissione europea ad attuare una politica efficace e integrata in tutti i settori collegati alla lotta contro il doping, a sostenere una campagna intensiva di informazione e di sensibilizzazione, nonché a favorire la cooperazione fra gli Stati membri.

Unità di apprendimento 12 Le istituzioni internazionali

Quale atto normativo potrebbe essere opportuno adottare se si volesse incidere in modo vincolante in tutti i Paesi membri? Quale istituzione dovrebbe proporlo? E quali adottarlo? I cittadini europei hanno la possibilità di attivarsi per proporre un testo?
Dopo aver formato dei gruppi di lavoro all'interno della classe, provate a elaborare i punti chiave di un testo che affronti il problema del doping (ciascun gruppo può scegliere uno sport diverso a seconda delle preferenze e dell'esperienza personale dei suoi componenti). Poi, mettete a confronto le proposte e discutetene.

problem solving

1 A partire dal 19 gennaio 2013 **tutte le nuove patenti di guida** rilasciate nell'Unione europea saranno del tipo "carta di credito" di plastica, con un formato uniforme europeo e una maggiore protezione della sicurezza.
Le seguenti **categorie** sono riconosciute in tutti i Paesi dell'UE: AM, A1, A2, A, B, BE, B1, B1E, C1, C1E, C, CE, D1.

Caso
Giulia, 15 anni, ha conseguito la patente AM per ciclomotori in Italia. Le piacerebbe guidare il motorino in Belgio, ma in questo Paese l'età minima per la guida dei ciclomotori è fissata a 16 anni.

È riconosciuta la sua patente in Belgio? Potrà guidare il motorino o dovrà aspettare il compimento dei 16 anni?

2 Diritti dei passeggeri aerei
Lo sapevi che hai una serie di diritti in caso di problemi quando viaggi in aereo all'interno dell'UE?
Questo principio vale per i **ritardi**, le **cancellazioni** e l'**overbooking** che ti impediscono di imbarcarti...
... e questi diritti si applicano se:
• lasci l'UE con una *qualsiasi* compagnia aerea, oppure se
• arrivi nell'UE con una *compagnia registrata nell'UE, nello spazio economico europeo o in Svizzera*.

Rimborso o trasporto alternativo
In caso di **negato imbarco**, **cancellazione del volo** o **overbooking**, hai diritto a:
• essere trasportato alla tua destinazione finale con **mezzi alternativi** comparabili, o a
• farti rimborsare il biglietto, e, se del caso, essere trasportato gratuitamente al tuo punto di partenza iniziale.

Ritardi prolungati
Se il tuo volo ha un ritardo di 5 ore o più, hai anche diritto a un rimborso (se accetti il rimborso, la compagnia aerea non è però tenuta a fornirti ulteriori mezzi di trasporto o assistenza).
La tua compagnia aerea deve informarti sui tuoi diritti e sui motivi del negato imbarco, della cancellazione o del ritardo prolungato del volo (oltre 2 ore o fino a 4 ore per i voli di lunghezza superiore a 3500 km).

Vitto e alloggio
A seconda della durata e del ritardo del volo, hai diritto a pasti e bevande, nonché a servizi di comunicazione (ad esempio telefonate gratuite) e, se necessario, al pernottamento.

Compensazione
In caso di **negato imbarco**, **cancellazione del volo** o ritardo **di oltre 3 ore** all'arrivo alla destinazione finale indicata sul biglietto, potrai ricevere una compensazione di 250-600 euro, a seconda della lunghezza del volo.

Voli all'interno dell'UE
• tratte fino a 1500 km – 250 euro
• tratte superiori a 1500 km – 400 euro

Voli dall'UE a un Paese extra-UE
• tratte fino a 1 500 km – 250 euro
• tratte da 1500 a 3500 km – 400 euro
• tratte superiori a 3500 km – 600 euro.

La distanza viene calcolata dall'aeroporto del mancato imbarco, che potrebbe non coincidere con il luogo di partenza.
Se la compagnia aerea propone un volo alternativo simile a quello prenotato, la compensazione può essere ridotta del 50%.
In caso di cancellazione del volo **non hai diritto alla compensazione** se:
• la cancellazione è dovuta a **circostanze straordinarie**, **ad esempio maltempo**
• la cancellazione è stata comunicata **2 settimane** prima della data del volo
• ti offrono un volo **alternativo** per la stessa rotta, con condizioni simili al volo originario.
Se la cancellazione è dovuta a circostanze straordinarie potresti non avere diritto alla compensazione. La compagnia aerea deve tuttavia offrirti in ogni caso:
• il rimborso del biglietto (integrale o della parte non utilizzata)
• un trasporto alternativo alla tua destinazione finale alla prima opportunità oppure
• lo spostamento della prenotazione a una data successiva (in base alle disponibilità).
Anche in caso di circostanze straordinarie, le compagnie hanno l'obbligo di fornire assistenza ai passeggeri in attesa di proseguire il viaggio, qualora fosse necessario.

Come ottenere un rimborso o una compensazione
Invia alla compagnia aerea un modulo di reclamo UE sui diritti dei passeggeri aerei.

(dal sito dell'UE http://europa.eu/youreurope/citizens/travel/passenger-rights/air/index_it.htm)

lavoro al caso

1 Questa sintesi è tratta dal Regolamento del Parlamento europeo e del Consiglio n. 261 dell'11

VERIFICO L'APPRENDIMENTO

febbraio 2004. Cerca on line il testo integrale e confronta il contenuto con i punti elencati.

2   Perché l'Unione ha emanato un regolamento e non una direttiva? Quale altro atto potrebbe essere opportuno se si rendesse necessario un intervento su una specifica compagnia aerea?

3   Che cosa succede in base a questo regolamento in caso di cancellazione del volo?

4   Che cosa succede in base a questo regolamento in caso di ritardo del volo? Ti sei mai trovato in questa situazione?

5   A quali voli si applica?

6   Che cosa devi fare per far valere i tuoi diritti?

7   Vai alla pagina http://europa.eu/youreurope/citizens/travel/passenger-rights/air/index_it.htm scarica il modulo di reclamo e prova a compilarlo ipotizzando che sia stato cancellato un volo tra Milano Malpensa e Londra. Hai il diritto alla compensazione se ti è stato proposto un volo alternativo?

Unità di apprendimento 13

Il mercato della moneta

1 La moneta
2 L'inflazione
3 La politica monetaria

Conoscenze

- Il mercato della moneta e gli andamenti che lo caratterizzano
- L'inflazione e le sue cause
- La politica monetaria
- Il ruolo delle banche centrali

Abilità

- Riconoscere i vari tipi di moneta oggi
- Saper reperire e interpretare dati relativi al cambio e all'inflazione
- Individuare le differenti cause dell'inflazione
- Individuare gli effetti della politica monetaria
- Riconoscere le diverse modalità di intervento delle banche centrali

FOCUS FILM...
per comprendere l'importanza dell'espressione di idee attraverso diversi mezzi di comunicazione

GRAZIE SIGNORA THATCHER!

Il film focalizza l'attenzione sulla situazione economica della Gran Bretagna dopo Margaret Thatcher e sulle conseguenze delle politiche monetariste di riduzione dell'intervento dello Stato nell'economia.

1 La moneta

DAL BARATTO ALLA MONETA ELETTRONICA
Video
Per saperne di più guarda il video!

1 Breve storia della moneta

Il percorso per arrivare alla moneta dei nostri giorni parte da lontano.

La prima forma di scambio è rappresentata dal **baratto**, con il quale chi possedeva un bene poteva scambiarlo con un altro bene. Il valore di un bene era espresso in quantità di altri beni: per esempio, 4 pecore in cambio di una spada.

Lo sviluppo del commercio ha determinato la necessità di uno strumento di scambio più sicuro e stabile: la **moneta**.

Alcuni oggetti, per il loro valore intrinseco o simbolico, assunsero la funzione di mezzi di pagamento.

Nel mondo greco le prime monete erano *barrette di ferro*, chiamate *oboli*.

Intorno alla metà del VII secolo a.C. i **metalli preziosi** assunsero un *valore universale di scambio*, perché presentavano molti vantaggi: erano *inalterabili* e *facili da trasportare*, oltreché *omogenei* e *divisibili*, perciò facilmente riducibili in tante parti aventi tutte lo stesso valore.

Il **valore delle monete** dipendeva, quindi, dalla *quantità di metallo prezioso racchiuso in ogni singolo pezzo*, il cosiddetto valore *intrinseco*.

Questo valore era dato dal **titolo**, cioè dalla *percentuale di metallo prezioso contenuto nella lega* in cui è fusa la moneta, e dal **conio**, l'operazione che permette di ottenere le monete della *stessa forma* e dello *stesso peso*.

Il passaggio successivo è stato il diffondersi della **carta moneta**. Lo sviluppo degli scambi e l'esigenza di rendere più sicuri i commerci portarono infatti alla nascita delle **banconote**, la cosiddetta *moneta-segno*. I primi certificati di deposito, che presentavano le caratteristiche delle banconote, si ascrivono al XVII secolo.

Il **valore delle banconote** dipendeva dal *valore nominale indicato sulla carta*. Quest'ultimo corrispondeva a un'equivalente quantità di **oro**, depositata inizialmente presso gli orafi e poi presso le banche. Il possessore della banconota poteva rivolgersi al soggetto che l'aveva emessa e ottenere la *conversione* della carta in oro.

Il valore *intrinseco* della banconota era irrilevante, *determinante era* invece *il valore nominale garantito dalla* **convertibilità** *in metallo prezioso*.
Inizialmente le banconote potevano essere emesse dalle banche private. La prima banca privata autorizzata a emettere carta moneta convertibile è stata la Banca d'Inghilterra nel 1694.
Successivamente gli Stati riservarono a una sola banca pubblica, definita *istituto di emissione*, il potere di stampare carta moneta. In questo modo era lo **Stato** stesso a *garantire la convertibilità in oro delle banconote*; il sistema era denominato **gold standard**. Questo sistema monetario è rimasto in vigore fino alla Prima guerra mondiale.
Nel corso del Novecento lo sviluppo economico, il crescente volume degli scambi con il conseguente, aumentato fabbisogno di moneta e altri complessi fattori hanno portato gli Stati a sospendere la convertibilità in oro delle banconote emesse. Gli ultimi in ordine di tempo sono stati gli Stati Uniti (1971). Gli istituti di emissione hanno continuato a mantenere le riserve auree, ma a scopo precauzionale e senza alcun legame con la moneta in circolazione.
Il *valore delle banconote* viene definito dallo *Stato*: l'autorità pubblica impone per legge che le banconote siano accettate da tutti come mezzo di pagamento. Si è, così, arrivati al concetto di **moneta legale a corso forzoso**.
Nel nostro Paese la moneta legale è stata fino al 2002 la **lira italiana** e l'istituto di emissione di riferimento la Banca d'Italia; dal 1° gennaio 2002 la moneta legale di diciassette Paesi dell'UE è l'**euro**: la Banca d'Italia emette banconote in euro su indicazione della Banca centrale europea. Le monete metalliche sono coniate dalla Zecca dello Stato, su indicazione della Bce.

2 La moneta in circolazione

La **moneta** in circolazione è costituita dalla **moneta legale**, ossia quella individuata per legge dallo Stato come *strumento di pagamento*, nel nostro caso rappresentata da monete e banconote in **euro** e dalla **moneta bancaria**.
Quest'ultima è costituita dai **conti correnti bancari**, disponibili mediante *assegni*, *bancomat* e *carte di credito*, e dalle *carte di debito*.
Gli **assegni** sono documenti che permettono il pagamento, tramite banca, di una somma di denaro dal conto corrente di un soggetto a un altro. Per esempio, quando l'impresa Alfa deve pagare una fornitura di materie prime all'impresa Beta lo fa firmando un assegno che va a diminuire il suo conto corrente.
Il **bancomat** è una tessera magnetica che permette di prelevare denaro presso appositi distributori o di effettuare pagamenti nei punti vendita abilitati (pos, *point of sale*): l'ammontare utilizzato va di volta in volta a diminuire il conto corrente.

Il mercato della moneta

Carta di credito
Credit card ▪
a card allowing the holder to obtain goods and services without payment, the cost being charged to his/her account and paid later.

Anche le **carte di credito** sono tessere magnetiche che permettono al titolare di effettuare pagamenti per acquisti di beni e servizi su semplice presentazione, fino a un ammontare massimo mensile. La somma degli acquisti va mensilmente in diminuzione del conto corrente. Esempi sono la CartaSi, l'American Express ecc.

Nella moneta bancaria rientrano anche le **carte di debito**, in particolare le co-

Carta di debito
Charge card ▪
a charge card is a credit card without a credit limit. On a charge card, the balance must be paid in full at the end of each month. Charge cards typically do not have a finance charge or minimum payment since the balance is to be paid in full.

siddette *carte prepagate*, ossia strumenti di pagamento utilizzabili anche senza avere un conto corrente: si usano come i bancomat ma, invece di prelevare il denaro dal conto corrente, si utilizzano i fondi precedentemente costituiti con operazioni di "ricarica" della carta stessa. La moneta legale e la moneta bancaria sono accettate come *strumento di scambio*.

FOCUS digitale — FINANCIAL LITERACY

Prosegue il nostro percorso di cultura finanziaria...
Vai al sito http://www.economiascuola.it/.
Entra nella sezione dedicata agli insegnanti per visualizzare le videolezioni. Cliccando su "Guarda e scarica" puoi vedere le "Videolezioni di educazione finanziaria"; scegli il video "Denaro reale, denaro virtuale": http://www.economiascuola.it/wp-content/themes/bphome/swf/pillola_09/ims/glrev_engine/29/index.html. Dopo il video inizia un percorso di approfondimento e un'esercitazione guidata. Mettiti alla prova.

Laboratorio digitale

3 Il valore della moneta

Il valore della moneta può essere preso in considerazione da diversi punti di vista:
- **valore nominale**: è il *valore stampato sulla moneta*: per esempio, 10 euro;
- **valore intrinseco**: è il *valore del materiale di cui la moneta è formata*: per esempio, il metallo o la carta;
- **valore reale** o **potere d'acquisto**: indica la *quantità di beni e servizi che una moneta permette di acquistare*.

Il potere d'acquisto della moneta è strettamente legato al *livello dei prezzi*. Se i prezzi diminuiscono, il potere d'acquisto sale; se i prezzi aumentano, il potere d'acquisto diminuisce, in quanto con la stessa quantità di moneta si possono acquistare meno beni. In questo caso si parla di **inflazione**.
In sintesi:

Inflazione
Inflation ▪
the condition in which prices keep rising.

$$\text{Valore della moneta} = \frac{1}{P}$$

dove **P** è il livello dei prezzi;
- **valore di cambio**: indica il *valore di una moneta rispetto alle monete estere*.

Le principali monete sui mercati internazionali sono il *dollaro Usa*, l'*euro*, la *sterlina*, lo *yen*, il *franco svizzero*. Per conoscere il rapporto di cambio di una moneta estera rispetto all'euro è sufficiente consultare le pagine economiche di un quotidiano nelle quali è indicata la quotazione rispetto a un euro.

Quando sui mercati internazionali l'euro è "forte" significa che un euro corrisponde a una quantità maggiore di dollari, yen o altre monete. Di conseguenza, diventa meno costoso acquistare beni e servizi stranieri, cala quindi il prezzo delle importazioni. Una moneta forte tende però a far diminuire la competitività di un'area nei confronti del resto del mondo in quanto i beni prodotti nell'area a moneta forte costano relativamente di più sul mercato internazionale. Pertanto le esportazioni, che sono una componente importante del Pil, e quindi della crescita economica, tendono a diminuire.

Al contrario, se l'euro è "debole" si possono acquistare meno unità di valuta estera e quindi le merci straniere costeranno di più, ma al contrario saranno favorite le esportazioni. In questo caso si parla di *svalutazione*, ossia di perdita del potere d'acquisto sui mercati internazionali.

FOCUS digitale

Cerca su Google il cambio euro/dollaro. Scegli tra i risultati, entra nelle pagine di un quotidiano economico (per esempio, "Il Sole 24 Ore" o "Milano Finanza") e cerca anche qualche commento sull'andamento delle quotazioni. Discuti con i tuoi compagni: dato l'andamento del cambio con il dollaro, sarebbe conveniente acquistare prodotti online negli Stati Uniti in questo momento?

 RISPONDO

- Come può essere definita la moneta?
- Da che cosa è formata la moneta bancaria?
- Che cosa s'intende per valore della moneta?
- Da che cosa dipende il potere d'acquisto?

2 L'inflazione

L'**inflazione** può essere definita come il *continuo aumento del livello generale dei prezzi*.

All'aumento del livello dei prezzi corrisponde una *diminuzione proporzionale* del **potere d'acquisto della moneta**, diminuisce pertanto la quantità di beni e servizi che si possono acquistare con una unità di moneta.

L'inflazione si misura in termini di *variazioni percentuali*, mensili o annuali, dell'*indice dei prezzi*. È pertanto un fenomeno che si valuta nel tempo.

In Italia i dati relativi all'inflazione sono forniti dall'Istat, che procede a rilevazioni mensili sulla base di un *paniere* (gruppo) di beni dei quali si considerano le variazioni dei prezzi al consumo. Il paniere è aggiornato ogni anno.

DATI AGGIORNATI CON UN CLIC

Nei decenni precedenti agli anni 2000, in seguito al primo shock petrolifero (1973-74), la crescita dei prezzi era sfuggita a ogni controllo e l'indice si esprimeva con variazioni a due cifre. Il record storico negativo (21,1%) fu toccato nel 1980, dopo il secondo shock petrolifero. L'inversione di tendenza è avvenuta alla metà degli anni Ottanta.
Il confronto a livello internazionale evidenzia come l'Italia sia in linea con il dato dell'Europa e tendenzialmente anche con gli Usa.

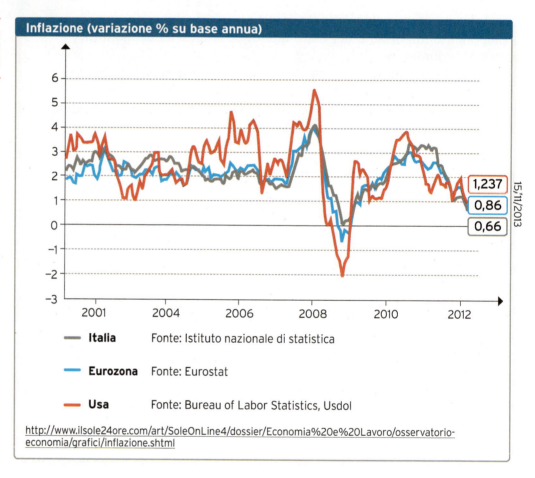

1 Come si misura l'inflazione

Per semplificare si supponga che il paniere sia costituito da un solo bene. Se quel bene nel 2012 costa 1 euro e nel 2013 ne costa 1,02 il valore del paniere è aumentato del 2%, e dunque si dirà che il tasso di inflazione tra il 2012 e il 2013 è del 2%.

Si noti bene: se il tasso d'inflazione *diminuisce, ma resta positivo*, ciò *non significa che i prezzi scendono*. Se lo stesso bene nel 2014 costa 1,03 euro rispetto agli 1,02 del 2013, l'inflazione tra il 2013 e il 2014 è diminuita rispetto all'anno precedente (il tasso di inflazione è dell'1%), ma i prezzi sono aumentati comunque, anche se a un tasso minore (1% anziché 2%).

Se nel paniere si introducono tutti i prodotti normalmente acquistati da una famiglia italiana si avrà l'**indice dei prezzi al consumo**. La variazione nel tempo del valore di questo indice costituisce la *misura ufficiale del tasso di inflazione*.

Nel *valutare* il tasso di inflazione si deve tener conto anche di un altro aspetto relativo alle modalità di calcolo: il fatto che *i diversi beni di consumo hanno* **pesi** *diversi all'interno del paniere*. Per esempio, il pane pesa per l'1,1%, mentre il burro pesa soltanto per lo 0,1%.

Si può perciò verificare che il prezzo di un bene che è notevolmente aumentato pesi comunque poco sul paniere: per esempio gli ortaggi freschi, spesso soggetti a forti aumenti, pesano solo per l'1,3%, e quindi è molto limitato l'effetto di un aumento del loro prezzo sul valore complessivo del paniere, e dunque sul tasso di inflazione misurato.

Si può anche verificare che l'aumento di prezzo di un bene o servizio venga compensato dalla diminuzione del prezzo di un altro bene.

Quando invece vi è una diminuzione del livello generale dei prezzi si parla di **deflazione**, che è un fenomeno negativo in quanto si associa a un *calo della domanda globale* e quindi a una *crisi economica*.

■ **Deflazione**
Deflation is a persistent decline in the general price level of goods and services.

FOCUS digitale

Visita il portale dell'Istat (http://www.istat.it/it/), nel motore di ricerca del sito digita "Paniere dei prezzi al consumo" e vai ai risultati della ricerca per vedere la composizione del paniere dell'anno in corso, cliccando su "Sistema prezzi al consumo" nella colonna di destra.

Entra nel sito della Banca centrale europea http://www.ecb.int/ecb/html/index.it.html. Nella colonna sinistra seleziona "Materiale didattico informativo" e, nel menu successivo, scegli "Cos'è l'inflazione", potrai consultare una scheda informativa completa di un esempio per il calcolo dell'inflazione: soffermati sullo svolgimento e, poi, mettiti alla prova e tenta di rifare il calcolo.

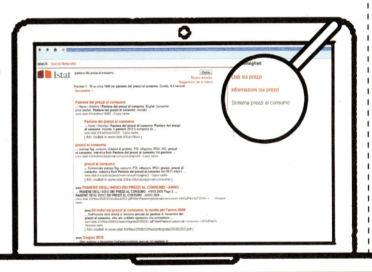

 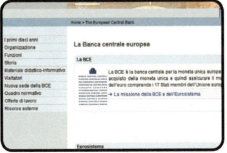

Il mercato della moneta 293

2 Le cause dell'inflazione

A seconda delle **cause**, si parla di *inflazione da domanda*, *inflazione da costi* (e *importata*), *inflazione da eccessiva espansione monetaria*.

L'**inflazione da domanda** è il risultato di una *eccedenza della spesa aggregata* (consumi e investimenti degli operatori famiglie, imprese e Stato) *rispetto al reddito disponibile* (ossia l'offerta globale, rappresentata dal reddito nazionale). Deriva dall'aggiungersi di una *nuova domanda globale* (spesa programmata) che la capacità produttiva del sistema non è in grado soddisfare e quindi determina la spinta dei prezzi verso l'alto. È la situazione tipica delle fasi finali di espansione.

L'**inflazione da costi** è il risultato di un *aumento autonomo del salario monetario o dei prezzi di altri input*; in seguito a tale aumento, i *prezzi dei beni finali e dei servizi vengono accresciuti* per coprire l'aumento dei costi.
L'incremento del livello generale dei prezzi determina una *diminuzione del salario reale*, per cui le forze (i sindacati) che hanno determinato l'aumento iniziale del salario monetario ne provocano un nuovo aumento, col risultato che il livello generale dei prezzi subisce un ulteriore incremento e così via: questo concetto in economia è stato denominato *spirale salari-prezzi*.
La teoria dell'inflazione da costi è basata sull'ipotesi che le organizzazioni sindacali dei lavoratori siano in grado di determinare un incremento del salario monetario ogni volta che si verifica un aumento del livello generale dei prezzi, rivendicando adeguamenti salariali in grado di coprire l'inflazione.
La **politica dei redditi** è uno strumento che ha permesso di *intervenire su questo tipo di meccanismo*. Consiste in un patto sociale tra lavoratori e datori di lavoro, con l'intervento di mediazione del Governo, in cui i primi si impegnano a non chiedere aumenti salariali e i secondi a non aumentare i prezzi delle merci.

Manifestazione sindacale per rivendicare adeguamenti salariali in grado di coprire l'inflazione.

In questo schema si inserisce l'*accordo sul costo del lavoro* del 1993, che ha portato ad *aumenti salariali corrispondenti al tetto di inflazione programmata*, ossia al tasso di inflazione previsto dal Governo per gli anni successivi.

L'**inflazione importata** assume particolare rilievo in un sistema economico come il nostro, di tipo *trasformativo*, carente di materie prime.
In questo caso, *i prezzi risentono dell'aumento dei costi dei beni provenienti dall'estero*, determinato da una *crescita dei prezzi esteri* o dalla *svalutazione della moneta nazionale* rispetto al dollaro, che è la moneta maggiormente usata negli scambi internazionali.
Questa situazione si è realizzata negli anni Settanta del Novecento, per effetto del cosiddetto *shock petrolifero* (1973-74); la crescita dei prezzi dovuta all'aumento del prezzo del greggio era sfuggita a ogni controllo e il tasso di inflazione aveva raggiunto il 19,4%.
Anche se oggi le condizioni economiche sono cambiate, la componente di inflazione da costi e importata è ancora individuata tra le cause determinanti dell'inflazione. In particolare, il **prezzo del petrolio** è tenuto costantemente sotto osservazione, proprio per le sue implicazioni sulle economie nazionali e sui consumatori.

Nel 1973 l'OPEC decise di sospendere le forniture di greggio agli Stati occidentali.

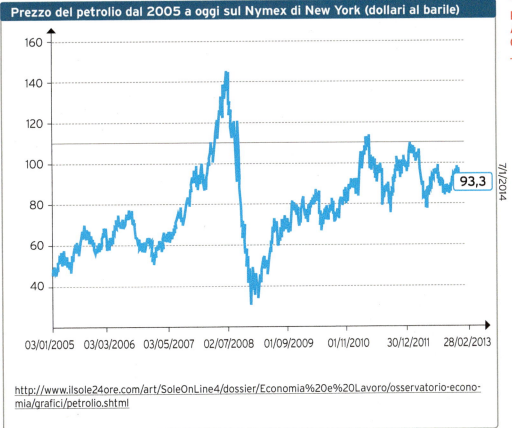

http://www.ilsole24ore.com/art/SoleOnLine4/dossier/Economia%20e%20Lavoro/osservatorio-economia/grafici/petrolio.shtml

Il mercato della moneta **295**

LA TEORIA QUANTITATIVA DELLA MONETA
Lettura
Se vuoi approfondire clicca qui!

L'**inflazione per eccessiva espansione monetaria** è il risultato di una *diminuzione del potere d'acquisto della moneta* dovuta alla quantità in circolazione troppo *elevata* rispetto ai beni offerti.
Secondo gli economisti definiti "monetaristi", l'inflazione è principalmente un *fenomeno monetario*, prodotto da una crescita della quantità di moneta più rapida di quella del prodotto.
Come l'incremento eccessivo della quantità di moneta è la *causa* dell'inflazione, così la riduzione del tasso di crescita monetaria è la *cura* dell'inflazione.
Questo tipo di interventi spetta alle *autorità monetarie*, ossia le banche centrali, che hanno il compito di definire le *politiche monetarie* delle rispettive valute.

Negli anni Settanta del Novecento le politiche economiche di tipo keynesiano, applicate dal secondo dopoguerra dai Paesi industrializzati, non sembravano in grado di combattere l'**inflazione**.
Quest'ultima era inoltre accompagnata da *alti tassi di* **disoccupazione**: due fenomeni che fino a quel momento erano considerati *alternativi* e che portarono gli economisti a creare il termine **stagflazione**, ossia *stagnazione* (con elevati livelli di disoccupazione) e *inflazione*.

In questa situazione economica si sviluppa la **teoria monetarista**. L'economista di riferimento è **Milton Friedman** dell'Università di Chicago.
La base del pensiero dei monetaristi è che *l'inflazione è sempre un fenomeno monetario* ed è causata da un *eccessivo incremento della quantità di moneta in circolazione*.

Anno 1922 *Gutenberg e la stampatrice di miliardi: Non era questo che volevo!* Caricatura di Erich Schilling dal settimanale satirico "Simplicissimus".

Il **controllo della quantità di moneta in circolazione** è diventato uno degli strumenti più importanti di **politica monetaria** di vari Stati, tra cui gli Usa.

A partire dal 1979, obiettivo dell'amministrazione statunitense fu quello di ridurre, attraverso un rallentamento del tasso di crescita dell'offerta di moneta, il tasso d'inflazione; le politiche monetariste furono applicate anche nel Regno Unito negli anni Ottanta, sempre con l'obiettivo di ridurre il tasso di inflazione.

Il pensiero monetarista ha portato poi alla riduzione dell'intervento dello Stato nell'economia attraverso un forte taglio della spesa pubblica attuato in quegli anni negli Stati Uniti dal presidente Ronald Reagan e in Gran Bretagna dal governo di Margaret Thatcher.

■ **Politica monetaria**
Monetary policy
actions taken by a government to control the amount of money in an economy and how easily available it is, for example by changing the interest rate.

FOCUS digitale

Continua il nostro incontro con gli economisti. Ricostruisci una breve biografia di Milton Friedman a partire dalle notizie che trovi on line. Le sue teorie sono state un punto di riferimento importante per le scelte in campo economico di Margaret Thatcher in Gran Bretagna e di Ronald Reagan negli Stati Uniti negli anni Ottanta.
In particolare l'insieme degli interventi del presidente Reagan ha preso il nome di *reaganomics*. A partire dalla definizione dell'English Focus, con l'aiuto del dizionario on line http://www.wordreference.com/it/, prova a fare l'elenco degli elementi essenziali che hanno caratterizzato la politica economica di Reagan negli anni Ottanta.

Definition of "Reaganomics"

A popular term used to refer to the economic policies of Ronald Reagan, the 40th U.S. President (1981-1989), which called for widespread tax cuts, decreased social spending, increased military spending, and the deregulation of domestic markets.

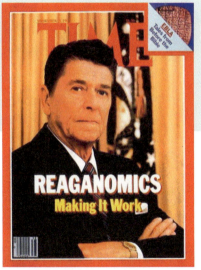

 **RISPONDO**

- Che cos'è l'inflazione?
- Come si misura?
- Che cos'è il paniere?
- Qual è il legame tra inflazione e potere d'acquisto della moneta?
- Quali sono le cause dell'inflazione?
- Quali sono i possibili rimedi contro l'inflazione?

Il mercato della moneta   **297**

3 La politica monetaria

LA MONETA

- Secondo te anche una banconota può essere considerata "moneta"?
- Qual è la funzione fondamentale della moneta?
- Quanti tipi di "moneta" conosci?

Scoprilo seguendo la lezione multimediale!

1 Gli strumenti

La **politica monetaria** può essere definita l'*insieme delle misure per controllare la disponibilità di moneta di un'economia*. È una politica economica, finalizzata al controllo del livello di spesa del settore privato (famiglie e imprese).

Uno degli strumenti utilizzati è la *variazione* del **tasso ufficiale di riferimento** da parte delle banche centrali.

Quando la banca centrale *diminuisce* il **saggio di interesse**, diminuisce di conseguenza il *costo del denaro sui prestiti concessi dalle banche* e *aumentano* così gli acquisti a credito dei consumatori (**consumi**) e i piani di investimento (**investimenti**) degli imprenditori.

È un tipo di intervento tipico per sostenere la domanda interna nelle fasi di stagnazione e di recessione.

L'opposto dovrebbe succedere con un *aumento* del **saggio di interesse**, che provoca un *aumento del costo del denaro e una diminuzione delle spese* delle imprese e dei consumatori.

È una modalità di intervento tipica della fase finale di espansione, caratterizzata da crescenti tassi di inflazione.

La manovra del tasso di interesse ha effetti sull'economia anche per il significato di allarme o stimolo che essa assume. Le banche si adeguano, nella concessione dei prestiti, alle indicazioni della banca centrale, e anche l'andamento della Borsa ne risente.

Il **costo del denaro** è pertanto uno degli *elementi più significativi* per capire la politica monetaria di un'economia.

Punto chiave della politica monetaria è l'*indipendenza decisionale* delle banche centrali rispetto al potere politico (governi) che permette di evitare i ritardi dovuti ai rapporti di forza tra i poteri in gioco.

Tasso ufficiale di riferimento ■
è il termometro del mercato finanziario perché sulla sua base vengono determinati il tasso d'interesse e il tasso interbancario.

Saggio di interesse ■
(anche tasso d'interesse) rappresenta la percentuale dell'interesse su un prestito e l'importo della remunerazione spettante al prestatore.

Gli effetti di queste politiche sull'economia sono risultati, però, più incisivi nel caso dell'inflazione, per metterla sotto controllo, che non nelle fasi di stagnazione, per favorire la ripresa.

Altri *strumenti* della politica monetaria sono:
- le **operazioni di mercato aperto**, ossia gli *acquisti di titoli sul mercato* da parte della banca centrale per aumentare la quantità di moneta in circolazione, o la *vendita di titoli*, e la conseguente riduzione della liquidità, nel caso di eccessiva circolazione monetaria;
- la **variazione della riserva obbligatoria**. La *riserva obbligatoria* è la *percentuale dei depositi* che le banche devono mantenere presso la banca centrale. L'*aumento* della riserva obbligatoria provoca una diminuzione della moneta in circolazione, in quanto diminuisce la quantità di risorse che le banche possono destinare a prestiti e investimenti. Con la *diminuzione* della riserva obbligatoria le banche possono, invece, concedere maggiori prestiti a fronte dei loro depositi.

La *modifica del coefficiente di riserva obbligatoria* è dunque uno strumento efficace per *espandere o contrarre* il credito bancario.

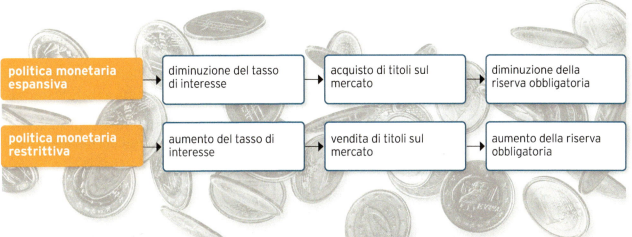

2 Il ruolo delle banche centrali

Le principali banche centrali sono la Bce (Banca centrale europea) per l'euro, la Fed (Federal Reserve) per il dollaro, la Bank of England (BoE) per la sterlina, la Banca centrale giapponese per lo yen.

La **Banca centrale europea** (**Bce**) è un organismo *indipendente* dai governi, istituito nel 1998 per gestire la moneta unica. I suoi compiti fondamentali sono:
- *definire e attuare la politica monetaria* dell'area euro;
- svolgere *operazioni sui cambi*;
- promuovere il regolare *funzionamento dei sistemi di pagamento*.

La Bce e le banche centrali nazionali degli Stati che hanno adottato l'euro formano il cosiddetto *Eurosistema*. La Bce è responsabile della formulazione e dell'attuazione della politica monetaria. A livello operativo può far ricorso alle banche centrali nazionali (nel nostro Paese la Banca d'Italia) per svolgere le operazioni dell'Eurosistema.
Obiettivo primario della Bce è la **stabilità dei prezzi** nell'area euro, ossia il *controllo dell'inflazione*, che non deve superare il 2%.

Gli *strumenti* utilizzati dagli organi decisionali della Bce si basano su due pilastri:
- il *controllo della massa monetaria in circolazione*, in quanto l'inflazione risulta da un eccesso di moneta rispetto all'offerta di beni e servizi;
- la *verifica costante delle previsioni di inflazione* basate su alcuni indicatori, come il tasso di cambio e gli indici di fiducia di imprese e consumatori.

Controllare la massa monetaria significa anche fissare i **tassi di interesse di riferimento** in tutta l'area dell'euro, che è, fra le attività della Bce, la più conosciuta, grazie anche alla stampa economica.
La leva dei tassi di interesse può essere utilizzata dalla Bce per *sostenere lo sviluppo* (ossia la crescita del Pil) solo se viene rispettato l'obiettivo di *controllo dell'inflazione*.
A differenza della Banca centrale europea, alla **Federal Reserve** sono assegnati due grandi obiettivi: *favorire la piena occupazione* e *promuovere la stabilità dei prezzi*. Pertanto gli strumenti della politica monetaria, in particolare la manovra del tasso di interesse, sono utilizzati con finalità e modalità diverse.

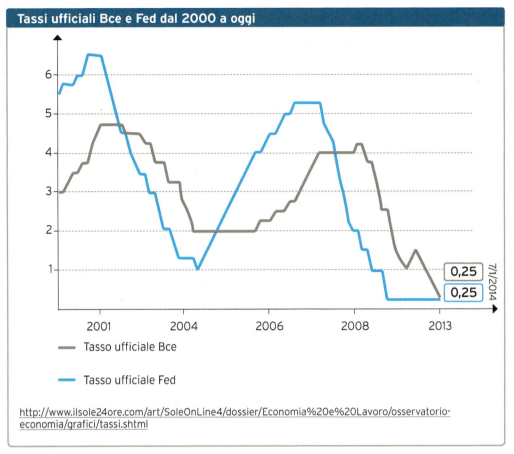

Tassi ufficiali Bce e Fed dal 2000 a oggi

— Tasso ufficiale Bce
— Tasso ufficiale Fed

http://www.ilsole24ore.com/art/SoleOnLine4/dossier/Economia%20e%20Lavoro/osservatorio-economia/grafici/tassi.shtml

DATI AGGIORNATI CON UN CLIC

Aggiornamenti

Laboratorio digitale

FOCUS digitale — FINANCIAL LITERACY

Prosegue il nostro percorso di cultura finanziaria...
Vai sul sito della Banca centrale europea http://www.ecb.int/ecb/html/index.it.html. Entra nella sezione di sinistra del sito nella pagina "Materiale didattico-informativo". Vai ai video "Strategie di politica monetaria": http://www.ecb.europa.eu/ecb/educational/movies/html/index.it.html. Dopo il video mettiti alla prova con i giochi.

RISPONDO

- Quali sono gli strumenti della politica monetaria?
- Qual è il ruolo della Bce?
- Quali sono gli obiettivi della Bce? E della Fed?
- Quali sono gli strumenti di politica monetaria utilizzati dalla Bce?

Il mercato della moneta

VERIFICO L'APPRENDIMENTO

VERIFICO LE CONOSCENZE

vero o falso?

1. La moneta bancaria è costituita solo dagli assegni — V F
2. Il potere d'acquisto indica la quantità di beni e servizi che una moneta permette di acquistare — V F
3. Il valore intrinseco di una moneta è sempre uguale al suo valore nominale — V F
4. L'inflazione da costi è un fenomeno monetario — V F
5. L'inflazione importata è un tipo di inflazione da costi — V F
6. La politica dei redditi è uno strumento per combattere l'inflazione da costi — V F
7. La manovra del tasso ufficiale di riferimento è uno strumento per combattere l'inflazione da eccessiva espansione monetaria — V F
8. La Banca centrale europea dipende dai governi dei paesi dell'UE — V F
9. L'obiettivo della Bce è lo sviluppo economico — V F
10. Il costo del denaro è deciso dal Governo del Paese — V F
11. Le operazioni di mercato aperto sono uno strumento della politica fiscale — V F
12. L'aumento della spesa pubblica è uno strumento della politica monetaria — V F
13. La base del pensiero dei monetaristi è che l'inflazione è sempre un fenomeno monetario — V F

scelgo la risposta esatta

1. **Che cos'è il valore di cambio?**
   - A il valore stampato sulla moneta
   - B il valore del materiale di cui la moneta è formata
   - C il valore di una moneta rispetto alle monete estere
   - D il potere d'acquisto della moneta

2. **Che cos'è la svalutazione?**
   - A la perdita del potere d'acquisto di una moneta sui mercati internazionali
   - B l'aumento generalizzato dei prezzi
   - C la diminuzione dei prezzi
   - D la perdita del potere d'acquisto di una moneta sul mercato nazionale

3. **Che cos'è la deflazione?**
   - A l'aumento dei prezzi sui mercati internazionali
   - B la diminuzione del livello generale dei prezzi
   - C l'aumento del livello generale dei prezzi
   - D la diminuzione del livello generale dei prezzi sui mercati internazionali

4. **Che cosa significa "l'inflazione è diminuita"?**
   - A che i prezzi sono diminuiti
   - B che i prezzi sono diminuiti più che nel periodo precedente
   - C che i prezzi sono aumentati ma meno che nel periodo precedente di riferimento
   - D che i prezzi sono diminuiti meno che nel periodo precedente

5. **L'inflazione può essere:**
   - A da domanda e da costi e importata
   - B da domanda, da costi, da eccessiva espansione monetaria e importata
   - C da domanda e da eccessiva espansione monetaria
   - D da eccessiva espansione monetaria e da costi

• IMPARO A IMPARARE...

costruisci una mappa partendo dai seguenti concetti

1. Le cause dell'inflazione
2. Le politiche monetarie collegate alle fasi del ciclo economico
3. Le politiche monetarie e fiscali da attuare in una fase di crisi economica

AIUTATI E VERIFICA IL TUO LAVORO CON LE MAPPE INTERATTIVE

• IMPARO A COMUNICARE...

rispondi verbalmente e poi in forma scritta

1. Che cos'è il *valore reale* della moneta? Da che cosa dipende?
2. Quali sono i vantaggi di una moneta forte sui mercati internazionali?
3. Qual è il principale vantaggio di una moneta debole sui mercati internazionali?
4. Spiega la differenza tra *inflazione*, *svalutazione* e *deflazione*.

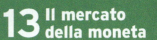

Unità di apprendimento 13 — Il mercato della moneta

5. In quale contesto si sviluppa la *teoria monetarista*?
6. Qual è la base del pensiero dei monetaristi?
7. Quali sono le politiche monetarie espansive? In quale fase del ciclo economico sono opportune?
8. Quali sono le politiche monetarie restrittive? In quale fase del ciclo economico sono opportune?
9. Qual è l'obiettivo prioritario della Bce? E della Fed?

• INTERPRETO L'INFORMAZIONE

Sottolinea nelle letture le parole che non conosci e cerca sul dizionario l'esatta definizione. Utilizza il sito http://www.wordreference.com/it/ per eventuali termini in inglese.

1 Chi vince e chi perde con l'euro debole

Con l'euro debole il **costo del lavoro** aziendale si traduce in un più basso equivalente in dollari. Vuol dire che le aziende italiane possono fare più profitti oppure esportare di più sfruttando il vantaggio di competitività garantito dal cambio a parità di costi e di impianti. Ecco in una tabella riassuntiva ciò che potrebbe avvenire al costo del lavoro in alcuni dei settori manifatturieri più rilevanti per l'export. Un deprezzamento del 25 per cento porterebbe a guadagni variabili da tre a cinque punti di competitività. Tutti gli imprenditori (soprattutto quelli italiani), se intervistati, affermano sempre che loro la concorrenza la fanno sulla qualità non sui costi. Ma in realtà 3, 4 o 5 punti di costi in meno fanno differenza anche per gli imprenditori che si affidano alle idee e alla fantasia.

Se l'euro si svaluta del 25%	E il costo del lavoro dipendente sul valore della produzione è pari a:	Allora la competitività aumenta del:
Totale manifatturiero	14,8%	3,7%

Chi guadagna più della media manifatturiera		
Meccanica	18,4%	4,6%
Tessile	17,9%	4,5%
Abbigliamento	16,4%	4,1%
High-tech (macchine per ufficio, strumenti ottici di precisione, apparecchi radio-tv-comunicazione)	22,1%	5,5%

Chi guadagna meno della media manifatturiera		
Chimica e farmaceutica	13,7%	3,4%
Cuoio e calzature	12,6%	3,1%
Alimentare	10,6%	2,6%

A guadagnare di più sono le aziende di alcuni dei settori ad alta intensità di lavoro, tradizionalmente forti del **Made in Italy** (meccanica, tessile, abbigliamento), ma anche l'high-tech. A beneficiare di meno invece sono le aziende come quelle chimiche e farmaceutiche e l'alimentare dove il costo del lavoro incide meno sui costi di produzione, anche in conseguenza della delocalizzazione. (…) Quello sul costo del lavoro non è tuttavia l'unico effetto dell'euro debole. (…) in realtà l'**effetto netto** della svalutazione non è poi così benefico per tutti. La nota dolente, riassunta per tutti da Luigi Loro Piana, è l'aumento del **prezzo delle materie prime**, dei tessuti pregiati che la Loro Piana deve procurarsi molto lontano dall'Italia (le capre da cashmere "crescono" in Mongolia). A causa di vari fattori sfortunati e del deprezzamento dell'euro, "i costi delle materie prime sono da un anno a questa parte saliti del 35-40 per cento". Se si potesse includere l'aumento del costo delle materie prime nei calcoli della tabella sopra riportata, i guadagni indicati ne risulterebbero parzialmente ridimensionati (e forse in qualche caso del tutto azzerati). Ciò vale soprattutto per settori ad alta intensità di importazione di materie prime da aree extra-europee come l'abbigliamento (l'esempio di Loro Piana). La **meccanica**, invece, tende a importare meno materie prime degli altri settori del Made in Italy.

(Francesco Daveri, da lavoce.info, 8 giugno 2010)

Rispondi alle domande

1. Qual è l'effetto sui prezzi di un più basso costo del lavoro?
2. Perché se diminuisce il costo del lavoro le imprese sono più competitive? In che cosa si traduce una maggiore competitività?
3. Quali imprese hanno maggiori vantaggi e perché?
4. Verifica come è stato effettuato il calcolo in termini di vantaggio competitivo (per esempio il 25% di 14,8 è 3,7 e quindi una svalutazione del 25% porta a un vantaggio del 3,7%). Quale sarebbe il vantaggio con una svalutazione del 20%? E lo svantaggio con una rivalutazione del 10%?
5. Quali sono gli aspetti negativi dell'euro debole?
6. In questo momento l'euro rispetto al dollaro è forte o debole? Quali sono gli effetti sulle imprese italiane?

Il mercato della moneta **303**

VERIFICO L'APPRENDIMENTO

2 Alla politica monetaria non si può chiedere la luna

La politica monetaria è già molto espansiva, ma non riesce a riattivare il credito alle imprese. Deludente l'esperienza del funding for lending inglese. Perché l'economia riparta anche le altre politiche devono fare la loro parte.

I dati sull'**economia reale** segnalano una forte contrazione dell'attività economica in Italia e una congiuntura debole in tutta l'area euro, persino in Germania. In questo quadro, si osserva una continua contrazione dei **flussi di credito** all'economia: nel 2012, i prestiti alle imprese sono calati dell'1,3 per cento nell'area euro e del 2,2 per cento in Italia. Molti pensano che la **politica monetaria** dovrebbe fare di più per favorire una inversione di tendenza del ciclo economico. In realtà, la Bce ha già fatto molto, e difficilmente potrebbe fare di più.

LA LIQUIDITÀ È ABBONDANTE...
A partire dall'autunno del 2008, la Bce ha fornito alle banche liquidità in misura **illimitata**, attraverso le operazioni "a rubinetto": le banche possono avere tutti i soldi che vogliono, a tasso fisso. (…)

... MA NON ARRIVA ALLE IMPRESE
Si dirà: sì, le banche hanno tanti soldi, ma non li prestano alle imprese. La ragione fondamentale per cui non lo fanno è perché la loro **avversione al rischio** è salita molto con l'aggravarsi della crisi economica. (…) I dati sulle sofferenze (prestiti dati a imprese che poi non sono in grado di restituirli) segnalano che effettivamente il rischio di credito è aumentato, come è naturale che sia nel bel mezzo di una crisi come quella attuale: il rapporto sofferenze/impieghi è in costante crescita nell'ultimo biennio. Non ci si può quindi stupire che i banchieri siano diventati più prudenti. Inoltre, bisogna tenere presente che il calo dei flussi di credito riflette anche una debolezza della domanda, oltre a un irrigidimento dei criteri di offerta.

FUNDING FOR LENDING
La Banca centrale non può imporre alle banche di prestare soldi alle imprese. Può introdurre incentivi, ma non è detto che funzionino. Sono state avanzate diverse soluzioni. Alcune si ispirano alla recente esperienza inglese, che va sotto il nome di *"funding for lending"*. Nel luglio dello scorso anno, la *Bank of England* ha introdotto un nuovo strumento: prevede che le banche possano prendere a prestito dalla BoE a un tasso d'interesse basso se dimostrano che stanno aumentando i prestiti all'economia; viceversa, se i prestiti di una banca diminuiscono, allora il tasso applicato dalla BoE aumenta progressivamente. Un **prezzo decrescente** nella variazione dei volumi di prestiti bancari erogati ha la chiara finalità di incentivare le banche a prestare di più.
Forse è un po' presto per dire se il programma inglese è efficace, ma le prime evidenze non sono incoraggianti. I dati della BoE (*Trends in Lending*, gennaio 2013) segnalano che i prestiti alle imprese sono ancora in diminuzione (nel trimestre terminato a novembre). Le cose sembrano andare meglio per i **mutui** immobiliari (che nello stesso trimestre sono in crescita). Se le evidenze preliminari verranno confermate, potremo dire che il piano inglese non è stato un successo, e le ragioni vanno ricercate in quanto detto prima: avversione al rischio delle banche e calo della domanda di prestiti.

CONCLUSIONE: LA BCE NON PUÒ FARE TUTTO
(…) L'amara verità è che la politica monetaria non può fare tutto. Solo se e quando le **altre politiche** (di bilancio, del lavoro, eccetera) avranno trovato il modo per invertire il ciclo economico, i flussi di credito ripartiranno.

(Angelo Baglioni, la voce.info, 28 febbraio 2013)

Rispondi alle domande

1 Che cosa si intende per politica monetaria espansiva?

2 Che cosa significa che la liquidità è abbondante?

3 Perché i "soldi" non arrivano alle imprese?

4 Quale ruolo ha la Bank of England (BoE)?

5 Che cosa significa *"funding for lending"*?

6 Perché sono importanti i prestiti alle imprese per invertire il ciclo economico? Su quale voce incidono?

● APPLICO LE CONOSCENZE

problem solving

1 Il tasso di inflazione previsto nell'area euro è del 2,3%, quale sarà l'intervento della Bce? Analizzane i possibili effetti.

2 Il tasso di inflazione previsto negli Usa è del 2,2% e il tasso di disoccupazione ha raggiunto livelli elevati, quale sarà l'intervento della Fed? Analizzane i possibili effetti.

3 Il cambio euro/sterlina è debole sui mercati internazionali, ritieni che sia un momento favorevole per organizzare una vacanza studio a Londra? Motiva la risposta.

4 Il cambio euro/dollaro è forte, un'impresa italiana avrà un vantaggio o uno svantaggio competitivo sul mercato americano? Motiva la risposta.

5 Il cambio euro/yen è forte, i prodotti giapponesi saranno più o meno convenienti per il consumatore europeo? Motiva la risposta.

Unità di apprendimento **14**

La magistratura

1 L'amministrazione della giustizia

Conoscenze

- La funzione giurisdizionale
- I giudici e lo svolgimento della loro attività
- Le giurisdizioni speciali e le loro competenze
- Il Consiglio superiore della magistratura come organo di autogoverno
- Le regole del giusto processo
- La tutela giurisdizionale contro gli atti illegittimi della pubblica amministrazione

Abilità

- Individuare le caratteristiche della funzione giurisdizionale
- Riconoscere le differenze tra la giurisdizione ordinaria e le giurisdizioni speciali
- Valutare l'importanza delle norme che assicurano l'indipendenza della magistratura
- Riconoscere il valore della funzione svolta dalla giurisdizione amministrativa

FOCUS FILM...
Laboratorio di cinema

per comprendere l'importanza dell'espressione di idee attraverso diversi mezzi di comunicazione

Il film, che racconta la vicenda del sostituto procuratore Livatino ucciso a 38 anni in un agguato mafioso, focalizza l'attenzione sul ruolo che la magistratura svolge nella lotta alla mafia.

1 L'amministrazione della giustizia

1 I giudici e la funzione giurisdizionale

TITOLO IV
LA MAGISTRATURA
SEZIONE I
ORDINAMENTO GIURISDIZIONALE

ARTICOLO 101

La giustizia è amministrata in nome del popolo.

Secondo il principio della divisione dei poteri, il **potere giudiziario** (o giurisdizionale) è esercitato dalla magistratura.
Esercitare la **funzione giurisdizionale** significa *applicare le norme generali e astratte che formano l'ordinamento giuridico ai casi concreti*, secondo le regole che disciplinano l'interpretazione delle norme stesse. Tale funzione è svolta dai **magistrati**.

Amministrare la giustizia è un attributo della sovranità. Poiché nel nostro Paese la sovranità appartiene al popolo, la giustizia non può essere esercitata che in nome del popolo. Ogni sentenza inizia con l'espressione: «In nome del popolo italiano».

Magistrati ■ sono di due diverse categorie: i *giudici*, che formano la magistratura giudicante e che emanano le sentenze, e i *pubblici ministeri*, che compongono la magistratura **requirente** e che rappresentano, nel processo penale, la pubblica accusa. Questi ultimi sono detti anche *procuratori della Repubblica*, se sono a capo dell'ufficio della Procura, e *sostituti procuratori* se fanno parte dell'ufficio.

Una seduta della Corte di Cassazione.

306

I giudici sono soggetti soltanto alla legge.

Durante il fascismo i magistrati dipendevano dal ministro di Grazia e Giustizia, il quale aveva il potere di sanzionare i comportamenti di coloro che non si attenevano alle direttive impartite. Perciò la funzione giurisdizionale non poteva essere né indipendente né imparziale, e i magistrati erano fortemente condizionati sia nell'*istruire i processi* sia nell'*emanare le sentenze*.

La Costituzione ha ribaltato quel sistema, *assicurando alla magistratura la piena libertà nei confronti di ogni altro potere*: oggi ciascun **giudice** è soggetto soltanto alla legge. L'indipendenza dei magistrati è assicurata dal **Consiglio superiore della magistratura**, che, come vedremo, è il loro organo di *autogoverno*. Ciò allo scopo di assicurare una giustizia imparziale: il giudice è "terzo", ovvero *estraneo*, rispetto alle "parti", che sono le *persone coinvolte nel processo*.

Inoltre, *ciascun giudice è libero di interpretare la legge* senza tener conto delle interpretazioni date da altri giudici prima di lui su casi simili, nemmeno da parte della **Corte di Cassazione**, che è il massimo organo giudicante, anche se spesso accade che vi si adegui spontaneamente per non rischiare di vedere "cassata" (cioè *cancellata*) la propria sentenza.

L'insieme delle sentenze emesse dai giudici si chiama **giurisprudenza**.

> **▪ Istruzione del processo**
> fase del processo in cui vengono raccolti gli elementi di prova. Nel processo penale si chiama fase delle indagini preliminari.
>
> **▪ Giudice**
> **Judge**
> State official who exercises a jurisdictional function and who, in cases of dispute, establishes which laws to apply.

ARTICOLO 102

La funzione giurisdizionale è esercitata da magistrati ordinari istituiti e regolati dalle norme sull'ordinamento giudiziario.

La funzione **giurisdizionale ordinaria** riguarda l'amministrazione della giustizia in ambito civile e penale:
- **civile**, quando c'è una controversia tra privati cittadini riguardante la *lesione di un diritto soggettivo*;
- **penale**, quando il giudice deve giudicare se è stato o meno *commesso un reato* e qual è la *sanzione da applicare*.

Quando la controversia riguarda invece la materia **amministrativa**, **contabile** e **militare**, intervengono le c.d. giurisdizioni speciali, regolate dall'articolo 103 della Costituzione.

Non possono essere istituiti giudici straordinari o giudici speciali. Possono soltanto istituirsi presso gli organi giudiziari ordinari sezioni specializzate per determinate materie, anche con la partecipazione di cittadini idonei estranei alla magistratura.

I *giudici straordinari* sono giudici istituiti appositamente per giudicare determinati fatti dopo che questi sono stati commessi; i *giudici speciali* sono giudici istituiti per materie particolari e non hanno una competenza generale. La Costituzione vieta l'istituzione degli uni e degli altri.

È invece ammessa la creazione di **sezioni specializzate**: un esempio è il Tribunale per i minori, del quale fanno parte anche *due cittadini non togati* (cioè privi della toga, tipica del magistrato), un uomo e una donna, che, con le loro competenze specifiche (possono essere psicologi, assistenti sociali, sociologi e via dicendo), aiutano il giudice a capire la personalità del minore.

La magistratura **307**

La legge regola i casi e le forme della partecipazione diretta del popolo all'amministrazione della giustizia.

Il popolo è chiamato a partecipare *direttamente* alla funzione giurisdizionale non in ogni tipo di giudizio, ma solo nei casi in cui *il reato crei un allarme sociale*. Sei giudici popolari, insieme a due giudici togati, sono chiamati a far parte delle Corti d'Assise e delle Corti d'Assise d'Appello.

Per assumere la funzione di giudice popolare si è estratti a sorte da un elenco di aventi diritto. Bisogna avere concluso la scuola secondaria di primo grado per poter far parte della Corte d'Assise, e la scuola secondaria di secondo grado per la Corte d'Assise d'Appello.

La Corte d'Assise di Sondrio.

A Lay Sermon by Robert Ingersoll

Every crime is born of necessity. If you want less crime, you must change the conditions. Poverty makes crime. What do you do with the criminal? You send him to the penitentiary. Is he made better? Worse. You mark him. You put him in stripes. At night you put him in darkness. His feeling for revenge grows. You make a wild beast of him, and he comes out of that place branded in body and soul, and then you won't let him reform if he wants to.

(Liberamente tratto da: http://www.quotegarden.com/justice.html)

2 Le giurisdizioni speciali

ARTICOLO 103

Il Consiglio di Stato e gli altri organi di giustizia amministrativa hanno giurisdizione per la tutela nei confronti della pubblica amministrazione degli interessi legittimi e, in particolari materie indicate dalla legge, anche dei diritti soggettivi.

I tre organi disciplinati dall'articolo 103 sono **giudici speciali**, nel senso che *la loro competenza è sottratta a quella della magistratura ordinaria*. Questa situazione non deve essere intesa come una violazione dell'articolo 102, ma come il mantenimento di una particolare specializzazione di tali giudici, precedente all'entrata in vigore della Costituzione.
Il **Consiglio di Stato** *giudica in secondo grado sulle decisioni dei Tar*, i Tribunali amministrativi regionali: la loro giurisdizione riguarda gli interessi legittimi, e in qualche caso anche i diritti soggettivi, eventualmente violati dalla pubblica amministrazione a danno dei privati cittadini.

La Corte dei conti ha giurisdizione nelle materie di contabilità pubblica e nelle altre specificate dalla legge.

La **Corte dei conti** *giudica in secondo grado sulle sentenze delle sezioni regionali della Corte*: la loro competenza riguarda i *rendiconti dei pubblici funzionari* che erogano denaro pubblico e la materia delle pensioni. Inoltre la Corte dei conti ha competenza a giudicare sulle spese erogate dai ministri, effettuate sulla base di decreti che devono essere in linea con la legge di bilancio.

■ **Interesse legittimo** riguarda un *interesse riconosciuto a un determinato soggetto*, che *coincide con l'interesse della collettività*. Tale interesse viene realizzato se la pubblica amministrazione adotta comportamenti legittimi.

■ **Diritto soggettivo** la *situazione di vantaggio riconosciuta a un soggetto dalla legge*, che può essere fatta valere in giudizio nel caso che altri ne impediscano la realizzazione.

■ **Erogare** destinare, distribuire, assegnare una somma a un determinato scopo.

I tribunali militari in tempo di guerra hanno la giurisdizione stabilita dalla legge. In tempo di pace hanno giurisdizione soltanto per i reati militari commessi da appartenenti alle Forze Armate.

I membri delle forze armate (esercito, carabinieri, Guardia di finanza ecc.), se commettono un reato, *sono giudicati dai tribunali militari* secondo le norme del Codice penale militare di pace o di guerra. Quest'ultimo è applicabile anche ai civili, ovviamente solo in caso di guerra.

Il processo di Norimberga (20/11/1945-01/10/1946).

Le magistrature speciali si dividono in:
- **amministrativa** (Tar e Consiglio di Stato);
- **Corte dei conti**;
- **commissioni tributarie provinciali e regionali**;
- **tribunali militari**;
- **Corte costituzionale**.

La magistratura 309

3 L'indipendenza della magistratura

L'ORDINAMENTO DELLA REPUBBLICA

Video
Per saperne di più guarda il video!

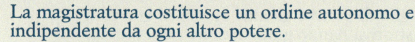

ARTICOLO 104

La magistratura costituisce un ordine autonomo e indipendente da ogni altro potere.

Questa espressione rafforza quella del secondo comma dell'articolo 101: «I giudici sono soggetti soltanto alla legge». La magistratura, per svolgere la propria attività, deve godere della *massima indipendenza* dagli altri poteri dello Stato, in particolare dal potere esecutivo.

Il Consiglio superiore della magistratura è presieduto dal Presidente della Repubblica.

Il **Consiglio superiore della magistratura** (**Csm**) è *l'organo di autogoverno dei giudici*.
La sua funzione principale consiste nell'assicurare la *necessaria autonomia e indipendenza a ogni singolo magistrato*. Il Presidente della Repubblica, in quanto organo di garanzia tra i poteri dello Stato, ne è il presidente.

Ne fanno parte di diritto il primo presidente e il procuratore generale della Corte di cassazione.

Altri *membri di diritto* del Csm (che quindi sono tre in tutto, con il Presidente della Repubblica) sono il *primo presidente* e il *procuratore generale* presso la Corte di Cassazione.

Gli altri componenti sono eletti per due terzi da tutti i magistrati ordinari tra gli appartenenti alle varie categorie, e per un terzo dal Parlamento in seduta comune tra professori ordinari di università in materie giuridiche ed avvocati dopo quindici anni di esercizio.

I *membri eletti* del Csm appartengono a due distinte categorie:
- *magistrati*, che vengono eletti dagli altri magistrati fino a coprire i due terzi dei componenti, cioè **16**;
- *professori universitari di discipline giuridiche* e *avvocati*, dopo quindici anni di esercizio della professione, eletti dal Parlamento in seduta comune fino a coprire un terzo dei componenti, cioè **8**.

In totale i membri sono **27**.

Il Consiglio elegge un vicepresidente fra i componenti designati dal Parlamento. I membri elettivi del Consiglio durano in carica quattro anni e non sono immediatamente rieleggibili.

Il vicepresidente del Consiglio superiore della magistratura viene eletto dal Consiglio stesso tra i membri indicati dal Parlamento.

Non possono, finché sono in carica, essere iscritti negli albi professionali, né far parte del Parlamento o di un Consiglio regionale.

I membri elettivi non possono esercitare la professione di avvocato, essere parlamentari o consiglieri regionali. Si tratta di casi di **incompatibilità**.

La facciata esterna del tribunale di Milano con le foto dei giudici Falcone e Borsellino.

ARTICOLO 105

Spettano al Consiglio superiore della magistratura, secondo le norme dell'ordinamento giudiziario, le assunzioni, le assegnazioni ed i trasferimenti, le promozioni e i provvedimenti disciplinari nei riguardi dei magistrati.

Per garantire l'effettiva indipendenza della magistratura spetta solo al **Csm** (e non al ministro della Giustizia) prendere le decisioni che riguardano la *carriera dei magistrati*, compresi i *trasferimenti* e i *provvedimenti disciplinari*. Questi ultimi possono essere irrogati solo con il rispetto di una particolare procedura e assicurando il diritto di difesa (art. 107 Cost.).

ARTICOLO 106

Le nomine dei magistrati hanno luogo per concorso.

Per diventare magistrati occorre, oltre alla laurea in giurisprudenza, aver superato un *concorso pubblico* e un periodo di *tirocinio*.

La legge sull'ordinamento giudiziario può ammettere la nomina, anche elettiva, di magistrati onorari per tutte le funzioni attribuite a giudici singoli.

I **magistrati onorari** presenti nella magistratura sono di diverse categorie, la più importante delle quali è rappresentata dai **giudici di pace**, i quali, insieme ad altri requisiti, devono essere laureati in giurisprudenza. Il giudice di pace è un giudice **non togato**, che viene nominato (su domanda) dal Csm, ad esempio, tra gli insegnanti di discipline giuridiche nelle università.

Su designazione del Consiglio superiore della magistratura possono essere chiamati all'ufficio di consiglieri di cassazione, per meriti insigni, professori ordinari di università in materie giuridiche e avvocati che abbiano quindici anni di esercizio e siano iscritti negli albi speciali per le giurisdizioni superiori.

La legge 303/1998 ha dato attuazione a questa norma costituzionale, ammettendo a far parte della Corte di Cassazione:
- **professori ordinari** di università in materie giuridiche;
- **avvocati** dopo 15 anni di esercizio e che possono patrocinare davanti alle giurisdizioni superiori.

Non tutti gli avvocati possono patrocinare davanti alle giurisdizioni superiori, ma *solo quelli iscritti negli appositi albi*. Le giurisdizioni superiori sono: la **Corte di Cassazione**, il **Consiglio di Stato**, la **Corte dei conti**, la **Corte costituzionale**.

■ **Non togato** poiché non ha superato il concorso per accedere alla magistratura, non porta la toga.

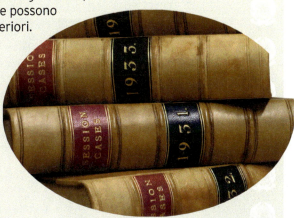

La magistratura 311

ARTICOLO 107

I magistrati sono inamovibili. Non possono essere dispensati o sospesi dal servizio né destinati ad altre sedi o funzioni se non in seguito a decisione del Consiglio superiore della magistratura, adottata o per i motivi e con le garanzie di difesa stabilite dall'ordinamento giudiziario o con il loro consenso.

L'**inamovibilità dei magistrati** dalle proprie sedi è un'altra garanzia a *tutela della loro indipendenza*, che potrebbe essere gravemente compromessa dalla possibilità di dispensa dal servizio o di trasferimento a una sede disagevole. Le *sanzioni disciplinari* possono essere irrogate esclusivamente dal Csm, nell'ambito di una procedura che assicura al magistrato sottoposto ad azione disciplinare le garanzie della difesa. In ogni caso la destinazione ad altra sede o ad altro incarico può essere adottata perché il magistrato lo desidera.

Il Ministro della giustizia ha facoltà di promuovere l'azione disciplinare.

L'*azione disciplinare* viene promossa contro il magistrato che manchi ai suoi doveri o tenga una condotta che lo renda immeritevole della fiducia e della considerazione di cui deve godere. Essa può essere iniziata:
- dal **ministro della Giustizia**;
- dal **procuratore generale** presso la Corte di Cassazione.

La decisione sull'azione disciplinare spetta però al **Csm**.
Non bisogna dimenticare che i giudici incorrono anche in *responsabilità civile* e *penale*, come gli altri funzionari pubblici.

I magistrati si distinguono fra loro soltanto per diversità di funzioni.

Come si è già detto (art. 101), *non esiste ordine gerarchico tra i magistrati*. Ciascun giudice è libero di interpretare la legge, anche se si discosta dall'interpretazione data, ad esempio, dalla Corte di Cassazione; non esistono cioè giudici superiori che possono imporre direttive a giudici inferiori.

Il pubblico ministero gode delle garanzie stabilite nei suoi riguardi dalle norme sull'ordinamento giudiziario.

Attualmente *i pubblici ministeri sono magistrati* come tutti gli altri, tutelati nella loro indipendenza dal Csm, il che esclude ogni vincolo di subordinazione al ministro della Giustizia.

ARTICOLO 108

Le norme sull'ordinamento giudiziario e su ogni magistratura sono stabilite con legge.

> Questi importanti ambiti godono della *riserva di legge*.

La legge assicura l'indipendenza dei giudici delle giurisdizioni speciali, del pubblico ministero presso di esse, e degli estranei che partecipano all'amministrazione della giustizia.

> Organi appositi, le cui funzioni sono analoghe a quelle del Csm, sono stati istituiti al fine di *garantire l'indipendenza dei giudici che non fanno parte della giurisdizione ordinaria*: ad esempio, il Consiglio di presidenza della magistratura amministrativa o il Consiglio superiore della magistratura militare.

Da molti anni si discute della necessità di una profonda riforma della magistratura, al fine di rendere la sua funzione più rapida, efficiente e "giusta" di quanto non sia oggi.
Tra gli argomenti più dibattuti: la riduzione della durata dei processi, la separazione delle carriere tra magistratura giudicante e pubblici ministeri e la riduzione della **prescrizione dei reati**.

ARTICOLO 109

L'autorità giudiziaria dispone direttamente della polizia giudiziaria.

> I magistrati, nello svolgimento delle indagini, si avvalgono dell'attività della **polizia giudiziaria**, cioè di sezioni di polizia, carabinieri, Guardia di finanza, che lavorano *agli ordini dei magistrati* stessi.

■ **Prescrizione del reato**
Estinzione del reato stesso a causa del tempo trascorso: il giudice non può più condannare, né assolvere.

ARTICOLO 110

Ferme le competenze del Consiglio superiore della magistratura, spettano al Ministro della giustizia l'organizzazione e il funzionamento dei servizi relativi alla giustizia.

> Il ministro della Giustizia ha il compito di regolare l'*organizzazione* e il *funzionamento dei servizi*: basti pensare all'organizzazione degli uffici giudiziari (per esempio, l'attribuzione del personale, come i **cancellieri**, i segretari ecc., ai singoli uffici) e degli istituti penitenziari.

■ **Cancelliere**
assistente del giudice, il cui incarico principale è di scrivere i verbali delle udienze.

La magistratura

SEZIONE II
NORME SULLA GIURISDIZIONE

LA COMPETENZA DEI MAGISTRATI E I GRADI DEL PROCESSO

Lettura
Se vuoi approfondire clicca qui!

Processo Jury trial ■ a trial of a lawsuit or criminal prosecution in which the case is presented to a jury and the factual questions and the final judgment are determined by a jury.

4 Il giusto processo

ARTICOLO 111

La giurisdizione si attua mediante il giusto processo regolato dalla legge.

Il termine **"giusto processo"** si richiama all'espressione anglosassone contenuta nel quinto emendamento della Costituzione degli Usa che testualmente recita: «... né potrà essere privato della vita, della libertà o della proprietà, se non in seguito a regolare procedimento legale (*without due process of law*)».

Ogni processo si svolge nel contraddittorio tra le parti, in condizioni di parità, davanti a un giudice terzo e imparziale. La legge ne assicura la ragionevole durata.

Lo svolgimento di *ogni tipo di processo* è retto da una serie di principi, alcuni dei quali si trovano nella Parte I della Costituzione. L'articolo 111 ne elenca altri:
■ **principio del contraddittorio**: ciascuna parte deve essere messa in condizione di far valere le proprie ragioni;
■ **principio della parità**: nessuna parte deve essere avvantaggiata rispetto all'altra, nemmeno il pubblico ministero, che deve essere considerato una parte;
■ **principio dell'imparzialità del giudice**, che non deve avere alcun interesse personale nella causa, né relazioni con le parti;
■ **principio della ragionevole durata**: la lunghezza dei processi rimane uno dei problemi più gravi della giustizia in Italia, ma nemmeno la Costituzione poteva prevedere dei termini perentori; questo principio è dunque una sorta di raccomandazione fatta ai giudici. La Corte di giustizia europea ha condannato più volte l'Italia a risarcire i danni causati dalla "non ragionevole" durata del processo. Per provvedere a ciò è stata emanata la legge 98/2001, che prevede, appunto, la possibilità di risarcimento.

Nel processo penale, la legge assicura che la persona accusata di un reato sia, nel più breve tempo possibile, informata riservatamente della natura e dei motivi dell'accusa elevata a suo carico; disponga del tempo e delle condizioni necessari per preparare la sua difesa; abbia la facoltà davanti al giudice di interrogare o di far interrogare le persone che rendono dichiarazioni a suo carico, di ottenere la convocazione e l'interrogatorio di persone a sua difesa nelle stesse condizioni dell'accusa e l'acquisizione di ogni altro mezzo di prova a suo favore; sia assistita da un interprete se non comprende o non parla la lingua impiegata nel processo.

I principi propri del *processo penale* sono:
■ **diritto all'informazione**: l'indagato deve essere al più presto informato che esiste un procedimento a suo carico, per mezzo di una *informazione di garanzia*;
■ **diritto alla difesa** (art. 24 Cost.);
■ principio della **parità nell'acquisizione delle prove**;
■ **diritto a un interprete** se la persona accusata non è di lingua italiana;

314 ■ Unità di apprendimento 14

Il processo penale è regolato dal principio
del contraddittorio nella formazione della prova.
La colpevolezza dell'imputato non può essere provata
sulla base di dichiarazioni rese da chi, per libera scelta,
si è sempre volontariamente sottratto all'interrogatorio
da parte dell'imputato o del suo difensore.

> - principio del **contraddittorio** *anche nella formazione della prova* (perquisizioni, interrogatori ecc. vanno eseguiti alla presenza dell'indagato);
> - principio di **non colpevolezza** quando questa doveva risultare dalla testimonianza di persone che in seguito rifiutino l'interrogatorio da parte dell'imputato.

La legge regola i casi in cui la formazione
della prova non ha luogo in contraddittorio
per consenso dell'imputato o per accertata impossibilità
di natura oggettiva o per effetto di provata condotta
illecita.

> Ci sono alcuni casi nei quali la formazione della prova non può avvenire in contraddittorio, per esempio perché la persona che ha rilasciato la testimonianza è morta, o perché è stata minacciata dall'imputato (condotta illecita).
> Inoltre è *ammessa la mancanza del contraddittorio se l'imputato vi acconsente*.

Tutti i provvedimenti giurisdizionali devono essere
motivati.

> Ogni giudice, quando emana una **sentenza**, ha l'obbligo di esprimere le *motivazioni*, cioè i ragionamenti logico-giuridici che l'hanno condotto a una decisione piuttosto che a un'altra. Chi ritiene che la sentenza non tenga in debito conto le proprie ragioni ha così modo di rivolgersi al **giudice di grado superiore**.

Contro le sentenze e contro i provvedimenti
sulla libertà personale, pronunciati dagli organi
giurisdizionali ordinari o speciali, è sempre ammesso
ricorso in Cassazione per violazione di legge.
Si può derogare a tale norma soltanto per le sentenze
dei tribunali militari in tempo di guerra.
Contro le decisioni del Consiglio di Stato e della Corte
dei conti il ricorso in Cassazione è ammesso per i soli
motivi inerenti alla giurisdizione.

> Le sentenze e gli altri provvedimenti che limitano la libertà personale sono assoggettabili a ricorso presso la Corte di Cassazione nei casi di *violazione di legge*, per esempio, per difetto di motivazione (come se il giudice, nell'ordinare la custodia cautelare, la motivasse dicendo che non esiste alcun pericolo di fuga).

LO SVOLGIMENTO DEL PROCESSO CIVILE E DEL PROCESSO PENALE

Lettura

Se vuoi approfondire clicca qui!

■ **Sentenza**
Judgment
a decision by a court or other tribunal that resolves a controversy and determines the rights and obligations of the parties.

■ **Giudice di grado superiore**
in Italia esistono tre gradi di processo: il primo grado (per es. il tribunale), il secondo grado (per es. la Corte d'Appello) e il terzo grado che è sempre la Corte di Cassazione.

La magistratura 315

FOCUS digitale

Vai sul sito del ministero della Giustizia (www.giustizia.it), clicca su "Strumenti", poi su "Statistiche" e, infine, su "Detenuti presenti". Compare una tabella dal titolo **Detenuti presenti e capienza regolamentare degli istituti penitenziari per regione di detenzione**.
Dopo averla esaminata, rispondi alle seguenti domande con una discussione in classe:
Quali sono le regioni che presentano il più alto numero di detenuti?
Perché, secondo te, ci sono regioni con un numero così alto di detenuti?
Confronta il numero delle donne detenute rispetto al totale: perché le donne commettono meno reati degli uomini?
Confronta il numero dei presenti con la "Capienza regolamentare" (cioè quanti detenuti al massimo potrebbero essere ospitati nelle strutture carcerarie di quella regione).
Quali problemi nascono da tale sovraffollamento? Quali soluzioni si potrebbero trovare?

Due Process of Law

The constitutional guarantee of due process of law, found in the Fifth and Fourteenth Amendments to the U.S. Constitution, prohibits all levels of government from arbitrarily or unfairly depriving individuals of their basic constitutional rights to life, liberty, and property. The DUE PROCESS CLAUSE *of the Fifth Amendment, ratified in 1791, asserts that no person shall "be deprived of life, liberty, or property, without due process of law".*
(http://legal-dictionary.thefreedictionary.com/Due+Process+of+Law)

ARTICOLO 112

Il pubblico ministero ha l'obbligo di esercitare l'azione penale.

> Tutte le volte che il pubblico ministero viene a conoscenza di una notizia di reato, ha il dovere di *dare inizio al procedimento penale*, senza discriminazioni nei confronti degli indagati, a tutela dell'*uguaglianza dei cittadini di fronte alla legge penale*. L'indipendenza e l'autonomia del pubblico ministero sono garantiti dall'**obbligatorietà** dell'azione penale.

5 La giurisdizione amministrativa

ARTICOLO 113

Contro gli atti della publica amministrazione è sempre ammessa la tutela giurisdizionale dei diritti e degli interessi legittimi dinanzi agli organi di giurisdizione ordinaria o amministrativa.
Tale tutela giurisdizionale non può essere esclusa o limitata a particolari mezzi di impugnazione o per determinate categorie di atti.

> L'attività concreta della pubblica amministrazione si svolge attraverso **atti amministrativi**, che sono *dichiarazioni di conoscenza* (come il rilascio di un certificato), e **provvedimenti amministrativi**, ossia *manifestazioni di volontà*, con i quali la pubblica amministrazione modifica la situazione giuridica di un cittadino (come l'**espropriazione**, il rilascio della patente di guida o della licenza di commercio, l'abilitazione all'esercizio di una professione, la concessione della cittadinanza).
>
> Nell'emanare atti e provvedimenti, che devono avere come scopo l'interesse della collettività, la pubblica amministrazione è tenuta al *rispetto del principio di legalità*.
> Quando tale principio viene violato, gli interessati hanno la possibilità di rivolgersi al **giudice ordinario**, se si tratta di lesione di diritti soggettivi, o al **giudice amministrativo**, se si tratta di interessi legittimi.
> In alcuni casi, tuttavia, il giudice amministrativo è competente anche per i diritti soggettivi.

La legge determina quali organi di giurisdizione possono annullare gli atti della pubblica amministrazione nei casi e con gli effetti previsti dalla legge stessa.

> Nel caso sia stato leso un interesse legittimo o un diritto soggettivo da un *atto* che viene definito *illegittimo*, gli organi che possono annullarlo sono:
> - la stessa **pubblica amministrazione** (alla quale si presenta ricorso);
> - il **Presidente della Repubblica** (al quale si presenta ricorso straordinario);
> - il **Tar** (Tribunale amministrativo regionale) e, in secondo grado, il **Consiglio di Stato**.

DIRITTO SOGGETTIVO E INTERESSE LEGITTIMO

Lettura

Se vuoi approfondire clicca qui!

■ **Espropriazione (per pubblica utilità)** provvedimento amministrativo con cui l'autorità pubblica toglie a un proprietario i suoi beni, dietro congruo indennizzo (cioè un "risarcimento" del valore del bene, che si avvicina al valore di mercato), allo scopo di conseguire finalità di interesse generale (per es. la costruzione di un'autostrada).

 RISPONDO

- Che cosa s'intende per *funzione giurisdizionale*?
- Che cosa si intende per *giudici speciali*?
- Che cosa significa *indipendenza della magistratura*?
- Che cos'è il *Csm*? Come si compone?
- Che cosa s'intende con l'espressione "giusto processo"?
- A quale principio è tenuta la pubblica amministrazione?

La magistratura **317**

VERIFICO L'APPRENDIMENTO

 VERIFICO LE CONOSCENZE

vero o falso?

1. La funzione di amministrare la giustizia è affidata al ministro della Giustizia [V] [F]
2. La funzione giurisdizionale viene esercitata dai magistrati attraverso il processo [V] [F]
3. Le controversie tra privati rientrano nella giurisdizione amministrativa [V] [F]
4. I reati rientrano nella giurisdizione penale [V] [F]
5. I giudici popolari fanno parte della Corte d'Assise e della Corte d'Assise d'Appello [V] [F]
6. Il Consiglio di Stato è un organo della giurisdizione penale [V] [F]
7. I membri delle forze armate sono giudicati dalla magistratura ordinaria [V] [F]
8. I giudici sono soggetti soltanto alla legge [V] [F]
9. Il Csm è l'organo di autogoverno dei giudici [V] [F]
10. Il presidente del Csm viene eletto dal Consiglio stesso [V] [F]
11. I magistrati, nello svolgimento delle indagini, si avvalgono dell'attività della polizia giudiziaria [V] [F]
12. Il principio del contraddittorio è previsto dall'art. 111 della Costituzione [V] [F]
13. Ogni giudice, quando emana una sentenza, ha l'obbligo di esprimerne le motivazioni [V] [F]
14. Gli atti e provvedimenti della pubblica amministrazione devono avere come scopo l'interesse della collettività [V] [F]

scelgo la risposta esatta

1. La funzione giurisdizionale spetta
   - A) al Governo
   - B) al Parlamento
   - C) alla magistratura
   - D) al Presidente della Repubblica

2. I giudici popolari sono presenti
   - A) nel tribunale
   - B) nella Corte d'Appello
   - C) nella Corte di Cassazione
   - D) nella Corte d'Assise e nella Corte d'Assise d'appello

3. Il Consiglio di Stato giudica in secondo grado sulle decisioni
   - A) della Corte di Cassazione
   - B) del giudice di pace
   - C) del Tar
   - D) del tribunale

4. Il presidente del Csm è
   - A) il Presidente della Repubblica
   - B) il Presidente del Consiglio
   - C) il Presidente della Camera
   - D) il Presidente del Senato

5. Le giurisdizioni superiori sono
   - A) i tribunali
   - B) la Corte di Cassazione, il Consiglio di Stato, la Corte dei conti, la Corte costituzionale
   - C) la Corte d'Assise e la Corte d'Assise d'Appello
   - D) il Csm

completo

Secondo il principio della divisione dei (1) .... la funzione di amministrare la giustizia spetta alla (2) .... Tutte le sentenze iniziano con "In (3) .... del popolo italiano". Sei giudici popolari partecipano ai processi davanti alla (4) .... È vietata l'istituzione di giudici (5) .... o speciali. I giudici sono soggetti soltanto alla (6) ...., perciò il Consiglio superiore della magistratura è l'organo di (7) .... dei giudici, l'unico che può irrogare (8) .... disciplinari. La giurisdizione si attua mediante il (9) .... processo. Ogni processo si attua nel (10) .... tra le parti, in condizioni di (11) .... davanti a un giudice (12) .... e imparziale. Tutti i provvedimenti giurisdizionali devono essere (13) .... La legge determina quali organi possono (14) .... gli atti della pubblica (15) ....

amministrazione; annullare; autogoverno; contraddittorio; Corte d'Assise; giusto; legge; magistratura; motivati; nome; parità; poteri; sanzioni; straordinari; terzo.

• IMPARO A IMPARARE...

costruisci una mappa partendo dai seguenti concetti

1. Magistratura, giudice, pubblico ministero
2. Consiglio superiore della magistratura, giusto processo

AIUTATI E VERIFICA IL TUO LAVORO CON LE MAPPE INTERATTIVE

Unità di apprendimento 14 La magistratura

• IMPARO A COMUNICARE...

rispondi verbalmente e poi in forma scritta

1. A chi spetta la *funzione di amministrare la giustizia*?
2. A che cosa sono soggetti i giudici?
3. Come si divide la funzione giurisdizionale?
4. Che cosa si intende per giudici straordinari o speciali?
5. In quali casi il popolo è chiamato a svolgere *direttamente* la funzione giurisdizionale?
6. Quali sono i requisiti per divenire giudice popolare?
7. Quale diversa funzione assumono i giudici e i pubblici ministeri?
8. Quali sono le competenze del *Consiglio di Stato*?
9. Quali sono le competenze della *Corte dei conti*?
10. Chi possono giudicare i tribunali militari?
11. Che cosa sono gli atti amministrativi?
12. Quali sono le competenze del Csm?
13. Come si diventa magistrati?
14. Quali sono i principi alla base del processo?
15. Quali sono gli organi che possono annullare un atto illegittimo?

• INTERPRETO L'INFORMAZIONE

Sottolinea nelle letture le parole che non conosci e cerca sul dizionario l'esatta definizione.

1 I delitti di sangue: il cosiddetto "dolo d'impeto"

Non accade tutti i giorni che un giovane, giovanissimo professionista si trovi a stretto contatto, faccia a faccia, con un assistito che abbia commesso il più efferato dei crimini, ovvero l'aver posto fine alla vita di un uomo, spesso con modalità violente se non addirittura brutali. Il confine tra vita e morte è labilissimo, come dimostrano sia i numerosi casi di cronaca che l'esperienza quotidiana, nelle aule di giustizia: può bastare un diverbio, una lite banale, e anche il più mite e pacifico degli esseri umani può trasformarsi in un freddo assassino.

Recentemente, ho avuto la fortuna di assistere una persona accusata di un gravissimo delitto di sangue, commesso proprio durante le festività natalizie, che è riuscito a distruggere in pochi istanti tante giovani vite: quella del deceduto e della sua famiglia, ma anche la propria e quella dei suoi cari, con la coscienza gravata da un macigno enorme, che gli costerà sofferenze e tanti lunghi anni di carcere.

È sorprendente trovarsi di fronte a casi del genere, perché chi hai di fronte è tremendamente "normale": un uomo comune, con un lavoro come tanti, una fidanzata e una famiglia, che in pochi attimi perde la testa e muta per sempre il corso della sua esistenza, a volte anche senza una seppur apparente motivazione.

Proprio questa forma di dolo, cosiddetto d'impeto, dove il proposito criminoso sorge all'improvviso, per effetto di un vero e proprio raptus di follia, trova maggiore riscontro nei delitti di sangue, ove la persona reagisce a improvvisi stimoli esterni (aggressioni fisiche e verbali) perdendo il controllo e non rispondendo più di sé.

Occorre evidenziare come vi sia una sostanziale differenza tra tale forma di dolo e quella, cosiddetta di proposito, dove la maturazione del proposito criminoso avviene nel tempo, lentamente, fino a sfociare nella effettiva messa in opera del reato. Nel dolo di proposito, difatti, intercorre un lasso di tempo, a volte anche rilevante, tra la maturazione della volontà criminale e il momento della sua concreta attuazione. La persistenza di tale volontà criminale incide, ovviamente, sotto il profilo della colpevolezza e della sanzione penale, facendo sì che a carico del presunto colpevole possa integrarsi l'aggravante della premeditazione, con evidenti conseguenze sull'irrogazione della pena finale.

(Avv. Simona Carandente, http://www.ilmediano.it/aspx/visArticolo.aspx?id=12042)

Rispondi alle domande

1. Cerca una buona definizione di "dolo" (magari in contrapposizione con "colpa").
2. Che differenza c'è tra dolo d'impeto e dolo di proposito?
3. Quale dei due è punito più pesantemente?
4. Molto spesso si sente parlare di "raptus di follia" e, descrivendo l'omicida, i vicini di casa e i conoscenti ne parlano come di una persona "normale". Secondo te, che cosa può spingere una persona a uccidere?

2 Femminicidio

La parola femminicidio ha origini molto recenti: solo nel 1992 Diana Russell, con il termine "femmicidio", ha definito una violenza estrema da parte dell'uomo contro la donna "perché donna". Subito dopo è stata la messicana Marcela Lagarde a battezzare quello stesso fenomeno con la parola "femminicidio". Secondo l'ultimo rapporto annuale delle Nazioni Unite, presentato dalla relatrice speciale Rashida Manjoo il 25 giugno 2012, «a livello mondiale, la diffusione degli omicidi basati sul genere ha assunto proporzioni allarmanti». Tali omicidi, prosegue il rapporto, sono «culturalmente e socialmente radicati, continuano ad essere accettati, tollerati e giustificati, laddove l'impunità costituisce la norma».

Gli omicidi basati sul genere si manifestano in forme diverse ma ciò che accomuna di più tutte le donne del mondo è proprio l'uccisione a seguito di violenza pregressa subita nell'ambito di una relazione d'intimità. Queste morti "annunciate", vengono spesso etichettate come i soliti de-

VERIFICO L'APPRENDIMENTO

litti passionali, fattacci di cronaca nera, liti di famiglia. Le donne muoiono principalmente per mano dei loro mariti, ex-mariti, padri, fratelli, fidanzati o amanti, innamorati respinti. Insomma per mano di uomini che avrebbero dovuto rappresentare una sicurezza.

I numeri in Italia sono impietosi: muore di violenza maschile una donna ogni due o tre giorni. Ma questi sono appena un'approssimazione: non esiste, infatti, un monitoraggio nazionale che metta insieme i dati delle varie associazioni con gli sforzi dei volontari fai-da-te e con quelli delle istituzioni che a diverso titolo hanno a che fare con la violenza contro le donne. Quando non si conosce un fenomeno o addirittura lo si disconosce è impossibile affrontarlo.

(liberamente tratto da: http://www.feriteamorte.it/femminicidio)

Discuti in classe sulle seguenti domande

1. Perché è stato necessario inventare una parola nuova per indicare l'uccisione delle donne?
2. Chi sono gli uomini che compiono femminicidi?
3. Quali sono, secondo te, i motivi che spingono gli uomini a uccidere le loro donne?
4. Può la società fare qualche cosa per evitare o almeno limitare tali fenomeni?

• APPLICO LE CONOSCENZE

cerca sul web

1. Vai sul sito http://www.sentenze-cassazione.com, dove sono riportate, in sintesi, le sentenze più recenti della Corte di Cassazione. Scegli un argomento che può interessare tutta la classe (per esempio cliccando sul bottone "Famiglia" puoi trovare "Cassazione favorevole all'adottabilità del minore se la madre è immatura").

Discuti in classe rispondendo alle seguenti domande

1. Di che cosa tratta il caso su cui la Corte di Cassazione ha emanato la sentenza?
2. Per quali motivi la Corte è giunta a una simile decisione?
3. Sei d'accordo con la decisione? Perché?

2. Vai sul sito http://www.movimentoperlagiustizia.it, clicca sul bottone "Argomenti" e poi su "Summum ius": troverai alcuni casi strampalati o semplicemente divertenti che ci fanno capire come talvolta i giudici siano costretti a emanare sentenze su casi inutili o poco consistenti, oppure come anch'essi sbaglino (poiché sono uomini e donne e non solo magistrati...) producendo situazioni paradossali. Scegli l'argomento che più ti piace.

Rispondi brevemente per iscritto alle seguenti domande

1. Il caso in questione era veramente importante?
2. Come ha deciso la Corte di Cassazione?
3. Sei d'accordo con la sentenza della Corte? Perché?

Unità di apprendimento **15**

Le regioni, le province, i comuni

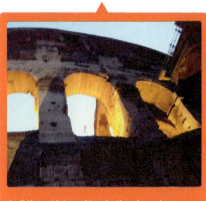

1 Gli enti territoriali minori
2 Le funzioni delle regioni
3 Gli organi e gli statuti regionali

Conoscenze

- La riforma del Titolo V della Costituzione
- Gli enti locali e le loro funzioni
- L'attività amministrativa degli enti locali e il principio di sussidiarietà
- Il concetto di federalismo fiscale
- Le funzioni degli organi regionali
- La regolamentazione del conflitto fra Stato e regioni

Abilità

- Riconoscere le esigenze che hanno portato alla riforma del Titolo V della Costituzione
- Confrontare le caratteristiche delle regioni a statuto speciale e a statuto ordinario
- Individuare gli ambiti di esercizio della potestà legislativa statale e regionale
- Riconoscere l'applicazione del principio di sussidiarietà

ARTICOLO 5

La Repubblica, una e indivisibile, riconosce e promuove le autonomie locali; attua nei servizi che dipendono dallo Stato il più ampio decentramento amministrativo; adegua i princìpi e i metodi della sua legislazione alle esigenze dell'autonomia e del decentramento.

FOCUS MEDIA...

per comprendere l'importanza dell'espressione di idee attraverso diversi mezzi di comunicazione

Il video, in cui Roberto Benigni legge i Principi fondamentali della Costituzione italiana, focalizza l'attenzione sull'articolo 5 e sui principi dell'autonomia e del decentramento in seguito attuati nella riforma del Titolo V della Costituzione.

1 Gli enti territoriali minori

1 La riforma del Titolo V della Costituzione

Due recenti leggi costituzionali, accompagnate da una serie di altre leggi e provvedimenti, hanno profondamente modificato il Titolo V della Costituzione, introducendo una nuova normativa nei rapporti tra lo Stato e gli enti locali.

Tale riforma è stata chiamata "riforma federale", tuttavia non si può dire che l'Italia sia diventata uno Stato federale. È invece diventata uno **Stato regionale**, cioè uno *Stato nel quale le regioni sono considerate enti non solo amministrativi ma anche politici*, in grado di determinare le finalità e le scelte proprie della comunità regionale.

Il fascismo, attuando l'idea dello Stato accentratore, restrinse i poteri di comuni e province che dall'Unità d'Italia in poi avevano mantenuto un certo grado di *autonomia*.

La Costituzione del 1948 sceglieva invece il **principio del decentramento** ma, nello stesso tempo, **dell'unità** e **indivisibilità** dello Stato (art. 5 Cost., rimasto invariato anche dopo la riforma) e prevedeva la ripartizione dello Stato in *enti autonomi* (regioni, province e comuni) con compiti e funzioni essenzialmente amministrativi, delegati loro dallo Stato.

STATO REGIONALE E STATO FEDERALE
Lettura
Se vuoi approfondire clicca qui!

Le tappe della riforma sono riconducibili a quattro momenti fondamentali:
- la **legge 108/1970** ha regolamentato l'elezione dei Consigli regionali, consentendo la nascita delle *regioni a statuto ordinario* previste dalla Costituzione;
- la **legge 59/1997**, detta, dal suo proponente, "legge Bassanini", ha trasferito alle regioni la *potestà amministrativa* di cui era precedentemente titolare lo Stato;
- la **legge costituzionale 1/1999** ha introdotto l'*elezione diretta del presidente della regione*;
- la **legge costituzionale 3/2001** ha ampliato la *potestà legislativa delle regioni* e istituito il *federalismo fiscale*.

La riforma è ancora in via di attuazione e saranno necessari ulteriori interventi legislativi che consentano il progressivo trasferimento dei poteri dal centro alla periferia.

ARTICOLO 114

La Repubblica è costituita dai Comuni, dalle Province, dalle Città metropolitane, dalle Regioni e dallo Stato.

Gli *enti locali* e le *regioni* da cui la Repubblica è formata sono **persone giuridiche pubbliche** e nello stesso tempo **enti territoriali**, cioè tra i loro elementi costitutivi c'è il *territorio*. Altro elemento costitutivo è la *popolazione* che risiede sul territorio stesso. La *sovranità*, invece, deve ritenersi di titolarità esclusiva *dello Stato*.

I Comuni, le Province, le Città metropolitane e le Regioni sono enti autonomi con propri statuti, poteri e funzioni secondo i principi fissati dalla Costituzione.

Gli enti territoriali, elencati, come si può notare, dal più piccolo al più grande, hanno *pari rilevanza costituzionale* ed *esercitano l'autonomia* (cioè la capacità di darsi da soli le proprie norme) tramite i propri statuti e con poteri definiti da principi costituzionali.

Roma è la capitale della Repubblica. La legge dello Stato disciplina il suo ordinamento.

Alla città di Roma è attribuito lo *status* di **capitale**.

PARTE II
ORDINAMENTO DELLA REPUBBLICA
TITOLO V
LE REGIONI, LE PROVINCE, I COMUNI

Il d.lgs. 267/2000 è il **Testo unico** contenente le norme che disciplinano gli enti locali, detto **tuel**.

I **comuni** sono gli *enti territoriali più vicini ai cittadini*, perciò maggiormente rappresentativi dei loro bisogni e che svolgono le funzioni più numerose.
Gli organi del comune sono il *sindaco*, il *Consiglio comunale* e la *Giunta comunale*.
Il **sindaco** è eletto *direttamente dai cittadini*:
■ nei comuni con *meno di 15.000 abitanti* risulta eletto chi abbia ottenuto la *maggioranza relativa*;
■ nei comuni con *più di 15.000 abitanti* risulta eletto chi abbia ottenuto la *maggioranza assoluta*: se nessun candidato ottiene la maggioranza assoluta dei voti nel primo turno di votazioni, nel secondo turno si procede al **ballottaggio**.

Il sindaco procede alla nomina dei componenti della **Giunta comunale**, che prendono il nome di *assessori*.
Insieme all'elezione del sindaco avviene anche l'elezione del **Consiglio comunale**, con sistema proporzionale.

Le **funzioni** principali dei comuni riguardano:
■ *anagrafe* e *liste elettorali*;
■ *protezione civile*;
■ *sanità* (igiene ed emergenze sanitarie) e *servizi sociali*;
■ *attività produttive*;

■ **Testo unico**
è un insieme coordinato di norme, emanate anche in tempi diversi, riguardanti uno stesso argomento, che il Governo decide di accorpare per semplificarne l'applicazione.

■ **Ballottaggio**
Run-off
an extra election to decide on a winner, because the leading competitors have equal numbers of votes, or because the winner has less than half the number of votes.

Le regioni, le province, i comuni   323

Catasto ■
inventario generale di beni immobili, con l'indicazione del proprietario, la descrizione di tali beni e la stima del loro valore, effettuato al fine di applicare le imposte stabilite dalla legge.

- **catasto**;
- *opere pubbliche*;
- *polizia amministrativa*.

I comuni più grandi suddividono ulteriormente il loro territorio in *circoscrizioni*.

Le **province** sono costituite dai *territori dei comuni che vi appartengono*.
Organi della provincia sono il *presidente della provincia*, la *Giunta provinciale* e il *Consiglio provinciale*. Le modalità di elezione del **presidente** corrispondono a quelle dei sindaci dei comuni con popolazione superiore ai 15.000 abitanti.

Le più importanti tra le **funzioni** delle province sono:
- *difesa del suolo* e *dell'ambiente*;
- *viabilità* e *trasporti*;
- *gestione dei rifiuti*;
- *caccia* e *pesca*.

Da tempo si tenta una "riforma delle province", al fine di *diminuirne il numero e le competenze*, che verrebbero affidate ai comuni o alle regioni, con un risparmio di denaro pubblico.

Con il termine **città metropolitane** si intendono quelle città che si sono *talmente estese dal punto di vista urbanistico da inglobare anche i territori dei comuni vicini*, con i quali è opportuno uniformare i servizi (per esempio, i trasporti). I poteri delle città metropolitane coincidono con quelli delle province.
Sono previste anche le **aree metropolitane**, che si possono identificare con *grandi città che hanno stretti legami territoriali ed economici con centri urbani minori confinanti*.
Le città metropolitane possono essere istituite solamente all'interno delle aree metropolitane, che attualmente sono le aree comprendenti i comuni di: Torino, Milano, Venezia, Genova, Bologna, Firenze, Roma, Bari, Napoli. Tuttavia al momento nessuna città metropolitana è stata effettivamente istituita.

L'articolo 115 della Costituzione è abrogato.

ARTICOLO 116

Il Friuli Venezia Giulia, la Sardegna, la Sicilia, il Trentino-Alto Adige/Südtirol e la Valle d'Aosta/Vallée d'Aoste dispongono di forme e condizioni particolari di autonomia, secondo i rispettivi statuti speciali adottati con legge costituzionale.

La Regione Trentino-Alto Adige/Südtirol è costituita dalle Province autonome di Trento e di Bolzano.

Ulteriori forme e condizioni particolari di autonomia, concernenti le materie di cui al terzo comma dell'articolo 117 e le materie indicate dal secondo comma del medesimo articolo alle lettere l), limitatamente all'organizzazione della giustizia di pace, n) e s), possono essere attribuite ad altre Regioni, con legge dello Stato, su iniziativa della Regione interessata, sentiti gli enti locali, nel rispetto dei princìpi di cui all'articolo 119.

La legge è approvata dalle Camere a maggioranza assoluta dei componenti, sulla base di intesa fra lo Stato e la Regione interessata.

Lo stemma dei quattro mori e l'aquila d'oro su sfondo blu che sono rappresentati rispettivamente sulla bandiera della Regione autonoma della Sardegna e su quella della Regione Friuli Venezia Giulia.

Le regioni elencate nel primo comma dell'articolo 116 si chiamano **regioni a statuto speciale**, in contrapposizione a tutte le altre che prendono il nome di regioni a statuto ordinario.

Il fatto che le prime siano *regioni insulari o di confine*, dunque con problemi differenti e specifici, aveva spinto già i costituenti ad attribuire loro una autonomia molto più spiccata, soprattutto dal punto di vista del potere legislativo, rispetto alle altre regioni.

Per il Trentino-Alto Adige, la Valle d'Aosta e il Friuli Venezia Giulia il riconoscimento come regioni a statuto speciale trovava ragione soprattutto nella tutela delle *minoranze linguistiche*, tant'è che il **bilinguismo** è oggi recepito anche dalla Costituzione che denomina queste regioni nelle due diverse forme.

In Sicilia e in Sardegna, invece, operavano, nell'immediato dopoguerra, gruppi **separatisti**: lo Stato seppe superare tali tensioni concedendo amplissime autonomie.

■ Le **regioni a statuto** ordinario sono 15 Piemonte; Lombardia; Veneto; Liguria; Emilia-Romagna; Toscana; Umbria; Marche; Lazio; Abruzzi; Molise; Campania; Puglia; Basilicata; Calabria.

■ **Separatismo**
Separatism
the belief held by people of a particular race, religion, or other group within a country that they should be independent and have their own government or in some way live apart from other people.

Le regioni, le province, i comuni 325

Legislazione concorrente ■
l'insieme di quegli ambiti nei quali le regioni hanno potere legislativo, ma lo possono esercitare solo nel rispetto dei principi generali fissati dallo Stato tramite una legge detta "legge quadro".

Legislazione esclusiva ■
in determinati ambiti, solo lo Stato ha il potere di emanare leggi.

Gli *statuti* delle regioni a statuto speciale sono stati approvati con *leggi costituzionali* (nel 1948 per la Sicilia, la Sardegna, il Trentino-Alto Adige e la Valle d'Aosta, nel 1963 per il Friuli Venezia Giulia).
Un caso del tutto particolare è rappresentato dalle **province di Trento e Bolzano**, le quali costituiscono la regione Trentino-Alto Adige/Südtirol: le due province, in realtà, possono essere parificate a due regioni a statuto speciale.

Le **regioni a statuto ordinario** dovettero attendere molti anni, fino al 1970, per la loro istituzione. I loro *statuti* vengono attualmente approvati con *leggi regionali*.
Prima della riforma, la loro autonomia era decisamente più contenuta: le materie in cui potevano legiferare, ma nei limiti dei principi fondamentali stabiliti dalle leggi dello Stato, erano elencate dal vecchio articolo 117.
La riforma ha *diminuito le differenze* tra i due tipi di regioni.
Il terzo comma dell'articolo 116 ha infatti attribuito alle regioni il potere di legiferare nelle materie di **legislazione concorrente** con lo Stato, elencate nel comma 3 dell'articolo 117.

Per quanto riguarda invece:
- la giurisdizione dei *giudici di pace*;
- l'*istruzione*;
- la *tutela dell'ambiente*;

che sono materie di **legislazione esclusiva** dello Stato (art. 117 c. 2), è prevista la possibilità di ampliare ulteriormente a favore delle regioni la **potestà legislativa** seguendo la particolare procedura che richiede l'*approvazione della legge a maggioranza assoluta da parte delle due Camere* previo accordo (intesa) tra lo Stato e la regione.

Infine occorre ricordare che, per esercitare la potestà legislativa di cui sopra, le regioni devono garantire di essere in grado di finanziare le corrispondenti attività con proprie risorse (art. 119).

L'aquila rossa su sfondo bianco, stemma del Südtirol.

Sotto: Palazzo della Provincia Autonoma di Trento

An example of "Federal" System: Commonwealth of Australia

The form of government used in Australia is a constitutional monarchy – "constitutional" because the powers and procedures of the Australian Government are defined by a written constitution, and "monarchy" because Australia's head of state is Queen Elizabeth II. The Commonwealth of Australia was formed in 1901 when six independent British colonies agreed become states of a new nation. The birth of our nation is often referred to as "federation". Powers are divided between the Australian Government and the six state governments.
Local governments have a legislature and an executive but no judiciary.

(Liberamente tratto da: http://australia.gov.au)

FOCUS digitale

Prova a fare una ricerca in rete per raccogliere notizie riguardanti le iniziative dei gruppi e dei movimenti, che in molte regioni d'Europa si fanno interpreti di aspirazioni di tipo autonomista, o indipendentista (per esempio http://limes.espresso.repubblica.it/pop_stampa_articolo2963.html?artID=498, http://www.ilfattoquotidiano.it/2013/09/04/spagna-via-catalana-per-lindipendenza/700799).
Riorganizza poi le informazioni raccolte in uno schema dal quale emerga "l'altra Europa", quella delle regioni che rivendicano maggiore autonomia o vogliono costituirsi come Stato indipendente.

RISPONDO

- Quali sono le tappe fondamentali della riforma del Titolo V della Costituzione?
- Che cos'è il tuel?
- Quali sono gli organi del comune?
- Quali sono le regole per l'elezione del sindaco e del Consiglio comunale?
- Quali sono le principali funzioni dei comuni e delle province?
- Qual è la differenza fra regioni a statuto ordinario e regioni a statuto speciale?

Le regioni, le province, i comuni   327

2 Le funzioni delle regioni

1 La potestà legislativa dello Stato e delle regioni

ARTICOLO 117

La potestà legislativa è esercitata dallo Stato e dalle Regioni nel rispetto della Costituzione, nonché dei vincoli derivanti dall'ordinamento comunitario e dagli obblighi internazionali.

Lo Stato ha legislazione esclusiva nelle seguenti materie:

a) politica estera e rapporti internazionali dello Stato; rapporti dello Stato con l'Unione europea; diritto di asilo e condizione giuridica dei cittadini di Stati non appartenenti all'Unione europea;

b) immigrazione;

c) rapporti tra la Repubblica e le confessioni religiose;

d) difesa e Forze armate; sicurezza dello Stato; armi, munizioni ed esplosivi;

e) moneta, tutela del risparmio e mercati finanziari; tutela della concorrenza; sistema valutario; sistema tributario e contabile dello Stato; armonizzazione dei bilanci pubblici; perequazione delle risorse finanziarie;

f) organi dello Stato e relative leggi elettorali; *referendum* statali; elezione del Parlamento europeo;

g) ordinamento e organizzazione amministrativa dello Stato e degli enti pubblici nazionali;

h) ordine pubblico e sicurezza, ad esclusione della polizia amministrativa locale;

i) cittadinanza, stato civile e anagrafi;

l) giurisdizione e norme processuali; ordinamento civile e penale; giustizia amministrativa;

m) determinazione dei livelli essenziali delle prestazioni concernenti i diritti civili e sociali che devono essere garantiti su tutto il territorio nazionale;

n) norme generali sull'istruzione;

o) previdenza sociale;

p) legislazione elettorale, organi di governo e funzioni fondamentali di Comuni, Province e Città metropolitane;

Unità di apprendimento 15

q) dogane, protezione dei confini nazionali e profilassi internazionale;
r) pesi, misure e determinazione del tempo; coordinamento informativo statistico e informatico dei dati dell'amministrazione statale, regionale e locale; opere dell'ingegno;
s) tutela dell'ambiente, dell'ecosistema e dei beni culturali.

Sono materie di legislazione concorrente quelle relative a: rapporti internazionali e con l'Unione europea delle Regioni; commercio con l'estero; tutela e sicurezza del lavoro; istruzione, salva l'autonomia delle istituzioni scolastiche e con esclusione della istruzione e della formazione professionale; professioni; ricerca scientifica e tecnologica e sostegno all'innovazione per i settori produttivi; tutela della salute; alimentazione; ordinamento sportivo; protezione civile; governo del territorio; porti e aeroporti civili; grandi reti di trasporto e di navigazione; ordinamento della comunicazione; produzione, trasporto e distribuzione nazionale dell'energia; previdenza complementare e integrativa; coordinamento della finanza pubblica e del sistema tributario; valorizzazione dei beni culturali e ambientali e promozione e organizzazione di attività culturali; casse di risparmio, casse rurali, aziende di credito a carattere regionale; enti di credito fondiario e agrario a carattere regionale. Nelle materie di legislazione concorrente spetta alle Regioni la potestà legislativa, salvo che per la determinazione dei princìpi fondamentali, riservata alla legislazione dello Stato.

Spetta alle Regioni la potestà legislativa in riferimento ad ogni materia non espressamente riservata alla legislazione dello Stato.

Le Regioni e le Province autonome di Trento e di Bolzano, nelle materie di loro competenza, partecipano alle decisioni dirette alla formazione degli atti normativi comunitari e provvedono all'attuazione e all'esecuzione degli accordi internazionali e degli atti dell'Unione europea, nel rispetto delle norme di procedura stabilite da legge dello Stato, che disciplina le modalità di esercizio del potere sostitutivo in caso di inadempienza.

Le regioni, le province, i comuni 329

La potestà regolamentare spetta allo Stato nelle materie di legislazione esclusiva, salva delega alle Regioni. La potestà regolamentare spetta alle Regioni in ogni altra materia. I Comuni, le Province e le Città metropolitane hanno potestà regolamentare in ordine alla disciplina dell'organizzazione e dello svolgimento delle funzioni loro attribuite.

Le leggi regionali rimuovono ogni ostacolo che impedisce la piena parità degli uomini e delle donne nella vita sociale, culturale ed economica e promuovono la parità di accesso tra donne e uomini alle cariche elettive.

La legge regionale ratifica le intese della Regione con altre Regioni per il migliore esercizio delle proprie funzioni, anche con individuazione di organi comuni.

Nelle materie di sua competenza la Regione può concludere accordi con Stati e intese con enti territoriali interni ad altro Stato, nei casi e con le forme disciplinati da leggi dello Stato.

Facciata esterna del palazzo che ospita il Comitato delle regioni a Bruxelles.

Il potere di emanare le leggi spetta allo Stato e alle regioni, ma non agli altri enti territoriali.
Sia lo Stato sia le regioni devono attenersi al *vincolo del rispetto* della Costituzione, dell'ordinamento dell'UE e degli obblighi internazionali.
Lo Stato ha legislazione esclusiva nelle materie che troviamo elencate nel comma 2 dell'articolo 117.
Tali materie possono essere così suddivise:
- *politica estera e rapporti internazionali;*
- *rapporti con le confessioni religiose;*
- *difesa;*
- *politica economica e monetaria;*
- *norme organizzative dello Stato* (referendum, leggi elettorali ecc.);
- *amministrazione della giustizia;*
- *norme sul welfare per la determinazione dei livelli essenziali delle prestazioni;*
- *norme generali sull'istruzione;*
- *norme per la tutela dell'ambiente.*

Il **potere legislativo esclusivo delle regioni** riguarda *tutte le altre materie* che non siano attribuite esplicitamente allo Stato.
È poi previsto quello che è stato definito il **potere estero** delle regioni. A livello europeo è stato istituito il **Comitato delle regioni**, con funzioni consultive sui provvedimenti che interessano le regioni e che vengono deliberati dal Consiglio e dalla Commissione europei. Inoltre, le regioni possono dare immediata attuazione sia agli *accordi internazionali* sia agli *atti dell'UE, senza attendere una legge dello Stato.*

Rispetto all'attività amministrativa, *il potere di emanare* **regolamenti** *spetta alle regioni* negli stessi ambiti in cui spetta loro il *potere legislativo*.
L'articolo specifica ulteriormente il vincolo all'attività delle regioni posto anche dagli articoli 3 e 51, cioè il rispetto del principio di uguaglianza e il rispetto del principio di parità nell'accesso alle cariche pubbliche tra uomini e donne.

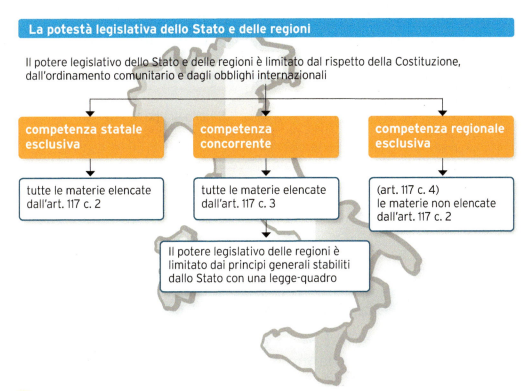

La potestà legislativa dello Stato e delle regioni

Il potere legislativo dello Stato e delle regioni è limitato dal rispetto della Costituzione, dall'ordinamento comunitario e dagli obblighi internazionali

- **competenza statale esclusiva**: tutte le materie elencate dall'art. 117 c. 2
- **competenza concorrente**: tutte le materie elencate dall'art. 117 c. 3 — Il potere legislativo delle regioni è limitato dai principi generali stabiliti dallo Stato con una legge-quadro
- **competenza regionale esclusiva**: (art. 117 c. 4) le materie non elencate dall'art. 117 c. 2

2 Le funzioni amministrative delle regioni

ARTICOLO 118

Le funzioni amministrative sono attribuite ai Comuni salvo che, per assicurarne l'esercizio unitario, siano conferite a Province, Città metropolitane, Regioni e Stato, sulla base dei princìpi di sussidiarietà, differenziazione ed adeguatezza.
I Comuni, le Province e le Città metropolitane sono titolari di funzioni amministrative proprie e di quelle conferite con legge statale o regionale, secondo le rispettive competenze.

Il **principio di sussidiarietà** significa che *le attività amministrative vanno svolte dall'ente più vicino agli abitanti*, quindi in particolare dal comune; possono essere svolte dagli enti locali maggiori *solo se l'attività dei comuni non assicura l'uniformità territoriale dell'azione amministrativa*: si parla in tal senso di **sussidiarietà verticale**.

Il **principio di differenziazione** si riferisce alla *ripartizione delle funzioni tra i vari organi*, sulla base delle loro caratteristiche; quello di **adeguatezza** alla *realizzazione di idonee strutture* per lo svolgimento dei propri compiti amministrativi.
Vari organi assicurano il necessario coordinamento fra lo Stato e le regioni, tra i quali la Conferenza Stato-regioni.

■ **Sussidiarietà verticale**
gli organismi superiori intervengono solo se l'esercizio delle funzioni da parte dell'organismo inferiore si dimostra inadeguato per il raggiungimento degli obiettivi.

> **Sussidiarietà orizzontale**
> alla cura dei bisogni collettivi e alle attività di interesse generale provvedono direttamente i privati cittadini (sia come singoli, sia come associati) e i pubblici poteri intervengono in funzione "sussidiaria", di programmazione, di coordinamento ed eventualmente di gestione.

La legge statale disciplina forme di coordinamento fra Stato e Regioni nelle materie di cui alle lettere b) e h) del secondo comma dell'articolo 117, e disciplina inoltre forme di intesa e coordinamento nella materia della tutela dei beni culturali.

Stato, Regioni, Città metropolitane, Province e Comuni favoriscono l'autonoma iniziativa dei cittadini, singoli e associati, per lo svolgimento di attività di interesse generale, sulla base del principio di sussidiarietà.

Ancora per il **principio di sussidiarietà**, questa volta di tipo **orizzontale**, *gli enti possono avvalersi anche dell'attività dei privati*. Lo Stato e gli altri enti sarebbero perciò chiamati a intervenire quando l'autonoma attività della società civile risulti insufficiente a soddisfare l'interesse della collettività.

3 Il federalismo fiscale

ARTICOLO 119

I Comuni, le Province, le Città metropolitane e le Regioni hanno autonomia finanziaria di entrata e di spesa, nel rispetto dell'equilibrio dei relativi bilanci, e concorrono ad assicurare l'osservanza dei vincoli economici e finanziari derivanti dall'ordinamento dell'Unione europea.

I Comuni, le Province, le Città metropolitane e le Regioni hanno risorse autonome. Stabiliscono e applicano tributi ed entrate propri, in armonia con la Costituzione e secondo i princìpi di coordinamento della finanza pubblica e del sistema tributario. Dispongono di compartecipazioni al gettito di tributi erariali riferibile al loro territorio.

La legge dello Stato istituisce un fondo perequativo, senza vincoli di destinazione, per i territori con minore capacità fiscale per abitante.

Le risorse derivanti dalle fonti di cui ai commi precedenti consentono ai Comuni, alle Province, alle Città metropolitane e alle Regioni di finanziare integralmente le funzioni pubbliche loro attribuite.

Per svolgere le loro numerose funzioni a favore dei cittadini, gli enti locali hanno bisogno di effettuare spese rilevanti, a fronte delle quali devono essere disponibili entrate corrispondenti. È riconosciuta loro **autonomia finanziaria** *sia nelle entrate sia nelle spese*.

Tale concetto prende le mosse dal principio del c.d. **federalismo fiscale**: *ciascun ente territoriale deve essere in grado di provvedere con entrate proprie*, reperite nell'ambito del territorio di sua competenza, *alla realizzazione dei propri compiti*.

IL FEDERALISMO FISCALE

Lettura
Se vuoi approfondire clicca qui!

332 ■ Unità di apprendimento 15

L'autonomia finanziaria degli enti locali e delle regioni si attua attraverso l'istituzione di tributi locali. A titolo esemplificativo, *a favore delle regioni* ricordiamo l'**Irap** (Imposta regionale sulle attività produttive) e le **tasse automobilistiche**; *a favore delle province* la tassa per l'**occupazione di aree pubbliche**; *a favore dei comuni* la tassa per lo **smaltimento dei rifiuti solidi urbani**. L'**Imu**, l'Imposta comunale sugli immobili, è stata soppressa per le prime case e sarà sostituita da una tassa sui servizi.

Una rigida applicazione del concetto di federalismo fiscale potrebbe produrre effetti negativi per quegli enti che non abbiano adeguate risorse a causa del modesto sviluppo economico del territorio corrispondente, e dunque della minore capacità fiscale. Ciò comporterebbe che la qualità dei servizi offerti ai cittadini potrebbe essere molto diversa tra una realtà locale e l'altra. Per ovviare a tale grave inconveniente, lo Stato istituisce un **fondo perequativo**, con il quale si finanziano le regioni e gli altri enti locali meno ricchi; *tale trasferimento non ha vincoli di destinazione* (cioè lascia liberi gli enti locali di destinarlo come meglio credono).

La difficoltà nella piena realizzazione del federalismo fiscale sta dunque nel decidere i meccanismi di redistribuzione delle risorse esistenti, realizzando il giusto equilibrio tra *autonomia*, *efficienza* e *solidarietà*.

Per promuovere lo sviluppo economico, la coesione e la solidarietà sociale, per rimuovere gli squilibri economici e sociali, per favorire l'effettivo esercizio dei diritti della persona, o per provvedere a scopi diversi dal normale esercizio delle loro funzioni, lo Stato destina risorse aggiuntive ed effettua interventi speciali in favore di determinati Comuni, Province, Città metropolitane e Regioni.

Lo Stato trasferisce risorse aggiuntive agli enti locali meno favoriti. Questo ulteriore trasferimento, però, a differenza di quello del fondo perequativo, deve necessariamente essere utilizzato per il *miglioramento delle attività produttive* e per l'*esercizio dei diritti sociali*.

Lo Stato decide quali enti locali possono usufruire delle risorse aggiuntive valutando gli indicatori di benessere economico e sociale.

Altri finanziamenti derivano dalla UE.

I Comuni, le Province, le Città metropolitane e le Regioni hanno un proprio patrimonio, attribuito secondo i princìpi generali determinati dalla legge dello Stato. Possono ricorrere all'indebitamento solo per finanziare spese di investimento, con la contestuale definizione di piani di ammortamento e a condizione che per il complesso degli enti di ciascuna Regione sia rispettato l'equilibrio di bilancio. È esclusa ogni garanzia dello Stato sui prestiti dagli stessi contratti.

Anche gli enti locali sono titolari di un *patrimonio*, cioè di beni mobili o immobili, che possono produrre un'entrata, per esempio il canone di occupazione di aree pubbliche.

Possono anche decidere di finanziarsi (ma solo per effettuare spese di investimento) attraverso l'emissione di obbligazioni.

Occorre precisare che la realizzazione del federalismo fiscale non è stata ancora attuata, e che presumibilmente occorreranno tempi non brevi.

4 I poteri sostitutivi dello Stato

ARTICOLO 120

La Regione non può istituire dazi di importazione o esportazione o transito tra le Regioni, né adottare provvedimenti che ostacolino in qualsiasi modo la libera circolazione delle persone e delle cose tra le Regioni, né limitare l'esercizio del diritto al lavoro in qualunque parte del territorio nazionale.

> I limiti posti all'autonomia regionale comprendono anche i seguenti divieti:
> - *istituzione di dazi*;
> - *provvedimenti che ostacolino la libera circolazione di persone e cose*;
> - *provvedimenti che limitino dal punto di vista territoriale il diritto al lavoro*.

Il Governo può sostituirsi a organi delle Regioni, delle Città metropolitane, delle Province e dei Comuni nel caso di mancato rispetto di norme e trattati internazionali o della normativa comunitaria oppure di pericolo grave per l'incolumità e la sicurezza pubblica, ovvero quando lo richiedono la tutela dell'unità giuridica o dell'unità economica e in particolare la tutela dei livelli essenziali delle prestazioni concernenti i diritti civili e sociali, prescindendo dai confini territoriali dei governi locali. La legge definisce le procedure atte a garantire che i poteri sostitutivi siano esercitati nel rispetto del principio di sussidiarietà e del principio di leale collaborazione.

> Si chiama **potere sostitutivo dello Stato** il potere di cui è titolare il Governo di sostituirsi agli organi degli enti locali quando:
> - non siano rispettati *norme o trattati internazionali*;
> - vi sia *pericolo per la sicurezza pubblica*;
> - occorra tutelare l'*unità giuridica o economica del Paese*;
> - occorra tutelare i *livelli essenziali delle prestazioni*.

RISPONDO

- In quali materie lo Stato ha "legislazione esclusiva"?
- In quali materie le regioni hanno "legislazione esclusiva"?
- Quali sono le imposte più importanti a favore degli enti locali?

3 Gli organi e gli statuti regionali

1 Gli organi della regione e la loro elezione

ARTICOLO 121

Sono organi della Regione: il Consiglio regionale, la Giunta e il suo presidente.

Per semplificare la comprensione delle funzioni degli organi della regione, si potrebbe istituire un confronto parallelo con gli organi dello Stato: il *Consiglio regionale* corrisponde al *Parlamento*, la *Giunta* al *Governo* e il *presidente della Giunta* (in linguaggio giornalistico spesso chiamato Governatore) unisce funzioni che sono proprie sia del *Presidente della Repubblica* sia del *Presidente del Consiglio*.

Il Consiglio regionale esercita le potestà legislative attribuite alla Regione e le altre funzioni conferitegli dalla Costituzione e dalle leggi. Può fare proposte di legge alle Camere.

Il **Consiglio regionale**:
- emana le *leggi regionali*;
- emana lo *statuto della regione*;
- è uno dei cinque soggetti che possono presentare *proposte di legge* al Parlamento.

La Giunta regionale è l'organo esecutivo delle Regioni.

La **Giunta regionale**:
- partecipa all'attività di *indirizzo politico* della regione;
- presenta *disegni di legge regionale* al Consiglio;
- predispone i *bilanci regionali*;
- svolge *attività amministrative*.

Il Presidente della Giunta rappresenta la Regione; dirige la politica della Giunta e ne è responsabile; promulga le leggi ed emana i regolamenti regionali; dirige le funzioni amministrative delegate dallo Stato alla Regione, conformandosi alle istruzioni del Governo della Repubblica.

Il **presidente della Giunta**:
- *rappresenta la regione* (perciò ne firma gli atti e la rappresenta in giudizio);
- *coordina le attività della Giunta*, dirigendole;
- *promulga le leggi regionali*;
- *emana i regolamenti regionali*;
- *indice i referendum regionali*;
- *dirige l'attività amministrativa* della regione.

Le regioni, le province, i comuni **335**

FOCUS digitale — SURFING THE PARLIAMENT

Laboratorio digitale

Vai al sito del Senato, entra nelle pagine "Senato ragazzi" (http://www.senatoperiragazzi.it/#&slider1=5). Clicca sul link in basso a destra "Le istituzioni per i ragazzi in Italia e negli altri Paesi del mondo". Qui scegli "Regione Toscana" e potrai collegarti con la home page del Parlamento regionale degli studenti, istituito con legge regionale nel 2011, dopo una fase sperimentale di dieci anni; troverai, disponibile da consultare, tutta la documentazione riguardante la sua composizione e la sua attività (http://www.consiglio.regione.toscana.it/prst/default.aspx?nome=home). Che cosa ne pensi di questa iniziativa?

ARTICOLO 122

Il sistema di elezione e i casi di ineleggibilità e di incompatibilità del Presidente e degli altri componenti della Giunta regionale nonché dei consiglieri regionali sono disciplinati con legge della Regione nei limiti dei princìpi fondamentali stabiliti con legge della Repubblica, che stabilisce anche la durata degli organi elettivi.

> Rientrano nell'autonomia regionale le norme che regolano il *sistema di elezione* e i casi di *ineleggibilità dei membri della Giunta e del Consiglio regionale*. La legge regionale in proposito deve rispettare i principi stabiliti con legge statale.

Nessuno può appartenere contemporaneamente a un Consiglio o a una Giunta regionale e ad una delle Camere del Parlamento, ad un altro Consiglio o ad altra Giunta regionale, ovvero al Parlamento europeo.

> Sono previsti casi di *incompatibilità* per i consiglieri regionali e i componenti la Giunta.

Il Consiglio elegge tra i suoi componenti un Presidente e un ufficio di presidenza.

> Il *presidente del Consiglio regionale*, da non confondere con il presidente della Giunta, è *eletto dal Consiglio*. Ha compiti organizzativi: *elabora il bilancio* e *dirige le discussioni del Consiglio*.

336 ■ Unità di apprendimento 15

I consiglieri regionali non possono essere chiamati a rispondere delle opinioni espresse e dei voti dati nell'esercizio delle loro funzioni.

> I consiglieri regionali godono dell'*insindacabilità* prevista per i parlamentari all'articolo 68 comma 1 della Costituzione.

Il Presidente della Giunta regionale, salvo che lo statuto regionale disponga diversamente, è eletto a suffragio universale e diretto. Il Presidente eletto nomina e revoca i componenti della Giunta.

> È prevista l'**elezione diretta** da parte dei cittadini del presidente della Giunta regionale, che in seguito nomina gli assessori regionali. Gli statuti potrebbero tuttavia disporre un diverso metodo di elezione.

Gli organi della regione

Consiglio	Giunta	Presidente
è titolare del potere legislativo e statutario	esercita il potere esecutivo	• rappresenta la regione • dirige la politica della Giunta • nomina e revoca i componenti della Giunta

2 Gli statuti regionali

ARTICOLO 123

Ciascuna Regione ha uno statuto che, in armonia con la Costituzione, ne determina la forma di governo e i princìpi fondamentali di organizzazione e funzionamento. Lo statuto regola l'esercizio del diritto di iniziativa e del *referendum* su leggi e provvedimenti amministrativi della Regione e la pubblicazione delle leggi e dei regolamenti regionali.

> Lo **statuto** di ciascuna regione è la **legge fondamentale** della regione stessa, che stabilisce:
> - la *forma di governo* della regione;
> - i *principi di organizzazione* e *funzionamento*;
> - le norme che regolano il *referendum regionale*: i vari statuti devono prevedere *referendum abrogativi*, per richiedere i quali sono necessari numeri diversi di firme degli elettori, e *referendum consultivi* (si veda l'art. 132 Cost.);
> - la pubblicazione delle *leggi* e dei *regolamenti*.

Lo statuto è approvato e modificato dal Consiglio regionale con legge approvata a maggioranza assoluta dei suoi componenti, con due deliberazioni successive adottate ad intervallo non minore di due mesi. Per tale legge non è richiesta l'apposizione del visto da parte del Commissario del Governo. Il Governo della Repubblica può promuovere la questione di legittimità costituzionale sugli statuti regionali dinanzi alla Corte costituzionale entro trenta giorni dalla loro pubblicazione.

Lo statuto è sottoposto a *referendum* popolare qualora entro tre mesi dalla sua pubblicazione ne faccia richiesta un cinquantesimo degli elettori della Regione o un quinto dei componenti il Consiglio regionale. Lo statuto sottoposto a referendum non è promulgato se non è approvato dalla maggioranza dei voti validi.

> Si noti l'analogia con il procedimento di formazione della legge costituzionale: anche per l'approvazione o la modifica dello statuto è richiesta una *doppia deliberazione da parte del Consiglio regionale*, la seconda a distanza di almeno due mesi dalla prima; la **maggioranza** richiesta è quella **assoluta**.
> Il **commissario di Governo**, che svolge funzioni di controllo sull'operato della regione, *non ha più alcun potere sull'attività legislativa della regione*, e dunque nemmeno sullo statuto.
> Il Governo può porre la questione di *legittimità costituzionale* su ogni statuto regionale.
> Il referendum corrisponde al **referendum sulle leggi costituzionali**; può essere richiesto:
> - da *1/50 degli elettori della regione*;
> - da *1/5 dei componenti il Consiglio regionale*.

In ogni Regione, lo statuto disciplina il Consiglio delle autonomie locali, quale organo di consultazione fra la Regione e gli enti locali.

> Nel caso venga richiesto il referendum, lo statuto non può essere promulgato se il referendum non è stato approvato dalla maggioranza dei voti validi.

FOCUS digitale

Ricerca in Internet lo statuto della regione in cui vivi collegandoti al suo sito istituzionale (ad es. http://www.regione.calabria.it). Dopo aver consultato le norme che riguardano la funzione legislativa della regione, rispondi alle seguenti domande: Chi può presentare proposte di legge regionale? Ci sono delle differenze tra l'approvazione di una legge regionale e di una legge del Parlamento?

Gli articoli 124 e 125 della Costituzione sono abrogati.

3 Il rapporto fra Stato e regioni

ARTICOLO 126

Con decreto motivato del Presidente della Repubblica sono disposti lo scioglimento del Consiglio regionale e la rimozione del Presidente della Giunta che abbiano compiuto atti contrari alla Costituzione o gravi violazioni di legge. Lo scioglimento e la rimozione possono altresì essere disposti per ragioni di sicurezza nazionale. Il decreto è adottato sentita una Commissione di deputati e senatori costituita, per le questioni regionali, nei modi stabiliti con legge della Repubblica.

> Possono verificarsi casi nei quali il Consiglio regionale o il presidente della Giunta abbiano compiuto atti:
> - *contrari alla Costituzione*;
> - in grave *violazione della legge*;
> - in *contrasto con la sicurezza nazionale*.
>
> In tali casi il *Governo*, dopo aver sentito il parere della Commissione parlamentare per le questioni regionali, con decreto motivato firmato dal Presidente della Repubblica, *scioglie il Consiglio o rimuove il presidente*.

Il Consiglio regionale può esprimere la sfiducia nei confronti del Presidente della Giunta mediante mozione motivata, sottoscritta da almeno un quinto dei suoi componenti e approvata per appello nominale a maggioranza assoluta dei componenti. La mozione non può essere messa in discussione prima di tre giorni dalla presentazione.

> In parallelo con la fiducia che il Parlamento deve concedere al Governo, anche il Consiglio regionale deve essere in una *relazione di fiducia* con il presidente della Giunta. La **mozione di sfiducia** può essere presentata rispettando norme analoghe alla *mozione di sfiducia presentata in Parlamento*.

L'approvazione della mozione di sfiducia nei confronti del Presidente della Giunta eletto a suffragio universale e diretto, nonché la rimozione, l'impedimento permanente, la morte o le dimissioni volontarie dello stesso comportano le dimissioni della Giunta e lo scioglimento del Consiglio. In ogni caso i medesimi effetti conseguono alle dimissioni contestuali della maggioranza dei componenti il Consiglio.

> Se viene approvata la mozione di sfiducia il presidente (eletto a *suffragio diretto*) e la Giunta devono dimettersi e anche il Consiglio si scioglie. Gli stessi effetti comportano la *rimozione* (da parte del Governo), l'*impedimento permanente*, la *morte* o le *dimissioni del presidente della Giunta* e infine le *dimissioni della maggioranza dei membri del Consiglio*.

Le regioni, le province, i comuni **339**

ARTICOLO 127

Il Governo, quando ritenga che una legge regionale ecceda la competenza della Regione, può promuovere la questione di legittimità costituzionale dinanzi alla Corte costituzionale entro sessanta giorni dalla sua pubblicazione.

Prima della riforma del Titolo V della Costituzione le leggi regionali erano sottoposte a un *controllo preventivo* da parte di un **commissario governativo**. Soppresso ogni tipo di controllo, non solo sulle leggi, ma anche sugli atti amministrativi delle regioni, *attualmente le leggi regionali possono essere sottoposte solo al giudizio della* **Corte costituzionale**, per motivi di *competenza*, su richiesta del Governo.

La Regione, quando ritenga che una legge o un atto avente valore di legge dello Stato o di un'altra Regione leda la sua sfera di competenza, può promuovere la questione di legittimità costituzionale dinanzi alla Corte costituzionale entro sessanta giorni dalla pubblicazione della legge o dell'atto avente valore di legge.

La stessa possibilità di attivare il *giudizio di legittimità costituzionale* spetta alla **regione**, sempre per motivi di competenza, contro atti aventi forza di legge dello Stato o di un'altra regione.

Gli articoli 128, 129 e 130 della Costituzione sono abrogati.

4 L'istituzione di nuove regioni e province

ARTICOLO 131

Sono costituite le seguenti regioni: Piemonte; Valle d'Aosta; Lombardia; Trentino-Alto Adige; Veneto; Friuli-Venezia Giulia; Liguria; Emilia-Romagna; Toscana; Umbria; Marche; Lazio; Abruzzi; Molise; Campania; Puglia; Basilicata; Calabria; Sicilia; Sardegna.

L'articolo 131 contiene l'elenco delle regioni, sia quelle a **statuto ordinario** sia quelle a **statuto speciale**: in tutto sono *venti*.

340 ■ Unità di apprendimento 15

ARTICOLO 132

Si può, con legge costituzionale, sentiti i Consigli regionali, disporre la fusione di Regioni esistenti o la creazione di nuove Regioni con un minimo di un milione di abitanti, quando ne facciano richiesta tanti Consigli comunali che rappresentino almeno un terzo delle popolazioni interessate, e la proposta sia approvata con referendum dalla maggioranza delle popolazioni stesse.

Si può, con l'approvazione della maggioranza delle popolazioni della Provincia o delle Province interessate e del Comune o dei Comuni interessati espressa mediante referendum e con legge della Repubblica, sentiti i Consigli regionali, consentire che Provincie e Comuni, che ne facciano richiesta, siano staccati da una Regione e aggregati ad un'altra.

ARTICOLO 133

Il mutamento delle circoscrizioni provinciali e l'istituzione di nuove Province nell'ambito di una Regione sono stabiliti con leggi della Repubblica, su iniziativa dei Comuni, sentita la stessa Regione.

La Regione, sentite le popolazioni interessate, può con sue leggi istituire nel proprio territorio nuovi comuni e modificare le loro circoscrizioni e denominazioni.

RISPONDO

- Quali sono gli organi della regione?
- Quale legge regola il sistema di elezione e i casi di ineleggibilità dei membri della Giunta e del Consiglio regionale?
- Che cos'è uno statuto regionale?

Le regioni, le province, i comuni

VERIFICO L'APPRENDIMENTO

VERIFICO LE CONOSCENZE

Test
vero o falso?

1 Il Titolo V della Costituzione è stato modificato solo dalla legge costituzionale 3/2001 [V] [F]

2 Con la riforma del Titolo V l'Italia si è trasformata in uno Stato federale [V] [F]

3 Le regioni possono essere a statuto speciale o a statuto ordinario [V] [F]

4 Lo Stato ha legislazione esclusiva in politica estera [V] [F]

5 Il potere di emanare le leggi spetta allo Stato, alle regioni e agli altri enti territoriali [V] [F]

6 Alla potestà legislativa delle regioni è imposto il limite del rispetto della Costituzione e degli obblighi internazionali [V] [F]

7 Le norme sulla amministrazione della giustizia rientrano nella competenza esclusiva delle regioni [V] [F]

8 Spetta alle regioni la potestà legislativa in riferimento a ogni materia non espressamente riservata alla legislazione dello Stato [V] [F]

9 La potestà regolamentare spetta allo Stato nelle materie di legislazione esclusiva [V] [F]

10 I comuni, le province, le città metropolitane e le regioni non hanno autonomia finanziaria di entrata e di spesa [V] [F]

11 Con il fondo perequativo si finanziano le regioni più ricche [V] [F]

12 Il Consiglio regionale corrisponde al Governo [V] [F]

13 Il presidente della Giunta regionale unisce funzioni proprie sia del Presidente della Repubblica sia del Presidente del Consiglio [V] [F]

14 Il Consiglio regionale elegge tra i suoi componenti un presidente [V] [F]

scelgo la risposta esatta

1 Dopo la riforma del Titolo V della Costituzione, lo Stato italiano può essere definito come Stato
[A] federale
[B] consortile
[C] autonomista
[D] regionale

2 Il sindaco
[A] è nominato dal Presidente della Repubblica
[B] è eletto dai cittadini
[C] è eletto dal Consiglio comunale
[D] è nominato dal Governo

3 Il presidente della regione
[A] è nominato dal Presidente della Repubblica:
[B] è nominato dal Governo
[C] è eletto dal Consiglio comunale
[D] è eletto dai cittadini

4 Il presidente del Consiglio comunale
[A] è nominato dal Presidente della Repubblica
[B] è eletto dai cittadini
[C] è eletto dal Consiglio comunale
[D] è nominato dal Governo

5 È una regione a statuto speciale
[A] la Lombardia
[B] la Sicilia
[C] la Puglia
[D] il Piemonte

completo

Gli enti locali previsti dall'articolo 114 della Costituzione sono: i (1) ...., le province, le (2) .... e le regioni. Il sindaco, eletto (3) .... dai cittadini, nomina i membri della Giunta comunale, detti (4) .... Le regioni a statuto (5) .... furono create subito dopo la fine della guerra per rispondere alle tendenze (6) .... che si erano create soprattutto in Sardegna e (7) .... Solo nel 1970 furono istituite le regioni a statuto (8) .... Nella politica economica e monetaria la competenza dello Stato è (9) .... mentre nelle materie a legislazione concorrente le regioni possono legiferare ma solo nell'ambito di una legge (10) .... dello Stato. Il principio che le attività amministrative vadano svolte dall'ente più vicino agli abitanti prende il nome di (11) .... verticale. Il principio che ciascun ente territoriale deve essere in grado di provvedere con entrate proprie alla realizzazione dei propri compiti prende il nome di (12) .... fiscale. Il presidente della (13) .... regionale rappresenta la regione e ne (14) .... le leggi.

assessori; città metropolitane; comuni; direttamente; esclusiva; federalismo; Giunta; ordinario; promulga; quadro; separatiste; Sicilia; speciale; sussidiarietà.

■ Unità di apprendimento 15

Unità di apprendimento **15** Le regioni, le province, i comuni

• IMPARO A IMPARARE...

costruisci una mappa partendo dai seguenti concetti

1. Composizione e competenze del Consiglio regionale
2. Composizione e competenze della Giunta regionale
3. Competenze del presidente della regione

AIUTATI E VERIFICA
IL TUO LAVORO
CON LE MAPPE INTERATTIVE

• IMPARO A COMUNICARE...

rispondi verbalmente e poi in forma scritta

1. Come può essere definito lo Stato italiano dopo la riforma del Titolo V della Costituzione?
2. Quali sono gli *enti autonomi* previsti dal Titolo V?
3. Quali sono gli organi del comune?
4. Quali sono le regole per l'elezione del sindaco e del Consiglio comunale?
5. Quando furono istituite le *regioni a statuto speciale*?
6. Quando furono istituite le *regioni a statuto ordinario*?
7. Che cosa si intende per "legislazione esclusiva dello Stato"?
8. Quali sono le materie più importanti che rientrano nella legislazione concorrente?
9. Che cosa significano principio di *sussidiarietà verticale* e *orizzontale*?
10. Che cosa significa "federalismo fiscale"?
11. Quali sono i poteri del presidente della Giunta regionale?
12. Chi può sciogliere il Consiglio regionale o rimuovere il presidente della Giunta?
13. Chi può esprimere sfiducia nei confronti del presidente della Giunta?
14. In quali casi il presidente della Giunta e la Giunta devono dimettersi e il Consiglio deve sciogliersi?
15. Si possono creare *nuove regioni*?

• INTERPRETO L'INFORMAZIONE

Sottolinea nella lettura le parole che non conosci e cerca sul dizionario l'esatta definizione.

1 Le regioni a statuto speciale

Cinque regioni italiane sono a "**statuto speciale**". Esso garantisce una particolare forma di **autonomia**, che consente loro, tra le altre cose, di trattenere una percentuale dei **tributi** riscossi nel territorio regionale. Tali regioni dispongono di notevoli poteri legislativi e amministrativi, come nei settori **scuola**, **sanità**, **infrastrutture**. Di conseguenza debbono finanziare tali settori principalmente con le **proprie risorse**, mentre nelle regioni a statuto ordinario le spese sono per lo più a carico dello Stato.

Sicilia
Il dopoguerra della Seconda guerra mondiale lasciava dietro di sé tracce difficili da cancellare soprattutto perché lì si registrava l'acuirsi di fenomeni quali banditismo e consorteria. Movimenti separatisti, come il Movimento per l'Indipendenza della Sicilia, fiancheggiato dall'Esercito Volontario per l'Indipendenza Siciliana, chiedevano ripetutamente, anche attraverso atti di forza, l'autonomia dall'Italia. Il **15 maggio 1946** la Sicilia divenne "**regione a statuto speciale**". Viene inoltre creata la **Cassa per il Mezzogiorno**, e, nell'aprile del 1947, è eletto il primo Parlamento regionale. L'aspetto inedito del progetto era concepire la Sicilia come entità politica primaria, dotata di proprie competenze pur restando all'interno dei confini dello Stato unitario.

Sardegna
Con lo scoppio della Seconda guerra mondiale, la Sardegna era stata destinata ad essere la base delle operazioni aeree del Mediterraneo, in tal modo subì costanti e pesanti bombardamenti; Cagliari ebbe il 75% delle case totalmente distrutte. Nonostante le difficili condizioni politiche e sociali riprese la vita politica. Furono costituiti i Comitati di Liberazione Nazionale e i Comitati di Concentrazione e nel settembre del 1944 fu costituita una Giunta Consultiva Sarda con rappresentanti di tutte le forze politiche antifasciste; al centro del dibattito fu posta la questione dell'autonomia, che era vista da tutte le forze politiche come la condizione indispensabile per riparare i danni della guerra e per affrontare la soluzione ai problemi di sempre. Venne riconosciuto il **principio della specialità dell'autonomia sarda**.

Friuli Venezia Giulia
Diversamente dalla Sicilia, la specialità della regione Friuli Venezia Giulia non è stata la "legalizzazione" di una precedente situazione. Diversi sono i fattori concorrenti all'adozione del **principio di autonomia**, *in primis* il "Memorandum d'intesa" del 1954 che stabiliva, oltre ai nuovi confini fra Italia e Jugoslavia, la suddivisione del Territorio

Le regioni, le province, i comuni **343**

VERIFICO L'APPRENDIMENTO

di Trieste in due Zone: la Zona A, amministrata dall'Italia e la Zona B, amministrata dalla Jugoslavia. Lo statuto, ancora oggi, riflette l'impostazione iniziale e originaria, ovvero quella di voler aiutare e incentivare lo sviluppo di una zona riconosciuta come poco sviluppata. La regione ha istituito norme per la tutela e la promozione della lingua e della cultura friulane e un servizio per le lingue regionali e minoritarie.

Trentino-Alto Adige

Nel 1946 furono stabiliti importanti accordi di tutela dell'autonomia linguistica e amministrativa tra i governi di Italia e Austria e si giunse, nel 1948, alla costituzione della regione autonoma a statuto speciale, che voleva essere un'ulteriore garanzia per la **pacifica convivenza tra le due etnie**. La regione può, attraverso le proprie leggi, e sentite le popolazioni interessate, istituire nuovi comuni e modificare le loro circoscrizioni e denominazioni.

Valle d'Aosta

Durante il fascismo la Valle d'Aosta vide sorgere gravi **problemi politici e culturali**, in seguito al forzato processo di italianizzazione che, fra l'altro, determinò un intenso fenomeno di emigrazione. All'indomani del Secondo conflitto mondiale, il 7 settembre del 1945, Umberto di Savoia, Luogotenente del Regno, firmò un decreto legislativo con il quale veniva riconosciuta alla Valle d'Aosta una speciale autonomia amministrativa, che così ne spiegava le motivazioni: "In considerazione delle sue **condizioni geografiche, economiche e linguistiche** del tutto particolari". Oggi, fra le norme speciali, vi è anche il libero uso della lingua francese riconosciuta al pari di quella italiana.

(Liberamente tratto da: http://www.intrage.it/rubriche/
societaeistituzioni/federalismo/
regioni_statuto_speciale/index.shtml)

Rispondi alle domande

1 Quali aspetti particolari presentano le cinque regioni a statuto speciale?

2 Quali sono i diversi motivi che hanno indotto lo Stato italiano a riconoscere alle regioni a statuto speciale una così ampia autonomia?

Unità di apprendimento **16**

Le garanzie costituzionali

1 La Corte costituzionale

Conoscenze

- Le funzioni della Corte costituzionale
- I giudici della Corte costituzionale
- Il giudizio di legittimità costituzionale sulle leggi e sugli atti aventi valore di legge
- La revisione della Costituzione e le leggi costituzionali
- Le Disposizioni transitorie e finali

Abilità

- Analizzare le funzioni della Corte costituzionale
- Mettere in relazione le funzioni della Corte costituzionale con il concetto di rigidità della Costituzione
- Analizzare l'*iter* del giudizio di legittimità costituzionale
- Analizzare le Disposizioni transitorie e finali e commentarle

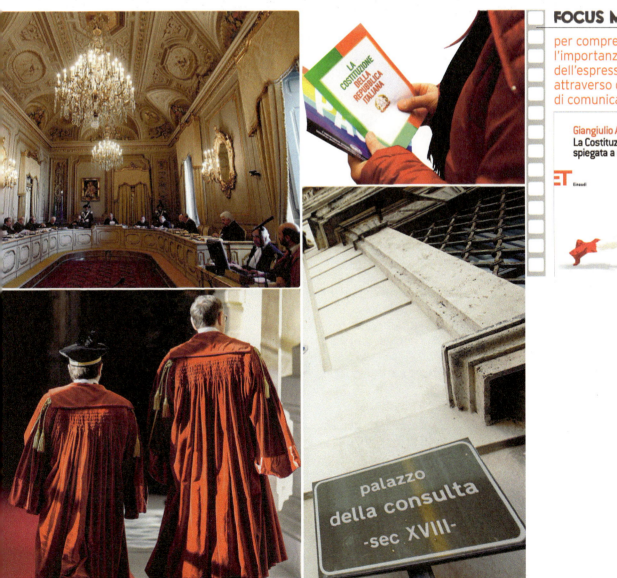

FOCUS MEDIA...
per comprendere l'importanza dell'espressione di idee attraverso diversi mezzi di comunicazione

1 La Corte costituzionale

1 Le competenze della Corte costituzionale

TITOLO VI
GARANZIE
COSTITUZIONALI
SEZIONE I
LA CORTE
COSTITUZIONALE

ARTICOLO 134

La Corte costituzionale giudica:
sulle controversie relative alla legittimità costituzionale delle leggi e degli atti, aventi forza di legge, dello Stato e delle Regioni;

La nostra Costituzione è rigida: ciò significa che può essere modificata e integrata non tramite una legge ordinaria, ma attraverso una procedura detta "aggravata". Di conseguenza, *nella gerarchia delle fonti la Costituzione è posta al gradino più alto* e nessuna norma di grado inferiore può essere in contrasto con essa. Il compito fondamentale della **Corte costituzionale** è di *garantire l'assoluto rispetto della Costituzione* sia da parte delle norme giuridiche ad essa subordinate, sia da parte dei diversi poteri dello Stato che potrebbero violare le **attribuzioni** loro assegnate dalla Costituzione stessa. In primo luogo la Corte costituzionale giudica sulla **legittimità costituzionale**, cioè sulla *conformità*, la *non contraddizione con la Costituzione*:

- delle *leggi ordinarie* del Parlamento;
- degli *atti aventi forza di legge* emanati dal Governo (decreti legge e legislativi);
- delle *leggi regionali* e degli *statuti*.

Attribuzione ■ competenza, funzione.

346 ■ Unità di apprendimento 16

sui conflitti di attribuzione tra i poteri dello Stato e su quelli tra lo Stato e le Regioni, e tra le Regioni;

La Corte costituzionale giudica inoltre sui **conflitti di attribuzione**, cioè di *competenza*:
- *tra organi dello Stato*, come potrebbe avvenire se il Governo volesse emanare una legge ordinaria o il Parlamento un decreto legge;
- *tra lo Stato e le regioni*, come, per esempio, se una regione volesse emanare una legge sulla concessione della cittadinanza;
- *tra le regioni*, se una regione pretendesse di emanare una legge che avesse validità anche per la regione limitrofa.

sulle accuse promosse contro il Presidente della Repubblica, a norma della Costituzione.

Infine la Corte costituzionale giudica sulle **accuse contro il Presidente della Repubblica**, per i due reati di *alto tradimento* e di *attentato alla Costituzione*.
Un'altra competenza della Corte è quella di controllare l'**ammissibilità dei referendum** che, secondo l'articolo 75, non possono riguardare leggi tributarie e di bilancio, di amnistia e di indulto, di autorizzazione a ratificare trattati internazionali. Tale attribuzione è stata regolata dalla legge 352/1970, che ha dettato le norme per effettuare i referendum.

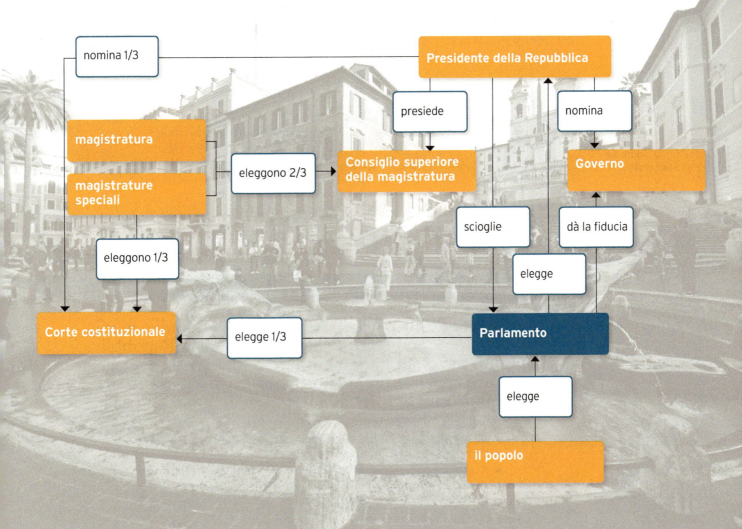

Le garanzie costituzionali 347

ENGLISH FOCUS

Supreme Court (UK) is the final court of appeal in the UK for civil cases, and for criminal cases from England, Wales and Northern Ireland. It hears cases of the greatest public or constitutional importance affecting the whole population

Supreme Court (USA) an appellate tribunal with high powers and broad authority within its jurisdiction. The U.S. government and each State government has a Supreme Court, though some states have given their highest court a different name. A Supreme Court is the highest court in its jurisdiction. It decides the most important issues of constitutional and statutory law

The Court and Constitutional Interpretation

"EQUAL JUSTICE UNDER LAW"

These words, written above the main entrance to the **Supreme Court** *Building, express the ultimate responsibility of the Supreme Court of the United States. The Court is the highest tribunal in the Nation for all cases and controversies arising under the Constitution or the laws of the United States. As the final arbiter of the law, the Court is charged with ensuring the American people the promise of equal justice under law and, thereby, also functions as guardian and interpreter of the Constitution.*

(http://www.supremecourt.gov/about/constitutional.aspx)

Washington, la sede della Corte Suprema degli Stati Uniti d'America.

2 La composizione della Corte costituzionale

ARTICOLO 135

La Corte costituzionale è composta di quindici giudici nominati per un terzo dal Presidente della Repubblica, per un terzo dal Parlamento in seduta comune e per un terzo dalle supreme magistrature ordinaria ed amministrative.

Dei **quindici giudici** della Corte costituzionale:
- *cinque sono nominati dal Presidente della Repubblica;*
- *cinque sono eletti dal Parlamento* in seduta comune;
- *cinque sono eletti dalle supreme magistrature* (tre dalla Corte di Cassazione, uno dal Consiglio di Stato, uno dalla Corte dei conti).

I giudici della Corte costituzionale sono scelti tra i magistrati anche a riposo delle giurisdizioni superiori ordinaria ed amministrative, i professori ordinari di università in materie giuridiche e gli avvocati dopo venti anni d'esercizio.

I componenti della Corte costituzionale devono garantire *massima esperienza e conoscenza del diritto*, ma anche assoluta *indipendenza* e grande *autorevolezza*. Vengono perciò scelti tra:
- i *magistrati delle giurisdizioni superiori*, anche in pensione;
- i *professori universitari*;
- gli *avvocati* dopo vent'anni di esercizio della professione.

I giudici della Corte costituzionale sono nominati per nove anni, decorrenti per ciascuno di essi dal giorno del giuramento, e non possono essere nuovamente nominati.

Alla scadenza del termine il giudice costituzionale cessa dalla carica e dall'esercizio delle funzioni.

Per garantire l'indipendenza effettiva dei giudici della Corte occorre un mandato piuttosto lungo, che è della durata di nove anni, a partire dal momento del giuramento. È il *più lungo mandato elettivo previsto dalla Costituzione*: in origine era di dodici anni. La nomina non può essere rinnovata. I giudici della Corte godono di una serie di garanzie simili a quelle dei parlamentari: sono *inamovibili*, le opinioni e i voti espressi nell'esercizio delle loro funzioni sono *insindacabili* e *non perseguibili*, non possono essere sottoposti a limitazioni di libertà personale se non con l'autorizzazione della Corte.

I membri della Corte costituzionale.

La Corte elegge tra i suoi componenti, secondo le norme stabilite dalla legge, il Presidente, che rimane in carica per un triennio, ed è rieleggibile, fermi in ogni caso i termini di scadenza dall'ufficio di giudice.

Il presidente della Corte costituzionale è eletto tra i suoi componenti: la sua carica dura tre anni, ma può essere riconfermata, a meno che non scadano i nove anni dalla nomina a membro della Corte.

L'ufficio di giudice della Corte è incompatibile con quello di membro del Parlamento, di un Consiglio regionale, con l'esercizio della professione di avvocato e con ogni carica ed ufficio indicati dalla legge.

La funzione di giudice della Corte costituzionale è *incompatibile* con:
- la carica di *deputato* o *senatore*;
- la carica di *consigliere regionale*;
- l'esercizio della professione di *avvocato*;
- altri casi indicati dalla legge, per esempio, lo svolgere un impiego pubblico, essere amministratore di società, essere libero professionista.

Nei giudizi d'accusa contro il Presidente della Repubblica, intervengono, oltre i giudici ordinari della Corte, sedici membri tratti a sorte da un elenco di cittadini aventi i requisiti per l'eleggibilità a senatore, che il Parlamento compila ogni nove anni mediante elezione con le stesse modalità stabilite per la nomina dei giudici ordinari.

Quando si tratta di giudicare il Presidente della Repubblica la Corte costituzionale viene integrata da **sedici giudici popolari** estratti a sorte da un elenco di cittadini che sono in possesso dei requisiti per essere eletti senatori.

FOCUS digitale

Entra nel sito della Corte costituzionale (http://www.cortecostituzionale.it/default.do) e seleziona "Composizione", poi nel menu scegli "Il Collegio": potrai visualizzare l'elenco dei 15 membri della Corte completo di foto e di una sintetica biografia.
Dopo aver letto attentamente la pagina, elabora uno schema della composizione della Corte distinguendo tra i giudici nominati dal Presidente della Repubblica, i membri eletti dal Parlamento e quelli eletti dalle supreme magistrature.

3 Il giudizio di legittimità

ARTICOLO 136

Quando la Corte dichiara l'illegittimità costituzionale di una norma di legge o di atto avente forza di legge, la norma cessa di avere efficacia dal giorno successivo alla pubblicazione della decisione.

Una seduta della Corte costituzionale.

> La Corte costituzionale esprime le proprie decisioni tramite **sentenze**, che possono essere:
> - **di rigetto**: la Corte ritiene che la norma esaminata *non sia in contrasto con la Costituzione* e che quindi possa rimanere a far parte dell'ordinamento giuridico;
> - **interpretative**: la Corte giudica che la norma esaminata non sia in contrasto con la Costituzione se interpretata in un certo modo; in tale caso *l'interpretazione della Corte diviene vincolante per tutti* (in particolare per i giudici che devono applicare la norma stessa) e all'articolo in questione viene apposta una nota che ne spiega l'interpretazione;
> - **di accoglimento**: la Corte giudica la *norma incostituzionale*; in questo caso la sentenza viene pubblicata sulla **Gazzetta Ufficiale** e *la norma diviene inefficace*, cioè non può più essere applicata dal giorno successivo alla sua pubblicazione.

La decisione della Corte è pubblicata e comunicata alle Camere ed ai Consigli regionali interessati, affinché, ove lo ritengano necessario, provvedano nelle forme costituzionali.

> Dopo la pubblicazione della sentenza, della stessa viene data comunicazione al Parlamento e alle regioni interessate, perché provvedano alla emanazione di una nuova legge che sostituisca quella che ha perduto efficacia e che rispetti le indicazioni della Corte.

ARTICOLO 137

Una legge costituzionale stabilisce le condizioni, le forme, i termini di proponibilità dei giudizi di legittimità costituzionale, e le garanzie di indipendenza dei giudici della Corte.

> La legge 87/1953, che fa seguito a due leggi costituzionali (n. 1/1948 e n. 1/1953), ha definito le norme per il giudizio di **legittimità costituzionale**. Solo nel 1955 fu completata la prima composizione della Corte costituzionale che si insediò nel Palazzo della Consulta e iniziò i propri lavori.

Con legge ordinaria sono stabilite le altre norme necessarie per la costituzione e il funzionamento della Corte.

Le garanzie costituzionali

Contro le decisioni della Corte costituzionale non è ammessa alcuna impugnazione.

Esistono due tipi di procedimenti, quello **in via incidentale** e quello **in via principale**.

Nel *primo*, l'avvio parte da un giudice (detto *a quo*, cioè "dal quale"), che:
- nello svolgimento di un processo si trova a dover *applicare una certa norma*;
- ritiene "non manifestamente infondata" la questione di legittimità costituzionale della norma stessa: il giudice non deve essere sicuro dell'incostituzionalità della norma, basta che abbia un *ragionevole dubbio che la possibile incostituzionalità non sia priva di qualsiasi fondamento* (gli pare, per esempio, che la norma in questione, che prevede che all'insegnamento nella scuola primaria di primo grado possano accedere solo insegnanti di sesso femminile, violi l'art. 3 Cost.);
- *a tale dubbio è giunto per proprio conto o per iniziativa del pubblico ministero o di una delle parti nel processo*;
- *sospende il processo e invia gli atti alla Corte costituzionale*, in attesa del pronunciamento della Corte.

Nel *procedimento in via principale*, invece, *il ricorso alla Corte è diretto*, cioè non deve passare attraverso un processo. Questo procedimento può riguardare in primo luogo i *conflitti tra i poteri dello Stato*, per esempio tra il ministro della Giustizia e il Consiglio superiore della magistratura a proposito dei rispettivi poteri riguardanti i magistrati, o fra il Governo e un pubblico ministero a proposito dell'applicazione del segreto di Stato. Inoltre può riguardare le *controversie fra Stato e regioni e fra regioni*: se per esempio una legge regionale eccede (cioè oltrepassa) la competenza esclusiva dello Stato prevista dall'articolo 117 della Costituzione (la regione vuole, per esempio, stipulare un trattato internazionale), o se lo Stato invade la competenza di una regione (vuole decidere la costruzione di un aeroporto), o se una regione invade la competenza di un'altra regione (vuole estendere le proprie norme sull'istruzione professionale a una regione confinante). *Sia lo Stato sia le regioni possono impugnare la legge*. Questo tipo di impugnazioni può riguardare anche gli statuti delle regioni ordinarie.

Contro le sentenze della Corte costituzionale non esiste la possibilità di ricorrere a un altro giudice, mentre è ammessa la possibilità che un giudice di un altro processo riproponga alla Corte una questione di legittimità costituzionale già respinta, in quanto nel corso degli anni l'interpretazione della Corte può cambiare.

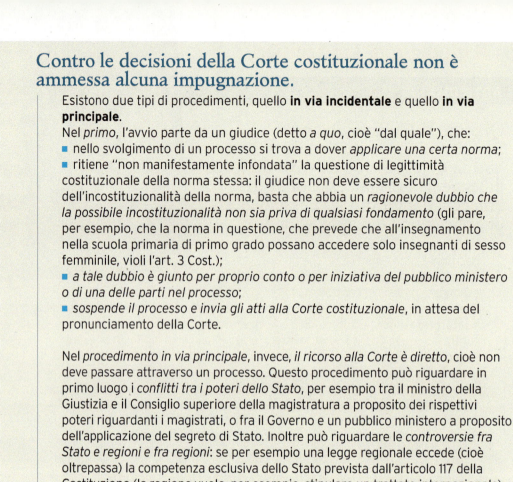

I membri della Corte costituzionale federale tedesca (Bundesverfassungsgericht) con sede a Karlsruhe.

Le competenze della Corte costituzionale			
Giudica la legittimità costituzionale in via incidentale	**Giudica sui conflitti di competenza in via principale**	**Giudica sui reati del Presidente della Repubblica**	**Giudica sull'ammissibilità dei referendum abrogativi**
delle leggi e degli atti aventi forza di legge con sentenze: - di accoglimento - di rigetto - interpretative	- fra gli organi dello Stato - fra Stato e regioni - tra le regioni	- alto tradimento - attentato alla Costituzione	che non possono riguardare leggi tributarie, di bilancio, di amnistia, di indulto, di ratifica di trattati internazionali

4 Le leggi costituzionali

ARTICOLO 138

Le leggi di revisione della Costituzione e le altre leggi costituzionali sono adottate da ciascuna Camera con due successive deliberazioni ad intervallo non minore di tre mesi, e sono approvate a maggioranza assoluta dei componenti di ciascuna Camera nella seconda votazione.

SEZIONE II
REVISIONE DELLA COSTITUZIONE. LEGGI COSTITUZIONALI

Le leggi costituzionali si dividono in due categorie:
- **leggi di revisione della Costituzione**: sono le leggi che modificano la Costituzione, per esempio la legge che ha modificato l'articolo 111 che detta i principi sul processo;
- le **altre leggi costituzionali**: sono le leggi che integrano la Costituzione ed essenzialmente riguardano gli statuti delle regioni a statuto speciale e il funzionamento della Corte costituzionale.

Il procedimento di approvazione delle leggi costituzionali si chiama *aggravato* perché particolarmente complesso: si vuole impedire che una modifica alla Costituzione possa avvenire senza la dovuta **ponderazione**.
Occorre che ciascuna Camera deliberi due volte sulla stessa legge, la seconda volta dopo che sono trascorsi almeno tre mesi dalla prima. Per la prima votazione non è richiesta una maggioranza particolare, per la seconda occorre invece la *maggioranza assoluta* (il 50% più uno degli aventi diritto al voto). Evidentemente è esclusa l'approvazione da parte delle commissioni in sede deliberante.

■ **Ponderazione**
riflessione, valutazione.

Le leggi stesse sono sottoposte a referendum popolare quando, entro tre mesi dalla loro pubblicazione, ne facciano domanda un quinto dei membri di una Camera o cinquecentomila elettori o cinque Consigli regionali. La legge sottoposta a referendum non è promulgata, se non è approvata dalla maggioranza dei voti validi.

La legge costituzionale viene pubblicata sulla Gazzetta Ufficiale, ma non entra in vigore: dalla sua pubblicazione decorrono tre mesi di tempo per l'eventuale richiesta di un **referendum** (detto *costituzionale*, per distinguerlo da quello abrogativo). Il referendum può essere richiesto da:
- *un quinto dei membri di una Camera*;
- *500.000 elettori*;
- *cinque Consigli regionali*.

La legge non può essere promulgata dal Presidente della Repubblica se, al referendum, non ha votato a favore la maggioranza dei votanti. Per tale referendum non è prevista, a differenza che per quello abrogativo, la partecipazione al voto della metà più uno degli aventi diritto, cioè non è previsto un quorum minimo di partecipanti.
Dal 1948 a oggi si sono svolti due soli *referendum costituzionali*: nel 2001 sulla modifica del Titolo V della Costituzione, con esito di approvazione, e nel 2006 sulla modifica della Parte II della Costituzione, con esito negativo.

■ **Referendum**
a vote in which all the people in a country or an area are asked to give their opinion about or decide an important political or social question.

Le garanzie costituzionali

Non si fa luogo a referendum se la legge è stata approvata nella seconda votazione da ciascuna delle Camere a maggioranza di due terzi dei suoi componenti.

Non c'è la possibilità di ricorrere al referendum se, in seconda votazione, entrambe le Camere hanno approvato la legge con la *maggioranza qualificata dei due terzi* (calcolata, come già si è visto, sugli aventi diritto al voto). Tale maggioranza è giudicata una sufficiente garanzia che la legge, anche se non sottoposta ad approvazione popolare, sia opportuna.

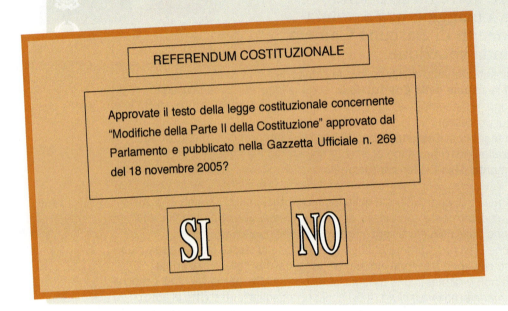

FOCUS digitale — SURFING THE PARLIAMENT

Laboratorio digitale

Vai al sito della Camera ed entra nel link "Deputati e organi" (http://www.camera.it/leg17/28). Nella colonna di sinistra clicca su "Commissioni" e prendi visione delle "Commissioni permanenti".
Clicca poi nella colonna di sinistra sul link "Agenda dei lavori" (http://www.camera.it/leg17/76) e consulta l'ordine del giorno della "Commissione Affari costituzionali". Verifica in quale sede è convocata e quali progetti di revisione della Costituzione sono stati presentati.

Per saperne di più puoi sempre entrare nel link "Conoscere la Camera" e navigare nelle pagine "Il ruolo della Camera - La Camera esamina le leggi" (http://www.camera.it/leg17/619?conoscerelacamera=11) e "La revisione della Costituzione" (http://www.camera.it/leg17/717).

354 ■ Unità di apprendimento 16

ARTICOLO 139

La forma repubblicana non può essere oggetto di revisione costituzionale.

La scelta della **forma di governo repubblicana** è *definitiva* e non può essere modificata nemmeno con una legge costituzionale. Lo stesso vale per i **principi fondamentali** sui quali si fonda la Costituzione: il rispetto dei diritti umani, il principio democratico e via dicendo.

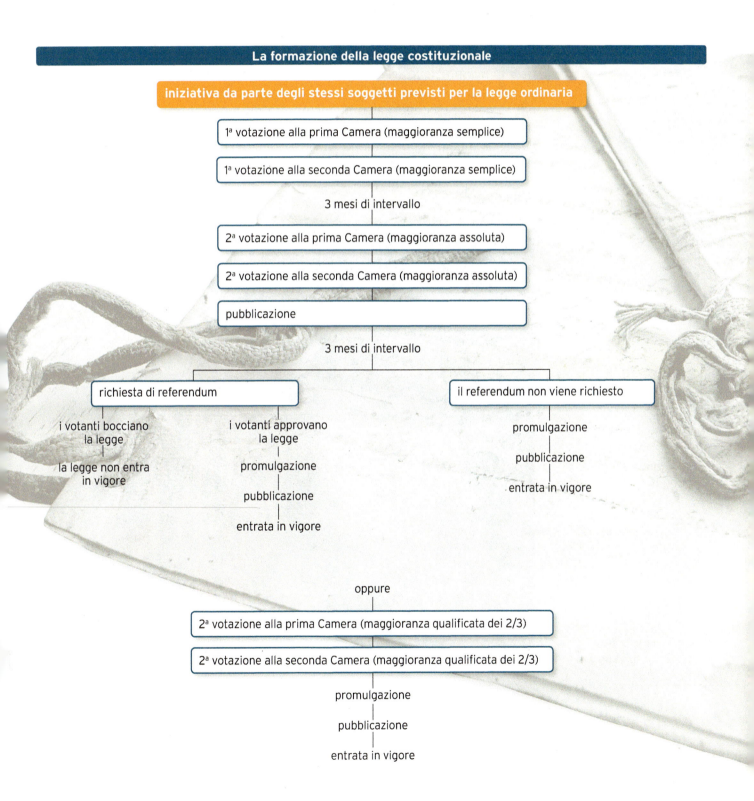

La formazione della legge costituzionale

Le garanzie costituzionali

5 Le Disposizioni transitorie e finali

Nel nostro testo, che segue la struttura della Costituzione, non poteva mancare un cenno alle diciotto **Disposizioni transitorie e finali**, numerate con numeri romani, poste a chiusura della nostra Legge fondamentale.

Le *Disposizioni transitorie* (perciò *temporanee*) hanno avuto il delicato compito di consentire il *primo funzionamento delle nuove istituzioni democratiche*: in base ad esse, il 1° gennaio 1948, Enrico De Nicola assunse il titolo di Capo provvisorio dello Stato; entrarono a far parte del primo Senato della Repubblica centosette senatori di diritto; le due Camere furono convocate in prima seduta l'8 maggio 1948. Fino a quel momento il potere legislativo era stato delegato al Governo e, per gli ambiti più rilevanti, alla stessa Assemblea costituente.

Le *Disposizioni finali*, invece, hanno introdotto *deroghe ad alcuni principi fondamentali*.

Le due norme più significative sono la XII e la XIII. La **XII**, ancora in vigore, *vieta la ricostituzione del disciolto partito fascista*. La **XIII** privava i membri e i discendenti di casa Savoia *dell'elettorato attivo e passivo e sanciva il divieto di ricoprire uffici pubblici* (secondo alcuni violando in tal modo il principio della responsabilità personale); inoltre *erano vietati* ai membri della famiglia reale *l'ingresso e il soggiorno sul territorio italiano*, in violazione del diritto di cittadinanza: i primi due commi di tale disposizione sono stati abrogati dalla legge costituzionale 1/2002. Riportiamo qui per intero la disposizione **XVIII** che chiude il testo della Costituzione.

DISPOSIZIONI TRANSITORIE E FINALI

I-XVII [*Omissis*]

XVIII.
La presente Costituzione è promulgata dal Capo provvisorio dello Stato entro cinque giorni dalla sua approvazione da parte dell'Assemblea Costituente, ed entra in vigore il 1° gennaio 1948.

Il testo della Costituzione è depositato nella sala comunale di ciascun Comune della Repubblica per rimanervi esposto, durante tutto l'anno 1948, affinché ogni cittadino possa prenderne cognizione.

La Costituzione, munita del sigillo dello Stato, sarà inserita nella Raccolta ufficiale delle leggi e dei decreti della Repubblica.

La Costituzione dovrà essere fedelmente osservata come Legge fondamentale della Repubblica da tutti i cittadini e dagli organi dello Stato.

Data a Roma, addì 27 dicembre 1947.
Enrico De Nicola
Controfirmano
Il Presidente dell'Assemblea Costituente
Umberto Terracini
Il Presidente del Consiglio dei ministri
Alcide De Gasperi
Visto, il Guardasigilli
Grassi

RISPONDO

- Quale posizione è attribuita alla nostra Costituzione nella gerarchia delle fonti?
- Quali sono le *competenze* della Corte costituzionale?
- Come si compone la Corte costituzionale?
- Quali sono le tre tipologie di *sentenze* della Corte costituzionale?
- Che cosa sono le *leggi costituzionali*?
- Come si svolge il procedimento di approvazione delle leggi costituzionali?
- Può essere modificato l'articolo 139 della Costituzione?
- Che cosa sono le Disposizioni transitorie e finali?

Le garanzie costituzionali

VERIFICO L'APPRENDIMENTO

VERIFICO LE CONOSCENZE

vero o falso?

1. Il compito principale della Corte costituzionale è garantire il rispetto della Costituzione V F
2. La Corte costituzionale giudica sui conflitti di attribuzione tra gli organi dello Stato V F
3. La Corte costituzionale giudica tutti i possibili reati commessi dal Presidente della Repubblica V F
4. Tutti i componenti della Corte devono essere professori universitari V F
5. Può essere eletto giudice della Corte costituzionale un avvocato dopo dieci anni di esercizio V F
6. La funzione di giudice costituzionale è incompatibile con quella di parlamentare V F
7. Nel procedimento in via principale il ricorso alla Corte avviene attraverso un processo V F
8. La sentenza della Corte costituzionale che dichiara una norma incostituzionale si chiama di rigetto V F
9. La Corte costituzionale controlla l'ammissibilità del referendum abrogativo V F
10. Il referendum costituzionale può essere richiesto da 50.000 elettori V F
11. L'articolo 139 della Costituzione non è soggetto a revisione costituzionale V F
12. Le Disposizioni transitorie e finali sono 17 V F

scelgo la risposta esatta

1. **I giudici della Corte costituzionale durano in carica**
   A. 15 anni
   B. 7 anni
   C. 5 anni
   D. 9 anni

2. **I giudici della Corte costituzionale sono**
   A. eletti dal Parlamento
   B. eletti dal Governo
   C. eletti in parte dal Parlamento, in parte dalle magistrature e in parte nominati dal Presidente della Repubblica
   D. eletti in parte dal Parlamento e in parte nominati dal Presidente della Repubblica

3. **Quando la Corte dichiara una norma incostituzionale, emana**
   A. una sentenza interpretativa
   B. una sentenza di rigetto
   C. una sentenza di accoglimento
   D. una sentenza di condanna

4. **Il giudizio di legittimità costituzionale può essere**
   A. solo in via incidentale
   B. solo in via principale
   C. in via incidentale o in via principale
   D. solo per iniziativa del pubblico ministero

5. **Non c'è la possibilità di ricorrere al referendum se, in seconda votazione, entrambe le Camere hanno approvato la legge costituzionale con**
   A. maggioranza qualificata dei 3/5
   B. maggioranza qualificata dei 2/3
   C. maggioranza assoluta
   D. maggioranza semplice

completo

La Corte costituzionale giudica: sulla (1) .... costituzionale delle leggi, sui conflitti di (2) .... tra gli organi dello Stato, sulle accuse promosse contro il (3) .... È composta da 15 giudici, di cui 5 vengono (4) .... dal Presidente della Repubblica, 5 sono eletti dal (5) .... in seduta comune e 5 dalle (6) .... magistrature. La sentenza con la quale la Corte costituzionale giudica una norma incostituzionale si chiama di (7) .... Tale decisione viene pubblicata sulla (8) .... e dal giorno dopo la legge cessa di avere (9) .... Nel procedimento in via (10) .... l'avvio parte da un giudice che non ritiene manifestamente (11) .... la questione di legittimità costituzionale. Nel procedimento in via (12) .... il ricorso alla Corte costituzionale è diretto. Il procedimento di approvazione delle leggi costituzionali si chiama (13) ....: occorrono due (14) .... con un intervallo di almeno (15) .... mesi.

accoglimento; aggravato; attribuzione; deliberazioni; efficacia; nominati; Gazzetta Ufficiale; incidentale; infondata; legittimità; Parlamento; Presidente della Repubblica; principale; supreme; tre.

• IMPARO A IMPARARE...

costruisci una mappa partendo dai seguenti concetti

1. Composizione della Corte costituzionale
2. Compiti della Corte costituzionale

 AIUTATI E VERIFICA IL TUO LAVORO CON LE MAPPE INTERATTIVE

Unità di apprendimento 16 — Le garanzie costituzionali

• IMPARO A COMUNICARE...

rispondi verbalmente e poi in forma scritta

1. Quali sono gli atti di cui la Corte giudica la legittimità costituzionale?
2. Tra quali organi si possono creare *conflitti di attribuzione*?
3. Quali sono le *garanzie* per l'indipendenza dei giudici?
4. Quali sono le *incompatibilità* previste per i giudici costituzionali?
5. Come si svolge il procedimento in *via incidentale*?
6. Come si svolge il procedimento in *via principale*?
7. Si può ricorrere a un altro giudice contro le sentenze della Corte costituzionale?
8. Qual è l'*iter* di formazione di una legge costituzionale?
9. In quale caso può essere richiesto il referendum costituzionale?
10. Quali sono le *funzioni* delle Disposizioni transitorie e finali?

• INTERPRETO L'INFORMAZIONE

Sottolinea nella lettura le parole che non conosci e cerca sul dizionario l'esatta definizione

1 Perché "la Consulta"?

Con questo nome viene spesso designata la Corte costituzionale, perché il Palazzo della Consulta, situato a Roma, in piazza del Quirinale, è la sede della Corte. Una scelta felice, questa della sede, non solo perché il settecentesco palazzo è un'opera architettonica di grande bellezza, ma anche perché la sua collocazione esprime bene, simbolicamente, la posizione della Corte costituzionale: sul colle "più alto" di Roma, faccia a faccia con il Palazzo del Quirinale, sede del Presidente della Repubblica, massima istituzione rappresentativa, e a sua volta titolare prevalentemente – come la Corte – di compiti di garanzia.

La Corte costituzionale è una istituzione creata in tempi relativamente recenti. Nulla di simile vi era nell'ordinamento anteriore alla Costituzione del 1948. In altri Paesi, organismi analoghi erano stati previsti per la prima volta – sulla base soprattutto delle elaborazioni teoriche di un grande giurista democratico austriaco, Hans Kelsen – in alcune Costituzioni europee degli anni Venti del secolo scorso. Dopo la Seconda guerra mondiale, una Corte (o Tribunale o Consiglio) costituzionale fu prevista, oltre che nella Costituzione italiana, in quella tedesco-occidentale del 1949 (la prima entrata in funzione nell'Europa post-bellica, a partire dallo stesso anno); più tardi si ritrova (in forma diversa) nella Costituzione francese del 1958, nelle Costituzioni democratiche del Portogallo (1974) e della Spagna (1978), e nella Costituzione jugoslava (1963). Più di recente quasi tutte le nuove Costituzioni degli Stati dell'Europa orientale e di quelli sorti dallo scioglimento dell'Unione Sovietica hanno previsto l'istituzione di organismi analoghi, e lo stesso è accaduto in altri Stati extraeuropei. Oggi un meccanismo di controllo di costituzionalità delle leggi esiste, in varie forme, in 164 dei 193 Stati del mondo.

(Liberamente tratto da: http://www.cortecostituzionale.it/documenti/download/pdf/cosaelacorte.pdf)

Rispondi per iscritto alle seguenti domande

1. Perché è significativo che il Palazzo della Consulta e il Quirinale siano l'uno di fronte all'altro nella stessa piazza?
2. Quale importante funzione svolge la Corte costituzionale insieme al Presidente della Repubblica?
3. Esisteva un organo analogo nello Statuto albertino?
4. Perché nella maggioranza dei Paesi esiste un meccanismo di controllo di costituzionalità delle leggi?

• APPLICO LE CONOSCENZE

team working

La classe si divide in gruppi, ciascuno dei quali sottolinea nel testo le parole che non conosce e cerca sul dizionario l'esatta definizione.

Sentenza	**200/2006**
Giudizio	**GIUDIZIO PER CONFLITTO DI ATTRIBUZIONE TRA POTERI DELLO STATO**
Presidente *MARINI* - Redattore *QUARANTA*	
Udienza Pubblica del **02/05/2006** Decisione del **03/05/2006**	
Deposito del **18/05/2006** Pubblicazione in G.U. **24/05/2006**	
Norme impugnate:	Conflitto di attribuzioni tra poteri dello Stato sorto a seguito della nota del Ministro della giustizia 24/11/2004.
Massime:	30412 30413
Titoli:	
Atti decisi:	**confl. pot. merito 25/2005**

VERIFICO L'APPRENDIMENTO

SENTENZA N. 200 ANNO 2006

LA CORTE COSTITUZIONALE

ha pronunciato la seguente

SENTENZA

nel giudizio per conflitto di attribuzione tra poteri dello Stato, sorto a seguito della nota del 24 novembre 2004 con la quale il Ministro della Giustizia ha dichiarato di non dare corso alla determinazione del Presidente della Repubblica relativa alla concessione della **grazia** ad Ovidio Bompressi, promosso con ricorso del Presidente della Repubblica nei confronti del Ministro della giustizia, notificato il 29 novembre 2005, depositato in cancelleria il successivo 1° dicembre ed iscritto al n. 25 del registro conflitti tra poteri dello Stato 2005, fase di merito.

Udito nell'udienza pubblica del 2 maggio 2006 il Giudice relatore Alfonso Quaranta;

udito l'avvocato dello Stato Ignazio Francesco Caramazza per il Presidente della Repubblica.

Ritenuto in fatto

1. Con ricorso del 10 giugno 2005 il Presidente della Repubblica, rappresentato e difeso dall'Avvocatura generale dello Stato, ha promosso conflitto di attribuzione nei confronti del Ministro della Giustizia «in relazione al rifiuto, da questi opposto, di dare corso alla determinazione, da parte del Presidente della Repubblica, di concedere la **grazia** ad Ovidio Bompressi»; rifiuto risultante dalla nota del 24 novembre 2004 inviata dal medesimo Ministro al Capo dello Stato. (*omissis*)

per questi motivi

LA CORTE COSTITUZIONALE

dichiara, in accoglimento del ricorso, che non spettava al Ministro della Giustizia di impedire la prosecuzione del procedimento volto alla adozione della determinazione del Presidente della Repubblica relativa alla concessione della **grazia** ad Ovidio Bompressi e, pertanto, dispone l'annullamento della impugnata nota ministeriale del 24 novembre 2004.

Così deciso in Roma, nella sede della Corte costituzionale, Palazzo della Consulta, il 3 maggio 2006.

F.to:

Annibale MARINI, Presidente

Dopo aver letto il testo, ciascun gruppo risponde alle seguenti domande

1 Da quale fatto prende le mosse il ricorso?

2 Quale tipo di giudizio è stato richiesto alla Corte costituzionale per questo caso?

3 Il ricorso era in via principale o incidentale?

4 La sentenza relativa è stata di rigetto, di accoglimento o interpretativa?

5 Come viene motivata la decisione della Corte?

6 Sei d'accordo con la decisione della Corte e perché?

VERIFICO LE COMPETENZE

VERIFICO LE COMPETENZE

Verifica Diritto 1

Competenze

- Collocare l'esperienza personale in un sistema normativo
- Acquisire e interpretare l'informazione
- Risolvere casi

Abilità

- Analizzare aspetti e comportamenti delle realtà sociali e confrontarli con il dettato della norma giuridica
- Distinguere le differenti fonti normative e la loro gerarchia con particolare riferimento alla Costituzione italiana

---

1 Norma giuridica, illeciti, sanzioni, fonti

Leggi il testo ed esegui quanto richiesto

Articolo 544-ter.
Maltrattamento di animali

Chiunque, per crudeltà o senza necessità, cagiona una lesione ad un animale ovvero lo sottopone a sevizie o a comportamenti o a fatiche o a lavori insopportabili per le sue caratteristiche ecologiche è punito con la reclusione da tre mesi a un anno o con la multa da 3.000 a 15.000 euro. La stessa pena si applica a chiunque somministra agli animali sostanze stupefacenti o vietate ovvero li sottopone a trattamenti che procurano un danno alla salute degli stessi. La pena è aumentata della metà se dai fatti di cui al primo comma deriva la morte[1].

[1] Il titolo IX-bis, comprendente gli articoli da 544-bis a 544-sexies, è stato aggiunto dall'art. 1, L. 20 luglio 2004, n. 189.

1 In base alla sanzione individua di quale tipo di illecito si tratta. Quali altri illeciti conosci?

2 Costruisci uno schema sanzione-illecito.

3 Individua nel testo le fattispecie astratte previste e trascrivile di seguito.

4 Individua nel testo il carattere della generalità della norma.

5 Dato il tipo di illecito individuato, a quale codice apparterrà questo articolo? Dal punto di vista delle fonti, a quale gruppo appartiene? Quali altre fonti hanno lo stesso valore gerarchico?

6 Che cosa significa "Il titolo IX-bis, comprendente gli articoli da 544-bis a 544-sexies, è stato aggiunto dall'art. 1, L. 20 luglio 2004, n. 189."? Che tipo di fonte è la L. 189 del 20 luglio 2004?

7 Con quale strumento normativo sarebbe opportuno intervenire in caso di un'epidemia che ha colpito una categoria di animali sull'intero territorio nazionale che mette a rischio la salute pubblica? Motiva la risposta. E se invece fosse limitata a un comune?

2 Costituzione, gerarchia delle fonti, principio di uguaglianza

Leggi il testo ed esegui quanto richiesto

Articolo 51 della Costituzione italiana

Tutti i cittadini dell'uno o dell'altro sesso possono accedere agli uffici pubblici e alle cariche elettive in condizioni di eguaglianza, secondo i requisiti stabiliti dalla legge. A tal fine la Repubblica promuove con appositi provvedimenti le pari opportunità tra donne e uomini.
La legge può, per l'ammissione ai pubblici uffici e alle cariche elettive, parificare ai cittadini gli italiani non appartenenti alla Repubblica.
Chi è chiamato a funzioni pubbliche elettive ha diritto di disporre del tempo necessario al loro adempimento e di conservare il suo posto di lavoro.

(Nota all'art. 51, primo comma, secondo periodo).
Il periodo è stato aggiunto con l'art. 1 della legge costituzionale 30 maggio 2003, n. 1 (G.U. 12 giugno 2003, n. 134).

1 Individua nell'articolo il principio di uguaglianza formale.

2 Individua nell'articolo il principio di uguaglianza sostanziale.

3 Quale articolo della Costituzione introduce il principio di uguaglianza? Spiegane il contenuto.

4 Che cosa significa: "Il periodo è stato aggiunto con l'art. 1 della legge costituzionale 30 maggio 2003, n. 1"? Perché è stato aggiunto con una legge costituzionale? Dal punto di vista delle fonti a quale gruppo appartiene?

5 Potrebbe una legge ordinaria stabilire che una donna può essere eletta soltanto ogni cinque uomini eletti? Motiva la risposta.

---

362 ■ Verifico le competenze

Classe prima

3 Libertà personale, riserva di legge e di giurisdizione

Leggi il testo ed esegui quanto richiesto

Dalla Costituzione tedesca
Articolo 13

(I) Il domicilio è inviolabile.

(II) Le perquisizioni possono essere ordinate soltanto dal giudice e, qualora in caso di ritardo sorga un pericolo, anche da altri organi previsti dalla legge: questo secondo tipo di perquisizioni può essere eseguito soltanto nelle forme ivi prescritte.

(III) Interventi e restrizioni possono essere intrapresi, negli altri casi, soltanto per evitare un pericolo generale od un pericolo di vita per singoli individui; in base ad una legge tali interventi e restrizioni possono essere intrapresi anche per prevenire pericoli imminenti per la sicurezza e per l'ordine pubblico, in particolare per rimediare a necessità di spazio, per combattere il pericolo di epidemie o per proteggere la gioventù in pericolo.

1 Individua all'interno dell'articolo e sottolinea le parole chiave relative alla riserva di legge e alla riserva di giurisdizione.

2 Che cosa significa riserva di legge? E riserva di giurisdizione? In quali articoli della nostra Costituzione sono previste?

Risolvi il caso

Durante una partita di calcio Gianni, che si trovava allo stadio con i suoi amici, preso dalla rabbia per la sconfitta della sua squadra ha provocato una rissa e per questo viene arrestato dalla polizia. Affinché Gianni possa essere trattenuto in arresto è necessario che

....

....

Motiva la risposta facendo riferimento ai principi costituzionali.

Verifica Economia 1

Competenze

- Riconoscere le caratteristiche essenziali del sistema socio-economico
- Acquisire e interpretare l'informazione
- Risolvere problemi

Abilità

- Tracciare e analizzare un grafico relativo a un fenomeno economico
- Individuare le esigenze fondamentali che ispirano scelte e comportamenti economici, nonché i vincoli a cui essi sono subordinati

1 Imprese, costi, domanda, forme di mercato, Antitrust, sistemi economici

Leggi il caso ed esegui quanto richiesto

Made in Italy: l'Antitrust, con la collaborazione del Nucleo speciale tutela mercati della Guardia di finanza, oscura due siti di occhiali contraffatti a marchio Ray Ban

Quarto procedimento dell'Autorità a difesa di chi acquista sul web convinto di comprare prodotti di mar-

ca a prezzi scontati. Intervento anche a tutela della salute dei consumatori perché lenti di dubbia qualità avrebbero potuto provocare danni alla vista.

L'Autorità Garante della Concorrenza e del Mercato, in collaborazione con il Gruppo Antitrust del Nucleo Speciale Tutela Mercati della Guardia di Finanza, ha oscurato due siti che vendevano occhiali contraffatti a marchio Ray Ban. Dei due siti, discountraybansunglasses.org e raybanstores.com, risulta essere titolare nonché *registrant* il sig. Huang Jianhai.

L'intervento dell'Antitrust si è reso necessario per tutelare i tanti consumatori che acquistavano sui siti, convinti di scegliere prodotti originali del famoso marchio offerti a prezzi outlet. L'interruzione si è rivelata particolarmente urgente anche perché gli occhiali in vendita, di dubbia qualità, avrebbero potuto provocare danni alla vista.

Secondo le segnalazioni presentate dall'associazione dei consumatori Adoc e dall'Indicam, Istituto Centromarca per la lotta alla contraffazione, che ha inoltrato la denuncia del titolare del marchio, i consumatori venivano tratti in inganno dalla struttura dei siti, 'costruiti' in modo da apparire rivenditori ufficiali dei prodotti pubblicizzati: non solo i nomi, ma le immagini e le foto inserite, a fronte di sconti dal 50 al 70% dei prezzi ufficiali, rendevano credibili le offerte. Si trattava in sostanza di siti che per l'allestimento e la grafica costituivano cloni di quelli originali. I siti non fornivano le informazioni prescritte dalla legge sui diritti degli acquirenti in tema di recesso e di ripensamento ed

Verifico le competenze **363**

VERIFICO LE COMPETENZE

in tema di garanzia (che evidentemente non poteva essere riconosciuta perché si trattava di merce contraffatta), inoltre mancavano del tutto le informazioni sui professionisti o gli indirizzi precisi cui potersi rivolgere in caso di reclami. Con questa decisione salgono a quattro gli interventi effettuati dall'Antitrust a tutela dei consumatori che acquistano sul web: l'oscuramento dei siti segue quello già effettuato per siti cloni di prodotti a marchio Prada e Gucci mentre per i beni contraffatti a marchio Hogan, dopo l'avvio del procedimento per pratica commerciale scorretta da parte degli uffici dell'Antitrust, il titolare ha autonomamente provveduto a inibire l'accesso al sito stesso dal territorio italiano.

Roma, 20 maggio 2013

1 Che cos'è l'Autorità garante per la concorrenza e il mercato?

2 A quale tipo di competenza dell'Autorità si fa riferimento?

3 Quale sanzione è stata applicata? Quali altri tipi di sanzioni applicabili dall'Autorità conosci?

4 Da chi è partita la denuncia? Quali sono i soggetti tutelati?

5 Quali sono le altre competenze dell'Antitrust?

6 In quale forma di mercato si inseriscono gli occhiali da sole? Descrivine le caratteristiche in una tabella. Ipotizza poi che sul mercato il marchio Ray Ban acquisisca i principali concorrenti, quale forma di mercato si potrebbe realizzare? Potrebbe intervenire in questo caso l'Antitrust? Se sì, con riferimento a quale competenza?

7 Quali erano le possibili conseguenze per il marchio Ray Ban di una vendita di occhiali falsi?

8 Qual è la relazione tra prezzo di un bene e quantità domandata? Rappresenta graficamente la domanda evidenziando un ipotetico livello dei prezzi di occhiali originali e di occhiali contraffatti con un prezzo ridotto del 50%.

9 Hai tracciato una domanda rigida o elastica? Motiva la risposta.

10 Il prezzo e il marchio sono dei fattori che influenzano la domanda di un bene. Quali sono le altre variabili?

11 Quali sono i costi fissi e i costi variabili di un'impresa che produce occhiali? Rappresenta graficamente le due funzioni.

12 In quale sistema economico si inseriscono gli interventi dell'Autorità Antitrust? A quale articolo della nostra Costituzione si fa riferimento? Riassumi in uno schema le caratteristiche del sistema economico individuato.

Classe seconda

Verifica Diritto 2

Competenze

- Collocare l'esperienza personale in un sistema di regole fondato sulla Costituzione
- Acquisire e interpretare l'informazione

Abilità

- Individuare l'articolazione della funzione legislativa ed esecutiva
- Analizzare le tappe dell'*iter* legislativo
- Distinguere la gerarchia delle fonti normative con particolare riferimento alla Costituzione e alla sua struttura

1 *Iter legis*, atti aventi forza di legge

Leggi i testi ed esegui quanto richiesto

Atto Camera 5714

Conversione in legge, con modificazioni, del decreto-legge 14 gennaio 2013, n. 1, recante disposizioni urgenti per il superamento di situazioni di criticità nella gestione dei rifiuti e di taluni fenomeni di inquinamento ambientale (5714)
22 gennaio 2013: approvato definitivamente. Legge n. 11 del 1 febbraio 2013 pubblicata nella G.U. n. 28 del 2 febbraio 2013.

1 Che cos'è un decreto legge? Da quale organo è stato emanato?

2 Perché si parla di "disposizioni urgenti per il superamento di situazioni di criticità"?

3 Che cosa significa conversione in legge con modificazioni? Da quale organo è stato convertito?

4 A che cosa serve la pubblicazione sulla G.U.?

Atto Camera 1134

Costantini: "Disposizioni in materia di insegnamento di sostegno, per garantire l'esercizio del diritto allo studio da parte degli alunni disabili" (1134)
22 maggio 2008: da assegnare.

1 In base a quale criterio sarà assegnato alla Commissione permanente competente?

2 Chi ha esercitato il diritto di iniziativa?

3 Se in sede di approvazione del testo nel suo insieme in aula si ottengono i seguenti risultati: presenti 420, favorevoli 270, contrari 150, il testo è approvato?

4 In quale sede può aver lavorato la Commissione permanente?

5 Qual è la fase successiva dell'*iter legis*?

Atto Camera 2008

Disegno di legge: "Istituzione del Garante nazionale per l'infanzia e l'adolescenza" (2008)
Fase Iter: Approvato il 16 marzo 2011. Trasmesso al Senato
Legge n. 112 del 12 luglio 2011 pubblicata nella Gazzetta Ufficiale n. 166 del 19 luglio 2011

PRIMA LETTURA CAMERA

Disegno di legge C. 2008 presentato l'11 dicembre 2008 – abbinata con C. 127, C. 349, C. 858, C. 1197, C. 1591, C. 1913, C. 2199

Iter in Commissione
Esame in Commissione (iniziato il 12 febbraio 2009 e concluso il 9 marzo 2011)

Iter in Assemblea
Discussione in Assemblea (iniziata il 29 settembre 2009 e conclusa il 16 marzo 2011. Approvato)

PRIMA LETTURA SENATO

Disegno di legge (S. 2631) Trasmesso dalla Camera il 22 marzo 2011

Iter in Commissione
Esame in Commissione (iniziato il 29 marzo 2011 e concluso il 7 giugno 2011)

Iter in Assemblea
Discussione in Assemblea (iniziata il 7 giugno 2011 e conclusa il 22 giugno 2011. Approvato definitivamente)

Verifico le competenze **365**

VERIFICO LE COMPETENZE

Votazioni in Assemblea

Tipo	Numero	Descrizione
Tutte	53	Vedi lista di tutte le Votazioni
Finale	1	Votazione DDL n. 2008 del 16/3/2011 seduta n. 450 presieduta da BINDI ROSY PRESENTI 469, VOTANTI 467, ASTENUTI 2, MAGGIORANZA 234, FAVOREVOLI 467, CONTRARI 0 La Camera Approva
Articoli	7	Vedi lista Votazioni Articoli
Emendamenti	45	Vedi lista Votazioni Emendamenti

1 Perché si parla di prima lettura? In quale caso si parla di seconda lettura?

2 In questo caso le Commissioni in quale sede hanno lavorato? Da che cosa lo capisci?

3 Il disegno di legge è stato presentato alla Camera o al Senato?

4 Che cos'è il quorum costitutivo? Determinalo in questo caso.

2 Governo

Risolvi i casi

1 Nel corso dell'approvazione di un importante disegno di legge di iniziativa governativa alla Camera si ottengono i seguenti risultati: presenti 500, votanti 500, favorevoli 210, contrari 290. Il progetto passa al Senato? Il Governo deve dare le dimissioni? Perché?

2 Viene approvata al Senato una mozione di sfiducia al Governo.
Quale tipo di crisi si realizza? Quali sono le fasi successive? (Costruisci uno schema)
Se non si riesce a formare un nuovo Governo come si può uscire dal blocco istituzionale?

3 Garanzie costituzionali

Leggi il testo ed esegui quanto richiesto

Legge Costituzionale 2 ottobre 2007, n. 1

"Modifica all'articolo 27 della Costituzione, concernente l'abolizione della pena di morte"

Pubblicazione: G.U. n. 236 del 10 ottobre 2007

Iter, lavori preparatori e voto finale dei deputati		
N. Atto	**Fasi dell'iter**	
C.193 (Votazione)	T. U. con C.523, C.1175, C.1231	10 ottobre 2006: approvato in testo unificato
S.1084	assorbe S.925, S.1086, S.1155	7 marzo 2007: approvato
C.193-523-1175-1231-B		2 maggio 2007: approvato
S.1084-B		25 settembre 2007: approvato definitivamente. Legge

Votazioni elettroniche in Assemblea

L'Assemblea del Senato «vota normalmente per alzata di mano». È quanto detta l'articolo 113 (secondo comma) del Regolamento del Senato. Come specificato nel titolo, le votazioni elencate in questa pagina sono quelle avvenute mediante il dispositivo elettronico.

Seduta n. 220 del 25 settembre 2007

Votazione finale
Presenti: 237; votanti: 236; favorevoli: 231; contrari: 1; astenuti: 4.
Esito: **Approvato**

1 La legge è stata approvata 2 volte alla Camera e al Senato senza modifiche. Perché? Motiva con riferimento all'articolo 138 della Costituzione.

2 Con quale maggioranza è stata approvata? Sarebbe stato possibile proporre un referendum?

3 Che cosa significa: "L'Assemblea del Senato «vota normalmente per alzata di mano». È quanto detta l'articolo 113 (secondo comma) del Regolamento del Senato"? A quale tipo di regolamento si fa riferimento? Come viene adottato? Quali altri tipi di regolamenti conosci?

Classe seconda

Verifica Economia 2

Competenze
- Riconoscere le caratteristiche essenziali del sistema socio-economico
- Acquisire e interpretare l'informazione
- Risolvere problemi

Abilità
- Individuare le esigenze fondamentali che ispirano scelte e comportamenti economici, nonché i vincoli a cui essi sono subordinati
- Individuare le funzioni degli organi in relazione agli obiettivi da conseguire
- Tracciare e analizzare un grafico relativo a un fenomeno economico

1 Pil, indicatori, ciclo economico, politica fiscale, politica monetaria, inflazione, circolo vizioso della povertà, interventi a favore dei Paesi in via di sviluppo

Leggi il grafico ed esegui quanto richiesto

(lavoce.info, 31 luglio 2013)

1 Quale andamento presenta il tasso di occupazione in Italia nel periodo considerato? Quando raggiunge il livello massimo? E il minimo? Quale potrà essere il corrispondente andamento del tasso di disoccupazione? Prova a tracciarlo in un piano di assi cartesiani (non è importante il singolo valore ma l'andamento).

2 Il tasso di occupazione è uno degli indicatori del ciclo economico. Quali sono gli altri?

3 Qual è la relazione tra tasso di occupazione e Pil? Quali sono le variabili che compongono il Pil?

4 Quali sono le fasi del ciclo economico? Prova a individuarle nel grafico.

5 Quale potrebbe essere un intervento di politica fiscale del Governo per far aumentare l'occupazione in Italia? Analizzane i possibili effetti.

6 Quale potrebbe essere un intervento a livello di politica monetaria a sostegno dell'occupazione? Qual è l'organo competente? Analizzane i possibili effetti. Si potrebbe effettuare questo tipo di intervento se l'inflazione fosse del 2,5%? Motiva la risposta.
Se l'occupazione è bassa e l'inflazione in crescita, quale potrebbe essere la causa dell'inflazione?
Crea infine uno schema delle cause dell'inflazione.

7 In un Paese in via di sviluppo la serie storica relativa all'occupazione si colloca a un livello più elevato o più basso rispetto al grafico? Perché? Prova a tracciarla.

8 Quali sono gli strumenti per intervenire a sostegno dell'occupazione nei Paesi in via di sviluppo? Quali sono i possibili rischi?

2 Europa, imprese, politica economica e crescita, istituzioni, fonti normative comunitarie

Leggi attentamente i documenti ed esegui quanto richiesto

Lo Small business act, questo sconosciuto

Lo Small business act adottato dall'Unione Europea vuole valorizzare le imprese di micro, piccole e medie dimensioni. Il suo recepimento in Italia ha permesso di varare una serie di misure per rendere più competitive le Mpmi, soprattutto in tempo di crisi. Peccato che le aziende non lo sappiano.

Le **micro**, **piccole** e **medie imprese** rappresentano in Italia, come in gran parte delle economie europee, il vero tessuto imprenditoriale, garantendo buoni livelli occupazionali rispetto alla grande impresa.

Proprio per questo, ha preso avvio una **nuova politica comunitaria**, con lo scopo di creare un contesto più favorevole e rafforzare la competitività delle Mpmi europee,

VERIFICO LE COMPETENZE

	Numero di imprese			Addetti		
	Italia		EU27	Italia		EU27
	Numero	Peso%	Peso%	Numero	Peso%	Peso%
Micro	3.610.090	94,6	92,2	7.087.214	46,6	29,6
Piccole	184.345	4,8	6,5	3.250.491	21,4	20,6
Medie	19.370	0,5	1,1	1.875.598	12,3	17,2
MPMI	3.813.805	99,9	99,8	12.213.303	80,3	67,4
Grande	3.253	0,1	0,2	2.998.619	19,7	32,6
Totale	3.817.058	100,0	100,0	15.211.922	100,0	100,0

Fonte: Elaborazioni Cambridge Econometrics su dati Eurostat.

che da tempo si confrontano sul mercato con le economie dei Paesi emergenti e la dinamicità di quella statunitense. Ispirandosi alle "buone pratiche" scambiate nell'ambito della Carta europea delle piccole imprese firmata a Feira nel 2000, e attuando le conclusioni del Consiglio europeo della primavera 2006, l'Unione Europea e gli Stati membri hanno sensibilmente migliorato il quadro normativo e intensificato gli interventi a favore delle micro, piccole e medie imprese riconoscendone l'importanza economica, strategica e sociale. Il processo è sfociato nel 2008 nella pubblicazione da parte della Commissione europea dello *Small Business Act*.

Lo Sba si configura come una nuova politica industriale basata su dieci principi guida: il credito, i tempi di pagamento, gli strumenti e le azioni per la crisi di impresa; politiche per l'innovazione, l'energia e la sostenibilità ambientale; strumenti per la crescita dimensionale, l'aggregazione, la trasmissione di impresa; politiche e strumenti per l'internazionalizzazione; semplificazione e raccordo tra i livelli di governo nei confronti delle imprese.

(Francesco Solaro, lavoce.info, 7 giugno 2013)

Uno "Small Business Act" per le Pmi europee

ATTO. Comunicazione della Commissione al Parlamento europeo, al Consiglio, al Comitato economico e sociale europeo e al Comitato delle regioni del 25 giugno 2008 intitolata: "Una corsia preferenziale per la piccola impresa". Alla ricerca di un nuovo quadro fondamentale per la Piccola Impresa (uno "Small Business Act" per l'Europa). [Non pubblicata nella Gazzetta ufficiale.]

SINTESI. L'iniziativa intitolata "Small Business Act" (Sba) per l'Europa mira a creare condizioni favorevoli alla crescita e alla competitività sostenibili delle piccole e medie imprese (Pmi) europee. Le politiche comunitarie e nazionali devono tenere maggiormente conto del contributo delle Pmi alla crescita economica e alla creazione di posti di lavoro.

(dal sito dell'Unione europea)

1 Qual è il ruolo delle piccole e medie imprese in Italia? E in Europa? A partire dalla tabella completa i grafici a torta di seguito riportati.

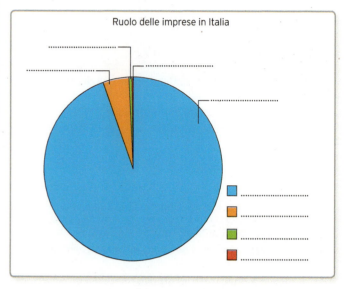

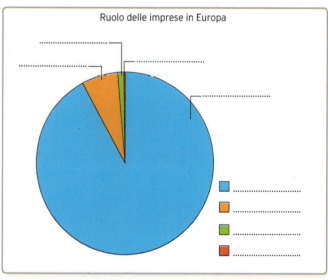

2 In quale modo il credito può favorire la crescita delle imprese? Su quale voce del Pil produce effetti?

3 Che cosa si intende per sostenibilità ambientale? A quale tipologia di costo si può fare riferimento?

4 Lo *Small Business Act* è un atto vincolante? Perché? Quale strumento normativo più efficace avrebbero dovuto utilizzare a livello europeo? Costruisci una tabella di sintesi delle fonti europee.

5 Qual è il ruolo della Commissione europea?

6 Qual è il ruolo del Consiglio europeo? Quali sono le differenze tra Consiglio europeo e Consiglio dell'Unione?